böhlau

Steirisches Jahrbuch für Politik 2018

Herausgegeben von
Beatrix Karl
Wolfgang Mantl
Klaus Poier
Manfred Prisching
Anita Ziegerhofer

BÖHLAU VERLAG WIEN KÖLN WEIMAR

Bibliografische Information der Deutschen Nationalbibliothek:
Die Deutsche Nationalbibliothek verzeichnet diese Publikation in der Deutschen Nationalbibliografie; detaillierte bibliografische Daten sind im Internet über http://dnb.d-nb.de abrufbar.

Kölblgasse 8–10, 1010 Wien, www.boehlau-verlag.com

Gesamtredaktion: Klaus Poier, Graz
Veröffentlicht mit Unterstützung des Vereins für Politik und Zeitgeschichte sowie des Landtagsklubs der Steirischen Volkspartei

Umschlaggestaltung: Michael Haderer, Wien
Satz: Bettina Waringer, Wien
Druck und Bindung: Theiss, St. Stefan im Lavanttal
Gedruckt auf chlor- und säurefrei gebleichtem Papier
Printed in the EU

ISBN 978-3-205-23154-7

Vorwort

Das Steirische Jahrbuch für Politik 2018 ist bereits die 19. Ausgabe dieses mittlerweile etablierten Standardwerks der Dokumentation und Analyse des steirischen Zeitgeschehens, eingebettet in den größeren österreichischen, europäischen und internationalen Zusammenhang. Leitmotiv der Herausgeberinnen und Herausgeber ist es, mit dem Steirischen Jahrbuch für Politik eine umfassende und pluralistische Darstellung der wesentlichen Entwicklungen der Politik und Gesellschaft in der Steiermark zu bieten, wobei die Kombination von authentischen Darlegungen und zeitnahen, kontextbezogenen Kommentierungen einen vertieften Einblick ermöglichen soll.

Die vorliegende Ausgabe des Steirischen Jahrbuchs für Politik ist in sechs Kapitel gegliedert. Zu Beginn steht unter der traditionellen Rubrik „Perspektiven der Zeit" ein grundsätzlicher Beitrag des Industriellen und früheren Vizekanzlers bzw. Finanzministers Hannes Androsch, der unter dem Motto „Die Zukunft müssen wir uns erobern" Perspektiven und Verbesserungspotenzial für Österreich aufzeigt.

Das zweite Kapitel „Steiermark und Österreich live" ist – außerhalb der Schwerpunktkapitel – wieder wichtigen Ereignissen bzw. Entwicklungen und ihrer Analyse der österreichischen und steirischen Politik bzw. Gesellschaft im abgelaufenen Jahr gewidmet. An der Spitze steht ein Beitrag von Landeshauptmann Hermann Schützenhöfer, in dem er „neue Impulse zur Zukunft unserer Republik" skizziert. Aus Anlass der Ratspräsidentschaft Österreichs 2018 analysiert der österreichische Europaminister aktuelle Herausforderungen auf europäischer Ebene, auf Herausforderungen in ihren jeweiligen Ressorts gehen drei steirische Bundesregierungsmitglieder ein. Die Bedeutung des „Jahrhundertprojekts Koralmbahn" wird vom Kärntner Landeshauptmann analysiert. Anlässlich des jeweiligen Führungswechsels folgen Beiträge der neuen Bundesparteiobleute bei NEOS, JETZT und den Grünen (seitens der SPÖ wurde ein für das Jahrbuch zugesagter Beitrag leider dann doch nicht übermittelt). Weitere Beiträge in diesem Kapitel sind der digitalen Fragmentierung, der Regionalität im ORF am Beispiel des Landesstudios Steiermark, den Herausforderungen von Migration und Religion im Schulbereich, der ehrenamtlichen Flüchtlingsberatung, der Rückkehr des Wolfes und den diesbezüglichen Folgen für die Landwirtschaft sowie der Abschaffung der Zeitumstellung in Europa gewidmet. Das Kapitel endet mit vier Beiträgen zu Jubiläen im Jahr 2018: 100. Todestag Peter Rosegger, 800 Jahre Diözese Graz-Seckau sowie 100 Jahre Republik Österreich, mit einem Beitrag zur Eröffnung des „Haus der Geschichte Österreich" sowie einem Rückblick auf das „Bleibende" des Republiksjubiläumsjahres 2018.

Im dritten Kapitel des Jahrbuchs werden die Landtagswahlen im Jahr 2018 in Niederösterreich, Tirol, Kärnten und Salzburg aus politikwissenschaftlicher Sicht analysiert. Weiters finden sich Beiträge zur soziostrukturellen Repräsentation der Bevölkerung im Landtag Steiermark, zur Erstellung eines Buches, in dem die Farben der Steiermark eine besondere Rolle spielen, sowie schließlich zu Preis und Wert der österreichischen Bundesländer aus ökonomischer Sicht, für den Fall, dass man diese – satirisches Gedankenexperiment in einer Fernsehsendung 2018 – verkaufen wollte oder müsste.

Im vierten Kapitel wird die aktuelle Diskussion um Gesundheitspolitik und Reformen im Gesundheits- sowie Sozialversicherungsbereich aus unterschiedlicher Perspektive beleuchtet. Weiters findet sich jeweils ein Pro- und Contra-Beitrag zum Thema des abgesagten Rauchverbots in Gastronomiebetrieben. Dem aktuellen und brisanten Thema des Fachkräftemangels geht das fünfte Kapitel des Jahrbuchs nach, mit Beiträgen aus dem Bereich der Politik, der Arbeiter- und der Wirtschaftskammer sowie des Arbeitsmarktservices. Das abschließende sechste Kapitel des vorliegenden Jahrbuchs ist wieder einem „Weltpanorama" gewidmet. Beiträge finden sich zum Brexit, zu Parlamentswahlen und Regierungsbildung in Italien, zu den Kongresswahlen in den USA, zur aktuellen Entwicklung in Südosteuropa sowie zur aktuellen Lage der Europäischen Union. Jahresrückblick, Bildteil sowie Zusammenstellung der Wahlergebnisse seit 1945 finden sich auch im Anhang des Jahrbuchs 2018.

Großer Dank der Herausgeberinnen und Herausgeber gilt den 44 Autorinnen und Autoren dieses Jahrbuchs für ihre facettenreichen und spannenden Beiträge. Für die organisatorische und redaktionelle Mitarbeit danken wir ganz besonders Gudrun Bergmayer, Antonia Csuk, Bakk., Mag.a Katharina Holzmann, Herta Miessl, Mag. Manuel P. Neubauer, Mag.a Lena Pirzl und Julia Radl sowie Johann Trummer und Mag.a Daniela Orthaber, der wir auch für die jahrelange organisatorische Betreuung des Jahrbuchs herzlich danken und für die neue berufliche Herausforderung das Allerbeste wünschen. Ebenso gilt unser Dank dem Böhlau Verlag, namentlich Mag.a Eva Buchberger, Dr.in Claudia Macho sowie Mag.a Bettina Waringer und Michael Rauscher für die Herstellung.

Mit dem Steirischen Jahrbuchs für Politik 2018 können wir wieder eine umfassende pluralistische Darstellung und Analyse der politischen und zeithistorischen Entwicklung in der Steiermark bzw. der Rahmenbedingungen vorlegen. Die Herausgeberinnen und Herausgeber sind stolz auf das qualitativ hochwertige Werk und hoffen wie stets auf entsprechende Resonanz.

Klaus Poier, Gesamtredakteur und Mitherausgeber

Inhalt

Perspektiven der Zeit

Perspektiven für Österreich

„Die Zukunft müssen wir uns erobern"

Seit nunmehr 73 Jahren leben wir in Österreich in einer Periode des Friedens, der Freiheit und des wachsenden Wohlstands. Damit das so bleibt, müssen wir uns den wesentlichen Herausforderungen der Zukunft stellen: der Überalterung unserer Gesellschaft, der Digitalisierung sowie dem Klimawandel.

Die wirtschaftliche Basis und Standortattraktivität mit unserer leistungs- und konkurrenzfähigen Industrie sowie den zahlreichen „Hidden Champions" gilt es zu erhalten und zu fördern. Speziell für kleine Volkswirtschaften ist ein florierender Außenhandel zum Königsweg geworden, um in einer vernetzten Weltwirtschaft zu reüssieren. So hat die Euphorie über die von Jahr zu Jahr wachsenden Exporterfolge auch strukturelle Mängel verdeckt, die seit vielen Jahrzehnten evident sind. Denn gleichzeitig zu den Exporten sind auch die Importe in fast ebensolcher Größenordnung gestiegen.

Wir sind unnötig überreguliert und damit überbürokratisiert. Wir sind sicher nicht im Spitzenfeld, was ökonomische Freiheit angeht, und das führt dazu, dass wir unsere Wettbewerbsposition in den letzten 10 bis 20 Jahren um einiges verschlechtert haben. Das gilt auch für das Ausmaß der Innovationsdynamik. Es existiert viel zu wenig Risikokapital. Wollen junge Menschen ein Unternehmen gründen, haben sie es schwer, einen Kredit zu bekommen. Eine Firmengründung gleicht in Österreich einer Staatsaffäre. Und wer es dennoch gewagt hat, jedoch gescheitert ist, sollte nicht als Versager abgestempelt, sondern vielmehr als Mensch gesehen werden, der es zumindest einmal versucht hat.

Industrielle Tätigkeit hatte hierzulande nie ein besonders hohes gesellschaftliches Prestige. Das hat lange Tradition. Es mangelt bereits seit der Monarchie nicht nur an privatem Kapital für Industrieprojekte, sondern auch an kompetenten Unternehmerpersönlichkeiten. Die Tatsache, warum in Österreich die Gruppe selbstbewusster, eigenverantwortlicher und eigeninitiativer Menschen so überschaubar ist, mag wohl historisch bedingt sein. Es braucht Rahmenbedingungen, um selbstbewusste Menschen – heute spricht man vom Mittelstand – zu ermöglichen, die Vertrauen in die eigene Leistungsfähigkeit haben, kontroverse Debatten nicht scheuen, optimistisch in die Zukunft blicken sowie Probleme aus eigener Kraft lösen wollen und können. Entrepreneurship heißt, Ideen, Mut und Courage zu beweisen. Wenn der rechtliche Rahmen enger wird, muss man selbst weltoffen neue Wege suchen und nicht engstirnig auf Lösungen „von oben“ warten.

Bei all den Modernisierungsschüben, die wir erlebt haben und erleben, ist die Skepsis gegenüber allzu eifrigen Reformern immer bestehen geblieben. Diskussionen neuer Ideen werden vornehmlich in kleinen, elitären Zirkeln geführt, und kommt es schließlich zu entscheidenden Wendungen, dauert es meist Jahrzehnte, bis die positiven Effekte politischer Reformen in der breiten Masse ankommen und sichtbar werden.

Große Reformprojekte sind außerdem immer mit der Gefahr behaftet, den, der sie initiiert, unpopulär werden zu lassen. Österreich hat an vielen Ecken und Enden Reformbedarf. Um Antworten zu finden, braucht es mehr denn je starke, visionäre Persönlichkeiten, die sich gegen den Strom zu schwimmen getrauen und entweder kein Amt zu verlieren oder keine Angst davor haben.

Die Fragmentierung der Kompetenzen zwischen Bund und Ländern beeinträchtigt viele Bereiche in der Politik. Eine Abschaffung der Bundesländer wäre dennoch nicht die richtige Antwort, da sie in der wechselvollen österreichischen Geschichte eine Quelle der Identität darstellen. Der aus dem Ruder gelaufene Länderföderalismus hingegen bedarf einer Restrukturierung. Er ist mit ein Grund, warum in vielen Bereichen unseres Landes Doppelgleisigkeiten in Form zahlloser Leerkilometer zulasten künftiger Generationen absolviert werden. Vom Erbe der Monarchie gibt es sicher vieles zu bewahren, allen voran die Idee des Vielvölkerreiches. Überdimensionierte Verwaltungsstrukturen und realpolitisch überbewertete Regionalpolitiker gehören aber sicher nicht dazu.

Unternehmensstandort mit Verbesserungspotenzial

Wir haben fleißige Leute, wir haben kreative Leute, sonst hätten wir nicht die Erfolge im Export und wären nicht weltweit eines der erfolgreichsten Länder im Tourismus. Das sind die positiven Seiten. Verbesserungsnotwendigkeit haben wir im Bildungsbereich, im Wissenschaftsbereich und in der Umsetzung der Digitalisierung.

Die Regierung ist erst ein Jahr im Amt und es ist zu früh, Ergebnisse zu beurteilen. Bisher gibt es viele, wenn auch hohle Ankündigungen, aber noch wenig wurde umgesetzt. Teilweise machen wir sogar Rückschritte, etwa im Bildungsbereich, im Gesundheitsbereich, siehe Rücknahme des Rauchverbots in der Gastronomie, oder der Unfallversicherung. Auch der machtpolitische Zirkus rund um die Krankenkassen ist ein Rückschritt. Im Bereich der Universitäten und der Grundlagenforschung machen wir keine Fortschritte im Vergleich zu München, Heidelberg oder der ETH Zürich, geschweige denn zu Oxford oder Cambridge.

Die Gesellschaft vergreist, es kommen weniger Junge nach und wir tun so, als ob uns das alles nicht berührt. Das betrifft nicht nur den universitären Bereich, sondern auch die Bildung und Ausbildung von Facharbeitern wie etwa das private Pflegepersonal, das touristische Personal, Mitarbeiter im Baubereich, Köche und Reinigungspersonal. Wir haben einen großen Mangel, und dennoch schieben wir in ökonomisch törichter Weise brutal und ruchlos Lehrlinge ab, weil die Bundesregierung populistisch glaubt, damit in der Bevölkerung Unterstützung zu finden.

Unser Bildungswesen ist noch nicht einmal am Höhepunkt des Industriezeitalters angekommen und demnach hoffnungslos veraltet, was die Vermittlung notwendiger Qualifikationen sowie der nötigen Flexibilität im digitalen Zeitalter betrifft. Der Bildungsstandard der Bevölkerung wird jedoch darüber entscheiden, ob wir in einer digitalen Welt bestehen können und wie wir den Anforderungen von künstlicher Intelligenz begegnen. Die Angst, diese Entwicklung könnte den Menschen die Arbeit rauben, ist völlig illusorisch – im Zusammenhang mit dem demografischen Wandel, einer alternden Gesellschaft, geradezu absurd.

In den vergangenen 300 Jahren haben nach allen historischen Erfahrungen neue Technologien die benötigten Arbeitsplätze nicht verringert, sondern vermehrt. Man braucht Spezialisten, die das digitale Zeitalter beherrschen. Wir werden in Zukunft einen noch größeren Bedarf an Pflegepersonal und Bildungspersonal haben. Wir leiden nicht an einem Überangebot an Arbeitskräften, sondern an einem Defizit. Hier wird eine Angst geschürt, die ganz konträr zu den tatsächlichen Gegebenheiten steht.

Unzweifelhaft werden in der „kreativen Ökonomie" vor allem höher qualifizierte Fähigkeiten nachgefragt und entsprechend bezahlt werden. Für die Übrigen bleibt lediglich die „Gig Ökonomie", d.h. gering bezahlte Tätigkeiten bei formeller Selbständigkeit (Stichwort „Ich-AGs"), aber hoher Abhängigkeit, oder Null-Stunden-Verträge, bei denen auch die Fixierung von Mindestlöhnen wirkungslos ist und die Gefahr des Prekariats droht. Nur wenige sorgen sich bislang um diese Entwicklung, obwohl sie zu gewaltiger sozialer Ungleichheit führen muss.

Die Auswirkungen des demografischen Wandels, einer alternden Bevölkerung, bei der geburtenstarke Jahrgänge mit steigender Lebenserwartung in den Ruhestand gehen und geburtenschwache Jahrgänge in den Arbeitsprozess folgen, erzeugen in Europa, dessen Bevölkerung rund 50 Prozent der weltweiten Sozialausgaben konsumiert, schon derzeit einen beträchtlichen Arbeitskräftemangel. Das Problem der Sicherung der Sozialsysteme wird in absehbarer Zeit hinzukommen.

Auch wenn die Themen „Digitalisierung", „Roboterisierung" und „Industrie 4.0" schon seit längerem und auch auf breiter Ebene diskutiert werden, gilt das nicht in gleichem Ausmaß für die damit verbundenen Veränderungen im Bereich der Wirtschaft. Dabei zeigt schon ein Blick auf die Entwicklungen der vergangenen Jahre, welch weitreichende Umwälzungen gerade im Unternehmensbereich stattfinden.

Sieben der heute zehn wertvollsten Unternehmen der Welt sind Internet-Giganten, die fünf führenden – Apple, Google/Alphabet, Microsoft, Amazon und Facebook – zudem amerikanische Firmen. Dicht gefolgt werden sie von den chinesischen Tech-Riesen Alibaba, Tencent und Baidu, Firmen aus Europa finden sich hingegen nicht in der Top-Liste. Erst auf Platz 17 liegt Royal Dutch Shell als wertvollstes europäisches Unternehmen; bestplatziertes IT-Unternehmen ist die deutsche SAP auf Rang 62 (bzw. 12 im Technologieranking). Alle diese neuen IT-Firmen gab es vor 20 Jahren noch nicht – oder sie waren damals bedeutungslos. Schon dieser Umstand zeigt den gewaltigen Umbruch, den unser Wirtschaftssystem derzeit erfährt. Es wandelt sich hierbei von der materiellen Wirtschaft mit vormals rauchenden Schloten und bislang riesigen Produktionsanlagen (Tangibles) zu einem immateriellen System, das auf geistigem Eigentum, Patenten, Software, Unternehmensprozessen sowie hochqualifizierten Mitarbeitern beruht (Intangibles). Schon jetzt werden in den Industrieländern für jeden Euro an Investitionen in Tangibles 1,15 Euro für Investitionen in Intangibles ausgegeben. Wir steuern ins Zeitalter des digitalen Kapitalismus ohne sichtbares Kapital.

Wachstum ohne zusätzliche Investitionen

Diese Entwicklung ist u.a. dadurch gekennzeichnet, dass die zusätzlichen Kosten für höheren Ausstoß nahezu Null betragen. Sie erzielen also Wachstum ohne zusätzliche Investitionen, weil die Grenzkosten keine Rolle spielen, einerlei, ob der Ausstoß eine Million oder eine Milliarde beträgt. Diese neue Plattformökonomie, also die systemische Vernetzung von Hardware- und Softwareprodukten, monetarisierbaren Daten und Services, zeigt sich am deutlichsten bei den erwähnten Internet-Giganten, aber auch bei Uber oder Airbnb. Aufgrund ihrer gewaltigen, oligopolistischen Marktdominanz haben sie inzwischen auch beträchtliche politische Macht und durchdringen zunehmend alle Lebensbereiche, bis hin zur Beeinflussung unseres Konsum- und Wahlverhaltens. Sie bewegen sich auf den gewinnträchtigen oberen Ausschlägen der sogenannten „Smiling Curve", wo die Wertschöpfung am größten ist, während sich die Zulieferer der Hardware in der Wertschöpfungskette an der wenig ertragreichen Talsohle abmühen. Und schließlich zahlen sie auch kaum Steuern, da diese nationalstaatlich eingehoben werden, die Tech-Giganten aber global tätig sind und damit ihre Besteuerung völlig legal – wenngleich nicht unbedingt moralisch legitim – an die für sie am günstigsten Orte verlegen können. Zudem gibt es bislang kein Steuermodell, das ihren wichtigsten Rohstoff – die Daten – und ihre tatsächlichen, wenngleich virtuellen Betriebsstätten erfassen könnte.

In Österreich wie in Europa fehlen global bedeutsame IT-Großunternehmen, auch insgesamt gibt es enormen digitalen Aufholbedarf. Um wieder Anschluss zu finden, sind zeitgemäße (Aus-)Bildungssysteme ebenso notwendig wie entsprechende Forschungsanstrengungen. Kein europäisches Land kann dies allein bewältigen, dazu bedarf es gemeinsamer europäischer Anstrengungen.

Soll Österreich auch in der Welt von morgen bestehen, so muss es sich seiner historischen Tugenden besinnen und nicht naiv den falschen Vorbildern folgen. Alpen-Orbanismus und Austro-Trumpismus sind das genaue Gegenteil dessen, was den Erfolg Österreichs einst ermöglicht hat.

Angesichts der Vielzahl und Komplexität der Herausforderungen kann die Lösung nicht in der Rückkehr zum Nationalstaat liegen. Nur im Verbund der europäischen Staaten hat Österreich eine Chance, nicht in die Bedeutungslosigkeit abzurutschen und zum Spielball der Mächtigen zu verkommen. Es kann nur mit der EU gelingen, effektive Akzente zu setzen, sei es bei der Friedenssicherung an den Rändern Europas, bei der Bekämpfung der Klimakrise, bei der Bewältigung der digitalen Transformation oder des demografischen Wandels einer alternden Gesellschaft.

Außerdem muss sich Österreich besser als bisher auf die globalen Herausforderungen vorbereiten. Es bedarf dringend entschlossener Aufhol- und Modernisierungsanstrengungen etwa im Bildungswesen oder im Forschungs- und Innovationssystem, vor allem aber im Bereich von künstlicher Intelligenz, Cyber Physics und Digitalökonomie.

Wenn es gelingt, diese Gesellschaftsvision nicht nur für die Menschen, sondern gemeinsam mit den Bürgerinnen und Bürgern zu gestalten und auf diesem Weg auch deren Befürchtungen hinsichtlich Überwachung und „digitaler Diktatur" ernst zu nehmen, kann es gelingen, die beträchtlichen Chancen der Digitalisierung, Roboterisierung und künstlichen Intelligenz tatsächlich zum Vorteil nicht nur weniger Tech-Giganten, sondern aller Menschen in Österreich zu nutzen.

Steiermark und Österreich live

HERMANN SCHÜTZENHÖFER

Neue Impulse zur Zukunft unserer Republik

Unter dem Titel „Österreich 22 – Neue Impulse für die Zukunft unserer Republik" fand im Oktober 2018 nach der Premiere im Jahr 2016 die zweite Zukunftskonferenz in der Aula der Alten Universität in Graz statt. Führende Persönlichkeiten aus Wissenschaft, Kultur, Wirtschaft, Wissenschaft, Politik und Gesellschaft kamen auf meine Einladung hin zusammen, um eine Standortbestimmung Österreichs vorzunehmen und daraus kurz-, mittel- und langfristige Perspektiven auszuloten. Der Titel „Österreich 22" weist bereits darauf hin, denn es geht einerseits darum, was in den nächsten Jahren bis 2022 konkret getan werden kann, soll und muss. Andererseits geht es insbesondere um das Bild, das wir von Österreich bis zum Ende dieses Jahrhunderts haben wollen, welche Ziele und Positionierung bis zum Beginn des 22. Jahrhunderts erreicht werden sollen.

Schon mit dem ersten Symposium „Österreich 22 – Überlegungen zur Zukunft unserer Republik" im Oktober 2016 sollte ein begleitender Prozess eingeleitet werden, der Bewegung in dieses Land bringt. Zu starr und reformunwillig schien die Politik in dieser Republik. Im Wissen, dass wir nicht mit einem Schlag die Welt verändern würden, wollten wir zumindest wichtige Impulse und Anstöße geben, um wieder zum Handeln und zum Vorausdenken zu gelangen. Wir wollten gemeinsam mit vielen anderen, denen die Zukunft unserer Republik am Herzen liegt, Lobbyisten für die Zukunft unserer Republik sein. Es darf mit Fug und Recht behauptet werden, dass dieses Vorhaben auf einem guten Weg ist. Dazu beigetragen hat auch, dass sich die Rahmenbedingungen auf bundespolitischer Ebene seit der ersten Konferenz verändert haben. Anders als im Jahr 2016 erleben wir nun wieder eine Bundesregierung, die handelt, die agiert, die ein ambitioniertes Arbeitsprogramm vorgelegt und auch den Mut zu Reformen hat. Der die Republik in manchen Bereichen lähmende Stillstand wurde überwunden. In der Steiermark haben wir mit mutigen Reformen dafür gesorgt, dass unsere Heimat ein Land mit Zukunft bleibt und vieles, was früher umstritten war, wogegen protestiert wurde, wird heute von einer großen Mehrheit akzeptiert. Der Mut zu Reformen ist ein Gebot der Stunde! Ich unterstütze Bundeskanzler Sebastian Kurz und seine Bundesregierung darin, echte Reformen zu wagen und den Österreicherinnen und Österreichern damit neue Perspektiven für die Zukunft zu eröffnen. Es liegt in der Natur der Sache, dass es zu den einzelnen Maßnahmen auch Widerspruch und teilweise auch Widerstand gibt. Das war beispielsweise im Zuge der Gemeindestrukturreform in der Steiermark so, das ist auch bei den gegenwärtigen Reformmaßnahmen im Land wie im Bund der Fall.

Wichtig erscheint mir, und „Österreich 22" bestärkt mich darin, den Blick auf das große Ganze nicht zu verlieren. Es geht eben nicht um die schnelle Schlagzeile am nächsten Morgen, sondern um die Zukunft unseres Landes, unserer Republik. Im Zuge der Konferenz wurden mehrere Themenbereiche als besonders wichtig identifiziert. Dazu zählen etwa die Positionierung Österreichs in Europa, die Sicherung der Position als international konkurrenzfähiger, sozial und ökologisch nachhaltigen Wirtschaftsstandort, der Klimaschutz, eine gelingende Integration und geordnete Migration sowie ein weltoffenes Klima für Kunst, Kultur und Medien. Betrachtungen zu diesen und allen weiteren Themen finden sich im Buch zur Konferenz, das gleichsam als Nachlese und Sammlung der vielfältigen Impulse dient. An dieser Stelle sollen exemplarisch zwei Themenfelder näher betrachtet werden, die für die Steiermark von besonderer Bedeutung sind, nämlich die Herausforderung Digitalisierung sowie der absolute Vorrang für Bildung, Wissenschaft und Forschung.

Die Digitalisierung sämtlicher Lebensbereiche schreitet unaufhaltsam voran. Viele Menschen ziehen E-Books mittlerweile dem gedruckten Exemplar vor, in den Autos haben Navigationssysteme schon längst das Kommando übernommen, gefaltete Stadtpläne aus Papier wurden schnell zu Exoten. Und es gäbe noch unzählige Beispiele, wie sehr die binäre Welt unser Leben verändert hat und noch weiter verändern wird. Die digitale Transformation hält bereits in dutzenden Alltagssituationen Einzug. Von vielen wird diese Veränderung freudig empfangen, bei manchen Menschen machen sich allerdings auch Sorgen und Ängste breit – diese gilt es offen anzusprechen und ihnen entgegenzuwirken. Denn eines ist klar, neue Technologien bringen auch neue Perspektiven. Die Aufgabe der Politik und der Verantwortungsträger im Land ist es, alles dafür zu tun, um die Rahmenbedingungen dafür zu schaffen, dass die Steiermark von der voranschreitenden Digitalisierung als Profiteur hervorgeht. Waren früher Autobahnen und Schienenverbindungen Symbole für eine gute Infrastruktur in einer Region, so ist mittlerweile auch eine leistungsfähige Anbindung an die Datenautobahnen essentiell. Insbesondere vor dem Hintergrund, dass das sogenannte Internet der Dinge immer stärker in alle Lebensbereiche unseres Alltags vordringt. In manchen Haushalten ist bereits Realität, was vor einigen Jahren noch als Science-Fiction in den Kinos zu sehen war. Waren im Jahr 2016 noch sechs Milliarden Geräte mit dem Internet verbunden, sollen es – so die Prognosen – bis 2020 über 20 Milliarden sein. Eine verantwortungsvolle Politik muss bereits heute die Weichen für morgen stellen. Dementsprechend ist auch auf diesen Wandel in der Kommunikation und die neuen infrastrukturellen Bedürfnisse einzugehen und sind die notwendigen Schritte zu setzen, um den zukünftig zu übertragenden digitalen Datenmengen gerecht zu werden.

Wir leben heute in einem der wohlhabendsten Staaten der Welt und einem überwiegenden Teil der Menschen in diesem Land geht es so gut wie nie zuvor – ohne dabei jene Mitmenschen zu übersehen, die in keiner angemessenen Weise an diesem Wohlstand partizipieren können. Wir haben hohe Sozialstandards, eine zum großen Teil intakte Umwelt, beste Lebensqualität. Österreich ist eines der sichersten Länder dieser Welt – alles in allem also wirklich ein Ort, an dem es sich zu leben lohnt. Die Geschichte dieses Landes lehrt uns aber eben auch, dass diese Errungenschaften keine Selbstverständlichkeit sind, die ohne Zutun geschehen. Schon Erzherzog Johann, der große steirische Reformer, hat im Gründungsstatut des Joanneum im Jahr 1811, also vor fast 200 Jahren das festgeschrieben, was für die Zukunftsentwicklung unseres Landes auch heute noch von großer Aktualität und Wichtigkeit ist: „Stete Entwicklung, unaufhörliches Fortschreiten ist das Ziel des Einzelnen, jedes Staatenvereines, der Menschheit. Stillestehen und Zurückbleiben" sei schädlichst. Daraus und aus den anregenden Diskussionen im Zuge von „Österreich 22" ableitend kann man festhalten, dass wir uns auf die Stärken unseres Landes konzentrieren müssen, wenn wir wollen, dass es auch in Zukunft Arbeitsplätze gibt. Diese Stärken liegen sicher nicht in billigen Arbeitskräften, sondern in den hellen Köpfen und den vielfältigen Talenten der Steirerinnen und Steirer. Schon heute ist die Steiermark mit einer Forschungs- und Entwicklungsquote von über fünf Prozent das innovativste Bundesland Österreichs und führend im Europa der Regionen. Diese Position gilt es, zu festigen, denn Forschung und Entwicklung sind der Schlüssel zur Zukunft der Arbeit. Der Fortschritt findet statt. Das ist unumstößlich. Mit dem Fokus auf Forschung und Entwicklung sorgen wir dafür, dass wir die Welt von morgen aktiv mitgestalten und nicht davon abhängig sind, was andere entscheiden. Der Grundstein dafür wird bei unseren Jüngsten gelegt. Erstklassige Bildungs- und Betreuungseinrichtungen, die beste Berufsausbildung, exzellente Hochschulen und innovative Unternehmen sind das, was es braucht, um die Steiermark als Land der Talente in die Zukunft zu führen und die Erfolgsgeschichte dieses Landes fortschreiben zu können.

Abschließend gilt es noch, in aller Kompaktheit jene drei Punkte anzuführen, die für mich das Destillat des „Österreich 22"-Prozesses darstellen:

Wenn wir auch in Zukunft zu den reichsten Nationen der Welt gehören wollen, müssen wir in den Bereichen Wissenschaft, Forschung und Innovation an der Spitze bleiben. Dafür gilt es, die Rahmenbedingungen zu schaffen. Wenn wir in diesen Bereichen vorne sind, haben wir den Fuß in der Tür zur Arbeit der Zukunft.

Wenn wir in den kommenden Jahrzehnten als kleine Nation wettbewerbsfähig bleiben wollen, brauchen wir das effizienteste Staatsgebilde und damit einen modernen Föderalismus. Das gilt auch für die Europäische Union! Nur starken Regionen, die demokratische Entscheidungen nah an ihren Bürgerinnen und Bürgern treffen, wird es nachhaltig gelingen, den Mehrwert des europäischen Projekts zu vermitteln, den europäischen Gedanken zu stärken und eine gemeinschaftliche Vision zu entwickeln.

Und schließlich der dritte Punkt: Europa allgemein und Österreich speziell zeichnen sich im internationalen Vergleich durch ein großes Maß an Lebensqualität sowie durch höchste Sozial- und Umweltstandards aus. Empfinden wir diese Umstände nicht als Wettbewerbsnachteil, sondern arbeiten wir daran, dass wir diese Standards zum Exportschlager machen können!

EU-Ratspräsidentschaft: eine positive Bilanz

Österreich hatte in der zweiten Jahreshälfte 2018 zum dritten Mal den Vorsitz im Rat der Europäischen Union inne – und damit Möglichkeit und Chance, Schwerpunkte zu setzen, mit denen die EU in die richtige Richtung weiterentwickelt werden kann.

Mit unserem Motto „Ein Europa, das schützt" haben wir drei große, wesentliche Themenbereiche definiert: Sicherheit und der Kampf gegen illegale Migration, Wohlstand und Wettbewerbsfähigkeit sowie Stabilität in der Nachbarschaft.

Neben diesen großen europäischen Herausforderungen waren wir aber in diesem Halbjahr auch mit einem ganz neuen Aspekt in der Geschichte der Europäischen Union konfrontiert: Erstmals hat sich ein Land dazu entschieden, die Europäische Union zu verlassen. Kaum jemand hatte dies für möglich gehalten und die meisten Beobachter hatten noch zum Zeitpunkt der Abstimmung mit einem anderen Ausgang gerechnet. Der Brexit hat gezeigt, was passieren kann, wenn aus Populismus Realität wird. Die restlichen EU-Staaten – die nun EU-27 – jedoch ziehen bei diesem Thema so sehr an einem Strang wie selten zuvor. Die Verhandlungen für das Austrittsabkommen während unseres Vorsitzes sind sehr intensiv, fordernd und äußerst umfangreich gewesen. Als Vorsitz war es insbesondere unsere Aufgabe, EU-Chefverhandler Michel Barnier bestmöglich zu unterstützen und die Einigkeit und Gemeinschaft der 27 verbleibenden Mitgliedstaaten sicherzustellen. Und es ist uns gelungen, auf EU-Seite die professionelle Abwicklung des Austritts des Vereinigten Königreichs aus der Europäischen Union zu gewährleisten. Es wurde lange verhandelt und ein Ergebnis erzielt, das den kleinstmöglichen Schaden für beide Seiten darstellt. Dieses muss jedoch in Großbritannien noch Zustimmung finden. Zum jetzigen Zeitpunkt wissen wir nun zwar, was die Briten nicht wollen. Jedoch noch nicht, was sie wollen. Die EU-27 sind sich auch jetzt einig: Ein Aufschnüren und Neuverhandeln des Austrittsabkommens wird es jedenfalls nicht geben.

Parallel dazu haben wir den nächsten mehrjährigen Finanzrahmen und somit das gemeinsame EU-Budget der nächsten Jahre verhandelt. Während des österreichischen Vorsitzes konnten auch hier weitreichende Fortschritte erzielt werden: Wir haben es geschafft, eine vollständige Verhandlungsbox vorzulegen und haben damit unserem

Vorsitz-Nachfolger im Europäischen Rat, Rumänien, eine gute, solide und umfassende Grundlage für die weiteren Gespräche übergeben.

Gerade im Bereich Migration konnten wir eine Trendwende erreichen und die Debatte um einen neuen gemeinsamen Weg hat deutlich an Fahrt aufgenommen. Statt über reine Verteilungsfragen innerhalb der EU geht es nun um die gemeinsame Grenzsicherung und gemeinsame Anstrengungen gegen illegale Migration. Dass es einen effektiven EU-Außengrenzschutz braucht, ist nun kein einzelner Vorstoß Österreichs mehr, sondern mittlerweile die Position der Mehrheit der Mitgliedstaaten.

Wichtige Schritte haben wir auch im Bereich der Wettbewerbsfähigkeit erreicht. Gerade wenn es um unseren Standort und die Zukunft europäischer Identität geht, insbesondere im Zusammenhang mit der Digitalisierung, braucht es mehr Europa und gemeinsame Anstrengungen. Denn die beherrschende Stellung multinationaler Online-Giganten wirkt sich unmittelbar auf die Wertschöpfungsketten der europäischen Content-produzierenden Sektoren aus. Wenn also diese Digital-Unternehmen mit den Leistungen Dritter Gewinne machen, dann muss es selbstverständlich sein, dass diese Leistungen auch abgegolten werden. Und wenn diese Plattformen in Europa ihr Geschäft machen und enorme Gewinne erzielen, dann müssen sie auch wie alle anderen reguliert und besteuert werden können.

Wenn wir Grundprinzipien wie Eigentum als richtig anerkannt haben, dann darf das nicht nur in der realen, in der haptischen Welt so sein, sondern muss auch in der digitalen Welt gelten. Der digitale Raum setzt scheinbar Grundprinzipien außer Kraft – er ist aber keine eigene Realität, sondern nur ein weiterer Aspekt der Welt, in der wir leben. Eigentum muss daher auch im digitalen Raum Eigentum bleiben. Dafür haben wir uns während unserer Präsidentschaft vehement eingesetzt, dafür setzen wir uns weiterhin ein, bis es eine Lösung gibt.

Die Trilogverhandlungen zur Copyright-Richtlinie konnten wir zwar starten und vorantreiben, leider aber noch keinen gemeinsamen Abschluss der Verhandlungen erreichen. Für mich ist klar: Diese Richtlinie ist entscheidend dafür, geistiges Eigentum auch in der digitalen Welt schützen zu können und so einem „Level Playing Field", also fairen Bedingungen für alle Wettbewerbsteilnehmer, auch im Bereich der Medien näher zu kommen.

Wesentliche Weichenstellungen

Richtungsweisend für einen Schritt in Richtung Wettbewerbsgleichheit war aber die sogenannte AVMD-Richtlinie, über welche wir eine Einigung im Rahmen der österreichischen Ratspräsidentschaft erzielen konnten. Erstmals wurden damit Regeln für Video-Sharing-Plattformen geschaffen, die den Regulierungen der traditionellen Fernsehunternehmen entsprechen – für besseren Schutz vor gewalttätigen oder schädlichen

Inhalten oder Hassreden und auch mehr kulturelle Vielfalt durch die Förderung europäischer Inhalte: Künftig muss das Angebot zu mindestens 30 Prozent europäischen Content beinhalten, wenn diese Plattformen in Europa ausstrahlen wollen.

Österreich ist wesentlicher Treiber dahingehend, dass Europa stärker gegenüber den großen Plattformen und Monopolisten auftritt. Mit der Konferenz „Challenging the content – content made in Europe in the digital economy" haben wir uns daher auch im großen, hochrangig besetzen Rahmen der Frage gewidmet, was Europa tun muss, um Identität, Qualität und Vielfalt im digitalen Raum zu erhalten.

Ein weiteres Highlight der Ratspräsidentschaft und einen wichtigen Schritt für die Zukunft der EU hat das Afrika-Forum gebildet. Afrika ist ein junger Kontinent, der vielfältige Chancen für Handel und wirtschaftlichen Austausch bietet. Das ist einerseits eine große Chance für österreichische und europäische Unternehmen, während gleichzeitig nur nachhaltige wirtschaftliche Entwicklung in den Herkunftsländern den Menschen vor Ort eine echte Perspektive abseits von Migration bietet. Der Fokus lag auf Innovation und Digitalisierung und das Forum hat auf Einladung von Bundeskanzler Sebastian Kurz und Paul Kagame, Präsident von Ruanda und Vorsitzender der Afrikanischen Union, am 17. und 18. Dezember in Wien stattgefunden.

Zusätzlich ist die Westbalkan-Erweiterung als Schwerpunkt während der Präsidentschaft wieder klar in den Fokus gerückt worden. Gerade für Österreich war und ist der Westbalkan stets wichtige Partnerregion und eine enge Zusammenarbeit und europäische Zukunftsperspektiven sind der Garant für Stabilität in der Nachbarschaft. Besonders erfreulich ist daher auch aus unserer Sicht, dass der jahrzehntelange Namensstreit in Mazedonien endlich gelöst werden konnte. Dies stellt eine wahrhaft historische Errungenschaft dar und war auch im Fokus unseres Vorsitzes. Außerdem konnten weitere Kapitel mit Serbien und auch Montenegro eröffnet werden, was neue Perspektiven schafft und sehr positive Ausblicke in die Zukunft gibt.

Auch im Kulturbereich hatten wir intensive und weitreichende Dossiers zu verhandeln: Wir konnten die Fortschritte beim neuen mehrjährigen EU-Arbeitsplan für Kultur 2019–2022 und dem Förder-Programm „Creative Europe 2021–2027" erreichen. Das ist sehr wichtig für die kontinuierliche finanzielle Unterstützung des europäischen Kultur- und Kreativsektors.

Der Ratsvorsitz war auch eine Chance, die Visibilität des österreichischen Kulturerbes EU-weit zu erhöhen. Daher war mir gerade als Kulturminister das kulturelle Rahmenprogramm besonders wichtig, das die kulturelle Vielfalt unseres Landes auch nach außen trägt. So wurde das „Museum in a nutshell", eine mobile Ausstellung, in Brüssel, in der Wiener Konferenzfazilität des Vorsitzes und in Bregenz während der Subsidiaritätskonferenz gezeigt. Das Konzert der Wiener Philharmoniker im BOZAR in Brüssel war höchst erfolgreich und die Belvedere-Ausstellung „Beyond Klimt" wanderte nach Brüssel und empfing dort rund 50.000 Besucherinnen und Besucher.

Vertrauen stärken!

Unser Ziel war klar: Wir haben den Ratsvorsitz bestmöglich genutzt, um die Europäische Union gemeinsam weiterzuentwickeln und das Vertrauen der Bürgerinnen und Bürger in eine handlungsfähige gemeinsame Union zu stärken. Wir wollen eine EU, die stark ist in großen Fragen und den Mitgliedstaaten in kleinen Fragen mehr Spielraum lässt.

Genau dafür steht das Subsidiaritätsprinzip, das wir während unseres Vorsitzes stärken wollten. Subsidiarität konnte während des Ratsvorsitzes als wichtiges Bauprinzip der EU weiter verankert werden. Für uns ist wichtig, dass wir die EU gemeinsam weiterentwickeln: Die EU muss gemeinsame Antworten auf die großen Fragen finden, statt sich mit Klein-Klein selbst zu blockieren. Dafür sollte den Mitgliedstaaten mehr Spielraum in Bereichen, die auch regional gelöst werden können, zugestanden werden. Auf dieses Thema konnte bei der Subsidiaritätskonferenz in Vorarlberg am 15. und 16. November mit der „Erklärung von Bregenz" ein wichtiger Fokus gelegt werden. Teil der „Erklärung von Bregenz" ist neben der europäischen Fokussierung auf „große Fragen" und „wesentliche Herausforderungen" etwa auch die Evaluierung des Gesetzgebungsprozesses, die Gewährung von größeren Spielräumen für die Mitgliedstaaten und auch die verbesserte Einbindung der regionalen und lokalen Ebene.

Dafür haben wir uns eingesetzt, indem Österreich als Vorsitznation eine Rolle einnimmt, die uns nicht nur der geografischen Lage wegen besonders liegt: Österreich war, ist und wird auch weiterhin Brückenbauer sein. Auf Basis unseres klar pro-europäischen Regierungsprogramms war es das Ziel im Rahmen des Ratsvorsitzes, Europa aktiv mitzugestalten, die wesentlichen Themen anzusprechen und die großen Herausforderungen anzugehen. Im Rückblick sieht man oft erst, was wirklich gelungen ist und das kann sich durchaus sehen lassen:

Im Rahmen des österreichischen EU-Ratsvorsitzes fanden **insgesamt 2.722 Treffen** in unterschiedlichsten Formaten und auf unterschiedlichen Ebenen statt:

- **1.551 Treffen** von **Vorbereitungsgremien** des Rates,
- **511 Treffen** von **Ratsarbeitsgruppen** unter dem Vorsitz des Europäischen Auswärtigen Dienstes,
- **161 Trilogverhandlungen** mit dem Europäischen Parlament,
- **36 Tagungen des Rates** in Brüssel und Luxemburg,
- **4 Treffen auf Ebene der Staats- und Regierungschefs**, darunter der Gipfel in Salzburg am 20. September,
- **7 Plenartagungen des Europäischen Parlaments** in Straßburg und Brüssel mit Teilnahme des Ratsvorsitzes,
- **13 informelle Ministertreffen in Österreich** sowie ein informelles Ministertreffen in Brüssel und
- **über 300 Vorsitz-Veranstaltungen** in Österreich.

Ergebnisse daraus waren, dass 53 politische Einigungen mit dem Europäischen Parlament und 75 Einigungen im Rat erzielt werden konnten. Außerdem führte die Ratspräsidentschaft zu 56 angenommenen Schlussfolgerungen bzw. Empfehlungen. Der Rat hat darüber hinaus unter unserem Vorsitz 509 Entscheidungen getroffen, sowie 52 Rechtsakte mit dem Europäischen Parlament unterzeichnet.

Auch der direkte Gewinn für Österreich durch die Ratspräsidentschaft ist nicht außer Acht zu lassen: Nach vorläufigen vom Institut für Höhere Studien erhobenen Zahlen trug der Ratsvorsitz rund 135 Millionen Euro zum österreichischen Bruttoinlandsprodukt bei. Dadurch konnten ganze 2.305 Arbeitsplätze geschaffen oder gesichert werden.

Unser Anspruch war es, ein guter Gastgeber zu sein und der Aufgabe der Vorsitzführung mit höchster Professionalität gerecht zu werden.

Jean-Claude Juncker sagte: *„Die Österreicher machen ihre Arbeit gut, vor allem der Kanzler macht das sehr gut."*

Und Donald Tusk sagte anlässlich des Gipfels der Staats- und Regierungschefs in Salzburg: *„Dieses Treffen ist eine der besten politischen Leistungen, die ich jemals erlebt habe."* Schließlich möchte ich hier noch EU-Brexit-Chefverhandler Michael Barnier erwähnen, der anlässlich der herausfordernden Diskussion rund um den Brexit sagte: *„Ich danke der österreichischen Ratspräsidentschaft an diesem kritischen Moment in den Verhandlungen."*

Letzteres Zitat macht einmal mehr klar, dass es nicht nur ein kritischer Moment für die österreichische Ratspräsidentschaft war, sondern eine kritische Zeit für die Europäische Union per se ist. Erstmals verlässt ein Mitgliedstaat den gemeinsamen Staatenbund.

Daraus wird ebenso klar, dass es ein Europa braucht, das Probleme im Großen löst.

Für uns steht jedenfalls fest: Europa ist unsere Vergangenheit, Gegenwart und Zukunft – darum setzen wir uns weiterhin dafür ein, die EU gemeinsam in die richtige Richtung weiterzuentwickeln.

Herausforderungen sind dazu da, um sie anzunehmen!

Meinen Einstieg in die Politik habe ich zu einem großen Teil Landeshauptmann Hermann Schützenhöfer zu verdanken, der mich gefragt hat, ob ich auf der steirischen Landesliste für die Nationalratswahl 2017 kandidieren möchte. Wie es in der Politik des Öfteren der Fall ist, hat man für solche Entscheidungen wenig Bedenkzeit. Ich habe zugesagt und bin in den Nationalrat eingezogen. Einige Wochen später wurde ich von unserem Bundeskanzler Sebastian Kurz gefragt, ob ich Bundesministerin für Frauen, Familien und Jugend werden möchte. Über dieses Angebot habe ich keine Sekunde nachdenken müssen. Chancen muss man ergreifen, neue Herausforderungen anpacken und es entspricht einfach meinem Naturell, auch einmal ins kalte Wasser zu springen. Die Möglichkeit, etwas in unserem Land gestalten und bewegen zu können, wollte und konnte ich mir einfach nicht entgehen lassen! Gerade als Frau und Quereinsteigerin muss man sich auf dem Parkett der immer noch sehr männlich dominierten Politik oft doppelt beweisen. Herausforderungen sind jedoch dazu da, um sie anzunehmen – und genau aus diesem Grund und mit dem Ziel, in meinem Wirkungsbereich echte Veränderungen zu schaffen, habe ich dieses Angebot auch wahrgenommen. Mir persönlich geht es darum, Österreich aktiv mitzugestalten und in meinem Ressort an moderner Familienpolitik und nachhaltiger Frauenpolitik zu arbeiten.

Familie ist für mich dort, wo Generationen zusammenleben. Unsere Familien sind nicht nur das Fundament, sondern auch der wichtigste soziale Kern unserer Gesellschaft. Insbesondere in der Frage der Pflege nehmen Familien eine herausragende Rolle ein. Pflegebedürftige Menschen sollen so lange wie möglich, sowohl aus sozialer als auch aus familiärer Sicht, daheim betreut werden. In der Familie wird das gewährleistet. Familien stehen aber vor allem für Kinder, für soziale Sicherheit und für eine wertorientierte Erziehung unserer Kinder und Jugendlichen. Ein großes Ziel dieser Bundesregierung ist, eine nutzenstiftende und der Realität angepasste Familienpolitik zu machen. Dazu gehören Maßnahmen wie eine gute finanzielle Unterstützung der Familien, der Ausbau von Kinderbetreuungseinrichtungen, die partnerschaftliche Aufteilung der Familienarbeit und die Vereinbarkeit von Familie und Beruf. Mir persönlich ist es ein zentrales Anliegen, nicht zu bewerten, wie Familie gelebt wird. Familie ist dort, wo Kinder leben, wo Vertrauen vorherrscht und wo man sich zu Hause fühlt. Familie wird häufig in einer traditionellen Vater/Mutter/Kind-Konstellation gelebt. Familie findet aber genauso in der Patchwork-Familie, in der generationenübergreifenden Familie oder in der Alleinerziehenden-Familie statt. Dies entspricht der Realität, wie Familie heute in Österreich gelebt wird.

Erfolgsmodell „Familienbonus Plus"

Familienpolitik hat für uns als neue Bundesregierung einen besonders hohen Stellenwert. Gerade im Bereich der Familienpolitik kann sich die Bilanz des ersten Jahres mehr als sehen lassen. Als neue Bundesregierung haben wir einiges auf den Weg gebracht. Mit dem „Familienbonus Plus", der im Juli 2018 im Nationalrat beschlossen wurde und seit 1. Jänner 2019 in Kraft ist, wurde die größte Familienentlastung in der Geschichte Österreichs erzielt. Von dieser steuerlichen Entlastung profitieren rund 950.000 Familien und 1,6 Millionen Kinder. Insbesondere Eltern, die neben der Erziehung ihrer Kinder berufstätig sind, leisten einen mehrfachen Beitrag in unserer Gesellschaft. Daher war es der Bundesregierung und mir als Familienministerin ein Herzensanliegen, ebendiese zu entlasten und Familien dadurch auch unsere Wertschätzung auszudrücken.

Neben dem neuen „Familienbonus Plus" tragen in der österreichischen Familienpolitik vor allem auch direkte Familienleistungen wie die Familienbeihilfe oder das Kinderbetreuungsgeld wesentlich zur Entlastung unserer Familien bei. Wenn man davon spricht, dass ein Budget in Zahlen gegossene Politik ist, dann beweisen knapp zehn Prozent des Bundesbudgets, die direkt für Familienleistungen aufgewendet werden, wie wichtig uns unsere Familien sind.

Die Vereinbarkeit von Familie und Beruf ist eine der gesellschaftspolitischen Herausforderungen unserer Zeit. 86 Prozent der österreichischen Arbeitnehmerinnen und Arbeitnehmer wünschen sich eine noch bessere Vereinbarkeit von Familie und Beruf. Daher ist es mein erklärtes Ziel, die Familienfreundlichkeit in Österreich und die Vereinbarkeit von Familie und Beruf zur Selbstverständlichkeit zu machen.

Dabei spielt vor allem auch die Qualität und Verfügbarkeit von Kinderbetreuungsplätzen eine große Rolle. Von 2008 bis 2017 wurden in Österreich rund 72.000 neue Plätze geschaffen. Mir ist bewusst, dass hier der Bund, aber auch Länder und Gemeinden besonders gefordert sind. Es freut mich umso mehr, dass wir im vergangenen Jahr eine neue Bund-Länder-Vereinbarung zur Elementarpädagogik abschließen konnten. Mit dieser Vereinbarung wird sichergestellt, dass auch zukünftig ein adäquates, aber vor allem auch ein qualitätsvolles Kinderbetreuungsangebot zur Verfügung steht. Um insbesondere den Bedürfnissen unserer Familien gerecht zu werden, war mir die Schaffung von neuen Plätzen für unter Dreijährige und die Flexibilisierung und Erweiterung der Öffnungszeiten in den elementaren Bildungseinrichtungen in allen Altersgruppen ein besonderes Anliegen. Neben der Betreuung von Kindern ist auch die Bildung unserer Kinder ein wesentliches Merkmal unserer elementarpädagogischen Einrichtungen. Bereits im Kindergarten werden Weichen für die Zukunft unserer Kinder gestellt. Zu dieser Weichenstellung gehören mittlerweile auch das Kennenlernen unserer Werte und eine gezielte Deutschförderung. Mit dem Abschluss einer Bund-Länder-Vereinbarung wird das sichergestellt.

Österreich ist getragen von Menschen, die oft mehr leisten als sie müssten. Und hier nehmen Frauen eine besondere Rolle ein. Frauen leisten Außerordentliches in der Kinderbetreuung, Bildung, Pflege – um nur einige Bereiche zu nennen – oft auch neben einer Erwerbstätigkeit. Frauen tragen wesentlich dazu bei, dass das Zusammenleben in unserem Land gut funktioniert. Man kann mit Fug und Recht behaupten: „Frauen bilden in vielen Fällen das soziale Rückgrat unserer Gesellschaft." Damit das auch weiterhin so bleibt, müssen Frauen in ihrem Schaffen gestärkt werden und es muss endlich zu einer echten Gleichstellung von Mann und Frau kommen. Frauenpolitik ist dazu da, das Potenzial der Frauen in die Umsetzung zu bringen und Frauen zu stärken!

Es gibt noch viel zu tun

In den vergangenen Jahrzehnten hat die Frauenpolitik vieles erreicht – von einer tatsächlichen Gleichstellung kann man jedoch in vielen Bereichen noch immer nicht sprechen. Mein Ziel in der Frauenpolitik ist, für echte Gleichberechtigung und Chancengleichheit zu kämpfen und bestehende Ungleichheiten zu beseitigen. Dafür ist unter anderem ein Gebot der Stunde die Gleichstellung der Frau am Arbeitsmarkt. Die Devise muss lauten: Gleicher Lohn für gleichwertige Arbeit! Mit der von mir gestarteten Initiative „Sounding Board – Einkommenstransparenz" konnte ein wichtiger Grundstein gelegt werden. Gemeinsam mit Expertinnen und Experten möchte ich die Einkommensberichte auf einen bundesweit einheitlichen Standard zusammenführen. Im Rahmen der Initiative führe ich gerade intensive Gespräche mit Unternehmen, um mir ein Bild zu verschaffen, was wir gemeinsam erreichen können, um Einkommensberichte für die Mitarbeiterinnen und Mitarbeiter bekannter und zugänglicher zu machen. Denn mehr Einkommenstransparenz führt unweigerlich zu mehr Einkommensgerechtigkeit. Ein solcher Meilenstein kann nicht von heute auf morgen erreicht und umgesetzt werden. Wir kommen diesem Ziel mit jedem einzelnen Mosaikstein jedoch ein Stück näher.

Frauenpolitik ist auch dazu da, um Frauen zu bestärken! Wir müssen leider immer wieder feststellen, dass es im Österreich des 21. Jahrhunderts vermehrt zu gewaltvollen Übergriffen – im Umfeld der Familie, aber auch im öffentlichen Raum – an Frauen kommt. Gewalt gegen Frauen, aber auch in der Familie ist in Österreich oftmals ein Tabuthema und stellt uns immer noch vor großen Herausforderungen. Gerade in diesem Bereich ist ein konsequentes Handeln unerlässlich. Gewalt gegen Frauen ist kein

Kavaliersdelikt und darf in unserer Gesellschaft keinen Platz haben, geschweige denn bagatellisiert werden. Unser Ziel muss sein, von Gewalt betroffenen Frauen Stabilität und Sicherheit zu geben und ihnen einen Weg aus der Gewalt zu ermöglichen. Gezielte Angebote im Gewalt- und Opferschutz, aber auch ein breites Angebot der Frauen- und Mädchenberatungsstellen helfen dabei, von Gewalt betroffene Frauen zu bestärken und zu ermutigen, ihr Schweigen zu brechen und sich aus dieser Situation zu befreien. Ebendiese Stellen benötigen für die Aufrechterhaltung des Angebots Planungssicherheit. Daher ist es erstmals seit Jahren gelungen, schon im Vorjahr (2018) für alle Frauenberatungseinrichtungen Förderzusagen für das kommende Jahr zu treffen und somit diese notwendige Planungssicherheit zu erreichen.

Aufgrund von Umschichtungen ist es auch gelungen, rund die Hälfte des Frauenbudgets für den Gewalt- und Opferschutz bereitzustellen. Mit einer weiteren Steigerung von bis zu zehn Prozent für das Jahr 2019 werden für den Gewalt- und Opferschutz so viele Mittel wie noch nie zur Verfügung stehen. Diese Maßnahme ist aufgrund der steigenden Gewalt an Frauen notwendig. Nun geht es darum, den Ausbau der Betreuungsplätze zu forcieren. In den letzten Monaten habe ich eine Evaluierung in den Bundesländern durchführen lassen, die erheben soll, wo und welcher Bedarf besteht. Erste Ergebnisse haben gezeigt, dass es nicht so sehr an Plätzen in den Frauenhäusern mangelt, sondern an jenen in Übergangswohnungen. Gemeinsam mit den Bundesländern verfolgen wir das Ziel einer raschen und unkomplizierten Lösung für betroffene Frauen.

Nach meinem ersten Jahr in der Politik kann ich positiv resümieren. In der Bundesregierung arbeiten wir gemeinsam für Österreich. Die Zusammenarbeit ist getragen von gegenseitiger Wertschätzung und Vertrauen. Als Bundesministerin möchte ich nicht auf dem Status quo beharren, sondern dort, wo Veränderungen notwendig sind, auch Veränderungen einleiten. Mit dem Ziel, die bestmöglichen Rahmenbedingungen für unsere Frauen und Familien für ein gelungenes Leben zu ermöglichen. Dafür arbeite ich mit Leidenschaft.

MARIO KUNASEK

Österreichs Verteidigungspolitik: Ziele und Herausforderungen einer europäischen Sicherheitsvorsorge

Die verteidigungspolitische Causa prima des Jahres 2018 und jedenfalls auch der näheren Zukunft ist die Notwendigkeit der Rückbesinnung auf die militärische Kernaufgabe. Die geringe Kalkulierbarkeit der Risikodynamik unserer Zeit erfordert eine Refokussierung der österreichischen Verteidigungspolitik auf die militärische Landesverteidigung. Das Österreichische Bundesheer muss auf die Abwehr konventioneller und nichtkonventioneller Bedrohungen gleichermaßen ausgerichtet werden. Je weniger absehbar ist, was auf uns zukommt, desto allgemeiner und flexibler muss der Baukasten unserer Antworten sein.

Eine Rückbesinnung auf die militärische Landesverteidigung steht nicht im Widerspruch zu einer weiteren Intensivierung der österreichischen Teilhabe am europäischen Sicherheitsmanagement. Eine „unionsgemeinschaftliche" militärische Verteidigung Europas wird vor allem hinsichtlich ihrer Abschreckungskomponente weiterhin in der NATO organisiert bleiben. Und eine europäische Armee, deren Verfügung sich der nationalstaatlichen Entscheidung entzieht, steht für den neutralen EU-Mitgliedstaat Österreich nicht zur Diskussion.

Wobei die Europäische Union hingegen gefordert ist, und wofür sie auch die Mittel, Werkzeuge und Instrumente bereitstellen bzw. weiterentwickeln wird müssen, ist der Schutz vor den neuen hybriden Bedrohungslagen, Cybergefahren, Terrorismus, den Folgen unkontrollierter Migration sowie das Krisenmanagement in den Kriegs- und Konfliktzonen an der europäischen Peripherie. Mit Innovationen etwa im Bereich der Ständigen Strukturierten Zusammenarbeit (PESCO) oder des Europäischen Verteidigungsfonds (EDF) wird der Weg zu einer dementsprechenden koordinierten und umfassenden unionseuropäischen Sicherheitsvorsorge weiter beschritten werden müssen. Alles gute Gründe, um weiterhin eine aktive Beteiligung Österreichs an der Weiterentwicklung der Gemeinsamen Sicherheits- und Verteidigungspolitik der EU (GSVP) zu gewährleisten.

Weiterentwicklung einer gemeinsamen Sicherheitspolitik der Europäischen Union

Österreich engagiert sich daher auch aktiv im Rahmen der Ständigen Strukturierten Zusammenarbeit. Ziel dieser „Ständigen strukturierten Zusammenarbeit“ ist es, die EU in Verteidigungsfragen flexibler und unabhängiger von den USA zu machen. Österreich beteiligt sich vorerst an vier von insgesamt 17 Projekten, bei denen jeweils andere EU-Staaten die Führung übernommen haben. Gerade die aktuellen sicherheitspolitischen Herausforderungen in der EU erfordern ein hohes Maß an Zusammenarbeit und Bündelung von Kapazitäten und gemeinsame Projekte und Austausch von Know-how sind dabei wichtige Aspekte der Streitkräfteentwicklung der jeweiligen EU-Staaten.

Ein Beispiel dieser Zusammenarbeit sei erwähnt: Beim Projekt „CBRN Surveillance as a Service“ zur effektiveren Erfassung und Abwehr von chemischen, biologischen und radiologischen Kampfstoffen hat Österreich die Führung übernommen. Mit diesem Projekt soll langfristig ein hoch mobiler Verbund aus unbemannten Luft- und Landfahrzeugen, die Sensoren ausbringen, geschaffen werden. Die mit diesen Sensoren erhobenen Daten helfen dann, entfernte Räume im Hinblick auf ABC-Gefahren zu überwachen. Damit wird ein wichtiger Beitrag zur Stärkung der europäischen Verteidigungsfähigkeiten und zum Schutz von Soldatinnen und Soldaten geleistet.

In Zeiten hybrider Bedrohungen und globaler Machtverschiebungen ist es generell schwieriger geworden, die für die Sicherheitsvorsorge in Österreich relevanten Entwicklungen einzuschätzen. Was man einigermaßen sicher sagen kann ist, dass die anhaltende Migration nach Europa auch in den nächsten Jahren die europäische Sicherheitsagenda maßgeblich mitbestimmen und die Notwendigkeit eines gemeinsamen, funktionierenden, europäischen Außengrenzschutzes bedingen wird.

In diesem Sinne hat Österreich im Rahmen seines Vorsitzes im Rat der Europäischen Union in der zweiten Jahreshälfte 2018 auch den Vorschlag unterbreitet, ein Assistenzmodell zur zivil-militärischen Zusammenarbeit nach österreichischem Vorbild auf europäischer Ebene einzuführen. Grundgedanke dabei ist, dass in außergewöhnlichen Situationen auf Anforderung kompetenter ziviler Behörden auch auf militärische Fähigkeiten zurückgegriffen werden soll, und das möglichst strukturiert und gut vorbereitet. Dazu sollen maßgeschneiderte Ausbildungs- und Trainingsprogramme entwickelt werden, um das Zusammenwirken ziviler und militärischer Komponenten im Grenzmanagement zu optimieren.

Für die „Binnenländer“ der EU-Mitgliedstaaten gilt es, Sicherheit zu exportieren

Zu unseren wichtigsten sicherheits- und verteidigungspolitischen Rahmengrößen gehören die wachsenden Sicherheitsrisiken für Europa und die Staaten der Europäischen Union. Auch Österreich ist von Terrorgefahren, Cyber-Angriffen, hybriden Konfliktpotenzialen und anderen Bedrohungen der Lebensgrundlagen der Bevölkerung betroffen. Die Verwerfungen an ihrer Peripherie sind ein wachsendes Sicherheitsrisiko für die gesamte Europäische Union. Und Österreich ist einigen Krisenregionen näher als viele andere EU-Staaten.

Das gilt vor allem für den Westbalkan, dessen nachhaltige Stabilisierung bald zwei Jahrzehnte nach dem Ende der jugoslawischen Zerfallskriege noch immer aussteht. Auch im Rahmen des österreichischen Ratsvorsitzes hat die Bundesregierung die Erfordernisse einer unionseuropäischen Westbalkanpolitik weiter thematisiert. Dies entsprach der allgemeinen außen- und europapolitischen Schwergewichtssetzung Österreichs. Neu war und ist jedoch die zu Grunde gelegte verteidigungspolitische Strategie. Mittel- und längerfristig muss eine lageangepasste Reduzierung der Truppenpräsenz in der Region erreicht werden. Im Gegenzug sollen auf der Grundlage eines neuen strategischen Dialogs mit den Staaten des Westbalkans der militärische Kapazitätenaufbau intensiviert und die regionale militärische Zusammenarbeit verbessert werden.

Die Westbalkan-Staaten müssen zukünftig vermehrt dabei unterstützt werden, dass sie ihre Sicherheitsaufgaben selbst lösen, ihre Krisenfestigkeit erhöhen und noch stärker als bisher aktive Beiträge zur GSVP leisten. Österreich und die Europäische Union müssen also vielmehr Sicherheit exportieren, um nicht Unsicherheit zu importieren.

Es steht außer Zweifel, dass ein neutraler und souveräner Staat wie Österreich über ein Heer verfügen muss, das als bewaffnete „Macht" die (verfassungs-)gesetzlichen Aufgaben erfüllen und die Existenz und das Überleben der Republik sowie den Schutz ihrer Staatsbürger sichern kann. Das Bundesheer muss als autarkes und durchhaltefähiges Instrument zur Abhaltung potenzieller Angreifer beitragen und im Notfall souveränitätsgefährdende Angriffe abwehren. Dazu sind untereinander abgestimmte Fähigkeiten in den Domänen Land, Luft, Cyberraum und Informationsumfeld zur Abwehr regulärer und irregulärer Gegner bereitzuhalten. Eine besondere Herausforderung ist hierbei die Weiterentwicklung der Fähigkeiten zum Kampf gegen hybride Bedrohungen im urbanen Raum sowie gegen subkonventionell und verdeckt agierende sowie mit modernster Technik ausgerüstete Angreifer.

Nur ein starkes Bundesheer kann zur Befriedung internationaler Konflikte und Krisen einen Beitrag leisten

Die anstehenden Aufgaben können nur mit bestens ausgebildeten Soldatinnen und Soldaten erfüllt werden. Schließlich ist das Österreichische Bundesheer nicht nur in permanenter Einsatzbereitschaft für Hilfeleistungen bei Elementarereignissen und Unglücksfällen außergewöhnlichen Umfangs wie etwa die Flut- und Unwetterkatastrophen im Sommer 2018 oder das „Jahrhundertschneewetter" zum Jahresanfang 2019, sondern im In- und Ausland im tagtäglichen Grenz- bzw. Friedensmissions-Einsatz. Weil der Außengrenzschutz im Rahmen der Europäischen Union nach wie vor unzureichend ist, haben wir ca. 900 Soldaten an Österreichs Grenzen als Assistenzleistung an die Polizei zur Überwachung der österreichischen Staatsgrenze abgestellt. Weitere fast 900 Soldaten stehen in 14 Auslandsmissionen im Einsatz – vornehmlich am westlichen Balkan und im Libanon. Österreich trägt mit seinen Soldaten schon seit Jahrzehnten zur Befriedung und Stabilisierung internationaler Konflikte und Krisen bei. Das ist auch ein international hoch anerkannter und geschätzter Solidaritätsakt an der Staatengemeinschaft und ein wichtiger Beitrag zur Sicherheit Österreichs und der Europäischen Union.

Zur Bewältigung dieser Herausforderungen bedarf es auch einer weiteren Aufwertung der Miliz. Unsere Milizsoldaten verdienen nicht nur Anerkennung für ihren Einsatz und ihre Leistungen. Sie haben auch ein Anrecht auf beste Ausbildung und moderne Ausrüstung. Die Einsätze des Bundesheeres und die dafür notwendige Durchhaltefähigkeit können ohne Miliz nicht gesichert werden. In diesem Zusammenhang muss auch über eine Wiedereinführung der verpflichtenden Milizübungen und die Bereitstellung der dafür notwendigen finanziellen Mittel nachgedacht werden.

Sicherheitsinseln des Bundesheeres als essentieller Beitrag zur nationalen Sicherheitsvorsorge

Der strukturelle Reformbedarf im Verteidigungsressort ist groß und so wurden Anfang 2018 sogenannte „Leuchtturmprojekte" definiert. Neben einer qualitativ verbesserten Rekrutenschulung, einem reformierten Militärrealgymnasium und einem Cyberdefence-Zentrum, in dem die nationalen Cyber-Kompetenzen infrastrukturell an einem geeigneten Standort zusammengefasst werden, sind das vor allem die sogenannten Sicherheitsinseln. Im gesamten Bundesgebiet werden Kasernenstandorte festgelegt, die im Krisen- oder Katastrophenfall eine lokale oder gar regionale Durchhaltefähigkeit sichern sollen, unter anderem durch eine eigenständige Energie- und Wasserversorgung sowie die nachhaltige Bevorratung notwendiger Versorgungsgüter. Über die Versorgung von Truppe, Blaulichtorganisationen und Zivilbevölkerung hinaus ist das ein wichtiger Beitrag zur Stärkung der gesamtstaatlichen und gesamtgesellschaftlichen Resilienz.

Das Österreichische Bundesheer hat in den vergangenen Jahren durch politisch intendierten Spardruck Fähigkeiten eingebüßt. Die Herausforderungen der Zukunft können jedoch nur dann zeitgemäß gemeistert werden, wenn einerseits das Regelbudget für die Landesverteidigung erhöht und andererseits mit Sonderinvestitionen der enorme Investitionsrückstau der vergangenen Jahre ausgeglichen wird. Benötigt werden die Mittel vor allem für Mobilität, Ausrüstung und Kaserneninfrastruktur. Der im Sommer 2018 im Ministerrat von der ÖVP/FPÖ-Bundesregierung beschlossene Ankauf neuer Hubschrauber für Österreichs Luftstreitkräfte ist ein klares Zeichen für das Bekenntnis dieser Bundesregierung zu einem starken Bundesheer.

Auch hat sich eine neue Heeresstruktur als notwendig erwiesen. Ich habe bei meinem Amtsantritt eine völlig überdimensionierte Führungsstruktur übernommen, die wir nun personell und materiell an die Größe und Aufgaben unseres Heeres anpassen müssen. Dazu kommt eine weitgehend unumstrittene Straffung bei der Verwaltung zugunsten einer Stärkung der Truppe.

Der Grundsatz „Ein Europa, das schützt" bleibt auf der politischen Agenda einer europäischen Sicherheitsvorsorge

Die Krisen an Europas Grenzen haben uns vor allem eines klar vor Augen geführt: Frieden und Sicherheit sind keine Selbstverständlichkeit. Diese Krisen (vor allem die der unkontrollierten Migration) haben das Vertrauen der Bürgerinnen und Bürger in die Europäische Union erschüttert. Dieses Vertrauen zurückzugewinnen muss aber Kernaufgabe auch unserer Sicherheits- und Verteidigungspolitik, ja des gesamten Staatswesens sein. Auch aus diesem Grund hatte Österreich im Rahmen des EU-Ratsvorsitzes auch ein ganz pragmatisches Motto gewählt: „Ein Europa, das schützt!"

Um dieses Motto auch in Zukunft im Sinne einer europäischen Sicherheitsvorsorge nachhaltig mit Leben zu erfüllen, braucht Europa auch eine innerhalb der europäischen Staaten abgestimmte Handlungsfähigkeit in Sicherheits- und Verteidigungsfragen. Das ist angesichts der aktuellen Situation in Europa im Sinne einer europäischen Sicherheitsvorsorge ein Gebot der Stunde.

Budgetpolitik: Ziele und Herausforderungen

Die neue Bundesregierung fand sich Ende 2017 budgetpolitisch vor besonderen Herausforderungen: ein stark angestiegener Schuldenstand nach der Banken- und Wirtschaftskrise, eine Tradition, Jahr für Jahr mehr auszugeben als einzunehmen sowie trotz aufstrebender Konjunktur von der Vorgängerregierung eingeleitete Maßnahmen einer eindeutig prozyklischen Wirtschafts- und Budgetpolitik.

Vor diesem Hintergrund bekennt sich die Bundesregierung in ihrem Regierungsprogramm eindeutig dazu, die Steuer- und Abgabenlast nachhaltig zu senken und mittelfristig keine neuen Schulden mehr zu machen. Gleich mit dem im März 2018, wenige Wochen nach der Angelobung, vorgelegten Doppelbudget 2018/2019 leitete die Bundesregierung die Trendwende ein – weg von der bisherigen Schuldenpolitik. Anstatt auf Kosten der nächsten Generation weiter Schulden anzuhäufen, wird die Schuldenquote wieder in Richtung der 60 Prozent des Bruttoinlandprodukts (BIP) gesenkt werden, zu denen sich Österreich im Rahmen des Vertrages von Maastricht verpflichtet hat. Außerdem plant die Bundesregierung für heuer erstmals seit 1954 einen administrativen Überschuss im Bund. Die Staatsschulden sinken damit nicht nur im Verhältnis zum BIP, sondern werden tatsächlich zurückgezahlt.

Damit wurde der Weg geebnet, um die bereits im Regierungsprogramm angekündigte „Entlastung Österreich" umzusetzen und so die Steuer- und Abgabenquote bis 2022 in Richtung 40 Prozent zu senken. Trotz „Entlastung Österreich" wird 2018 das letzte Defizitjahr gewesen sein, denn neue Defizite und Schulden sind die Belastungen von morgen.

Budgetpolitische Ziele

Die Bundesregierung steht für eine stabilitäts- und wachstumsorientierte Budgetpolitik auf allen Ebenen des Staates. Die gute wirtschaftliche Lage wird nicht dazu genutzt, die Staatsausgaben weiter zu erhöhen, sondern umgekehrt, um der nach wie vor größten wirtschaftspolitischen Herausforderung, dem immer noch viel zu hohen Schuldenstand (2017: 78,3 Prozent des BIP) zu begegnen. Der Schuldenstand wird, den Regeln des Stabilitäts- und Wachstumspakts folgend, am Ende der Legislaturperiode nahe bei 60 Prozent

Gesamtstaat, ESVG 2010 in % des BIP	2017 STAT	2018 DBP	2019 DBP	2020 StaPro	2021 StaPro	2022 StaPro
Ausgaben	49,2	48,5	47,6	47,4	47,0	46,7
Einnahmen	48,4	48,1	47,8	47,5	47,2	47,1
Steuerquote (nationale Abgrenzung)	41,8	41,7	41,4	41,3	41,0	40,9
Maastricht-Saldo, Gesamtstaat in % des BIP	**-0,8**	**-0,3**	**0,1**	**0,1**	**0,2**	**0,4**
Bundessektor	-0,9	-0,4	0,1	0,0	0,1	0,3
Länder- und Gemeindesektor	-0,0	0,0	0,0	0,0	0,0	0,0
Sozialversicherung	0,1	0,1	0,1	0,1	0,1	0,1
konjunkturabhängige zyklische Komponente	-0,0	-0,6	-0,6	-0,4	-0,2	0,0
Einmalmaßnahmen	0,0	0,0	0,0	0,0	0,0	0,0
Struktureller Saldo I, Gesamtstaat in % des BIP *)	**-0,8**	**-0,9**	**-0,5**	**-0,4**	**-0,0**	**0,4**
andere temporäre Maßnmahen	0,4	0,3	0,0	0,0	0,0	0,0
Struktureller Saldo II, Gesamtstaat in % des BIP **)	**-0,4**	**-0,6**	**-0,5**	**-0,4**	**-0,0**	**0,4**
Öffentliche Verschuldung, Gesamtstaat in % des BIP **)	**78,3**	**74,2**	**70,5**	**66,9**	**64,2**	**61,4**

Quelle: Bundesministerium für Finanzen; STAT: Statistik Austria, DBP: Draft budgetary Plan 2019 (Übersicht über die österr. Haushaltsplanung 2019), Stapro (Österreichisches Stabilitätsprogramm, Fortschreibung für die Jahre 2017 bis 2022)

*) unter Berücksichtigung der konjunkturellen Lage

**) unter Berücksichtigung der konjunkturellen Lage und abzüglich Zusatzkosten für Flüchtlinge und Terrorbekämpfung (2017–2018)

***) Daten zur öffentlichen Verschuldung: Quelle bis 2017 Statistik Austria, ab 2018 BMF, Basis ESVG 2010.

liegen. Gleichzeitig wird die Bundesregierung die Steuer- und Abgabenquote mittelfristig auf 40 Prozent senken. „Entlastung Österreich“ wird den Weg dorthin ebnen, ohne dabei das Ziel des ab 2019 im Überschuss befindlichen Haushalts zu gefährden.

Mit dem Budget 2018/2019 und dem mittelfristigen Finanzrahmen bis 2022 wird das Ziel verfolgt,

- den ersten administrativen Überschuss im Bund seit 1954 zu erreichen und diesen nachhaltig zu halten,
- einen Spielraum für weitere Entlastungsmaßnahmen zu erarbeiten,
- die Staatsausgaben weniger als das nominelle BIP wachsen zu lassen,
- allen budgetpolitischen nationalen und internationalen Verpflichtungen, insbesondere dem Stabilitäts- und Wachstumspakt der EU nachzukommen und die Schulden bis zum Ende der Legislaturperiode auf in Richtung 60 Prozent des BIP zu senken,
- den Haushalt strukturell, also unabhängig von der Konjunktur und Einmaleffekten, auszugleichen und

- durch das Auslaufen von prozyklischen Maßnahmen Spielraum für die Reduktion der Steuer- und Abgabenquote in Richtung 40 Prozent zu schaffen.

Dazu sind bereits mit den Bundesfinanzgesetzen 2018 und 2019 zahlreiche Maßnahmen gesetzt worden, die im Laufe der Legislaturperiode ihre Wirkung entfalten: Neben einer Ausgabenanalyse in allen Bereichen des Bundesbudgets werden Mietkosten gesenkt und der Personal- und Sachkosteneinsatz bei den ausgegliederten Einheiten verbessert; Förderungen werden reduziert, auf ihre Wirksamkeit und Treffsicherheit überprüft und Mehrfachförderungen zukünftig verhindert; kostenintensive prozyklische Maßnahmen der Vorgängerregierung („Beschäftigungsbonus", „Aktion 20.000") wurden eingefroren.

Durch diese Konsolidierungsmaßnahmen und einen maßvollen Budgetvollzug in den kommenden Jahren wird ein Budgetpfad bis 2022 möglich, der neben einer weiteren Reduktion der Schuldenquote in Richtung 60 Prozent auch alle anderen Verpflichtungen des Stabilitäts- und Wachstumspakts der EU einhält.

Budgetpolitischer Rahmen

Eine wichtige Grundlage für die stabilitäts- und wachstumsorientierte Budgetpolitik auf allen Ebenen des Staates ist der institutionelle Rahmen, der die Politik bei der Umsetzung einer antizyklischen Fiskalpolitik unterstützt. Dieser Rahmen besteht insbesondere auch aus Regeln, die Budgetdisziplin unterstützen. In der EU wurde eine regelgebundene Budgetpolitik (mittelfristige Ausgaben-, Defizit- und/oder Verschuldungsgrenzen) mit dem Maastricht-Vertrag, dem Stabilitäts- und Wachstumspakt und dem Vertrag über Stabilität, Koordinierung und Steuerung in der Eurozone rechtlich verankert.

Die unionsrechtlichen Fiskalregeln werden innerstaatlich durch das 2012 vereinbarte System mehrfacher Fiskalregeln für alle Gebietskörperschaftsebenen (Österreichischer Stabilitätspakt 2012 [ÖStP 2012]) umgesetzt, das damit einen wesentlichen Eckpfeiler zur Absicherung des österreichischen Konsolidierungskurses darstellt. Für das Defizit wird dem Grundsatz ausgeglichener bzw. im Überschuss befindlicher Haushalte nach dem ÖStP 2012 entsprochen, wenn der jährliche strukturelle Haushaltssaldo insgesamt -0,45 Prozent des nominellen BIP nicht unterschreitet (Bund: -0,35 Prozent, Länder und Gemeinden: -0,1 Prozent des nominellen BIP). Ergänzend dazu hat Österreich auf einfachgesetzlicher Ebene eine Schuldenbremse im Bundeshaushaltsgesetz (§ 2 Abs. 4–7 BHG) eingeführt.

Abweichungen des strukturellen Saldos vom angestrebten Ziel (+/-) werden rechnerisch auf ein Kontrollkonto gebucht.

Das ÖStP-Kontrollkonto (Stand 2017) stellt sich aktuell wie folgt dar:

% BIP	Maximaler Überziehungsrahmen	Stand 2017
Bund	-1,250	-0,069
Länder (mit Wien)	-0,250	+0,725
Gemeinden (ohne Wien)	-0,117	+0,102

Zeit für Reformen

Nachhaltige Budgetpolitik ist kein Selbstzweck. Sie soll nicht nur Spielräume für Entlastungen schaffen, sondern auch dazu beitragen, die politischen Schwerpunkte der Bundesregierung umzusetzen sowie für zukünftige Herausforderungen gerüstet zu sein.

Zusätzlich sieht das Regierungsprogramm vor, dass die derzeit günstige wirtschaftliche Entwicklung für effizienzsteigernde Strukturreformen genutzt wird:

- So wird beispielsweise die Steuer- und Zollverwaltung modernisiert. Flachere Hierarchien ermöglichen eine effiziente Unternehmenssteuerung: Das wird durch die Reduktion von derzeit 40 Finanzämtern zu einem Finanzamt ermöglicht, das als Abgaben- und Dienstbehörde für Private und KMU zuständig sein wird. Ziel ist eine flexible und dezentrale Aufgabenwahrnehmung und durch die bessere Nutzung freier Kapazitäten eine schnellere Erledigung und eine höhere Rechtssicherheit.
- Die Regierung hat Ende Oktober 2018 einen Gesetzesentwurf für eine Reform der Sozialversicherungen vorgelegt. Ende Dezember 2018 wurde das Sozialversicherungs-Organisationsgesetz im Parlament beschlossen. Die Reform führt zu einer Reduktion der Sozialversicherungsträger von 21 auf fünf. Die neun Gebietskrankenkassen werden in der Österreichischen Gesundheitskasse (ÖGK) zusammengefasst, die Sozialversicherungsanstalt der gewerblichen Wirtschaft mit jener der Bauern zur Sozialversicherungsanstalt der Selbständigen (SVS) verschmolzen und die Versicherungsanstalt für Eisenbahnen und Bergbau mit der Versicherungsanstalt öffentlich Bediensteter zur neuen BVAEB fusioniert. Erhalten bleiben die Pensionsversicherungsanstalt (PVA) und die Allgemeine Unfallversicherungsanstalt (AUVA), wobei Letztere eine Reihe von Sparauflagen zu erfüllen hat. An die Stelle des Hauptverbands tritt künftig ein verschlankter Dachverband, die Zahl der Funktionärinnen und Funktionäre sinkt. Die geplante Reduktion der Verwaltungsgremien, die Nichtnachbesetzung von frei werdenden Stellen und die Reorganisation bei Verwaltungstätigkeiten (IT, Einkauf) werden dazu beitragen, in diesem Bereich Effizienzpotenziale zu heben.

  Aufgrund der demografischen Entwicklung und geänderter Rahmenbedingungen zählt ein verlässliches und leistbares Betreuungs- und Pflegeangebot für ältere und behinderte Menschen zu den vorrangigen Anliegen der Bundesregierung. Anfang Dezember 2018 hat die Bundesregierung daher in einem Ministerratsvortrag die nächsten Schritte für ein Konzept zur dauerhaften Sicherstellung der qualitativ hochwertigen Pflege sowie insbesondere ihrer mittel- und langfristigen Finanzierung festgelegt. Unter Einbindung des Parlaments und nach Konsultationen mit Ländern und Stakeholdern soll bis Ende 2019 ein fertiges Konzept inklusive Gesetzesentwürfen vorliegen.

Weiters unternimmt die Bundesregierung Anstrengungen, stärkere Prioritäten in jenen Bereichen zu setzen, die beschäftigungs- und wachstumsrelevant sind – etwa bei Bildung, Wissenschaft und Forschung, Innovation und Infrastrukturinvestitionen.

- Die Bundesregierung hat im August 2018 die „Zukunftsoffensive für Forschung, Technologie und Innovation" beschlossen, die ein Forschungsfinanzierungsgesetz beinhaltet. Damit sollen die bestehende Governance des österreichischen Forschungs- und Innovationssystems effizienter gestaltet, die Aufgaben und Rollen der Forschungs- und Forschungsförderungseinrichtungen genauer definiert, die fördernden Stellen konsolidiert, sowie der seitens des Rates für Forschung und Technologieentwicklung attestierte Aufholbedarf in Bezug auf die Effizienz des generierten Outputs adressiert werden.
- Ende August 2018 hat sich die Bundesregierung mit den Ländern geeinigt, zusätzliche Budgetmittel für die Elementarpädagogik zur Verfügung zu stellen, um Kindern in elementaren Bildungseinrichtungen einen bestmöglichen Start ihrer Bildungslaufbahn zu ermöglichen und ihre Bildungschancen zu verbessern. Mit der neuen Vereinbarung gemäß Art. 15a B-VG zwischen dem Bund und den Ländern über die Elementarpädagogik für die Kindergartenjahre 2018/19 bis 2021/22 wurden die drei bisherigen Vereinbarungen zum Kindergartenausbau, zum Gratiskindergartenjahr und zur Frühförderung in einer Vereinbarung zusammengefasst. Der Fokus liegt in Umsetzung des Gedankens der Wirkungsorientierung auf mehr Sprachförderung, dem Ausbau des Angebots für unter Dreijährige und der Erweiterung der Öffnungszeiten. Vereinbart wurden ein qualitativer und quantitativer Ausbau der Elementarpädagogik und ein Zweckzuschuss des Bundes in Höhe von 142,5 Mio. Euro je Kindergartenjahr für diese Aufgabe. 18,4 Mio. Euro davon gehen an die Steiermark.
- Auf Basis des Kommunalinvestitionsgesetzes 2017 wurden insgesamt 137,3 Mio. Euro ausbezahlt, womit Gesamtinvestitionen von 1,6 Mrd. Euro angestoßen wurden. Am stärksten haben die Gemeinden der Steiermark mit 96,6 Prozent ihren möglichen Zweckzuschuss ausgenützt und 23,1 Mio. Euro abgeholt. Nicht ausgenutzte Fördermittel in Höhe von 35 Mio. Euro wurden Ende des Jahres 2018 als Erhöhung des Strukturfonds an finanzschwache, von Abwanderung betroffene Gemeinden weitergeleitet; 9,8 Mio. Euro davon gingen an steirische Gemeinden.

Chancengerechtigkeit für Kärnten: Das Jahrhundertprojekt Koralmbahn

Wenn dieses Buch erscheint, wird einer der meistzitierten Sätze über die „Staatskunst" hundert Jahre alt: „Die Politik bedeutet ein starkes langsames Bohren von harten Brettern mit Leidenschaft und Augenmaß zugleich", hat Max Weber in seinem 1919 veröffentlichten Werk „Politik als Beruf"[1] geschrieben. Kaum ein anderes aktuelles Projekt untermauert diese Erkenntnis besser als die Koralmbahn. Wahrscheinlich gibt es diese Idee zur infrastrukturellen Überwindung der Koralpen sogar schon länger als das längst geflügelte Wort von Weber. Verbrieft ist zumindest eine Bauzeit- und Kostenschätzung von 1930: Drei Jahre und 75 Millionen Schilling lautete damals die Vorhersage. Das war zu jener Zeit, als Karl Valentin sagte, was neben ihm auch Mark Twain, Kurt Tucholsky, Niels Bohr und Winston Churchill als Urheber zugeschrieben wird: „Prognosen sind schwierig, vor allem wenn sie die Zukunft betreffen." Nun liegt zwar auch das Jahr 2026 noch in der Zukunft, doch haben wir inzwischen Grund anzunehmen, dass dieser Termin für die Fertigstellung der Koralmbahn endlich hält – knapp 100 Jahre nach der ersten heute noch bekannten Kostenschätzung. Mittlerweile liegt sie laut einem Rechnungshofbericht von 2014 bei 5,4 Milliarden Euro – noch ohne Einberechnung des Grazer Flughafenastes, der mit den Ländern Kärnten und Steiermark vereinbart wurde.

Um zu erklären, warum hier aus Sicht des Landes Kärnten jeder Cent gut investiert ist und wir so auf den Abschluss der Arbeit drängen, eignet sich aber besser noch als die gerade in Klagenfurt wieder aktuelle Flughafenthematik ein weiterer Rückblick in die Entstehungsgeschichte: In der Monarchie verlief die Südbahnstrecke noch von Marburg bis Klagenfurt. Nach dem Ersten Weltkrieg lagen dann große Teile der Strecke in Jugoslawien. Kärnten, das 2020 das 100-Jahr-Jubiläum seiner Volksabstimmung für Österreich feiert, geriet dadurch infrastrukturell schon in der Ersten Republik ins Abseits. Vor allem im Vergleich zur bei Bahn wie Straße immer bevorzugten Ost-West-Verbindung ist dies bis heute so geblieben. Wenn wir aber Politik nicht nur allegorisch wie im Zitat von Weber ausloten, so regelt sie „das geordnete Zusammenleben der Bürgerinnen und Bürger. Es geht in der Politik um alles, was mit Gestaltung und Einflussnahme in Gesellschaft zu tun hat, sowohl im persönlichen als auch im öffentlichen Bereich."[2] Unter der

Staatskunst für ein geordnetes Zusammenleben verstehe ich, dass die Kärntnerinnen und Kärntner chancengerecht im Vergleich mit den Bürgerinnen und Bürgern anderer Bundesländer leben können. Das ist in Sachen Verkehrsanbindung auch 100 Jahre nach dem Ende des Ersten Weltkrieges noch nicht der Fall.

Das infrastrukturelle Abseits

Aus dieser infrastrukturellen Benachteiligung ist eine Abseitslage entstanden, die auch im politischen Sinne lange Zeit wirksam wurde. Verbunden damit war eine Einhausung in die eigenen Grenzen, mit der Betonung auf Grenzen, sogar dort, wo sie gefallen sind. Die von mir geleiteten Landesregierungen versuchen seit 2013 diese Einstellungen kontinuierlich aufzubrechen. Kärnten versteht sich dadurch immer mehr als das, was es ist – die Schnittfläche von germanischer, romanischer und slawischer Kultur im Zentrum Europas, dem Herz des Alpen-Adria-Raums. Und wir wollen immer mehr auch zur Hauptschlagader dieser Region werden. Deshalb müssen wir jeden Rückschlag im Vortrieb der Koralmbahn als Benachteiligung von Kärnten betrachten. Sie ist für unser Land nicht nur wegen der Dauer von der Idee bis zur Verwirklichung, sondern auch im übertragenen Sinne ein Jahrhundertprojekt.

Aus dieser Perspektive war 2018 kein gutes Jahr, als uns zu Frühlingsbeginn über die Medien von Infrastrukturminister Norbert Hofer ausgerichtet wurde, es gäbe erneut eine Verzögerung bei der Fertigstellung des Koralmtunnels.[3] Dass es geologisch bedingte Schwierigkeiten gibt, war schließlich bekannt. So etwas sollte wohl schon in Planungen und nach den Probebohrungen berücksichtigt werden. Zumindest die Optik war sehr schief, wenn man den Termin der Verzögerungsbekanntgabe und die fast gleichzeitig verlautbarten Einsparungen bei den ÖBB in Zusammenhang bringt. Die Bahnstrecke mit dem Tunnel wird für Kärnten wie die Steiermark eine wichtige Lebensader. Mit ihr verbunden sind Firmenansiedlungen und Arbeitsplätze. Daher erwarte ich, dass alles getan wird, um das Projekt schnellstmöglich fertigzustellen und die Finanzierungszusagen einzuhalten.

Das Vertrauen in Termintreue

Die Finalisierung des Projekts Koralmbahn bedeutet für Kärnten mehr Anfang als Ende. Das gilt nicht nur für die Begleitmaßnahmen entlang der Strecke im Zentralraum von Klagenfurt bis Villach. Dort müssen vom Ausbau der Lärmschutzwände über das Schienenschleifen und die Flüsterbremsen auch die Planungen einer Trasse für den Güterverkehr eingeleitet werden. Ich erwarte von Infrastrukturminister Norbert Hofer, dass dieser den mit seinem Vorgänger Jörg Leichtfried getroffenen, parteiübergreifenden Schulterschluss auch mit der Wirtschaft einhält. Politik benötigt die Verlässlichkeit von Vereinbarungen über Regierungswechsel hinaus. Wenn ein Weltkonzern wie Infineon nun 1,6 Milliarden Euro in Kärnten investiert, geschieht dies auch aufgrund von Vertrauen in die Verlässlichkeit von Zusagen der Politik – über alle Parteigrenzen hinweg.

Die planmäßige Inbetriebnahme der Koralmbahn spätestens 2026 darf auch aus der Verantwortung des Bundes gegenüber dem Land nicht mehr infrage gestellt werden. Für Kärnten bedeutet die Verkürzung der Fahrtzeit nach Graz und darüber hinaus bis Wien geradezu eine Revolution in Sachen Mobilität. Das gilt nicht nur für die allfällige Abstimmung von Flugplänen zwischen Klagenfurt und dem dann in weniger als eine Stunde entfernten Airport Graz. Der gesamte öffentliche Nahverkehr – von den Tälern in den Kärntner Zentralraum, aber auch von dort zu den wichtigsten Bahnhöfen kann und muss sich neu orientieren, um die Vorteile der neuen Anbindung wirklich vollends nutzen zu können. Dann werden sich völlig neue, heute in ihrer Gesamtheit wahrscheinlich noch nicht voll umfänglich fassbare Möglichkeiten auftun. Nicht nur was die Ansiedelung von neuen Unternehmen betrifft, denn das zeigen internationale Erfahrungen: Dort wo Verkehrsinfrastruktur entsteht, finden auch weitere Betriebsansiedelungen statt. Natürlich sollte auch der Tourismus profitieren, wenn man beispielsweise in Wien oder Graz zu Mittag in die Koralmbahn ein-, und dann nach 2,5 Stunden bzw. 45 Minuten direkt am Wörthersee aussteigen und entweder ins herrliche Wasser der größten Badewanne Mitteleuropas springen oder die rundherum einzigartigen Möglichkeiten unserer Natur-, Bewegungs- und Erlebnisarena genießen kann. Darüber hinaus wird die Koralmbahn dann auch eine Chance sein, die Abwanderung zu stoppen bzw. aus dem viel zitierten „brain drain" eine „brain circulation" zu machen, wenn unsere jungen Kärntnerinnen und Kärntner ihre Studienplätze in Wien oder insbesondere in Graz einfach und rasch von zu Hause erreichen und die Verbindung zur Heimat vielleicht weniger einfach abreißt. Andererseits kann Studieren in Kärnten, direkt am Wörthersee, dort wo andere Urlaub machen, Kärnten als Studien- und in weiterer Folge als Arbeits- und Lebensmittelpunkt noch attraktiver machen.

All die Möglichkeiten dieser neuen Infrastruktur-Lebensader ausschöpfen zu können ist auch mit enormen kommunalen Aufgaben verbunden. Um sie bewältigen zu können, benötigen die Gemeinden verlässliche Termine. Die Landesregierung versucht ihrer Verantwortung durch einen langfristigen strategischen Rahmen gerecht zu werden. Doch um ihre Zukunftsversprechen an die Kärntnerinnen und Kärntner zu erfüllen, müssen auch Bund und Europäische Union ihre Zusagen einhalten.

Das Miteinander für Europa

Kärnten meint es jedenfalls ernst, wenn es seinen Vorsitz im Bundesrat und der Landeshauptleutekonferenz unter das Motto „Gemeinsam für Österreich – Miteinander für Europa" stellt. Kärnten hat diese Devise sehr bewusst für das erste Halbjahr 2019 gewählt, das kontinental im Zeichen von Brexit und Europawahl steht, während im Hintergrund die Entscheidungen über eine neue Förderperiode fallen. Ich bin mir meiner persönlichen Verantwortung für die Einbeziehung dieses größeren Ganzen bewusst, die mir Burgenlands Hans Niessl mit der Übergabe einer Kapitänsschleife für die Landeshauptleutekonferenz symbolisch weitergegeben hat.[4] Meine Vorsitzführung wird davon geprägt sein – und von meiner ausgestreckten Hand, die ich der Bundesregierung reiche, egal welche Themen wir behandeln. Die Koralmbahn jedoch ist ein ganz besonderes Anliegen, das auch in diesen sechs Monaten der Kärntner Exponierung herausragen darf.

Wir sind uns dabei sicher, auf die Solidarität der anderen Bundesländer vertrauen zu können. Denn dem einst sogar in einem Sommerhit beschworenen Motto „Ab in den Süden" stehen innerhalb von Österreich immer noch unangebrachte Barrieren entgegen, die sich nicht bloß dadurch erklären lassen, dass die Alpen nun einmal sind, wo sie sind. Dass Kärnten und die Steiermark trotz aller verkehrstechnischer Benachteiligung „unangefochten" die beliebtesten Inlandsreiseziele sind,[5] zeigt, welch hohen auch tourismuswirtschaftlichen Wert die Koralmbahn nicht nur für Südösterreich haben wird. Gerhard Bronners und Helmut Qualtingers immer wieder für österreichische Eigenheiten bemühte „Zwar hab ich ka Ahnung wo ich hinfahr, aber dafür bin i g'schwinder durt!"[6] gilt hier seit Jahrzehnten genau umgekehrt: Die Menschen wissen genau, wo sie hinfahren (wollen), aber dafür sind sie langsamer dort. Die planmäßige Inbetriebnahme der Koralmbahn 2026, wenn weder für Kärnten noch für die Steiermark und auch nicht für den Nationalrat eine Wahl auf dem Terminkalender steht, sollte diesen Widerspruch endgültig beenden. Ganz im Sinne dessen, dass es in der Politik um alles geht, „was mit Gestaltung auf und Einflussnahme in Gesellschaft zu tun hat, sowohl im persönlichen als auch im öffentlichen Bereich". Auch wenn das starke langsame Bohren dieser harten Bretter mitunter mehr Leidenschaft und genaueres Augenmaß erfordert hätte als in den vergangenen hundert Jahren.

1 Max Weber: „Politik als Beruf", München und Leipzig: Duncker & Humblot, 1919, S. 66 (Vortragsmitschrift mit Nachwort von Ralf Dahrendorf, Reclam 1992).

2 Bundeszentrale für Politische Bildung, http://www.bpb.de/nachschlagen/lexika/das-junge-politik-lexikon/161506/politik, (5.2.2019).

3 Aussendung der Kärntner Landesregierung vom 23.3.2018: „Koralmbahn: LH Kaiser fordert Tempo zur Fertigstellung", https://www.ots.at/presseaussendung/OTS_20180323_OTS0063/koralmbahn-lh-kaiser-fordert-tempo-zur-fertigstellung, (5.2.2019).

4 Aussendung der Kärntner Landesregierung vom 9.1.2019: „LH-Konferenz: Kärnten übernahm Ländervorsitz mit Festakt", https://www.ots.at/presseaussendung/OTS_20190109_OTS0176/lh-konferenz-kaernten-uebernahm-laendervorsitz-mit-festakt, (5.2.2019).

5 IFT Institut für Freizeit- und Tourismusforschung: „Forschungstelegramm September 2015 (Nr. 9/15)", http://www.freizeitforschung.at/data/forschungsarchiv/2015/143.%20FT%209-2015_Inlandsreiseziele.pdf, (5.2.2019).

6 Gerhard Bronner: „Der Halbwilde" (auch: „Der Wilde mit seiner Maschin' "), 1956. Vollständiger Text online abrufbar unter http://www.gedichte.vu/?der_halbwilde.html, (5.2.2019).

Führungswechsel bei NEOS

2018 war ein Jahr des Um- und Aufbruchs für NEOS, aber auch für mich persönlich. Hätte ich Ende des Jahres 2017 einen solchen Beitrag geschrieben und einen Ausblick in das Jahr 2018 machen dürfen, er wäre definitiv anders ausgefallen. Turbulent wurde das Jahr dennoch nicht und das ist ein erneuter Beleg dafür, dass die Kunst im Aufbau politischer Bewegungen vor allem auch im Erreichen eines Reifegrades einer Organisation und entsprechender Resilienz begründet liegt.

Anfang Mai 2018 erklärte Matthias Strolz, Gründer und Vorsitzender von NEOS, seinen Rückzug aus der Politik. Unbewusst angestoßen mit der persönlichen Ankündigung entstand eine breite mediale Diskussion über die Rolle und Stärke der Opposition insgesamt. Dass keine 24 Stunden nach der Ankündigung so manche Medien schon begannen, einen Abgesang auf NEOS zu schreiben, überraschte nicht. Doch frei nach Mark Twain waren die Nachrichten über unser Ableben stark übertrieben. Dass mit der raschen Ankündigung meiner Kandidatur zur Nachfolge und der darauffolgenden harmonischen Übergabe ein so einschneidender Führungswechsel vorbildlich über die Bühne gegangen ist, erfüllt mich mit Stolz. Dass der Vorsitzwechsel, anders als bei den anderen in diesem Jahr betroffenen Oppositionsparteien, bei uns zu einer relativ starken Zunahme an Zustimmung geführt hat, ist ein Erfolg der Gesamtorganisation.

Meines Erachtens waren professionelle Planung, breite Unterstützung der Nachfolge intern wie medial und eine durchdachte Weiterentwicklung der Gründungserzählung nach außen wie innen maßgebliche Erfolgsfaktoren. Dabei hilfreich war, dass innerhalb von NEOS im Organisationsaufbau das Spannungsfeld zwischen hierarchischer, zentraler Planung und dezentraler Organisation samt einem Lean Management Ansatz ebenfalls gut und klar eingebettet wurde.

Das Jahr 2018 war aber wie oben beschrieben insgesamt geprägt von einer steten medialen Diskussion zur Rolle und Schlagkraft der Opposition. Dies wohl aufgrund von zwei Faktoren: Erstens blieb – grosso modo – die Zustimmung zu den Regierungsparteien stabil über das Jahr. Zweitens hatten die anderen beiden Oppositionsparteien SPÖ und Liste Pilz (jetzt „Jetzt“) mit starken internen Problemen zu kämpfen. NEOS hingegen konnte sich als DIE schlagkräftige Oppositionspartei etablieren, was sich auch in den steigenden Zustimmungswerten manifestierte. Obwohl in der medialen Zuspitzung der politischen Debatte eine immer stärkere Polarisierung zwischen Regierung und Opposition oder Links gegen Rechts dargestellt wurde – NEOS blieb der Linie der Orientierung am eigenen Programm und an den eigenen Werten treu: als progressive Kraft in der Mitte, demokratisch und liberal. Damit einhergehend definierten wir unsere Rolle in der Opposition als „konstruktive Härte". Konstruktiv da, wo es um wesentliche Strukturreformen für die Zukunft ging und geht, aber mit Härte da, wo zentrale Werte unserer Ansicht nach verletzt wurden.

Insbesondere das unbedingte Eintreten für demokratische Werte und Grundprinzipien wie Rechtsstaatlichkeit, Meinungs- und Pressefreiheit, das Aufzeigen von Interessenskollisionen oder Machtmissbrauch sowie die Rolle Österreichs als aktiver Partner auf internationaler wie europäischer Bühne waren uns Anlass für prononcierte Kritik. Beobachter schrieben gar vom Oppositionsparadox. NEOS gelten als effektivste Oppositionspartei, obwohl sie am meisten mit der Regierung mitstimmten. Für uns kein Widerspruch – im Gegenteil.

Wir stellen entschlossen Stoppschilder dort auf, wo rote Linien überschritten werden: Eine rechtsnationale Entgleisung folgt der nächsten und die sogenannten „Einzelfälle" sind eine systematische Propaganda. Die monothematische Aufladung des Themas Migration trifft die Emotionen immer noch so weit, dass aus schlechter Stimmung Stimmen gemacht werden. Das Verlassen einer staatstragenden Räson von Regierungsverantwortlichen dabei ist spürbar, gezielte Angriffe etwa auf die Zivilgesellschaft erfolgten planmäßig.

Grundkonsens an politischer Korrektheit

NEOS sind für wahr keine Freunde überbordender political correctness, die mit stets erhobenem Zeigefinger moralische Überlegenheit sucht. Dennoch braucht es einen Grundkonsens an politischer Korrektheit, die Vernunft, Evidenz, Kompetenz und Sachlichkeit zwar mit Leidenschaft verbinden soll, nicht jedoch in Agitation, Demagogie oder bewusste Panikmache abgleiten soll. Dieser Grundkonsens wurde von den Regierungsparteien, allen voran der FPÖ, mehrfach verlassen. Unter stiller Duldung der ÖVP.

Sicher, die Empörung ist seit Jahrzehnten die Batterie, aus der sich Populisten die Energie saugen. Wenn zum Beispiel die Kürzung der Familienbeihilfe für in anderen EU-Staaten lebende Kinder mittels Kopftuch tragenden Kindern beworben wird, so werden damit bewusst gezielte Feindbilder geschürt und genau darin liegt der Bruch mit dem, was Politik zum Wohle aller Menschen an Verantwortung braucht. Auch in der Europapolitik konnten wir Entwicklungen beobachten, die Anlass zur Sorge geben: Die österreichische Bundesregierung hatte während des EU-Ratsvorsitzes die Chance daran zu arbeiten, dass Europa mit einer Stimme spricht und für den Zusammenhalt zu kämpfen. Stattdessen hat man den Nationalisten die Türe geöffnet, sich gerne Seite an Seite mit den Visegrád-Staaten gezeigt, die nationale Alleingänge propagieren, statt mit Deutschland oder Frankreich, die aktiv für europäische Wege eintreten. Showpolitik und Inszenierung standen im Vordergrund. Anstatt klarer Worte zu finden gegenüber denjenigen, die europäische Werte wie Rechtsstaatlichkeit, unabhängige Justiz, Presse- und Meinungsfreiheit mit Füßen treten, wurde Verständnis gezeigt. Wichtige Themen wie Klimaschutz, Digitalisierung, Steuergerechtigkeit, Sicherheit, Schutz der Grundfreiheiten und Rechtsstaatlichkeit in Europa blieben auf der Strecke. Dazu kamen gravierende Fehltritte: die Indexierung der Familienbeihilfe als in Kauf genommener Rechtsbruch mit europäischen Regeln und der Austritt aus dem zuvor verhandelten UN-Migrationspakt. Dass sich Österreichs Regierung hier brüstete, „Vorreiter" in Europa gewesen zu sein, ist bitter: Nicht die Einigkeit wurde in Europa gesucht, sondern die Spaltung begrüßt. Eine gefährliche Entwicklung.

Leider wurde dem Parlamentarismus auch 2018 weiter nur eine bloße Nebenrolle zuteil. Türkis-Blau setzte neue Maßstäbe in puncto Missachtung des Parlaments. „Besser entscheiden" war sicherlich kein Wahlspruch dieser Regierung. Sicher, Politik lebt immer vom Spannungsfeld zwischen Wettbewerb und Kooperation. Eine Mehrheit kann reichen. Ein anderer Ansatz wäre, eine breitere Mehrheit zu erreichen, indem man das Gespräch sucht. Dies wurde jedoch mehrfach abgelehnt. Man sei nicht auf dem Basar …

Neu war auch der kommunikative Ansatz der Regierung, anstatt Gesetzesvorlagen auf den Tisch zu legen, zunächst Punktationen oder Absichtserklärungen zum Mittelpunkt der Kommunikation zu machen. Wenn alles vage bleibt, kann nix schiefgehen, denken sich da wohl manche. Entsprechend schwierig gestaltete sich auch von NEOS angestrebte konstruktive Zusammenarbeit in Reformfragen. Schlechte Gesetze wurden vorgelegt, Verbesserungsvorschläge nicht angenommen. Wir wollen der Regierung überall dort die Hand reichen, wenn es um Fortschritt und Innovationen und Strukturreformen für die nächsten Generationen geht. Wir brauchen dringend radikale neue Ansätze bei Bildung und Ausbildung in Richtung Lebenslanges Lernen, einen fairen Generationenvertrag mit der nötigen Pensionsreform und ein Gesundheits- und Pflegesystem, das auf neuen und nachhaltigen Beinen steht. Die Gewerbeordnung gehört endlich modernisiert: Pioniere brauchen einen roten Teppich statt Bürokratie vor ihnen. Der österreichische Traum vom Aufstieg durch Ausbildung und Arbeit muss revitalisiert werden durch eine deutliche Entlastung des Mittelstandes. Parteien und öffentliche Hand müssen radikal transparent umgestaltet werden. Das beginnt bei Parteien- und Wahlkampffinanzierung und endet bei einem umfassenden Transparenzgesetz, das Behörden zwingt, umfassend Rechenschaft abzulegen.

Nachhaltig und generationenfair!

Österreichs soziale Systeme müssen nachhaltig und generationenfair aufgestellt werden. Eine Pensionsreform mag unpopulär sein, aber sie ist notwendig. Ein solidarisches Gesundheits- und Pflegesystem braucht mehr als Reförmchen, die mehr dem parteipolitischen Machtanspruch dienen als der Zukunft. Vielfalt muss gestaltet werden – das Gelingen echter Integration ist eine entscheidende Zukunftsfrage. Hier braucht es Lösungen und keinen Themenmissbrauch. Wir sind hier besonders den Jungen verpflichtet! Diese Frage entscheidet das Zusammenleben ganzer Generationen. In all diesen Fragen enttäuschte die Regierung. Große strukturelle Reformen blieben aus, ausgabenseitige Budgetsanierungen fanden nicht statt. Dass Nulldefizit wird zwar zum Mantra (was wir begrüßen), erreicht wird dies aber vorwiegend durch ein Hoch an Steuereinnahmen, bedingt durch ausgezeichnete konjunkturelle Lage. Entsprechend ist auch der Spielraum für eine Steuerreform nur so groß, wie es die gesteigerten Einnahmen durch die kalte Progression zulassen. Damit zahlen sich die Steuerzahler die kommende Steuerreform auch selbst – zumindest sagt das die Punktation über eine Absichtserklärung.

Abschließend noch ein Ausblick: Viele Menschen sind ganz zu Recht froh, dass diese andauernden Streitereien wie unter Rot-Schwarz endlich aufgehört haben. Aber nur „nicht streiten" wird auf Dauer nicht genug sein. Es braucht mutige Schritte, um den nächsten Generationen Zuversicht für die Zukunft zu geben. Die Regierungsparteien verfügen über eine klare Mehrheit. Diese Zustimmung verpflichtet! Nicht nur gegenüber den eigenen Anhängerinnen und Anhängern, sondern gegenüber der gesamten Bevölkerung. Anstatt also Andersdenkende als Feinde abzukanzeln und zu spalten, sollten die Regierungsparteien in wesentlichen Fragen auf alle zugehen und die Kooperation suchen. Eine klare Mehrheit verpflichtet auch, das Richtige im Sinne der Zukunft zu tun, nicht bloß das Populäre. Das erfordert Mut und ein klares Bild von der Zukunft.

Frauen-Power an der Spitze von JETZT – Liste Pilz

„Frauen, die nichts fordern, werden beim Wort genommen – sie bekommen nichts."
Simone de Beauvoir

Chefinnen im Talk

Es war still, nur die Kosmetikerinnen klapperten mit ihren Deckeln und Pinseln. Kreative Konzentration im ORF-Zentrum am Küniglberg, während die Chefinnen der drei Oppositionsparteien für die Diskussionsrunde „Im Zentrum" vorbereitet wurden, in der sie zum ersten Mal gemeinsam auftraten. Es tat gut, mit zwei so klugen Frauen gegen die Vertreter einer rechtskonservativen Regierung anzutreten, die nicht nur frauenpolitisch eher marginal versiert ist. Pamela Rendi-Wagner, Beate Meinl-Reisinger und ich hatten die Felder der Übereinstimmungen und Differenzen bereits abgesteckt und waren uns einig, dass nicht nur die Qualität der parlamentarischen Arbeit, wie zu kurze Begutachtungsfristen und mangelhafte Antworten zu Anfragen, sondern auch die Rechtsstaatlichkeit an sich und der internationale Ruf bzw. die drohende Isolation Österreichs im Winter 2018 auf dem Spiel standen.

Der Kanzler schwänzte, pardon, er ließ sich entschuldigen. Er hatte seinen ORF-Auftritt an diesem Sonntag bereits hinter sich, bei dem er als Oberheld in der Sendung „Österreichs Heldinnen und Helden" Preise verteilt hatte. Das ermüdet, man versteht. Und zeigt, wie weit die Orbánisierung der österreichischen Medienlandschaft bereits fortgeschritten ist: Politikern sollte medial auf den Zahn gefühlt werden. Dazu gehört nicht, dass sie in emotionalen Shows die Hauptrolle bekommen. Sein Vertreter entschuldigte ihn mit dem Verweis auf den Afrika-Gipfel am folgenden Tag, auf den sich der Kanzler vorbereitete. Es stellte sich heraus, dass es sich hierbei um ein Abendessen handelte und ich fragte mich, warum sich ein Kanzler 24 Stunden lang auf ein Dinner vorbereiten muss, statt sich dem spontanen Schlagabtausch einer Diskussionsrunde zu stellen. Kochte er etwa selber?

Ich erledigte meinen Job. Ein Kurzclip, der danach im Netz kursierte, und in dem ich wiederholt über das Sicherheitsrisiko der häuslichen Gewalt sprach, belegte den zehnten

Platz der „Top 10“ der meistgesehenen Clips der Sendung „Im Zentrum“ des Jahres 2018. Mein Sager zum Familienbonus in einer vorherigen Sendung erreichte Platz 5. Somit war ich die bestgereihte Politikerin des Jahres und die Einzige, die zwei Plätze belegte.

Das erste Jahr

Nach dem erfolgreichen Einzug der Liste Pilz in den Nationalrat freute ich mich im Herbst 2017, als Frauensprecherin einer jungen Bewegung mit voller Kraft loslegen zu können. Wie allgemein bekannt, war unser erstes Halbjahr dann eher turbulent und gipfelte für mich in der Übernahme der Parteiführung im September 2018.

Inzwischen hatte sich der Klub allerdings etabliert und die Abgeordneten leisteten hervorragende Arbeit. Obwohl wir die kleinste Fraktion waren, saßen wir in allen Ausschüssen, sprachen zu jedem Thema, brachten unentwegt Anfragen und Anträge ein, was auch wegen des exzellenten Einsatzes der ReferentInnen und MitarbeiterInnen möglich war.

In die Rolle der Oppositionspolitikerin fand ich mich rasch ein. Zum einen, weil die türkis-blaue Regierung punkto Angriffsflächen eine Steilvorlage nach der anderen lieferte, zum anderen, weil meine Spezialthemen groß wurden. Ich war mit zwei Zielen in die Politik gegangen: erstens, die Sicherung des Unterhaltes, um die wachsende Kinderarmut bei Alleinerziehenden in den Griff zu bekommen und zweitens, die Ausfinanzierung von Opferschutz und Täterarbeit im Kampf gegen häusliche Gewalt.

Die Unterhaltssicherung

Kinder und Jugendliche in Ein-Eltern-Haushalten sind mehr als doppelt so oft von Armut und sozialer Ausgrenzung betroffen als ihre Freundinnen und Freunde. Der Hauptgrund für diese häufige Form der Kinderarmut sind die Lücken im Unterhaltsgesetz: 54 Prozent der Kinder und Jugendlichen bekommen, gemessen an den Regelbedarfssätzen, zu wenig Alimente oder Unterhaltsvorschuss, 18 Prozent weder noch. Zum großen Erfolg der Liste Pilz zählte, dieses Thema bereits im Wahlkampf zu einem Politikum gemacht zu haben, indem alle KandidatInnen vor laufender Kamera zusagten, die Sicherung des Unterhalts einzuführen. Wenige Tage vor der Wahl gelang die zweite Sensation: eine parteiübergreifende Pressekonferenz, bei der wir gemeinsam mit Pamela Rendi-Wagner (SPÖ) einen entsprechenden Gesetzesvorschlag präsentierten, der sowohl von Frauenorganisationen als auch vom Verein „Väter ohne Rechte“ begrüßt wurde. Mein jahrelanges Engagement scheiterte (vorerst) im letzten Plenum vor der Nationalratswahl an den Stimmen der ÖVP und der FPÖ. Die Regierung wird aber seither unter Zugzwang gesetzt. Die harten Lebensbedingungen der Alleinerzieherinnen (93 Prozent Frauen) können nicht länger ignoriert werden.

Frauenpolitik

Abgesehen davon hatte ich alle Hände voll zu tun, die desaströse Frauenpolitik der Regierung zu beobachten, gegenzuhalten und zu kommentieren, während ich mit meinen Frauennetzwerken kommunizierte, die langsam verzweifelten. Ich beobachtete in den Ausschüssen die fehlende Sachkenntnis der Frauen- und Familienministerin und wie rasch sie es schaffte, großen Schaden anzurichten. Überlegungen zum Gewaltschutz wurden in die Taskforce hinter verschlossene Türen delegiert, während sie Frauenvereinen, die teilweise seit Jahrzehnten gute Arbeit leisteten, die Subventionen kürzte oder zur Gänze strich. Sowohl der 12-Stunden-Tag als auch der ungerechte Familienbonus, die Kürzung der Familienbeihilfe und die Junktimierung des Ausbaus der Kinderbetreuung an ein Kopftuchverbot zeigten eine alarmierende Retro-Politik, die selbst Verfassungsgerichte auf den Plan rief. Dass der Kanzler keine Ahnung vom wirklichen Leben hat, machte er spätestens mit den Kürzungen der Mindestsicherung deutlich, die überproportional viele Frauen, Kinder, PensionistInnen und Menschen mit Behinderung treffen.

Frauenmorde

Bei ihrem ersten Auftritt betonte Juliane Bogner-Strauß, dass sie 100 Notbetten für von Gewalt betroffene Frauen bereitstellen wolle. Das fand ich gut. Dass die Notbetten weder budgetiert noch genauer definiert wurden, ärgerte mich bereits im ersten Ausschuss. Als sich dann herausstellte, dass die so dringend benötigten Betten (in Frauenhäusern) erst für das Jahr 2022 geplant wurden, waren die großen Worte als vorgezogener Wahlkampfgag enttarnt.

Inzwischen sind häusliche Gewalt und Frauenmorde in der öffentlichen Diskussion angekommen. Doch statt die von ExpertInnen seit Jahren geforderte Täterarbeit (Anti-Gewalt-Trainings), die Schulungen in Bildungseinrichtungen, Justiz, Medizin und Medien einzuführen, strich Türkis-Blau die international beachteten Polizeiprojekte SIAK und MARAC sowie die Finanzierung der Ringvorlesung „Eine von Fünf" und Projekte wie „One Billion Rising". Wir wissen aus dem GREVIO-Bericht, dass Österreich 210 Millionen Euro in Opferschutz, Täterarbeit, Kampagnen und Schulungen investieren muss, um Menschenleben zu retten und volkswirtschaftliche Folgekosten von 3,7 Milliarden Euro zu sparen. Jährlich. Das haben wir schwarz auf weiß. Dies kann das Micky Maus-Budget des Frauenministeriums alleine nicht leisten. Es sind alle Ministerien gefragt, Verantwortung zu zeigen. Das Innenministerium ebenso wie die Ministerien für Justiz, Finanz, Bildung, Familie, Gesundheit, Soziales und Kultur. Die Investition von 210 Millionen Euro ist und bleibt meine politische Forderung.

Obwohl Frauenverachtung in allen Kulturen stattfindet, müssen wir uns genau ansehen, warum Gewalttaten von Menschen mit Migrationshintergrund überproportional häufig begangen werden und Konzepte entwickeln, dem entgegenzuwirken. Und wir müssen uns fragen, ob die türkis-blaue Kürzung im Integrationsbereich (Schulen, AMS, Deutschkurse und Vereine wie Maiz) dabei helfen, Migrantinnen vor Gewalt zu schützen. Auch muss sichergestellt werden, dass diese den Aufenthaltstitel durch eine Scheidung nicht verlieren und Asylsuchende ins Frauenhaus fliehen können (derzeit nicht finanziert). Imame sind aufgefordert, Gewalt an Frauen zu ächten und wir müssen uns fragen, warum Männer vom Balkan (Serbien, Kosovo, Kroatien), die schon lange in Österreich leben, in der Gewaltstatistik hervorstechen.

Dass Türkis-Blau die soziale Sicherheit durch Kürzungen gefährdet, integrierte Lehrlinge in unsichere Herkunftsländer abschiebt und ein Wahlversprechen brach, das bereits über 120.000 Frauen und Kinder aus der Armut hätte befreien können, ist das Eine. Dass die Regierungsparteien auch gesetzesbrüchig wurden, erfuhren wir im Herbst 2018. Die Klage wegen massiver Wahlkampfkostenüberschreitungen liegt derzeit, von mir angeregt und mitunterzeichnet, bei der Wirtschafts- und Korruptionsstaatsanwaltschaft.

Was tut eine Parteichefin?

Und was bedeutet es, neben all den Sachthemen und der schnelllebigen Tagespolitik, Parteichefin zu sein? Viel Arbeit. Ein internes Team mit Geschäftsführung, Pressearbeit, Social Media, juristischer Recherche und Assistenz zusammenstellen, Länderorganisationen aufbauen, deren Themen begleiten, ausgeuferte Korrespondenz bewältigen, Hassmails und Briefe mit pornographischen Gewaltphantasien an Juristen weiterleiten, Arbeitsgruppen initiieren, Strukturen im Netz beauftragen, mit NGOs und Interessensgruppen netzwerken, Veranstaltungen und Tagungen besuchen, tagespolitisch on top sein, Entwicklungen beobachten, Strategien, Projekte und Kampagnen entwickeln, Weichen für Wahlkämpfe stellen, inhaltliche Schwerpunkte setzen und Medienarbeit. Ich holte mir die Pflegeexpertin Teresa Roscher ins Team und setze auf Menschen wie den Lehrer Thomas Huber, der die Wiener Landesgruppe beinahe wöchentlich anwachsen lässt. Ich bin in Kontakt mit Wolfgang Feigl, Gabriele Faller und allen, die halfen, die Missstände rund um das Murkraftwerk aufzudecken, oder mit Wolfgang Wagner, der bei der Rettung des Grazer Augartens aktiv ist. Ich kommentiere die Folgen der blockierenden Wetterlagen, die in der Steiermark rutschende Hänge aufgrund anhaltenden Regens und im Winter massive Schneefälle verursachen genauso wie die dreijährige Dürre im südlichen Mühlviertel, wo bereits Kühe geschlachtet werden, da sich die Bauern das Zukaufen des Futters nicht mehr leisten können. Staunend über eine Umweltministerin, die die Einsparung von zwei Prozent des Plastiks als großen Erfolg verkauft, während der Verkehrsminister auf 140 km/h setzt. Ich holte den Bürgerrechtesprecher Peter Kolba in die Politik zurück und unterstütze ihn bei der Recherchearbeit zu Heimkindern, stolz, bei der Schließung des desaströsen Kinderheimes in Eggersdorf bei Graz beteiligt gewesen zu sein. Nebenher helfe ich Sandra Gaupmann bei ihrer Arbeit für Tierrechte und Reformen im Strafvollzug in Niederösterreich und Lukas Schwarz bei der Unterstützung die LGBT Community. Die Liste ließe sich fortsetzen, meine Zeichenanzahl ist begrenzt.

Kürzlich war ich bei einer Klausur von Alleinerzieherinnen, die sich formierten. Obwohl es sich um zwölf engagierte Frauen handelt, war die Finanzierung der Kinderbetreuung für das nächste Meeting ein Problem. Dass 40 Euro eine große Hürde darstellen können, weiß ich aus eigener Erfahrung als ehemalige von Armut und sozialer Ausgrenzung betroffene, alleinerziehende Mutter von drei wunderbaren Kindern. Es machte mich aber wieder zornig.

Ich freue mich auf die von mir initiierte parteiübergreifende Pressekonferenz zum internationalen Aktionstag One Billion Rising. Wir feiern heuer das 100. Jubiläum der ersten Wahl, an der sich Frauen aktiv und passiv beteiligen konnten. Der Frauenanteil in der Politik steigt kontinuierlich, aber viel zu langsam. Es gibt noch viel zu tun. Und zwar jetzt.

Weitere Informationen: https://partei.jetzt/

1 Siehe https://www.onebillionrising.org/.

Zur Standortbestimmung der Grünen: mit Wissen und Gewissen!

Ja, grün.

Lohnt es sich, für eine solidarische Gesellschaft freier Menschen in einer intakten Umwelt zu kämpfen? Jetzt, da Solidarität verhöhnt wird und selbst das Almosen schon unter dem Verdacht des „Gutmenschentums" steht? Da Internet-Konzerne jeden unserer Schritte kennen und Behörden sich deren Kniffe und deren Wissen zu eigen machen? Jetzt, da selbst unser schönes, so sauberes Österreich lieber in der Gluthitze schwitzt und Erdrutsche wie Überschwemmungen erduldet, als endlich seine bescheidenen Klimaziele zu verwirklichen?

Ja, es lohnt sich.

Es ist wahr: Die Stimmung ist gekippt – irgendwann nach der Flüchtlingskrise und vor der Nationalratswahl im Oktober 2017. Aber wie das ist mit Kippbewegungen: Was einmal gekippt ist, kann auch zurückkippen.

Wir müssen nicht bei null anfangen. Im Grunde wissen alle Bescheid über die drohende Klimakatastrophe, die bedrohliche Weltlage, die soziale Ungerechtigkeit. Nur wollen viele es gar nicht wissen.

Aber wir, die Grünen, wollen es wissen.

Wir wollen die Stimme der Vernunft sein. Sie wird nicht von allen immer gern gehört. Rechtsextreme und rechtskonservative Politiker, die nur an niedrige Instinkte appellieren und ständig den Zusammenhalt der Gesellschaft in Frage stellen, sind Teil des Problems. Die Antworten der Rechten schaden allen mehr, als dass sie irgendwem wirklich nützen würden.

Wir genieren uns nicht dafür, dass wir uns erst in der Fachwelt kundig machen, bevor wir Entscheidungen aus dem Bauch treffen – oder gar, um den eigenen Bauch zu füllen. Denn die Welt verzeiht uns unsere Dummheiten nicht mehr. Je früher wir zur Vernunft kommen, desto niedriger ist der Preis, den wir zu zahlen haben. Besser zum Beispiel, wir bauen unsere Flüsse zurück und schaffen damit die nötigen Wasserspeicher, als dass wir nach der nächsten Hochwasserkatastrophe unsere Städte wieder aufbauen. Das ist die grüne Logik. Das ist nicht kompliziert. Wir können sie auf die Straße und in die Wirtshäuser tragen.

Wir haben für vernünftig erkannt,

- dass in unserer reichen Gesellschaft jede und jeder zum Leben bekommt, was er oder sie braucht – und für unvernünftig, Menschen betteln oder stehlen zu schicken;
- nach den Ursachen zu fragen, wenn an unseren Grenzen Flüchtlinge auftauchen – und für unvernünftig, uns mit brüchigen Mauern und altmodischem Stacheldraht zu umgeben;
- unsere Interessen mit unseren europäischen Nachbarn solidarisch abzugleichen – und für unvernünftig, so zu tun, als wollten uns alle anderen etwas wegnehmen;
- die Chancen der Digitalisierung allen zugutekommen zu lassen – und für unvernünftig, ausgerechnet in dieser Revolution die Arbeitszeiten zu entgrenzen;
- Frauen und Männern einen gleichen Anteil am Erwerbsleben zu ermöglichen – und für unvernünftig, die Hälfte der Bevölkerung vom Fortschritt auszuschließen;
- den öffentlichen Verkehr mit Bussen und Bahnen auszubauen – und für unvernünftig, auf Autobahnen das Tempo zu erhöhen und die Abgaben auf Flüge zu senken;
- Kindern die beste Bildung zukommen zu lassen – statt ihre dringend benötigten Talente noch nach sozialer oder nationaler Herkunft zu trennen und zu diskriminieren.

Alles, was wir wollen, ist möglich – und zwar zu unseren Lebzeiten. Überall in Europa waren es in den letzten Jahrzehnten grüne und linksliberale Parteien, die gezeigt haben, wie wir besser, entspannter, friedlicher und freundlicher leben können. Und in den Landesregierungen gestalten österreichische Grüne Alternativen zum rechtspopulistischen Unsinn.

Wir integrieren.

Eine Gesellschaft, in der wenige viel und viele wenig zum Leben haben, braucht scharfe innere Grenzen: hohe Mauern rund um die Villengrundstücke und irgendwann auch Mauern um die Ghettos. Eine offene Gesellschaft, wie wir sie uns wünschen und wie wir sie kennen, muss ihren Reichtum gleichmäßig verteilen.

Dass niemand wegen seiner Rasse, Hautfarbe, Nationalität, Abstammung, Geschlecht, seiner sexuellen Identität, seines Glaubens oder Weltanschauung, seiner Behinderung oder seines Alters benachteiligt werden darf, ist für uns kein Spruch für Sonntagsreden. Es ist Richtschnur unseres täglichen Handelns.

Gegensätze zusammenführen

Integration und Inklusion gehören zu Österreichs geschichtlichem Erbgut. Gegensätze zusammenzuführen ist seit vielen Jahrzehnten unsere Kernkompetenz. Wien war schon vor mehr als hundert Jahren Europas größter Schmelztiegel. Heute beweisen gerade unsere Kleinstädte und Dörfer eine integrative Kompetenz, die sich europaweit sehen lassen kann. „Liegst dem Erdteil du inmitten", heißt es in unserer Hymne. Unsere Lage ist uns bewusst: Sie ermöglicht es uns, Anregungen aus der ganzen Welt wahrzunehmen und selbst in alle Welt auszuströmen. Das soll so bleiben. Wenn wir in die Provinzialität abrutschen, machen wir unser Land zur Hölle.

Wer meint, eine „Lösung der Flüchtlingsfrage“ gefunden zu haben, ist ein Unmensch oder ein Traumtänzer. Aber Österreich und Europa können mit der Flüchtlingsfrage trotzdem gedeihlich umgehen. Solange auf der Welt keine gerechten Verhältnisse herrschen, wird es Grenzen geben müssen. Nur „dicht“ können und dürfen sie nicht sein. Als es uns noch nicht so gut ging wie heute, haben wir schon noch mehr Menschen aufgenommen. Die Hautfarbe und der kulturelle Hintergrund dürfen, wenn wir ein modernes und weltoffenes Land bleiben wollen, nicht das Kriterium unserer Aufnahmebereitschaft sein.

Österreichs „Rendezvous mit der Globalisierung“ in der Krise des Jahres 2015 muss uns Anlass sein, unseren Anteil an der Hilfe für Flüchtlinge zu leisten. Wir schämen uns, wenn unser Land ständig Fluchtrouten schließen will und zugleich nicht einmal seine Beiträge für die großen UNO-Agenturen bezahlt. Wir setzen uns für fairen Welthandel ein. Es kann nicht sein, dass bilaterale Handelsabkommen zwischen den großen Wirtschaftsmächten und schützende Subventionen den armen Staaten, vor allem in Afrika keine Chance lassen, ihre Produkte an uns zu verkaufen.

Wir wirtschaften vernünftig.

Für uns ist es ein Widersinn, wenn in Österreich immer mehr Menschen in die Armutsfalle geraten. Gleichzeitig sucht flottierendes Kapital zunehmend verzweifelt und oft vergeblich nach Anlagemöglichkeiten. Wer da gegensteuern will, muss nicht gleich den Kapitalismus abschaffen. Eine ökologische Steuerreform, die den Verbrauch von natürlichen Ressourcen sanktioniert und umweltfreundliches Wirtschaften fördert, gibt uns auch den Spielraum, mehr soziale Gerechtigkeit zu schaffen.

Eine Arbeitswelt, die Zeit zum Leben lässt, ist mit der Digitalisierung und Robotisierung zum Greifen nahe. Noch nie war so wenig Arbeitszeit vonnöten, um das zu produzieren, was unsere Gesellschaft zum Leben braucht. Es ist eine böse Ironie, dass wir ausgerechnet in dieser Lage länger arbeiten sollen. Nirgendwo in Europa klafft die Schere zwischen denen, die zu viel arbeiten, und denen, die nicht genug Arbeit haben, so weit auseinander wie bei uns in Österreich. Männer machen Überstunden, Frauen arbeiten Teilzeit – nicht nur, weil sie es so wollen, sondern auch, weil es an flexiblen Kinderbetreuungsangeboten noch immer mangelt. Unser Familienbild ist dagegen ein ausgewogenes: gleichberechtigte PartnerInnen mit hinreichend Elternzeit für die Kinder. Wirklichkeit werden kann das nur in einer veränderten Arbeitswelt.

Die digitale Revolution stellt unser Freiheitsversprechen wieder auf den Prüfstand. Internetkonzerne haben die technischen Möglichkeiten und die Macht, jeden unserer Schritte zu dokumentieren, auszuwerten und für ihre Zwecke zu nutzen. Einmal geschaffen, stehen diese ungeheuren Kapazitäten auch totalitären Regimen – und gewählten Regierungen mit autoritären Tendenzen – zur Verfügung. Wer das freie Individuum in den Mittelpunkt stellt, muss die Herrschaft des Einzelnen über seine Daten sicherstellen. Wer dagegen schrankenlose Freiheit für Konzerne fordert, wacht irgendwann auch mit dem totalen Staat auf.

Ja, wir sind Grüne.

Grün: Das ist nicht nur eine Metapher.

Man muss nur aus dem Zugfenster schauen: Weite Teile Mitteleuropas haben in den letzten Hochsommern die Farbe gewechselt – von grün zu braun. Verbrannte Felder und Wiesen geben uns einen ersten Eindruck davon, was der Klimawandel noch anrichten wird.

Unser Parteiname ist unser Auftrag. Wir werden uns von den täglichen Boulevard-Aufregern von unserem Kernanliegen nicht ablenken lassen. Dass ökologische Probleme sich im Rahmen des Nationalstaats nicht lösen lassen, ist die Grunderkenntnis unserer Bewegung. Sie hat mit dafür gesorgt, dass in Europa die Grenzen gefallen sind – drei Jahre nach Tschernobyl auch die zwischen West und Ost. Neue Grenzen wären für die ganze Welt ein schwerer Rückschlag.

Österreich allein wird die Klimakrise nicht aufhalten, auch kein grün regiertes. Aber unsere Verantwortung geht weit über die Dimension unseres Landes hinaus. Als neutrale Nation in der Mitte des Kontinents und mit unserer UNO-Stadt Wien haben wir die Chance und den Auftrag, das System internationaler Organisationen und multilateraler Absprachen am Laufen zu halten. Das Klimaschutz-Abkommen von Paris war ein Erfolg, der ohne Grüne nicht möglich gewesen wäre. Und als Hochtechnologie-Land mit ansehnlicher Forschung können wir der Entwicklung auf der ganzen Welt mit den Weg weisen. Wo soll der Ausstieg aus fossilen Energieträgern gelingen, wenn nicht in Österreich? Wo soll die Forschung in bessere Ökotechnologie bei Energiespeicherung, Bauen oder Antriebstechnologie sich bewähren, wenn nicht im eigenen Land?

Saubere Luft, giftfreie Böden, leistbare und umweltfreundliche Mobilität sind grüne Kernanliegen. Ohne Grüne sind sie nicht zu haben.

Wir sind nicht die stärkste Partei im Land und werden es auf absehbare Zeit wohl auch nicht werden. Aber jedes Kind lernt: Wer seine Kraft an der richtigen Stelle einsetzt, kann mit der bloßen Hand, eine zentnerschwere Wippe zum Kippen bringen. Das ist unsere Zuversicht.

Digitale Fragmentierung? Anmerkungen zum demokratischen Diskurs im Informationszeitalter

Die digitale Revolution hat einen Boulevard der zerbrochenen Träume hinterlassen. Zugegeben, die Erwartungen und die Hoffnungen, die durch sie geweckt wurden, waren groß, zu groß vielleicht: Die etablierten Massenmedien sollten ihrer grundrechtlichen Monopolstellung als „öffentlicher Wachhund“[1] verlustig gehen. Engagierte Amateure sollten an ihre Stelle treten; allfällige qualitative Defizite der Berichterstattung durch die Quantität der Berichte aufgewogen werden. Gestützt auf eine Infrastruktur, die niederschwelligen Zugang mit breitenwirksamer Dissemination verbindet, sollte ein neues, funktionales und vor allem egalitäres Zeitalter medialer Freiheit eingeleitet werden.[2] Nicht länger sollte der Marktplatz der Information und Ideen durch Intermediäre reguliert werden. Der informierte Bürger sollte als informierender Bürger auftreten und so den Fall der Torwächter herbeiführen.

Die dergestalt skizzierten Verheißungen haben sich im „postfaktischen“ Zeitalter nur bedingt eingestellt. Und das obwohl (oder: gerade weil) – gestützt auf die angesprochene digitale Infrastruktur – Kommunikation mehr denn je im Zentrum sozialer Interaktion steht; Kommunikation indes, die vielfach nicht im Stande scheint, *communitas* herzustellen, sondern die augenscheinliche Tendenz birgt, die beteiligten Individuen in die Isolation Leibniz'scher Monaden zu drängen: in ein Nebeneinander divergierender Wahrnehmungen und Deutungen statt in ein Miteinander eines gemeinsamen Diskurses.

Die enttäuschte Erwartungshaltung geht ihrerseits auf den ernüchterten Befund zurück, dass dem Internet (eine insgesamt unzulängliche aber im gegebenen Zusammenhang heuristische sinnvolle Verkürzung) jene zentrale Kapazität abhanden gekommen ist, die ursprünglich erst Anlass zur eingangs umrissenen Hoffnung gegeben hat: Gleichheit im Diskurs sowohl im gleichberechtigten Zugang zu den Inhalten als auch insgesamt über die Allgemeinheit der Inhalte sicherzustellen.

Statt als Marktplatz des offenen Austausches zu fungieren, tendieren soziale Netzwerke, Microbloggingdienste und auch Suchmaschinen zunehmend dazu, die Bedürfnisse ihrer Nutzerin oder ihres Nutzers zu antizipieren: Algorithmen, die auf Basis statistischer

Daten sowie, gestützt auf virtuelle Markierungspunkte (Cookies), des vergangenen Nutzungsverhaltens und der so zum Ausdruck gebrachten Präferenzen und Interessen operieren, ermöglichen personalisierte (und damit individuelle) Erfahrungen, die zunehmend frei sind von untauglichen, unerwarteten oder auch unerwünschten Inhalten.[3] Das ist nützlich. Aber es hat seinen Preis: Die Weite des Horizonts weicht der Enge der Perspektive.

Folge dessen sind, wie prominent beklagt wird, bedrohlich anmutende Phänomene, die die Konfrontation des Individuums mit Unbekannten und Unbekanntem in digitalen Diensten sukzessive zu Gunsten des Vertrauten und Erwartbaren verringert. Wir führen damit, so der wenn auch etwas zugespitzte Anwurf, ein vielfach kuratiertes „Onlife",[4] das wenige Überraschungen bereithält, weil es auf Basis unserer eigenen Prädispositionen hochgerechnet wurde. So betrachtet durchleben wir nicht die Wiederkehr, aber doch den Widerhall des Gleichen, eine lineare Fortentwicklung unserer selbst. Der digitale Raum für die Dynamik überraschender, unbequemer oder gar verstörender sozialer Interaktion wird kleiner.

Damit ist ein neuer Strukturwandel der Öffentlichkeit verbunden:[5] In Zeiten, in denen ein wachsender Teil der Bevölkerung Nachrichten aus sozialen Medien bezieht,[6] werden die Foren, in denen die Allgemeinheit der Diskursinhalte in der Allgemeinheit der Diskursteilnehmer gespiegelt wird, weniger. Und so finden wir uns (konsequent fortgedacht) – zuweilen ohne uns dessen bewusst zu sein – in den Echokammern eines Netzes, das keine wirkliche Vernetzung mehr erlaubt, formen und verfestigen Meinungen zu allgemeinen Belangen auf Basis einseitiger Betrachtungen, die zu immer weiterer Polarisierung führen.

Dass ebendies einen überaus geeigneten Nährboden für absichtsvoll gestreute oder selbstständig gewachsene Gerüchte, zielgerichtet verbreitete Falschnachrichten und unwillkürlich in Umlauf gebrachte Halbwahrheiten bietet, bedarf keiner näheren Begründung; ebenso wie die Sorge keiner Begründung bedarf, dass derartig falsche oder verfälschte Diskursinhalte insgesamt signifikanten negativen Einfluss auf die demokratische Willensbildung nimmt. Vor diesem Hintergrund bedingt die stetig voranschreitende Erosion etablierter medialer Strukturen konsequent eine stetig voranschreitende Erosion des Vertrauens in (über diverse Kanäle) medial übermittelte Inhalte.[7] Bedenken, irregeleitet zu sein oder zu werden, greifen um sich.

Natürlich kann die Schärfe der so gestellten Diagnose mit guten Gründen relativiert werden. Mit Blick auf die rekursive Konfrontation mit Inhalten, die an der persönlichen Präferenz ausgerichtet sind, schon deshalb, weil die Vielfalt an Informationen, die im digitalen Umfeld über verschiedene Dienste zu beziehen sind, nach einer Auswahl verlangt, die unweigerlich von jenen zu treffen ist, die damit befasst sind, den Nutzerinnen und Nutzern die von ihnen begehrten Inhalte näherzubringen. Dass diese Auswahl bedürfnisorientiert erfolgt, scheint nicht unbedingt nachteilig. Ebenso wenig wie es sich dazu als nachteilig erweisen kann, dass die Anbieter der Dienste ihre Nutzerinnen und Nutzer sowie deren Bedürfnisse gut kennen und von dieser Kenntnis guten Gebrauch machen. Unbestritten ist freilich, dass dieser gute Gebrauch auch – und vor allem – zu Gunsten jener erfolgt, die das Angeld für die kostenfrei zur Verfügung gestellten Dienste leisten: von jenen Unternehmen, die ihre Waren und Dienstleistungen auf den Konsumenten oder die Konsumentin abgestimmt – und damit möglichst treffsicher – anbieten können.[8]

Das Bewusstsein, dass auch entgeltfreie Leistungen letztlich entgolten werden, wenn auch nur mittelbar finanziell und unmittelbar über die Durchsichtigkeit unseres digitalen Lebens, scheint sich konsequent zu verfestigen. Minder verfestigt scheint demgegenüber das Bewusstsein, dass unklar ist, nach welchen Kriterien und mit welcher spezifischen Zielsetzung die Kuratierung unserer digitalen Aktivitäten (konsumbezogen wie auch – vordergründig – konsumfern) und – in Abhängigkeit davon – die Festlegung unseres digitalen Aktionsradius erfolgt. All das scheint sich vielmehr in einer „Blackbox" zu vollziehen,[9] die unserem analytischen Zugriff entzogen ist.

Die Gefahr, dass die digitale Revolution vor diesem Hintergrund zwar die etablierten Torwächter in ihrer Wirkmacht eingeschränkt, zugleich aber neue, mächtigere (und zugleich undurchsichtigere) Torwächter erstehen lassen hat, scheint durchaus gegeben; ebenso wie die Folgen schwerwiegend anmuten, die – nach Ansicht mancher Kommentatoren – bis hin zur Fragmentierung der Gesellschaft reichen.[10]

In alldem die Ursache für ein vielfach wahrgenommenes Auseinanderdriften politischer Gemeinschaften und einen konsequenten Verlust sozialer Kohäsion zu erkennen, scheint auf der Hand zu liegen.[11] Und es ist nachvollziehbar, vor diesem Hintergrund den Staat als „Garanten von Pluralimus"[12] auf den Plan und damit nach vermehrter Regulierung zu rufen, um solcherart nicht nur einen funktionsfähigen Marktplatz des Austauschs, sondern zugleich eine Mindestqualität des ebendort Gehandelten zu gewährleisten.[13]

Manches von dem mag diskussionswürdig sein. Und doch bleibt anzuraten, Brandeis' Warnung ernst zu nehmen, dann besonders achtsam über unsere Freiheit zu wachen, wenn die staatlichen Absichten wohlmeinende sind;[14] allzu groß mag die Gefahr sein, nicht nur die Torwächter zu entmachten, sondern gleich das Tor zuzumauern und dadurch den Boulevard der zerbrochenen Träume zu bewehren:

Zunächst schon, weil die hier diskutierten Phänomene bislang zwar analytisch schlüssig argumentiert, aber empirisch keineswegs befriedigend belegt sind.[15] Das liegt nicht zuletzt daran, dass klar sein muss, dass die genannten Phänomene keineswegs originäre Herausforderungen an uns herantragen, sondern vielfach als Katalysator unserer Prädispositionen fungieren; insbesondere einer Neigung eher nach Bestätigung unserer bestehenden Meinungen und Vorurteile zu suchen (und sie zu finden) als uns mit gegenteiligen Positionen und Nachweisen auseinanderzusetzen.[16] Der Gang in die Echokammer und die Aufnahme fragwürdiger Gerüchte, so könnte man zusammenfassen, fallen uns in Anbetracht dessen zuweilen allzu leicht; daran vermag Regulierung auch dann nur wenig zu ändern, wenn sie auf sicherer empirischer Basis erfolgt.

Beinah wichtiger ist freilich: Soweit freie Meinungsäußerung, wie es Art. 10 EMRK wörtlich bestimmt, „mit Pflichten und Verantwortung verbunden" ist, ist es grundlegend angebracht, eher uns selbst als den Staat in diese Verantwortung zu nehmen, soweit es darum geht, den Herausforderungen des Informationszeitalters für den demokratischen Diskurs zu begegnen. Der Befund eines selbstreferentiellen Netzes, das auf Basis unserer persönlichen Routinen und Haltungen fortgewebt wird, verlangt (sollte er sich als zutreffend erweisen) zunächst einmal danach, zu diesen Routinen und Haltungen, und letztlich zu uns selbst, jenen Abstand kritischer Reflexion einzunehmen, der ein Niveau von Meinungsbildung gewährleistet, das aufgeklärte demokratische Partizipation ermöglicht. Die Gefahr im Rahmen der digitalen Strukturen, die unsere Realität so entscheidend formen, irregeleitet zu werden oder sich allzu leicht dem vordergründig Einleuchtenden zu ergeben, fordert den nach innen hin genommenen Abstand kritischer Reflexion gleichermaßen nach außen hin einzuhalten.

Beides kann der mündigen Bürgerin oder dem mündigen Bürger letztlich nicht abgenommen werden. Weder aktuell noch virtuell.

* Die nachstehenden Überlegungen, die auch im Demokratiebefund 2018 abgedruckt wurden, basieren lose auf Vorträgen, die der Autor im Rahmen der Frühjahrstagung der Österreichischen Juristenkommission im Mai 2017 und im Rahmen der Zweijahrestagung der International Global Law and Policy Konferenz an der Harvard Law School im Mai 2018 gehalten hat.

1 EGMR, 25.3.1985, Barthold v. Germany, 8734/79 Rn 58.

2 So etwa noch *Christoph Bezemek*, Die Unabhängigkeit der Medien vom Staat, in Berka e.a. (Hg.), Unabhängigkeit der Medien (2011) 23.

3 *David Lazer*, The Rise of the Social Algorithm, 348 Science 2015, 1090.

4 Luciano Floridi (Hg.), The Onlife Manifesto: Being Human in a Hyperconnected Era (2014).

5 Mit dieser Bezeichnung freilich bereits *Kurt Imhof*: Politik im neuen Strukturwandel der Öffentlichkeit, in Nassehi/Schroer (Hg.), Der Begriff des Politischen. Grenzen der Politik oder Politik ohne Grenzen? Soziale Welt, Sonderband, 2003, 313.

6 Vgl. für die Informationsgewinnung über virtuelle soziale Netzwerke in den USA die detaillierte Pew Research Center-Studie von Gottfried/Shearer, News Use Across Social Media Platforms 2016 <http://www.journalism.org/2016/05/26/news-use-across-social-media-platforms-2016>, der zufolge bis zu 62 % aller erwachsenen US-Amerikanerinnen und US-Amerikaner Nachrichten (zum Teil) über derartige Netzwerke beziehen.

7 *Newman e.a.*, Reuters Institute Digital News Report 2017.

8 Vgl. etwa *David Evans*, The Online Advertising Industry: Economics, Evolution, and Privacy, The Journal of Economic Perspectives 2009, 37 oder *Schumann e.a.*, Targeted Online Advertising: Using Reciprocity Appeals to Increase Acceptance Among Users of Free Web Services, Journal of Marketing 2014, 59.

9 *Frank Pasquale*, The Black Box Society (2015).

10 *Cass Sunstein*, #Republic: Divided Democracy in the Age of Social Media (2017).

11 Vgl. für viele *Dominic Spohr*, Fake news and ideological polarization, Business Information Review 2017, 150.

12 Vgl. bereits EGMR 24.11.1993, Informationsverein Lentia and Others v. Austria, 13914/88 u.a. Rn 38 sowie für die neuere Rsp. EGMR (GK) 22.4.2013, Animal Defenders International v. the United Kingdom, 48876/08 Rn 101.

13 Dazu etwa mit Blick auf Informationsblasen und ähnliche Phänomene die Darstellung bei *Michael Mayrhofer*, Google, Facebook & Co: Die Macht der Algorithmen aus grundrechtlicher Perspektive, in Berka e.a. (Hg.), Meinungs- und Medienfreiheit in der digitalen Ära: Eine Neuvermessung der Kommunikationsfreiheit (2017) 77.

14 *Louis Brandeis* (dissenting), Olmstead v. United States, 277 US 479 (1928).

15 Vgl. zum spezifischen Problemkreis etwa *Groshek/Koc-Michalska*, Helping populism win? Social media use, filter bubbles, and support for populist presidential candidates in the 2016 US election campaign, Information, Communication & Society 2017, 1389, *Möller e.a.*, Do not blame it on the algorithm: an empirical assessment of multiple recommender systems and their impact on content diversity, Information, Communication & Society 2018, 959 oder *Allcott/Gentzkow*, Social Media and Fake News in the 2016 Election, 31 Journal of Economic Perspectives 2017, 211.

16 *DelVicario e.a.*, Modeling confirmation bias and polarization, Nature: Scientific Reports, 7: 40391.

Die Ausweitung der konstruktiven Zensur

Es scheint eine selbstverständliche Angelegenheit zu sein, wie wir uns zum Problem der Zensur verhalten. Denn Zensur ist die alte Welt und es gehört zum Selbstverständnis der liberal-demokratischen Moderne, dass Zensur abgelehnt und beseitigt wird.[1] Der freie Fluss von Informationen, deren Artikulation und Verbreitung seinerzeit von staatlichen oder kirchlichen Einrichtungen unterbunden worden ist, ist Teil der Errungenschaften der Moderne, zusammen mit Redefreiheit, Meinungsfreiheit, Glaubensfreiheit, Pressefreiheit und einigen weiteren Freiheiten. Repressive Machtsysteme wollten die Untertanen vor subversiven Informationen und Meinungen schützen, damit sie nicht auf „dumme Gedanken" kommen. Diese Institutionen haben die Unterbindung von Information mit ihrer Verpflichtung begründet, das moralische und politische Leben der Bevölkerung leiten und ihren Charakter formen zu sollen. Deshalb schuf man Zensurbehörden, die pingelig Manuskripte durchforstet, Änderungen befohlen, die Publikation genehmigt oder untersagt haben. Manchmal wurde die Kommunikation mit dem Ausland unterbunden, es wurden Reiseverbote erlassen oder Bücherverbrennungen inszeniert. Abweichler kamen in das Gefängnis oder in Umerziehungslager. Manchmal wurden sie auch (mehr oder minder offen) liquidiert.

Das alles scheinen Vergangenheitsbeschreibungen zu sein, doch es wäre voreilig, die Zensur bloß überwundenen traditionellen Gesellschaften zuzuweisen. In einem großen Teil der gegenwärtig-modernen Welt gehört Zensur zum Alltag. Die chinesische Regierung übt eine sorgfältige Kontrolle über Medien und Internet aus. Seit Jahren wächst in Russland der Druck auf Kunst- und Kulturschaffende, unter dem Beifall und Druck der griechisch-orthodoxen Kirche. In Ländern der islamischen Welt werden alle, die von der Regierungslinie abweichen, der Zerstörung der öffentlichen Moral oder der Propaganda gegen die islamische Republik beschuldigt. Abweichende Äußerungen können lebensgefährlich sein. Im internationalen Vergleich sitzen die meisten Journalisten in der Türkei im Gefängnis. Es ist eigentlich nur die westliche Welt, für welche die Freiheit der Äußerungen weitgehend gewährleistet ist. Staaten und Kirchen im Rest der Welt verweisen eher auf Hierarchie und Gehorsamspflicht, auf staatliche Unantastbarkeit, auf die Heiligkeit von Personen, Lehren oder Plätzen, auf die allgemeine Sittlichkeit bzw. die

Verletzung moralischer Gefühle einer Mehrheit von Personen, schließlich auf das Erfordernis einer Aufrechterhaltung der sittlichen Ordnung für alle. Das haben totalitäre Systeme immer so gemacht.

In der alten Welt handelte es sich um Bücher, Theaterstücke, Druckwerke, Bilder, Theorien als Objekte der zensorischen Begierde. Der technische Fortschritt hat die Zensurbehörden immer wieder unter Druck gesetzt. Die Verfügbarkeit des Buchdrucks hat die Turbulenzen am Beginn der Neuzeit ausgelöst; der Bolschewismus hat auf paranoide Weise in den Koffern von Reisenden geschnüffelt; die Kontrolle des Telefonverkehrs hat die Oststaaten in einen enormen Kontrollaufwand getrieben; die Verfügbarkeit von Kopierapparaten hat unbotmäßigen Menschen eine beinahe nicht mehr kontrollierbare Vervielfältigungsmöglichkeit von Texten geboten. In der neuen Welt sind es insbesondere die elektronischen Netzwerke, deren inhaltliche Befüllung von den Interessenten nur noch schwer kontrolliert werden kann – allein wegen des Umfangs der Informationsströme, die nicht mehr durch Menschen, sondern nur noch durch Algorithmen überwacht werden können.

Es sind tatsächlich neue Spiele, die im digitalen Zeitalter beginnen.

Die Quantität schlägt in eine neue Qualität um. Die seinerzeitige Durchsuchung des Reisegepäcks nach einem gefährlichen Printprodukt lässt nur noch lächeln. Mit der Elektronik wurden riesige Informationssysteme, Netzwerke und Datenströme ins Leben gerufen. Doch in Ländern wie China oder Saudi-Arabien sind Informationsangebote wie Wikipedia unter Zensur und auch Google, Facebook und andere müssen sich arrangieren. Die Regierungen filtern bestimmte Inhalte und lassen den Rest bestehen, man versucht aber auch, nationale Gegensysteme aufzubauen, die dem unmittelbaren politischen Zugriff unterliegen. Private Kontamination der Köpfe mit Informationen ist die eine Sache, wichtiger ist die Öffentlichkeit – und dabei schafft die Digitalisierung tatsächlich neue Verhältnisse. Während im alten System das Vordringen unbotmäßiger Äußerungen in die Öffentlichkeit im Allgemeinen kontrolliert werden konnte, ist in den elektronischen Systemen Öffentlichkeit überall gegeben: Jeder kann sich artikulieren, daher muss in der Logik des Totalitarismus auch alles kontrolliert werden, quer durch die Netze. Wenn es gleichzeitig gelingt, die meisten Menschen glauben zu machen, dass nicht kontrolliert wird (wie dies vielerorten, etwa in Russland, der Fall ist), kann eine solche Nichtwahrnehmung von Zensur bereits als wesentlicher Zensurerfolg verbucht werden.

Es gibt tastende Versuche, mit einer elektronischen Welt, die neue Spielregeln braucht, fertigzuwerden. Es war das Verständnis der letzten paar Jahrhunderte, dass im Voranschreiten der Aufklärung Menschen, die sich in freier Weise artikulieren können, eine konstruktive und demokratische Öffentlichkeit schaffen würden. Die Erfahrung ist anders: Die Menschen sind zu einem nicht unbeträchtlichen Teil destruktiv. Das Internet ist vielfach zum Tummelplatz von bösartigen, heuchlerischen, aggressiven und ressentimentgeladenen Menschen geworden. Plötzlich befinden wir uns in einer ungewohnten Situation, denn das Zensurproblem nimmt eine unerwartete Wendung: Die wesentlichen Diskussionen der Gegenwart drehen sich nicht um Befreiung, um die Ausweitung der öffentlichen Artikulationsmöglichkeiten, in der westlichen Welt drehen sich die aktuellen Diskussionen viel eher um die Ausweitung und die Notwendigkeit von Zensur. Wenn über Facebook oder andere elektronische Konzerne gesprochen wird, dann laufen die gängigen Vorwürfe darauf hinaus, dass es zu wenig Zensur gibt – dass nicht hinlänglich kontrolliert wird, dass unerträgliche Texte oder Bilder nicht rechtzeitig eliminiert werden, dass Hassreden im Netz unangetastet bleiben. Es geht also um den Vorwurf, zu ineffizient, zu langsam oder zu nachlässig zu zensurieren. Zensur galt immer als Bedrohung der Freiheit, nunmehr gibt es eine Zensurdebatte, die Zensur im Dienste der Freiheit ausweiten will. Wie etabliert man angemessene, anständige und notwendige Zensur? (Natürlich treten dabei die erwartbaren Probleme auf – wie weit dürfen Zensurmaßnahmen gehen, ohne die Freiheiten der Akteure auf unzulässige Weise einzuschränken? Aber solche Diskussionen können mit Gelassenheit betrachtet werden, sie sind notwendige Begleitphänomene einer erst langsam stattfindenden Regulierung der neuen digitalen Welt.)[2]

Gewisse akzeptierte und akzeptable Zensurmaßnahmen hat es ohnehin immer gegeben, eine herkömmliche Variante ist der Jugendschutz; auch die Eliminierung pädophilen Informationsaustausches im Netz steht außer Streit. Darüber hinaus eröffnen sich allerdings weite Bereiche von Hassreden, Verleumdung, Mobbing und Desinformation oder von Äußerungen, die totalitär, destruktiv, antidemokratisch, menschenverachtend, rassistisch und hasserfüllt sind. Das kann Menschen vernichten, Gruppen diskreditieren und den demokratischen Prozess zerstören. Die politikphilosophische und politikpraktische Entwicklung der letzten 200 oder 300 Jahre nimmt dergestalt eine sonderbare Kehrtwende, und das Problem wird sich intensivieren. Ein neueres Beispiel sind die Bemühungen von Facebook, hochgeladene Fotos und Videos zu scannen, um zu verhindern, dass die Bilder manipuliert werden. Es geht um visuelle Inhalte, die manipuliert, aus dem Zusammenhang gerissen oder mit irreführendem Kontext versehen werden. Es wird Software verfügbar, die so gut arbeitet, dass man Gesichter von Politikern in ganz andere Bilder einbringen kann, ohne dass die Manipulation ersichtlich wird, oder dass in Videos Akteure durch beliebige andere Personen ersetzt werden können. Bildliche Darstellung vermittelt aber (a) den Nutzern rasch erfassbare und bleibende Eindrücke, (b) diese Bilder werden rasch verbreitet, (c) sie erwecken den Eindruck von Authentizität, und (d) es ist besonders schwierig, Manipulationen aufzudecken. Es gibt auch schon einen Begriff für die Fälschungen: *deep fake*. Wir stehen also erst am Beginn einer umfassenderen Manipulationsmöglichkeit des Internets und durch das Internet. Deshalb die verblüffende Erfahrung, dass gleichzeitig mit guten Gründen gewisse Zensurmaßnahmen bekämpft, andere gefordert und aufgebaut werden. Liberale Demokratien waren auf Zensurbekämpfung programmiert; jetzt müssen sie „konstruktive Zensur" aufbauen, um ihre Errungenschaften zu retten. Zensur ist keine Sache der Vergangenheit, sie ist unvermutet zu einem entscheidenden Zukunftsproblem geworden.

1 Eine kurze Definition: Zensur ist eine (1) in der Regel von autoritativer (meist staatlicher, zuweilen kirchlicher) Stelle vorgenommene (2) Überprüfung und Kontrolle von Druckwerken und anderen Äußerungsformen, (3) die irgendeine Art von Öffentlichkeit erreichen, (4) im Hinblick auf ihre gesetzliche, politische, sittliche, soziale und/oder religiöse Konformität; (5) im Normalfall mit der Folge einer Genehmigung oder eines Verbotes der entsprechenden Äußerungen oder anderer Formen der Informationsselektion.

2 Es gibt eine ganze Reihe von Netzentwicklungen, die man beinahe in experimenteller Weise (im trial and error-Verfahren) angehen muss, um Folgen (und nichtbedachte Nebenfolgen) zu erzielen. Auch beim Problem des allgemeinen Datenschutzes geht es um eine richtige Dosierung (zwischen Überwachungsverbot und Kontrollgesellschaft), ebenso wie bei der Verwendung von Bildern. Das aktuell diskutierte Problem des Urheberrechts ist eine weitere Abwägungsfrage. Schließlich wird sich auch die gesamte Medienlandschaft ändern, ebenso wie die Szenerie der Buch- und Zeitschriftenverlage, das wissenschaftliche Publikationswesen und vieles andere. Jedes Mal steht auch die Frage zur Diskussion, in welchem Maße (auch) die Internetkonzerne für solche Fragen verpflichtet oder haftbar gemacht werden können. Und im Hintergrund steht allemal die Option, dass irgendwann mögliche Gebühren fällig werden könnten.

Regionalität – Identität – Diversität als Erfolgsstrategie des ORF Steiermark

Die (elektronischen) Medien agieren in turbulenten Zeiten. Der steigende Anspruch des Publikums sowie die inzwischen allgegenwärtige digitale Verfügbarkeit und immer neue Medienangebote bringen eine unentwegte Beschleunigung der Informationsgesellschaft und kreieren eine Informationsflut, die auch für Expertinnen und Experten sowie Insiderinnen und Insider oft nicht mehr erfassbar und steuerbar ist.

Jedes Bundesland hat seine spezifische Medien-Charakteristik und die Radio-, Fernseh- und Online-Programme spiegeln das Geschehen im Land wider. Die Konsumentinnen und Konsumenten der modernen digitalen Welt brauchen in dieser Informationsflut Orientierung. Der ORF Steiermark bietet mit seinen Medien Orientierungsanker, die die unterschiedlichen Lebenswelten abbilden und dabei die Menschen und alles, was die Steirerinnen und Steirer bewegt, in den Mittelpunkt stellen. Verlässlich, vertraut und vertrauenswürdig arbeitet das ORF Steiermark-Team Tag für Tag daran, die aktuellen Geschehnisse – journalistisch kompetent aufbereitet – zu vermitteln und die Vielfalt des Landes darzustellen.

Der Anspruch, den Lebenswirklichkeiten und medialen Bedürfnissen der Steirerinnen und Steirer in all ihren unterschiedlichen Lebenswelten gerecht zu werden, ist oberstes Gebot und zugleich die größte Herausforderung. Gilt es doch, den Brückenbau zwischen allen soziokulturellen und regionalen Gruppierungen in allen Altersklassen herzustellen. Ein Anspruch, der in seiner hundertprozentigen Erfüllung als Ding der Unmöglichkeit gilt, jedoch als Auftrag und Ansporn, „das Unmögliche zu schaffen" wirkt: Der Pluralität der Gesellschaft breiten Raum zu lassen und gleichzeitig einen gemeinsamen „Identitätskern" des Bundeslandes zu bilden, das ist die Kunst! Das ORF Landesstudio Steiermark ist eine offene und öffentliche Austauschplattform für die Geschehnisse und Entwicklungen des Landes und der Menschen und vermittelt das Nahe, das Lokale in einem überregionalen, europäischen und globalen Kontext.

Regionalität bedeutet, das richtige journalistische Gespür für Themen und Inhalte, die den Menschen in einem Bundesland „nahe gehen", aufzubringen und in angemessener Form aufzubereiten. Politik, Wirtschaft, Kultur, Sport, Wissenschaft und Bildung, chronikale Ereignisse, Brauchtum, Feste, Typisches und Außergewöhnliches, Unterhaltsames, Wetter und vieles mehr; dieser breite und fein austarierte Themenmix verschafft dem TV-Flaggschiff „Steiermark heute" die Begegnung mit dem Publikum auf Augenhöhe und hält im langjährigen Jahresschnitt laut Teletest einen Marktanteil von 55 Prozent. Es ist damit das identitätsstiftende Herzstück des Lebens im Lande. Das Interesse am „Nahen" macht die Sendung „Bundesland heute" mit ihren neun Ausgaben insgesamt zur meistgesehenen Sendung im TV-Programmangebot des ORF. Damit trägt auch „Steiermark heute" entscheidend zur anhaltenden Marktführerschaft des ORF bei.

Radio Steiermark – das beliebteste Radio aller Steirerinnen und Steirer

„Radio Steiermark" war und ist stets regionaler Marktführer im Bundesland und hält einen Marktanteil von 38 Prozent (laut RADIOTEST 2018_4, Erhebungszeitraum: Jänner 2018 bis Dezember 2018, Zielgruppe „ab 10 Jahre", Montag bis Sonntag) und dominiert in seiner Kernzielgruppe „ab 35 Jahre" mit 46 Prozent Marktanteil und 41 Prozent Tagesreichweite klar den steirischen Radiomarkt, bildet also die größte Radio-Community des Landes. Dies mit einem Programm und einem Musikmix, die das „Lebensgefühl" der Steirerinnen und Steirer treffen, ein Radio, das informiert und unterhält und mit Service, Schwerpunktthemen, Tipps und Aktionen das Publikum begleitet und bereichert.

Die Online-Seite steiermark.orf.at erzielt trotz quantitativer (z.B. maximal 80 gesetzlich erlaubte News-Meldungen pro Woche) und inhaltlicher Einschränkungen (z.B. keine Foren, Gewinnspiele etc.) bezogen auf das Jahr 2018 rund 2,6 Millionen Visits (zusammenhängende Nutzungsvorgänge), 5,5 Millionen Page-Impressions (Seitenabrufe) und 923.000 Unique Clients (unterschiedliche Endgeräte/Browser) pro Monat.

Die öffentlich-rechtliche Verantwortung bedeutet auch, das breite, regionale Schaffen im Themenfeld Kultur und Volkskultur umfassend abzubilden und mit eigenen Veranstaltungen zu bereichern. Das Radio Steiermark-Magazin „Kulturzeit" (Mo.–Fr.) fasst die spannendsten Projekte des Kulturlebens zusammen, berichtet über Hintergründe, liefert Interviews mit den Kulturschaffenden und gewährt einen Einblick in die Welt der Kulturproduktionen. Rund 50 Konzerte oder Aufführungen werden pro Jahr in aufwendigen, meist mehrtägig dauernden Aufnahmen in der Oper Graz oder den Konzerthäusern in höchster Qualität aufgezeichnet. Daraus entstehen ca. 40 Sendungen für Ö1 und die zweistündige, wöchentliche Radio Steiermark-Sendung „Kultur spezial – Konzert". Die bunte Jazz-Szene des Landes wird jeden Montag in „Jazz at its best" auf Radio Steiermark ausführlich beleuchtet. Zweimal pro Monat bringt das Radio-„Literaturmagazin" Lesungen von Neuerscheinungen, Autorinnen- und Autoren-Interviews und Informationen zu Literaturveranstaltungen. Monatlich wird in der Sendung „Café Kabarett" ein aktuelles Kabarett-Programm ausführlich präsentiert. Einmal pro Monat werden in „Reden übers Leben" mit Psychiater und Bestseller-Autor Michael Lehofer die grundsätzlichen Fragen des Menschseins erörtert. „Chorissimo“ bringt einmal pro Monat viele Beispiele aus dem regen steirischen Chorleben. Der „Zauber der Blasmusik“ stellt dreimal pro Monat eine Verbindung zu den Proberäumen und Konzertsälen der rund 16.000 steirischen Blasmusikerinnen und Blasmusiker her. Rund 40 „Steirische Sänger- und Musikantentreffen“ aus allen Regionen des Landes finden jährlich den Weg ins Programm. Freunde der Volksmusik und Volkskultur finden bei „Was i gern hör“ und „Unser Steirerland – das Volkskulturmagazin“ in mehr als 100 mehrstündigen Sendungen pro Jahr den wichtigsten Begegnungs- und Austauschraum dieses Genres im Lande. Rund 25 Radio-Frühschoppen pro Jahr werden sonntags live produziert und gesendet.

Die Expertise im Regionalen macht jedes Landesstudio zu einem unverzichtbaren Beitrags- und Rohmaterial-Lieferanten für ORF eins, ORF 2, ORF III Kultur und Information, ORF SPORT+ sowie 3sat: Das ORF Landesstudio Steiermark beliefert die im nationalen ORF-Programm laufenden Informationssendungen und Nachrichten mit Reportagen, Berichten und Live-Elementen aus den steirischen Regionen. Vom steirischen Landesstudio maßgeblich mitgestaltet werden auch die Steiermark-Ausgaben der Sendungen „Guten Morgen Österreich“.

Rund 25 weitere aufwendige Großproduktionen für das nationale und internationale TV-Programm gehören inzwischen zum „Normalbetrieb“: je sechs Produktionen für „Erlebnis Österreich“ und „Österreich-Bild“ sowie die jährlichen Fixproduktionen „Faschingszug“, „Narzissenfest“, „Biedermeierfest“, „Winzerzug“, „Aufsteirern“ und der „Steirische Harmonikawettbewerb“, „TV-Gottesdienste“ und – was uns ganz besonders stolz macht: Viermal pro Jahr gestaltet das ORF Landesstudio Steiermark den TV-Hauptabend mit je einer neuen Folge von „Klingendes Österreich“ mit Sepp Forcher oder stellt via „ORF Steiermark Klangwolke“ den Höhepunkt des steirischen Festivals „styriarte“ ins nationale und internationale Programmfenster.

Alle relevanten Sportereignisse werden den Fans mit dutzenden Reportagen und Dokumentationen für den Spartenkanal ORF SPORT+ oder per „Live Radio“ frei Haus geliefert.

Regional erfolgreich zu sein, verlangt auch eine Präsenz in vielen Städten und Orten des Landes, um „live“ bei und mit den Menschen zu sein. Die Mitarbeiterinnen und Mitarbeiter des ORF Steiermark sind permanent im Land unterwegs und bringen aktuelle Live-Berichterstattung sowie rund 100 mehrstündige Live-Radiosendungen aus Orten in allen Regionen der Steiermark. Innovative Aktionen wie „Take your chance“, das Coaching- und Mentoring-Programm für junge Talente mit Stars und Expertinnen und Experten des Musikbusiness, oder die Serie „Respekt fian Dialekt“, die Mundart-Schätze des Publikums vorstellt und in einen unterhaltsamen sowie wissenschaftlichen Kontext bringt, oder das Öko-Sensibilisierungsprojekt „Wunderwelt Bienen“ schaffen verbindende Begegnungsräume für unterschiedlichste Lebenswelten.

Bei rund 200 Veranstaltungen und Aktionen pro Jahr ist der ORF Steiermark Organisator oder wichtiger Partner

So sind etwa tausende Klassikfans alljährlich bei der „ORF Steiermark Klangwolke" an zahlreichen Orten des Landes dabei. Der etablierte Kunst-Ausstellungsraum „ORF Steiermark Funkhausgalerie" im Foyer des Landesstudios mit sechs wechselnden Ausstellungen pro Jahr, die vom Publikum sehr geschätzten acht spannenden Literatur- und Musikevents auf der „Hör- und Seebühne" am Funkhausteich, die „Lange Nacht der Museen" als besucherstärkster Tag in allen teilnehmenden Museen, Läufe, (Rad-)Wandertage, Frühschoppen, Gottesdienstübertragungen oder der vom ORF Steiermark mitinitiierte „Große steirische Frühjahrsputz", der pro Jahr mehr als 50.000 Aktive bei der größten Umweltreinigungsaktion Österreichs mobilisiert, sowie „Licht ins Dunkel" mit rund 1,3 Millionen steirischen Spenden-Euros sind Beispiele für enorme Publikumsverbundenheit. Das vom ORF Steiermark in Partnerschaft mit Ö1 organisierte, international renommierte „ORF musikprotokoll im steirischen herbst" ist seit mehr als 50 Jahren ein Solitär in der steirischen Kulturlandschaft.

Erfolgreiche Regionalität heißt auch, dass die Wahrnehmung von Minderheiten journalistische Selbstverständlichkeit ist – sowie die Achtung der Menschenrechte als Basis des friedlichen und demokratischen Miteinanders. Die TV-Sendung „Dober dan, Štajerska" bringt Aktuelles und Wissenswertes für die slowenische Volksgruppe in der Steiermark. Das slowenischsprachige Programm „radio AGORA 105,5" ist auch im Siedlungsgebiet der steirischen Sloweninnen und Slowenen in der südlichen Steiermark zu empfangen – die Inhalte entstehen als Programmkooperation in enger Zusammenarbeit von ORF Kärnten, Radio AGORA und der Redaktion des ORF Steiermark.

Als „Menschenrechtsstudio" sensibilisiert der ORF Steiermark in vielen Veranstaltungen, Sendungen und Aktionen für ein respektvolles Miteinander, das ORF Steiermark-Menschenrechts-Kunstprojekt „face human rights" wurde 2010 sogar im UN-Hauptquartier in New York vom damaligen UN-Generalsekretär Ban Ki-moon *höchstpersönlich präsentiert.*

Eine lebendige Begegnung auf Augenhöhe und die stete Offenheit für die Vielfalt des Lebens bilden die innere Haltung des ORF Steiermark. Diese Qualität des Miteinanders beispielhaft zu leben, zählt zu unseren vornehmsten Aufgaben! Die glaubwürdige, authentische Verankerung bei den Menschen in allen Regionen ist ein Kernwert, der den ORF insgesamt so unverzichtbar macht. Als unabhängige Plattform für gesellschaftlichen Diskurs auf Basis von Fakten, Objektivität, journalistischer Fairness und menschlichem Respekt ist der ORF ein Grundpfeiler der demokratischen Basis unseres Zusammenlebens.

ELISABETH MEIXNER

Migration, Religion und Schule: aktuelle Herausforderungen für PädagogInnen

Nirgendwo in unserer Gesellschaft findet sich die Heterogenität, Diversität der Menschen aus den unterschiedlichsten Kulturen, sozialen Schichten und Bildungsschichten in ihrer bunten Ausprägung so mannigfaltig abgebildet, geradezu widergespiegelt, wie in unseren Schulen. Würden LehrerInnen tägliche Begebenheiten mit Kindern und Erziehungsberechtigten, ihre gefühlten persönlichen Eindrücke veröffentlichen, hätten viele PolitikerInnen, ExpertInnen und UnternehmerInnen mehr Einblick in ein multikulturelles, internationales, von unterschiedlichen Herausforderungen geprägtes Menschsein. Es war und ist nicht Auftrag, ebenso nicht Usus, tägliche Erlebnisse – erfreuliche, bedrückende, motivierende, demotivierende – aus den Schulen an die Öffentlichkeit zu spülen, zumal LehrerInnen mit ihrem Dienstantritt dem Dienstgeber unter anderem Diskretion, Gewissenhaftigkeit und Umsicht im Umgang mit den Kindern geloben. Vor allem sieht es die Schule als Verpflichtung und selbstverständlichen Auftrag, aus den gegenwärtigen Lebenswelten, aus denen Kinder in den Schulen landen, das Beste herauszuholen. Ebenso war es für die meisten JournalistInnen nicht Praxis, hautnah und basisnah unter kritischer Betrachtung darüber zu berichten, was sich in unseren Klassenzimmern abspielt, weil jede/r LeiterIn in einer Schule dahingehend ausgebildet wurde, die täglichen besonderen Herausforderungen mit dem gesamten LehrerInnenteam zu bewältigen. Warum sollte gerade die Presse als Klagemauer fungieren?

Die Lehrerin einer Neuen Mittelschule in Wien und Gewerkschafterin, ebenso bekennende Sozialdemokratin, Susanne Wiesinger hatte aus besonderer Betroffenheit – vielleicht auch aus Sorge um das Abdriften einzelner Gesellschaftsschichten und die damit verbundene Befürchtung, die Politik hätte in den letzten Jahren hier falsche Entwicklungen im Bildungssystem eingeleitet, zu viele Tendenzen ignoriert – das Bedürfnis, den Mut, ihre langjährigen Erfahrungen zu Papier zu bringen, die Öffentlichkeit aufhorchen zu lassen. Sie schildert ihre Wahrnehmungen und Erfahrungen mit den unterschiedlichen Religionsgemeinschaften, mit den direkten Begegnungen mit deren Familien, den Ritualen der islamischen Religionsgemeinschaft und den besonderen Begebenheiten mit deren Kindern, die in zwei Welten leben. Nämlich täglich in der einen, von islamischen Ritualen geprägten Weltorientierung und der anderen, westlich gelebten.

Die Veröffentlichung des Buches ermutigt auch hierzulande SchulleiterInnen und LehrerInnen in der Steiermark, offen über das Schwierige, nicht Bewältigbare zu reden und sich zu öffnen.

Die Herausforderungen auch in den steirischen Bildungseinrichtungen im urbanen Umfeld sind vielfältiger geworden. Fehlende Deutschkenntnisse in zugewanderten Familien, die Deutsch nicht als Muttersprache haben, häufen Konfliktpotenziale. Erhebliche Sprachbarrieren zwischen Elternhaus und Schule bzw. unter den Kindern und Jugendlichen sind Auslöser von tiefergehend notwendigen Reformen. Kulturelle Unterschiede und Eigenheiten der verschiedenen Sprachgruppen führen seit den letzten Jahren zur Abkapselung von Familien. Teilweise fand eine Einigelung zu in sich geschlossenen Stadtteilen statt und der Aufbau von Parallelwelten ist gang und gäbe geworden.

Eine Auflistung der steirischen SchülerInnen aus dem Schuljahr 2018/19 nach Religionen (Quelle: Land Steiermark, Abteilung 6, Bildung und Gesellschaft) verdeutlicht die Zugehörigkeit zu den unterschiedlichen Glaubensgemeinschaften:

Auflistung der SchülerInnen nach Religionen
Schuljahr 2018/2019 – Prognose

Stand: 8. Mai 2018

Volksschulen

	röm.kath.	evang.	islam.	andere
Steirischer Zentralraum				
Graz-Stadt	4.748	633	2.551	505
Graz-Umgebung	4.803	216	354	127
Voitsberg	1.622	20	72	0
Liezen				
Liezen	827	44	121	19
Gröbming	1.199	328	47	10
Obersteiermark Ost				
Bruck-Mürzzuschlag	2.483	165	186	32
Leoben	1.295	102	166	22
Obersteiermark West				
Murau	927	2	11	6
Murtal	2.022	43	129	87
Oststeiermark				
Hartberg-Fürstenfeld	3.033	28	88	31
Weiz	3.377	64	95	33

Südoststeiermark				
Südoststeiermark	2.675	24	150	0
Südweststeiermark				
Deutschlandsberg	1.907	35	61	0
Leibnitz	2.685	25	91	3
Gesamtsumme	**33.603**	**1.729**	**4.122**	**875**

Neue Mittelschulen

	röm.kath.	**evang.**	**islam.**	**andere**
Steirischer Zentralraum				
Graz-Stadt	1.480	151	1.433	221
Graz-Umgebung	2.570	93	137	38
Voitsberg	1.054	7	38	5
Liezen				
Liezen	521	36	93	20
Gröbming	987	308	32	11
Obersteiermark Ost				
Bruck-Mürzzuschlag	1.573	105	179	48
Leoben	839	46	108	22
Obersteiermark West				
Murau	951	4	9	1
Murtal	1.169	13	149	60
Oststeiermark				
Hartberg-Fürstenfeld	2.293	29	32	21
Weiz	2.489	38	60	46
Südoststeiermark				
Südoststeiermark	2.341	26	74	3
Südweststeiermark				
Deutschlandsberg	1.772	30	19	0
Leibnitz	1.860	6	74	0
Gesamtsumme	**21.899**	**892**	**2.437**	**496**

Ein Arbeitsgipfel zum Thema „Umgang mit erhöhter Diversität", zu dem SchulleiterInnen, in deren Schulen der Migrationsanteil bei SchülerInnen höher als 40 Prozent ist, in die Bildungsdirektion geladen wurden, gab ungeschminkt und unverhüllt Auskunft darüber, wie sich das Empfinden, die Wahrnehmung in der Arbeitsrealität in den Ballungsräumen abbildet.

In Kleingruppen wurden folgende Fragestellungen erörtert: 1. Welche Schwierigkeiten gibt es am Standort und im Unterricht? 2. Welcher Unterstützungsbedarf ist zusätzlich gegeben?

Bei der Präsentation der Ergebnisse im Plenum ergaben sich folgende Punkte:

1. Soziale Probleme (inadäquate „Grundversorgung" der Kinder).
2. Mehrsprachige Unterstützung am Standort ist dringend erforderlich.
3. Elternpflichten werden vielfach nicht wahrgenommen.
4. Erschwerte Zusammenarbeit mit bildungsfernen Eltern.
5. Die Kooperation mit Kinder- und Jugendhilfe muss dringend optimiert werden.
6. Die Lenkung der SchülerInnenströme (max. 1/3 SchülerInnen mit anderer Erstsprache in einer Klasse) wäre wünschenswert.
7. Den „SchülerInnentourismus" beenden. Der effektive Arbeitsbeginn nach den Sommerferien verlagert sich um mindestens zwei Wochen in den Herbst hinein.
8. Ausbau der Unterstützung durch Schulsozialarbeit, Schulpsychologie, Schularzt am Standort ist dringend notwendig.
9. Klare Regeln für alle (Regelverdeutlichung) erarbeiten.
10. Einheitlichkeit in der Vorgehensweise (Schule – Behörden).
11. Im Hinblick auf Bildungsstandards differenzierte Maßstäbe anlegen, die abhängig vom SchülerInnen-Klientel sind.

Unser neuer Bundesminister Univ.-Prof. Dr. Heinz Faßmann setzt sich für den Bereich Migration im Auftrag der neuen Regierung das Ziel, Maßnahmen zu setzen, um für die österreichische Schule im Bereich der Integration von jungen Menschen ins gesellschaftliche Leben, aber auch in die Berufswelt Weiterentwicklungen zu ermöglichen.

Dazu vorab das Bild eines Szenarios: Ihre Familie zieht aufgrund eines lukrativen Jobangebotes für den Familienvater nach Frankreich. Die Kinder sprechen kein Wort französisch, besuchen jedoch eine Grundschule mit vielen anderen Kindern mit unterschiedlichen Sprachen. Die Lehrerin unterrichtet nur in der Unterrichtssprache Französisch. Wie fühlt sich das Kind wohl, wenn es in der Klasse sitzt, wenn es zu Hause über seine Erfahrungen mit der Lehrerin, mit den MitschülerInnen spricht? Integriert? Viele Kinder mit nichtdeutscher Muttersprache kommen so in unseren steirischen Kindergärten und Schulen an, geprägt von ähnlichen Erfahrungen, Empfindungen, oft leidvollen Biografien. Motivierte PädagogInnen sehen es gleichsam als ihre Mission, alle Kinder zu bilden, aus welchen Ländern, Kulturkreisen und Religionen sie auch stammen – eine wunderbare verantwortungsvolle, aber zugleich ungleich schwierige Aufgabe im Vergleich zu anderen Ländern, vor allem zum ländlichen Bereich auch hier in Österreich. Internationale Vergleiche veranlassen die Politik, neue Regierungsprogramme zu erstellen, sich von ExpertInnen beraten zu lassen und über die Pädagogischen Hochschulen neue pädagogische Konzepte einzuleiten, ohne diese Befunde, die es in Hülle und

Fülle gibt, genau studiert zu haben. Die PISA-Studie wird von allen internationalen Studien am häufigsten zitiert. Vielfach unterzieht man sich nicht der Mühe, sich einer genauen Analyse der Ergebnisse anzunehmen. Im vielgelobten PISA-Siegerland Finnland liegt der Anteil der SchülerInnen mit Migrationshintergrund im OECD-Vergleich bei den 15-Jährigen bei 4 Prozent, in Deutschland bei 16,9 Prozent und in Österreich bei mehr als 20,3 Prozent (Quelle: GÖD 2015). Somit ist die Herausforderung für österreichische PädagogInnen ungleich höher. Alleine in Graz leben Menschen aus 170 Nationen, die mehr als 150 Sprachen sprechen. Der Anteil von Kindern mit nichtdeutscher Muttersprache liegt bei 44 Prozent. Die Bezirksstädte ziehen nach. Trotz intensiver Initiativen durch Sprachstartkurse, Sprachförderkurse, Integrationsassistenz und Leseschwerpunkte beweisen die Rückmeldungen von diversen Tests: Im Resultat manifestieren sich signifikant schlechtere Ergebnisse bei den Messungen der Bildungsstandards in der vierten Schulstufe dort, wo der Migrationsanteil der Kinder hoch ist, vor allem, wenn die Eltern nicht bildungsaffin sind. Hier braucht es intensive Sprachförderung. Alle Kinder, die dem Unterricht aufgrund unzureichender Sprachkenntnisse nicht folgen können, werden seit Beginn des Schuljahres 2018/19 in Deutschförderklassen mit 15 Stunden unterrichtet (bis dahin waren es 11 Stunden). Turnen, Zeichnen und weitere Unterrichtsgegenstände werden mit allen Kindern gemeinsam unterrichtet. Die Zuteilung der Fördermittel erfolgt in Zukunft auf Basis standardisierter Testverfahren. Sobald die Kinder dem Unterricht folgen können, nehmen sie in allen Gegenständen am Regelunterricht teil. Wissenschaftliche Erkenntnisse belegen, wie rasch Kinder bereits im Schuleingangsbereich neben der Muttersprache die Unterrichtssprache lernen. Daher ist man von Seiten des Qualitätsmanagements bemüht, hier durch eine flexible Differenzierung das Tempo zu bestimmen. Lesen und Sprechen sind unumstritten Schlüssel zur Wissensvermittlung.

Richten wir noch einmal den Blick zu PIRLS, dem sehr aufschlussreichen Lese-Test, der Rückschlüsse auf die Lesefertigkeit bei Volksschulkindern ermöglicht. Der Prozentsatz der österreichischen Kinder im OECD-Vergleich lässt zu wenige Spitzenergebnisse erkennen und zu wenige Kinder erreichen grundlegendes Niveau. Was ist zu tun? In erster Linie gilt es, LehrerInnen zu entlasten und zu stärken.

Flexible Differenzierung im Sinne der Begabungs- und Talenteförderung

Wie kaum ein anderer Bereich hat sich die Schule die Frage zu stellen: Was ist wichtig – wie erreiche ich die gesetzten Ziele? Es muss erlaubt sein, im Spielfeld der Methodenfreiheit durch eine flexible Differenzierung im Sinne der Begabungs- und Talentförderung Kinder in ihrem Bereich des Möglichen zur Spitze zu bringen. Warum sollte nicht außerhalb des Klassenverbandes Sprachförderung angeboten werden, wenn DirektorInnen und LehrerInnen beweisen können, dass es einen signifikanten Anstieg des Leistungsvermögens und der erreichten Ziele ermöglicht? Besonders bei Migrationskindern ist es essentiell, sie über die Sprache zu integrieren und dann in die Arbeitswelt mitzunehmen. Die Bildungsdirektionen sind gemeinsam mit den Pädagogischen Hochschulen beauftragt, ein Pädagogik-Paket umzusetzen. Ziele in diesem Paket sind unter anderem: ein fairer, österreichweit einheitlicher Schulstart; klare Rückmeldungen über Leistungen und Kompetenzen; moderne, schlanke, praktikable Lehrpläne. Mittels Präzisierung der Schulreifekriterien, einer Kompetenz- und Potenzialmessung und weiterer Maßnahmen zur Sprachförderung werden alle Anstrengungen unternommen, unsere Schulen zukunftstauglich zu machen.

- In der Bildungsdirektion Steiermark wird mit SchulleiterInnen und LehrerInnen ein Handbuch erarbeitet, das Antworten auf die brennendsten Fragen zum Islam in den steirischen Schulen bietet.
- Die Polizeidirektion Steiermark und die Bildungsdirektion bieten den Schulen ein Angebot über den Verein „Gemeinsam sicher gegen Radikalisierung und Polarisierung". Eine neue Strategie der Polizei, „community policing", kann von Schulen auf freiwilliger Basis angefordert werden. Ausgebildete PolizeibeamtInnen, SoziologInnen und ausgewählte Personen aus dem jeweiligen Kulturkreis betroffener Familien stellen den Schulen ihre fachliche Expertise zur Verfügung.
- Interreligiöse Projekte werden verstärkt.
- Ein flexibler Ressourceneinsatz durch SchulleiterInnen wird möglich gemacht.
- Flexibilität bei KlassenschülerInnenzahlen ist seit Beginn des Schuljahres 2018/19 möglich.
- Folgender Auftrag erging an die Schulleitungen: Durchführung von Hospitationen im Religionsunterricht aller Konfessionen; etwaige Wahrnehmungen sind umgehend an die Bildungsdirektion zu melden.
- Ein Elternbildungsheft (verbunden mit finanziellen Anreizen) der Stadt Graz liegt auf.
- Intensivierung der Kommunikation zu den verschiedenen Ethnien im Sinne einer „Brückenbildung".
- Starker Fokus auf Bildungs- und Berufslaufbahnberatung bei Kindern und Jugendlichen mit Migrationshintergrund.

Forderungen seitens des Qualitätsmanagements an die Politik:

Bildung beginnt im Elternhaus. Daher führt kein Weg daran vorbei, verstärkt eine Variante (schon erprobte Modelle) eines Elternbildungspasses zu initiieren. Damit soll den Eltern in der Erziehungsfrage jene Vorbildung ermöglicht werden, die sie dabei unterstützt, sich in dieser konsumorientierten, schnelllebigen, von modernen Kommunikationstechnologien beeinflussten Zeit zurechtzufinden.

Ebenso gilt es, Überlegungen anzustellen, Teile der sozialen Förderungen für Familien auf Sachleistungen umzulegen.

Gleichsam ergeht ein Appell an die Wirtschaft und Industrie, neue Ausbildungs- und Beschäftigungsmodelle für Jugendliche mit Migrationshintergrund zu erarbeiten.

Die Schule alleine ist nicht imstande, alle gesellschaftlichen Defizite zu schultern, daher braucht es ein klares Rollenbild: Was ist Aufgabe der Erziehungsberechtigten? Was ist Aufgabe der Bildungseinrichtungen? Was ist Aufgabe der Wirtschaft?

Ehrenamtliche Asylrechtsberatung – Ressourcenverschwendung oder hilfreiches Engagement?

Seit der Flüchtlingswelle 2015 steht die Asylrechtspolitik immer wieder im Brennpunkt. In letzter Zeit sorgte diesbezüglich gerade die im Regierungsprogramm 2017 vorgesehene Reform der Asylrechtsberatung mit der einhergehenden Errichtung einer Bundesagentur für Betreuungs- und Unterstützungsleistungen (BBU) immer wieder für mediales Aufsehen.

Neben diesem politischen Schauplatz haben wir – eine Gruppe Studierender und bereits im Asylwesen berufstätiger RechtsberaterInnen – das Projekt „Betrifft: Asyl" unter dem Dach von Zebra – Interkulturelles Beratungs- und Therapiezentrum in Graz initiiert.

Im Rahmen dieses Projekts wird wöchentlich eine öffentliche Rechtsberatung abgehalten, welche ohne Terminvereinbarung besucht werden kann. In dieser können allgemeine Fragen zum Asylverfahren sowie konkrete, einzelfallbezogene Problematiken erörtert werden. In weiterer Folge werden – wenn nötig – Bescheidbeschwerden, Beschwerdeergänzungen und Stellungnahmen für AsylwerberInnen im laufenden Asylverfahren verfasst. Das Ganze erfolgt ehrenamtlich.

Das Projekt „Betrifft: Asyl" ist, wie so viele andere ehrenamtliche Projekte, mit einem großen zeitlichen Aufwand für jede/jeden Einzelne/Einzelnen verbunden. Pro offener Beratung sind mindestens sieben Leute anwesend – vier RechtsberaterInnen, zwei DolmetscherInnen, eine Person für die Anmeldung. Darüber hinaus fällt zusätzliche Arbeitszeit für das Verfassen von Schriftsätzen und etwaige individuelle Termine, falls die offene Beratungszeit nicht ausreichen sollte, sowie für Nachbesprechungen an. Zur Zeit sind ca. 25 ehrenamtliche RechtsberaterInnen und fünf ehrenamtliche DolmetscherInnen bei „Betrifft: Asyl" tätig – ein großer Pool an ausgebildeten Personen, welche ihre Energien und zeitlichen Ressourcen hier investieren. Für manche stellt sich wohl die Frage, warum gerade dieses Projekt so viele Menschen „begeistert" und zur Mitarbeit bewegt – woher kommt dieses ehrenamtliche Engagement für diese Tätigkeit? Hätten nicht andere Bereiche und Projekte in ähnlicher Weise oder womöglich noch mehr eine Unterstützung verdient? Könnte man nicht beispielsweise durch Hilfestellungen in der Integration mehr bewirken?

Der vorliegende Artikel versucht, die Beweggründe, warum wir uns gerade im Asylrecht engagieren wollen und darin keine etwaige „Ressourcenverschwendung" sehen, zu erklären.

Die rechtsstaatliche Perspektive

Ein für die Initiative dieses Projekts ganz wesentlich ausschlaggebender Aspekt ist die – bereits zu Beginn erwähnte – geplante BBU. In dieser sollen die Bundesbetreuung, die Rechtsberatung und die Rückkehrberatung unter einem Dach abgewickelt werden. Bis vor kurzem konnte man leider nur erahnen, wie gerade die Rechtsberatung in dieser ausgestaltet sein wird – zur Zeit deutet vieles darauf hin, dass die Rechtsberatung betreffend die Bescheide des Bundesamts für Fremdenwesen und Asyl (BFA), welches dem Innenministerium unterstellt ist, über die BBU abgewickelt werden soll, die demselben Ministerium zugeordnet wird. Dies löst bei vielen JuristInnen, NGOs, UnterstützerInnen, aber auch bei nicht involvierten Interessierten Unbehagen aus, da sie ein faires Asylverfahren in Gefahr sehen. Diese Sorge teilen gleichermaßen die ehrenamtlichen RechtsberaterInnen von „Betrifft: Asyl" – in ihren Augen ist eine unabhängige, vertrauliche und qualifizierte Rechtsberatung Grundvoraussetzung, um das Recht Asylsuchender auf internationalen Schutz zu wahren. Deshalb soll dieses Projekt für den Fall der Fälle eine alternative Anlaufstelle für Unterstützung im Asylverfahren bieten. Kürzlich ist der entsprechende Gesetzesentwurf ergangen, nach welchen die RechtsberaterInnen der BBU jedenfalls weisungsfrei sowie unabhängig sind, und wir blicken der Umsetzung in der Praxis gespannt entgegen.

Der menschliche Aspekt

Medial scheinen derzeit Berichte über von Flüchtlingen verübten Messerattacken und straffällige Asylwerber zu dominieren. Währenddessen besucht uns zum Beispiel ein junger Afghane, der fließend Deutsch spricht, sowohl den römisch-katholischen als auch den evangelischen Taufunterricht besucht, weil er alles über das Christentum erfahren wollte. Aus seinem Heimatstaat wurden er und seine Familie nicht zuletzt deshalb verfolgt und vertrieben. Er will Friseur werden und spielt im Verein Basketball. Am Ende der Beratung bedankt er sich für unsere Aufmerksamkeit. So sehen wir auch jene Fälle, wo ein Fluchtvorbringen vorhanden ist und die Integration offensichtlich funktioniert.

Häufig werden im Rahmen der offenen Beratung übrigens nur ganz allgemeine Fragen gestellt, wie zum Beispiel: „Wie lange dauert mein Asylverfahren noch?" oder „Wann ist mein zweites Interview?" (Als „zweites Interview" bezeichnen AsylwerberInnen häufig die mündliche Einvernahme vor dem Bundesverwaltungsgericht). Diese Fragen sind nur verständlich – es ist sehr frustrierend, wenn man seit Jahren im Verfahren hängt und seit der Erhebung der Beschwerde nie wieder etwas von RechtsberaterInnen und AnwältInnen gehört hat. Genauso verständlich ist aber, dass diese nicht immer über die zeitlichen Ressourcen verfügen, solche Fragen nochmals im Detail zu klären und KlientInnen zu diesem Zweck eventuell auch keine zusätzlichen Termine bei ihrer Vertretung ausmachen können. Bei „Betrifft: Asyl" haben wir allerdings diese Ressourcen, uns für solche allgemeinen Fragen die Zeit zu nehmen, ihnen Gehör zu schenken und diese im Rahmen der offenen Beratung zu beantworten.

Das Tätigkeitsfeld

Rein fachlich betrachtet ist das Asylrecht eine überaus faszinierende Materie – es ist durchzogen von völkerrechtlichen Verträgen wie der Genfer Flüchtlingskonvention und europarechtlichen Richtlinien, welche die Grundlage für viele unserer einschlägigen nationalen Rechtsnormen bilden. Damit veranschaulicht es die enge Verstrickung dieser Rechtsmaterien plakativ wie kaum ein anderes, bietet für JuristInnen viele spannende Fragen aus den unterschiedlichsten juristischen Blickwinkeln und bedarf eines fundierten Grundverständnisses dieser großen Rechtsgebiete.

Verbunden ist dies mit der nötigen Recherche von Länderberichten – um zu wissen, wie (un-)glaubwürdig ein Vorbringen ist, ist es eine wesentliche Voraussetzung, sich zunächst mit den Zuständen in den jeweiligen Ländern vertraut zu machen. Interkulturell Interessierten bereitet dies großes Vergnügen, da die Notwendigkeit dieser Recherche die Gelegenheit bietet, sich über die vorherrschenden Umstände in den jeweiligen Ländern zu informieren und diese Erkenntnisse aufzuarbeiten.

Der Ausbildungscharakter

In „Betrifft: Asyl" wird in Teams beraten – diese sind möglichst ausgeglichen besetzt von erfahrenen RechtsberaterInnen im Asylrecht und StudentInnen der Rechtswissenschaften, welche ebenfalls Vorkenntnisse im Asylrecht mitbringen – viele von ihnen haben zuvor die einjährige Lehrveranstaltung „Refugee Law Clinic" an der Karl-Franzens Universität Graz besucht.

Im Rahmen des Projekts können sich Studierende mit echten Bescheiden auseinandersetzen und Schriftsätze für ein Verwaltungsverfahren verfassen. Es herrscht ein striktes Vier-Augen-Prinzip – jeder Schriftsatz wird von einem bzw. einer erfahrenen RechtsberaterIn noch einmal geprüft. Darüber hinaus haben die StudentInnen die Möglichkeit, Beratungsgespräche zu begleiten und in weiterer Folge auch selbst zu führen.

Somit bietet „Betrifft: Asyl" für die Studierenden die Möglichkeit, Praxiserfahrungen zu sammeln und dabei regelmäßig Feedback zu erhalten.

Immer wieder findet darüber hinaus eine Ausbildungsphase statt, in welcher Workshops von der Diakonie, der Kanzlei Ronald Frühwirth und Zebra gehalten werden, um die fachlichen Kenntnisse zu verbessern, weiter zu vertiefen sowie allfällige Neuerungen zu besprechen.

Auch für die ehrenamtlichen DolmetscherInnen werden einschlägige Workshops von Zebra angeboten.

Conclusio

Wie anfangs erwähnt, war nicht zuletzt die geplante Verstaatlichung der Asylrechtsberatung Anlass für die Initiierung dieses Projekts. Doch auch wenn diese noch nicht spruchreif ist, konnten wir bis dato durchwegs positive Erfahrungen sammeln – neben AsylwerberInnen haben auch UnterstützerInnen von den offenen Beratungen Gebrauch gemacht, welche häufig sonst keinen Ansprechpartner für ihre Fragen zum Asylwesen haben.

Während wohl nahezu jede bzw. jeder geeignet ist, beispielsweise als „Buddy" für asylwerbende Familien oder unbegleitete Minderjährige zu fungieren und dadurch einen Beitrag im Bereich Integration zu leisten, glauben wir, durch unsere rechtswissenschaftliche Ausbildung unsere Ressourcen hier gerade richtig einzusetzen. Der direkte Kontakt zu den Asylsuchenden bereitet uns Freude, der Arbeitsbereich erfüllt uns mit Leidenschaft. Darüber hinaus bietet „Betrifft: Asyl" RechtsberaterInnen die Möglichkeit, ihre Berufserfahrung weitergeben zu können, und Studierenden die Chance, davon zu profitieren.

Zusammengefasst kann gesagt werden, dass wir davon überzeugt sind, eine Unterstützung für unsere Zielgruppe zu sein, und dass die ehrenamtliche Asylrechtsberatung uns große Freude bereitet, welche zusätzlich die Möglichkeit bietet, uns (gegenseitig) weiterzubilden.

In unseren Augen ist dies alles andere als Ressourcenverschwendung – sondern hilfreiches Engagement.

Die Rückkehr des Wolfes

Kein anderes Raubtier hat die Emotionen tausender Menschen in den letzten Jahren so bewegt wie der Wolf. Einer Studie im Auftrag des EU-Komitees für ländliche Entwicklung zu entnehmen leben in Europa insgesamt bis zu 20.000 Wölfe.

In Deutschland gibt es gegenwärtig mehr als 70 Rudel, in Italien geht man von etwa 2.000 Tieren aus. In Frankreich spricht man von gewaltigen Problemen mit der zunehmend stärker werdenden Wolfspopulation. Die jährliche Vermehrungsrate beträgt 30 Prozent und auf der Suche nach einem Revier legen die Tiere bis zu 1.000 Kilometer zurück. Mit zunehmender Anzahl von Tieren und durch die kilometerweite Wanderlust des Wolfes kommt es auch vermehrt zu Sichtungen und dramatischen Rissen von Wild-, sowie wertvollen Zucht- und Weidetieren. In der Steiermark wurden die letzten Wölfe im Jahr 1882 im Wechselgebiet gesehen und nun sind sie nach über hundert

Jahren wieder zurück. Betroffen sind in der Steiermark vor allem die Bezirke Liezen, Bruck-Mürzzuschlag, Murau und Murtal, doch auch in Leibnitz und Deutschlandsberg kam es bereits zu dramatischen Zwischenfällen mit dem Raubtier Wolf. Erst Mitte Mai des vergangenen Jahres wurde beispielsweise mittels DNA-Test bewiesen, dass in der Südsteiermark sieben Mutterschafe und acht Lämmer von einem Wolf gerissen wurden.

Und so kommt es, dass ein bereits längst vergessen geglaubter „alter Feind" wieder Fuß gefasst hat. Die Gefahr besteht, dass der Wolf zunehmend in den Bereich von bewohnten Regionen und zu Bauernhöfen vordringt und so auch eine Gefahr für den Menschen werden könnte.

Es steht viel auf dem Spiel

Viele Bauern wollen ihre Almen unter einem derartigen Risiko nicht mehr bewirtschaften. Man muss das auch verstehen, denn die über viele Jahre aufgebauten Zuchtpopulationen von Schafen, Rindern, Ziegen und Pferden einem Wolfsrudel auszusetzen, übersteigt das Maß geordneter Vernunft. Damit einhergehend steht in der Folge oft auch die Bewirtschaftung von Hütten vor einem Ende. Auf gebirgigem Gelände verschiedenste technische Schutzmaßnahmen oder die Begleitung von Hunden und Hirten zu fordern, ist nicht nur organisatorisch vermessen, sondern auch unfinanzierbar.

Die aktuellen Entwicklungen rund um den Wolf sind daher mehr als nur bedenklich und besorgniserregend – und das mit dramatischen Auswirkungen. Die Anwesenheit des Wolfes gefährdet die traditionelle Almwirtschaft und schafft durch Verschrecken, Versprengen, Verletzen und Töten zudem enormes Tierleid, das jedoch von Tierschützern als „natürlich" toleriert wird. Immer mehr Bauernfamilien sind massiv verunsichert und weigern sich zusehends, ihre Tiere auf die Almen zu treiben und sie somit wehrlos dem Wolf zu überlassen. Dabei ist gerade die Bewirtschaftung der rund 2.000 steirischen Almen von höchster Bedeutung für unsere Volkswirtschaft, den Tourismus, das Landschaftsbild und die Artenvielfalt. In der Steiermark bewirtschaften übrigens 5.000 Almbauern 140.000 Hektar Fläche.

„Muss immer etwas passieren, bevor etwas geschieht?"

Betrachtet man die Gesamtheit der Auswirkungen, so ist es eine Dramatik, dass der Wolf wieder in steirischen Gefilden unterwegs ist. Angesichts der Entwicklungen der letzten Jahre war das durchaus abzusehen und vor allem auch zu erwarten. Die Frage: „Was wird in Zukunft sein?" ist mehr als nur berechtigt, da in regelmäßigen Abständen grausame Wolfsrisse zu beobachten sind.

Doch was sind nun Wege, die gegangen werden können, um die Situation zu verbessern? Ein erster guter Ansatz ist das von Landwirtschaftsministerin Köstinger in Raumberg/Gumpenstein initiierte Kompetenzzentrum „Wolf, Luchs, Bär". Des Weiteren muss das Hauptaugenmerk, neben der Möglichkeit einer nachhaltigen Bejagung, auf Entschädigungen und auf tauglichem Versicherungsschutz sowie der so benötigten Beweislastumkehr liegen. Es ist doch verwunderlich, dass es an den Betroffenen liegt, zu beweisen, dass ihre Tiere wirklich durch einen Wolf gerissen wurden, damit sie eine Entschädigung für augenscheinlich vom Wolf gerissene Zuchttiere erhalten können. Vielmehr sind unbürokratische und effiziente Entschädigungsregime notwendig.

Schlussendlich sind es Fragen der Verhältnismäßigkeit und der Sicherheit, die beantwortet werden müssen. Fragen, ob diese Raubtiere nicht dort ihren Lebensraum behalten sollten, wo sie seit Jahrhunderten leben und in die Natur eingebettet sind. Es ist an der Zeit, dass endlich auch reagiert und ein Status etabliert wird, der es erlaubt, einzugreifen, wenn Gefahr im Verzug ist. Denn abzuwarten, bis sich die Population so stark erweitert und vergrößert, dass ein Korrigieren unmöglich oder unfinanzierbar wird oder Almwirtschaften über weite Gebiete hinweg längst nicht mehr bewirtschaftet werden, wäre fatal und über alle Grenzen hinweg unverantwortlich.

Wenn der Zeit die Stunde schlägt

Anmerkungen zum (möglichen) Ende der Zeitumstellung in Europa

Da fragt sich Paulchen Panther, die Zeichentrickfigur aus dem TV, schon seit seinem Geburtsjahr 1963 mit schöner Regelmäßigkeit, wer denn da an der Uhr gedreht hat – und weiß es immer noch nicht. War es etwa Benjamin Franklin, der bereits 1784 als erster die Idee einer „eingestellten" Uhrzeit äußerte, um eine Energieersparnis zu bewirken? War es die englische Regierung, die als Folge der verheerenden Finanzen nach dem Ersten Weltkrieg eine „British Summer Time" verabschiedete? Oder war (und ist) es die EU, die sowieso für alles herhalten muss?

Und so schürft(e) auch unsereins gar oft nachdenklich nach dem Sinn der zweimaligen Zeitumstellung pro Jahr.

Das taten denn auch 4,6 Millionen Teilnehmer der EU-Online-Umfrage im Vorjahr, die sich zu 84 Prozent gegen die Zeitumstellung ausgesprochen haben. Freilich: Das Teilnehmerfeld bedeutete weniger als ein Prozent der EU-Bürger. Repräsentativ sieht anders aus ...

Dennoch ist es jetzt fix: Der Zeitumstellung wird das letzte Stündchen schlagen. Das EU-Parlament hat ja mit 410 zu 192 Stimmen beschlossen, dass 2021 mit dem kollektiven Drehen am Zeiger Schluss sein soll. Die Mitgliedsstaaten müssen sich bloß noch entscheiden, welche Zeit sie letztlich haben wollen. Was doch für einige Chaos-Prognosen (siehe: Zeit-Fleckerlteppich) gut ist.

Dazu kommen nun auch noch mahnende Zeigefinger der Wissenschaft und das ebenso häufige – aber gleichmütige – Achselzucken anderer Forscher.

Ja, was nun? Wäre die dauerhafte Umstellung von Winter- auf Sommerzeit, wie sie von Österreichs Regierung bevorzugt wird, ein Problem?

Wer sich durch den Dschungel an Publikationen wühlt, wird rasch zur Erkenntnis gelangen: Die einen sagen so, die anderen so. Und die Dritten nehmen es ganz besonders dramatisch.

Will heißen: Forscher in Deutschland, zumal an der Universität München, ziehen gar die Reißleine und malen für den Fall einer permanenten Einführung der Sommerzeit (bei tatsächlich nur einer Stunde Unterschied zur Winterzeit!) den Gottseibeiuns an die Wand. Riesige Probleme würden auf uns zukommen, heißt es, weil es dann in der Früh ja länger dunkel sei. Eine hohe Wahrscheinlichkeit für Diabetes, Depressionen, Schlaf- und Lernprobleme müsste dadurch entstehen – die Europäer würden somit dicker, dümmer und grantiger werden.

Da denkt man sich: Ja, haben die verehrten Kollegen dabei ganz und gar darauf vergessen, dass der Mensch unglaublich adaptionsfähig ist? Die Umstellung der Zeit mag tatsächlich so manchem für zwei, drei Tage lästig erscheinen, nachhaltige Beschwerden konnten aber nie stichhaltig bewiesen werden.

Nur ein Beispiel: In Wien geht die Sonne heuer am 30. Juni um 04.57 Uhr auf, in Bregenz erst um 05.27 Uhr, es wird also um eine halbe Stunde später hell. Haben die Vorarlberger deshalb eine um 50 Prozent höhere Wahrscheinlichkeit, dicker, dümmer und grantiger zu sein als die Wiener?

Noch schlimmer würde es – als anderes Beispiel – die Isländer erwischen, die sich mit England in der selben Zeitzone befinden. Dort geht die Sonne Ende Juni, obwohl Island deutlich westlicher liegt, wegen seiner nördlichen Position schon um 03.03 Uhr auf, London hinkt mit 04.47 Uhr mehr als eineinhalb Stunden hinterher.

Also ein rund 150 Prozent erhöhtes Risiko für: siehe oben?

Scherz beiseite, lassen wir die Kirche lieber im Dorf und bei den Fakten.

Zahlreiche Studien haben belegt, dass die vorerst noch zweimal jährlich stattfindenden Zeitumstellungen zwar zu einer Art Mini-Jetlag führen, die Auswirkungen für den Menschen sind dennoch weitaus geringer als zunächst befürchtet. So konnten etwa Unkenrufe von wegen steigender Zahl an Verkehrsunfällen in den Tagen nach den Zeitänderungen entkräftet werden. Gleiches galt im Übrigen auch für Arbeitsunfälle.

An der University of Minnesota (USA) kam man sogar zum Schluss, dass durch die „daylight saving time" die Zahl der Verkehrsunfälle im Sommer reduziert wird, weil Autofahrer dank mehr Tageslicht eben auch besser Sicht hätten, während umfangreiche und 25 Jahre (!) dauernde Untersuchungen von finnischen Experten ergaben, dass ein Wechsel der Zeit um eine Stunde (egal, ob nach vor oder zurück) weder zu einer Erhöhung der Unfallrate führt, noch konnte – als anderes Exempel – eine Zunahme manischer Erkrankungen festgestellt werden.

Gelegentlich tauchen Studien auf, die nach der Umstellung auf die Sommerzeit ein mehrprozentiges Ansteigen an Herzinfarkten und Schlaganfällen beschreiben, während diese Erkrankungen beim Wechsel in die Winterzeit um minimale Prozente zurückgehen sollen. Über die Ursachen dieser Phänomene, die von anderen Arbeitsgruppen übrigens bestritten werden, darf gerätselt werden. Vermutlich ist es ein tageslichtbezogenes Minus am Schlafkonto, welches sich im Frühling negativ auf den Organismus auswirken kann.

Zieht man also wissenschaftliche Bilanz und bringt es auf den Punkt, wird nur eines klar: Klar ist gar nichts.

Jede Zeit, sommers wie winters, hat demnach ihre Vor- und mitunter auch Nachteile.

Rentiert sich daher das Drehen an der Uhr überhaupt?

Die Theorie von wegen Energiesparen hat sich längst als Flop entpuppt. Ein Wechsel der Zeit scheint aus diesem Grund absolut entbehrlich, vor allem aber auch dann, wenn man wieder in die Statistikkiste greift: Die Schwierigkeiten mit der Anpassung des Biorhythmus sind in den vergangenen Jahren unbestritten mehr in den Fokus der Öffentlichkeit – und der Politik – gerückt. Durch diese verstärkte Präsenz werden aber vor allem die eigenen Probleme eher wahrgenommen. Eine deutsche Beobachtung hat aufgezeigt, dass Frauen zu 37 Prozent öfter Irritationen mit der Zeitumstellung hatten als Männer (21 Prozent). Am häufigsten leiden offenbar die 45- bis 59-Jährigen (33 Prozent). Die meisten von ihnen (81 Prozent) waren müde oder schlapp, zwei Drittel hatten Schlafprobleme. Schlechter konzentriert zeigten sich 44 Prozent und 43 Prozent gaben an, vermehrt gereizt zu sein. Jeder Zehnte litt unter depressiver Verstimmung und jeder Fünfte kam nach der Umstellung verspätet zur Arbeit.

Was aber auch in dieser Studie offen bleibt, ist die entscheidende Frage: War tatsächlich die Zeit der entscheidende Faktor, oder spielte auch anderes mit hinein?

Nichts zu deuteln gibt es daran, dass sich der Einzelne ganz subjektiv mit dem Zeitwechsel schwertun kann: Konzentrationsstörungen und Unaufmerksamkeit, eine aus dem Takt geratene Chronobiologie, somit Schläfrigkeit und unpassende Gähnanfälle sind meist die Folge – doch im Allgemeinen verschwinden sie nach wenigen Tagen. Dann hat sich der Organismus an den neuen Stundentakt gewöhnt.

Anders natürlich im Tierreich. Mangels Kenntnis der Uhr haben Hund und Katz, Federvieh und Rind einen starren Zeitrhythmus, Letztere vertrauen ganz besonders auf die pünktliche Hand des Melkers und Fütterers. Unsere Bauern wissen ein Lied davon zu singen, dass die geänderte Zeit mitunter zu einigem Stress im Stall führen kann.

Der Versuch einer Zeitumstellungs-Analyse endet zwangsläufig mit Althergebrachtem: Egal welche Zeit, egal welche Zeitzone – entscheidend ist die Regelmäßigkeit des Schlaf-Wach-Rhythmus. Das kann die Wissenschaft jedenfalls eindeutig belegen: Ein Bäcker, der täglich um, sagen wir, zwei Uhr früh aufsteht, hat sich längst daran gewöhnt und damit auch keine Schwierigkeiten; der Schichtarbeiter mit stark unterschiedlichen Tätigkeitsperioden (Früh, Nachmittag, Nacht usw.) läuft aber Gefahr, am sogenannten Schichtarbeitersyndrom zu erkranken, mit deutlich höheren Raten an Herzinfarkten, Schlaganfällen, Brust- oder auch Prostatakrebs.

Wenn nun die fixe Zeit kommt: Welche soll es denn sein?

Über die „Winterzeit" gibt es gar nicht viel zu sagen: Sie war schon immer da, gewissermaßen als Standard des Vergänglichen. Mit ihr leben wir seit eh und je.

Anders die Sommerzeit. Daran mussten – oder besser: müssen – wir uns erst gewöhnen.

Wobei das letzte Wort im vorigen Satz besondere Bedeutung hat: Gewöhnung ist alles.

Sollte es die starre Sommerzeit ab 2021 geben, wird sie vom Organismus auch akzeptiert werden. Denn der Mensch ist, gottlob – und nochmals sei's gesagt – äußert fähig, sich zu adaptieren.

Sind wir erst einmal auf die neue Zeit eingestellt, darf – den warnenden Stimmen zum Trotz –nicht viel Negatives erwartet werden. Im Gegenteil.

So kann sich die Sommerzeit – folgt man einer groß angelegten Studie, die Aktivitäten von Kindern im Alter zwischen fünf und 16 Jahren in England, Australien, den USA, Norwegen, Dänemark, Estland, Brasilien, der Schweiz und auf der portugiesischen Insel Madeira erfasste – äußerst positiv auf das Bewegungsverhalten auswirken: Ging die Sonne erst um 21 Uhr unter, so bewegten sich die Kinder um etwa 20 Prozent mehr als in der Winterzeit. Was die Studienleiterin zum Resümee veranlasste, dass dies eine der wichtigsten gesundheitsbezogenen Maßnahmen bei jüngeren Menschen sei.

Die Meinung, dass die Einführung der permanenten Sommerzeit wegen der damit verbundenen längeren Dunkelheit am Morgen generell nur negative Auswirkungen haben könnte, lässt sich also ganz und gar nicht aufrechterhalten. Der Mensch ist nämlich absolut im Stande, Unterschiede in der Länge der Tage und Nächte während des Jahrlaufs zu kompensieren, ohne dass es zu gravierenden gesundheitlichen Problemen kommt.

Was unsere Biochronologie dagegen wesentlich und mit viel mehr negativen Konsequenzen aus dem Takt bringt, ist der Trend der modernen Gesellschaft, die Nacht zum Tag zu machen – das ist die „Lichtverschmutzung" und das ist vor allem die ungebremste Benützung von Smartphone, Laptop und Co. Die starken Blauanteile des Lichtes, mit dem die Leuchtdioden dieser Geräte ausgestattet sind, entpuppen sich als wahre Schlafräuber – und das in Zeiten, in denen der Durchschnittsösterreicher statt der notwenigen sieben bis acht Stunden ohnehin nur mehr 6,2 Stunden schläft.

Schlafmangel und mit ihm auch alle anderen der 120 bisher bekannten Arten von Schlafstörungen (von A wie Albträume bis Z wie Zähneknirschen) sind bereits zur Volkskrankheit avanciert. Tendenz: stark steigend.

Wir könnten also froh sein, wenn uns weitere Zeitumstellungen erspart blieben und wir – wie in der „Vorenergiersparwahnära" – wieder ohne Drehen am Zeiger leben dürfen. Bis es soweit sein könnte, werden aber schon noch etliche Nächte vergehen.

Weil also die nächsten paar Zeitumstellungen Ende März und Ende Oktober mit Sicherheit noch kommen werden, hier ein einfacher Tipp zur saisonalen Eingewöhnung: An den vier Abenden vor der Umstellung auf die Sommerzeit (mit einem „Quasi-Verlust" von 60 Minuten) wird das Bett um jeweils 15 Minuten früher aufgesucht. So lässt sich leicht in die neue Notwendigkeit einschleichen. Im Oktober ist es umgekehrt: Weil ja eine Stunde „gewonnen" wird, können die vier Abende davor um je 15 Minuten verlängert werden.

Übrigens: Dieses Schema hat sich auch in der Landwirtschaft in Sachen Fütterung bewährt.

Wie auch immer die Diskussion um Sommer- und Winterzeit, um Beibehaltung oder Abschaffung enden wird – ein Berufsstand würde sich ohne Zweifel ganz besonders über eine fixe Zeitzone freuen: Der Uhrmacher. Ihm bleibt dann jedenfalls das aufwändige und nervige Umstellen seiner vielen Zeitmesser erspart ...

GERALD SCHÖPFER

Zum 100. Todestag von Peter Rosegger: Was bleibt?

Es ist keine Übertreibung. Peter Rosegger war der steirische „Shooting Star" des 19. Jahrhunderts und als er 1918 kurz vor dem Ende des Ersten Weltkriegs starb, war er bereits zu Lebzeiten mit ungeheuren Ehren überhäuft worden. Dazu zählten beispielsweise drei Ehrendoktorate angesehener deutschsprachiger Hochschulen, unzählige Orden und Ehrenbezeugungen wie Ehrenmitgliedschaften und Ehrenbürgerschaften. Bereits zu seinen Lebzeiten wurden ihm Denkmale gesetzt, wie beispielsweise die von seinem Freund Hans Brandstätter gestaltete Waldlilie im Grazer Stadtpark.

Peter Roseggers Popularität erreichte damals ungeheure Ausmaße.

Es begann auch bereits die kommerzielle Vermarktung seines Namens. Als ein Beispiel für viele andere sei der vom steirischen Textilfabrikanten Kawann hergestellte Rosegger-Loden erwähnt, aus dem die bis heute beliebten Rosegger-Janker hergestellt wurden.

Der gefeierte Dichter selbst hatte sich in seinen letzten Lebensjahren Gedanken über sein Nachleben gemacht. Er wünschte sich ein einfaches Grab am Friedhof von Krieglach. Auf einem Holzkreuz durfte lediglich sein Name und nichts weiter aufscheinen. Und er erklärte dazu: „Wenn man nach 50 Jahren noch weiß, wer das ist, dann genügt dies; wenn nicht, gönnt ihm seinen Frieden."

Nun sind 100 Jahre seit seinem Tod vergangen und der Name Peter Rosegger ist noch immer gut bekannt. Sein Name ist untrennbar mit der Steiermark verbunden und der Begriff Waldheimat wurde von ihm, der sicherlich auch ein ausgeprägtes Marketingtalent hatte, selbst geprägt.

Die Steiermark nutzte das Rosegger-Gedenkjahr 2018 (175. Geburtstag und 100. Todestag) für eine Fülle von Aktivitäten: Im Grazer Museum für Geschichte des Universalmuseums Joanneum fand die Sonderausstellung „Peter Rosegger. Waldheimat und Weltwandel" statt. Auch im Rosegger-Museum in Krieglach war eine interessante Ausstellung zu sehen und der Kluppeneggerhof, Roseggers Geburtshaus am Alpl, war gut besucht. Lesungen, Vorträge, Gesangsabende, Wanderungen, Schulaktionen etc. rundeten die vielen Veranstaltungen ab, unter denen besonders die in Krieglach erfolgte Aufführung von „Jakob, der Letzte" (in der Bearbeitung von Felix Mitterer) hervorstach.

Es erschien auch eine ganze Reihe von neuen Publikationen über Rosegger.

Seit vor etwa 35 Jahren Charlotte Anderle als erste darauf hinwies, dass Rosegger nicht nur ein freundlicher Heimatdichter war, sondern auch ein sehr sozialkritischer und oft überaus grimmiger Journalist, der viele bislang eher unbeachtete Seiten hatte, fehlt es auch bis heute nicht an Versuchen, immer wieder einen völlig neuen, unbekannten Peter Rosegger zu entdecken. Es ist kein Geheimnis, dass er viel Widersprüchliches geschrieben hat, sodass man immer wieder unterschiedliche Facetten betonen kann, je nachdem, wie man jeweils die Auswahl seiner Zitate vornimmt.

Wenngleich Peter Rosegger ein ungeheures Oeuvre hinterlassen hat und in seinem Nachlass und seinem umfangreichen Briefverkehr noch nicht alles aufgearbeitet wurde, kann man davon ausgehen, dass seine Lebens- und Wirkungsgeschichte im Wesentlichen auserzählt ist.

Es gab 2018 auch in vielen Medien Berichte zum Rosegger-Jahr und eine sehr gute neue Fernsehdokumentation im ORF.

Die Besucherfrequenzen der großen Landesausstellung 1993, die in Krieglach, Birkfeld und St. Kathrein/Hauenstein stattfand (417.000) werden wohl unerreichbar bleiben. Damals gab es – nicht zuletzt durch zahlreiche ausgezeichnete Fernseh-Verfilmungen mit ausgelöst – einen regelrechten Hype.

Doch auch im Rosegger-Jahr 2018 war das Interesse an den verschiedenen Rosegger-Aktivitäten durchaus respektabel. Seitens der Schulverwaltung wurden besondere Akzente gesetzt, um die Werke Roseggers wieder der Jugend näher zu bringen.

Bei den verschiedenen Aktivitäten zum Rosegger-Jahr 2018 nahmen immerhin rund 70.000 Besucher teil. Die Österreichische Post brachte – wie bereits bei den vorangegangenen Jubiläumsjahren – eine Sondermarke heraus.

Wieso stößt Rosegger auch heute noch auf großes Interesse und ist so bekannt?

Viele bedeutende Schriftsteller, die Zeitgenossen von Peter Rosegger waren, sind heute fast vollkommen vergessen

Es ist auffallend, dass viele Zeitgenossen von Peter Rosegger, die im 19. Jahrhundert weit über die Steiermark hinaus durchaus große Prominenz aufwiesen, heute fast unbekannt sind.

Warum hat sich um den einstigen steirischen Politiker und Volksschriftsteller Karl Morré (1832–1897) kein ähnlicher Kult entwickelt? Wer denkt noch an Franz Dirnböck (1809–1861), von dem bestenfalls noch in Erinnerung ist, dass er den Text zu unserer Landeshymne schrieb. Selbst der ehemalige „Grazer Stadtpoet" Wilhelm Fischer (1846–1932) ist ebenso vergessen wie der einst so bekannte Dichter, Schriftsteller und Kunstkritiker Hans Nepomuk Grasberger, Pseudonym: Karl (Carl) Birkenbühl (1836–1898). Den Grazer Stadtpark ziert zwar ein Denkmal von Roseggers Förderer und Freund Robert Hamerling (eigentlich: Rupert Johann Hammerling, 1830–1889), doch kaum jemand kann heute mit seinem Namen etwas anfangen. Joseph von Hammer-Purgstall (1774–1856), steirischer Orientalist, Lyriker, Erzähler, Dramatiker und Übersetzer ist als Begründer der österreichischen Orientalistik und als erster Präsident der Akademie der Wissenschaften bekannt, aber seine eigenständigen literarischen Werke sind heute weitgehend vergessen. Auch um den Priester und patriotischen Schriftsteller Ottokar Kernstock (1848–1928), der ebenso wie Rosegger mit einem Ehrendoktorat der Grazer Karl-Franzens-Universität ausgezeichnet worden war, ist es nicht zuletzt wegen seiner Deutschtümelei völlig still geworden.

An Anton Alexander Graf von Auersperg (1806–876), der als Dichter das Pseudonym Anastasius Grün verwendete, erinnert noch ein beeindruckendes Denkmal im Grazer Stadtpark, doch wer liest heutzutage noch eine einzige seiner Zeilen?

Aber auch Johann Krainz (1847–1907), der unter seinem Pseudonym Hans von der Sann bekannt wurde, ist heute ebenso vergessen wie der Schriftsteller und Universitätsprofessor Albert von Muchar (1786–1849) oder der seinerzeit so bekannte Offizier, Diplomat, Orientalist, Historiker und Reiseschriftsteller Anton Prokesch von Osten (1795–1876).

Beim Namen des seinerzeit auch in Graz wirkenden Historikers, Erzählers, Romanciers, Feuilletonisten und Theaterautors Leopold von Sacher-Masoch (1836–1895), der zahlreiche historische Schriften hinterließ und auch als Privatdozent der österreichischen und allgemeinen Geschichte der neueren Zeit an der Universität Graz wirkte und der ähnlich, wie Rosegger als Herausgeber einer Zeitschrift „Gartenlaube für Österreich") wirkte, denkt man heute sehr reduzierend nur noch an den mit seinem Namen verbundenen Begriff des „Masochismus".

Es ist bemerkenswert, dass unter den vielen mit der Steiermark verbundenen Persönlichkeiten, die im 19. Jahrhundert als Schriftsteller Bedeutsamkeit erreichten, wohl niemand an die Berühmtheit Roseggers herankam.

Rosegger selbst war sicherlich ein Naturtalent betreffend Selbstvermarktung. Immer wieder akzentuierte er sehr stark seine Herkunft, die von Kargheit und Armut geprägt gewesen sei. Dies ließ seinen unvermuteten und kometenhaften Aufstieg als noch grandioser erscheinen. Durch seinen Mürzzuschlager „Hoffotografen" Franz Joseph Böhm konnte er auch aussuchen, welche seiner Porträts kolportiert werden durften. Mit der von ihm redigierten Zeitschrift „Heimgarten" hatte er ein eigenständiges Printmedium zur Verfügung, das laufend über seine persönlichen Erlebnisse und seine Ansichten in des „Heimgärtners Tagebuch" berichtete.

Diese Art eines sehr persönlich gefärbten Journalismus erinnert an heutige Blogger. Bei Rosegger fanden sich auch Vorformen des modernen Sensationsjournalismus und kritischer Sozialreportagen. Er stellte sich aber auch in den Dienst des Aktionsjournalismus, rief zu Spenden für soziale Zwecke auf und betätigte sich als Aktivbürger, dem bereits die Gestaltung der Umwelt ein wichtiges Anliegen war. Er war gesellschaftlich gut vernetzt, war Mitglied der „Schlaraffia" und er hatte sowohl in Wien als auch in Graz und der Obersteiermark einen treuen Freundes- und Anhängerkreis, dem zahlreiche zeitgenössische Künstler und sonstige bekannte Persönlichkeiten des öffentlichen Lebens angehörten.

In vielen Fragen war er seiner Zeit voraus – so war sein Eintreten für die Ökumene im 19. Jahrhundert ein durchaus pionierhaftes Verhalten. Es gab aber auch viele Bereiche, wo er sich manchen Irrungen des Zeitgeistes nicht entziehen konnte. Und es gab durchaus Bereiche, wo er bereits im 19. Jahrhundert überaus konservativ wirkte: Dazu zählen sein antiquiertes Frauenbild oder seine ablehnende Haltung zur modernen Kunst.

Warum ist Peter Rosegger auch heute noch ein großer Name?

Rosegger zählte sicherlich zu jenen Schriftstellern, welche die steirische Lebensart und das Steirertum einer weiten Leserschaft, nicht nur im ganzen deutschen Sprachraum, sondern auch in 28 übersetzten Sprachen, bekannt gemacht haben.

Im Gegensatz zu seinem Zeitgenossen Robert Hamerling, dessen Werke für die meisten Menschen heute fast unlesbar sind, verwendete er eine Sprache, die auch heute noch die Menschen anspricht. Zu seinen Markenzeichen zählten aber auch der Humor und seine Fähigkeit, die steirische Mundart sehr gekonnt einzusetzen.

Nach wie vor erinnern im gesamten deutschen Sprachraum unzählige Straßen- und Platzbezeichnungen und Namen von verschiedensten Einrichtungen wie Schulen, Kinos, Apotheken etc. an Peter Rosegger.

Und nach wie vor genießt Peter Rosegger im deutschen Sprachraum großes Ansehen, so wurde ein 1991 an der Thüringer Landessternwarte Tautenburg entdeckter Asteroid nach ihm benannt.

Sicherlich ist es auch ein Verdienst der obersteirischen Rosegger-Aktivisten, wie beispielsweise des Krieglacher Roseggerbundes, dass nicht nur in den Gedenkjahren das Andenken an Peter Rosegger hochgehalten wird.

Und schließlich ist es die steirische Volkskultur-Politik, die Rosegger-Jahre nicht untätig vorbeiziehen lässt. Dass es mit Roseggers Geburtshaus am Alpl und mit dem Sommerhaus in Krieglach, wo er 1918 sein Leben beschloss, authentische Gebäude im Landesbesitz gibt, die für die Öffentlichkeit zu besichtigen sind, ist sicherlich ein Umstand, der das Andenken an Rosegger wachhält.

Dass das Journal „Klipp" (Juli/August 2018, Seite 11) in einer Headline forderte: „Genug der Rosegger-Jubiläen. Dafür wäre mehr Erzherzog Johann angebracht", zeigt, dass die Organisatoren des Rosegger-Jahres durchaus erfolgreich waren.

800 Jahre Diözese Graz-Seckau

Die römisch-katholische Diözese Graz-Seckau zählt mit einigen Stiften, Pfarren und politischen Gemeinden zu den ältesten durchgängig bestehenden Institutionen unseres Landes. Wenn eine solche Institution 800 Jahre alt wird, darf das nicht unbeachtet bleiben. Einheit als der Kirche wesentliches Merkmal bedeutet ja nicht nur eine organisatorische Aufgabe in der jeweiligen Gegenwart, sondern meint sowohl Einheit mit ihrem Anfang, also über Jahrhunderte hinweg, als auch eine bleibende Gabe und Aufgabe für die Zukunft. Wir haben das Jubiläum gefeiert und es war uns wichtig, uns nüchtern und ehrlich der Geschichte zu stellen.[1]

Die Diözese hat seit ihrer Gründung im Jahr 1218 viele Wandlungen durchgemacht: Selbstverständlich ist die Diözese bei aller Identität auch von den Veränderungen mitgestaltet worden, die die theologischen, geistesgeschichtlichen, politischen, ökonomischen und anderen Entwicklungen mit sich gebracht haben. Es hat ein Auf und Ab gegeben, Zeiten der Schwäche und geistlicher Strahlkraft. Wir bekennen uns zum von Reformatoren formulierten Wort von der „ecclesia semper reformanda", dass die Kirche immer einer Erneuerung, d.h. Bekehrung bedarf. – Auch territorial hat sich ihr Umfang mehrfach verändert, denn ursprünglich war sie nicht deckungsgleich mit dem Territorium des Herzogtums, sondern nur ein schmaler Streifen von Seckau über die Glein- und Stubalpe bis in die Gegend von Hengsberg; der Großteil der Steiermark – auch Graz – verblieb bis zur Reform unter Kaiser Joseph II. beim Erzbistum Salzburg. Die südliche Grenze wurde 1859 – also 70 Jahre vor dem Friedensvertrag von St. Germain 1919 – gezogen.

In acht Jahrhunderten hat das Christentum die Menschen und das Land mitgeformt: äußerlich wahrnehmbar in den Kirchen mit ihren Baustilen, denen auch Frömmigkeits- und Lebensstile entsprechen. Zwischen kirchlichen und „weltlichen" Strukturen hat es immer auch Wechselwirkungen gegeben: Man denke an die Entwicklungen im Bildungswesen und von sozialen Einrichtungen. Der Jahreslauf und das Brauchtum sind nach wie vor stark von religiösen Traditionen mitbestimmt.

Wir wollten aber nicht nur zurückschauen, sondern uns auch den Herausforderungen stellen, die uns in der Gegenwart und vermutlich in der Zukunft begegnen. Schon in der Vorbereitung auf das Jubiläum – dem „Weg 2018" – haben wir uns Ziele vorgenommen, die ein Dauerauftrag sind: „Die Freude am Glauben erneuern. Die Seelsorge in der Diözese neu ausrichten. Als Kirche unsere Gesellschaft mitgestalten.“ Und für das Jubiläumsjahr haben wir mit Blick auf das Gleichnis im Evangelium von Aussaat und Ernte das Leitwort gewählt: „Zukunft säen“. Diese Anliegen unseres Jubiläums treffen bestens zusammen mit den Grundlinien, die Papst Franziskus für sein Pontifikat in seinen Apostolischen Schreiben und Enzykliken gezeichnet hat.

In vielen Begegnungen, Studientagen, Besprechungen seit meinem Amtsantritt als 58. Diözesanbischof von Graz-Seckau im Jahr 2015 wurde ein Zukunftsbild[2] entworfen, das mit meiner Unterschrift am Beginn des Jubiläumsjahres am 3. Dezember 2017, dem Ersten Adventsonntag – wir haben unser Jubiläum am Kirchenjahr ausgerichtet –, als gemeinsame Orientierung und Wegmarkierung für das Leben unserer Ortskirche in den kommenden Jahren dienen soll.

Ausgangspunkt ist selbstverständlich unser österlicher Glaube, dass „Kirche-Sein heißt leben mit einem, der lebt“, und dass Jesus Christus „uns auf vielfältige Weise entgegenkommt, in seinem Wort, in den Sakramenten, in Menschen, die er sendet, und in den Geringsten (Mt 25,40), zu denen die Kirche gesandt ist.“

Das II. Vatikanische Konzil, sozusagen „Kompass“ für die katholische Kirche in die Zukunft[3], und Papst Franziskus haben für den Weg der Kirche die Richtung klar vorgegeben: „Wir gehen vom Leben der Menschen aus“, d.h. wir versuchen die Menschen in ihren Lebenswirklichkeiten, Sehnsüchten und Fragen ernst zu nehmen und im Licht des von Jesus verkündeten Evangeliums zu deuten. Wir glauben an den einen Gott, das heißt aber nicht, dass wir vorgäben, ihn zu besitzen, sondern wir sind mit vielen Menschen auf der Suche nach ihm. Die ersten Adressatinnen und Adressaten Gottes sind die Armen und Benachteiligten aller Art: In der Liebe zu ihnen begegnen wir dem Geheimnis Gottes.

Am Vorabend des Höhepunktes des Diözesanjubiläums habe ich – als Kurzfassung des Zukunftsbildes – eine „Botschaft für eine Kirche der Zukunft“ vorgetragen. Darin heißt es: „Viele von uns haben die Hoffnung auf die Zukunft verloren. Unsicherheit macht sich breit: Ihr wollen wir entgegenwirken. Die großen Probleme der Zukunft – wie: Wo finde ich Arbeit? Wer schützt das menschliche Leben? Wie werde ich alt? Welche Welt hinterlassen wir unseren Kindern? Wo finden Menschen Heimat? – sind nur gemeinsam zu lösen. Wir wollen mithelfen, einen Wert für unsere Gesellschaft wiederzubeleben: die Solidarität.“ Im Zukunftsbild erklären wir, dass wir aus dem Glauben die Gesellschaft mitgestalten wollen – in unserer nächsten Umwelt, aber auch als Teil der weltweiten Kirche. Konsequenterweise muss unsere Kirche darum immer mehr zu einer diakonischen, dienenden Kirche werden.

Unser Papst hat gemäß dem Auftrag des auferstandenen Christus aufgefordert, eine „Kirche im Aufbruch“ zu werden und dementsprechend auch die kirchlichen Strukturen zu reformieren.[4] Das System der Pfarren in unserem Land ist wichtig und hat durch Jahrhunderte Menschen im Glauben und Leben beheimatet. Im Zukunftsbild haben wir uns überdies vorgenommen, „Kirche bewusst auch in neuen Formen und Weisen zu leben und neue Erfahrungsräume von Kirche zu fördern."

Wagemut und Kreativität

Der Blick in die Geschichte unserer Diözese hat uns gezeigt, dass manche Strukturen, die Kircheninsidern vertraut waren, längst nicht so „ewig" und unveränderlich sind, wie man manchmal behauptet. Papst Franziskus hat uns ermutigt, „das bequeme pastorale Kriterium des ‚Es wurde immer so gemacht' aufzugeben. Ich lade alle ein, wagemutig und kreativ zu sein in dieser Aufgabe, die Ziele, die Strukturen, den Stil und die Evangelisierungs-Methoden der eigenen Gemeinde zu überdenken."[5] Wir sind dabei, auch die diözesanen Seelsorgestrukturen neu zu ordnen. Wir haben die Dekanate, die z.T. längst nicht mehr den Lebensstrukturen der Menschen entsprochen haben, aufgegeben und als eine neue mittlere Ebene „Regionen" definiert. In ihnen werden Seelsorgeräume gebildet: Nicht nur die Pfarren, die nicht infrage gestellt werden, sondern auch andere bewährte und neu zu bildende Erfahrungsräume von Kirche – Klöster, Heime, Treffpunkte, soziale Dienste – sollen mit den Pfarren ein seelsorgliches Netzwerk werden. Immer wieder hat sich die Kirche, auch in unserer Diözese, den Herausforderungen der Zeit gestellt. Tradition und Innovation schließen einander nicht aus. Erneuerung ist ein Wesensmerkmal von Kirche.

Das ruft nach Menschen, die das mittragen. Wir betonen, dass unsere Diözese auch in Zukunft den unverzichtbaren Dienst von Priestern und Diakonen braucht und wir darum ein Klima fördern müssen, in dem diese Berufungen wachsen können. Wir sind aber auch überzeugt, dass Gott jedem Menschen vielfältige Begabungen und Fähigkeiten gibt und auch der Kirche die Vielfalt von Berufungen schenkt, die sie braucht. Unsere Aufgabe ist es, diese Charismen von Laien, Ordensleuten, Priestern und Diakonen zu entdecken, wertschätzend anzunehmen, zuzulassen und zu fördern. Wir wissen, dass das auch zu veränderten Rollenbildern und Aufgaben der Hauptamtlichen in der Kirche auf den verschiedenen Ebenen führt.

Abschließend im Zukunftsbild versprechen wir: „Wir gehen mit unseren Ressourcen verantwortungsvoll und nachhaltig um." Was sind die Ressourcen einer Diözese?

Die Ressource schlechthin ist unser Glaube und all das, was im Credo als „communio sanctorum", „Gemeinschaft der Heiligen" genannt wird: Gemeint sind das Wort Gottes, die Sakramente, der Gottesdienst, das Gebet, in denen uns die Gemeinschaft mit *dem* Heiligen geschenkt wird. Tagtäglich, das ganze Jahr über, seit 800 Jahren und mehr wird in der Steiermark aus diesen geistlichen „Vorräten" gelebt. Ressourcen sind die Gläubigen, die in den vielfältigen Ereignissen ihres Alltags aus dem Glauben ihr Leben gestalten: in der Familie, in den verschiedenen Berufen, auch in der Politik – nach einem Wort des gegenwärtigen Papstes: „Sich in die Politik einzubringen ist für einen Christen ein Muss. Wir müssen uns in die Politik einmischen, denn die Politik ist eine der höchsten Formen der Nächstenliebe, denn sie sucht das Gemeinwohl."[6] – Ressourcen sind die stillen Beterinnen und Beter – viel mehr als oft vermutet. Die Kirche lebt in und durch Menschen, die in der Erziehung, in der Betreuung von Pflegebedürftigen tätig sind; sie lebt in denen, die sich im organisierten Dienst an den Nächsten engagieren. Eine wesentliche Ressource sind auch unsere ehrenamtlichen und hauptamtlichen Mitarbeiterinnen und Mitarbeiter, die in der Diözese, in den Regionen und in den Seelsorgeräumen Verantwortung tragen.

Und dann gibt es auch die Ressourcen, an die man hauptsächlich denkt, wenn dieses Wort gebraucht wird: materielle Mittel, Geld und Besitztümer. Dazu haben wir im Zukunftsbild bekannt, dass Wirtschaft und Verwaltung der Diözese immer der Pastoral zu dienen haben. Der Diözesane Wirtschaftsrat und der Ökonom der Diözese müssen sehr genau rechnen angesichts der Verpflichtungen, die die Diözese ihren Bediensteten, den Pfarren und Institutionen gegenüber eingegangen ist. Es ist uns bewusst, dass gerade dieser Bereich besonders sensibel ist: Was sind die Prioritäten der Diözese? Was bedeutet in diesem Bereich Nachhaltigkeit? – Das ist leichter zu beantworten im Hinblick auf die Forstgüter, die von kirchlichen Rechtsträgern – Pfarren, Diözese, Klöster – verwaltet werden. „Nachhaltigkeit" und Verantwortung im Hinblick auf die anderen Ressourcen ist ein Dauerauftrag, weit über ein 800-Jahr-Jubiläum hinaus.

In Gottes Namen und mit Gottes Segen

Es stehen also als Auftrag aus unserem Jubiläum viele Reformen an, für die es auch einen Schwung und eine gegenseitige Ermutigung braucht. Als Christen sind wir gewohnt, solches in Gottes Namen zu beginnen und den Segen Gottes zu erbitten. So haben wir unser großes Jubiläum am Festtag des hl. Johannes des Täufers verstanden.

Kirchliche Feste in der Steiermark – ich erinnere an den Steirischen Katholikentag 1981, an den Tag der Steiermark 1993 und an die II. Europäische Ökumenische Versammlung 1997 – sind immer wieder mit einem Dreiklang begangen worden: mit Begegnung in Diskussion und Gespräch, mit festlicher Liturgie und mit feiernder Gastfreundschaft. So auch diesmal: Die Begegnungen und Gespräche haben schon in den Regionen auf „Bühnen" in den Wochen vor dem 24. Juni stattgefunden, wobei wir uns Themen und Fragen gestellt haben, die uns aus Geschichte, Gegenwart und anzunehmender Zukunft aufgegeben sind: Armut, Kunst und Kultur, Grenzen, Angst, Denken – Wissen – Glauben, Tradition und Erneuerung, Begegnung der Religionen, Kirche und Politik. In Ausstellungen in Admont, Seckau, Graz und Seggau wurde sowohl der Diözesangeschichte, dem künstlerischen Erbe der Jahrhunderte, aber auch der Konfrontation mit der zeitgenössischen Kunst Raum gegeben.

Wir wollten mit dieser Vielfalt auch der berechtigten Kritik einer „Graz-Lastigkeit" vieler kirchlicher Aktivitäten entgegenwirken: Tatsächlich ist unsere Ortskirche ja territorial die größte Diözese Österreichs mit einer breiten Vielfalt von Mentalitäten und lokalen Traditionen. Die Themen, Fragen und Ergebnisse, denen in den Regionen nachgegangen worden war, sind am Vortag des 24. Juni auch in der Grazer Innenstadt präsentiert worden, ebenso eine beeindruckende Darstellung kirchlicher Einrichtungen und Initiativen auf der „Kirchenmeile" in der Grazer Herrengasse.

Der Festgottesdienst, den wir wieder auf dem „Platz der Versöhnung" vor dem „Katholikentagskreuz" von 1981 feiern konnten und der vom ORF übertragen worden ist, vereinte einige Tausend Steirerinnen und Steirer mit den Repräsentanten des öffentlichen Lebens von Stadt, Land und Gesellschaft sowie mit Bischöfen und Gläubigen angrenzender Diözesen aus dem In- und Ausland. Wir wollten in diesem Jubiläumsjahr auch Zeichen unserer weltkirchlichen Verbundenheit setzen und haben neben der schon seit vielen Jahren bestehenden Diözesanpartnerschaft mit Masan in Südkorea eine neue Partnerschaft mit der Diözese Bom Jesus da Lapa im Nordosten Brasiliens begonnen: Die Bischöfe aus beiden Partnerdiözesen haben unser Jubiläum mitgefeiert. Aber auch in den verschiedenen Regionen unseres Landes wurden anlässlich des Jubiläums karitative und soziale Initiativen finanziell und personell gefördert.

Der Gottesdienst ging über in ein fröhliches Fest, bei dem wir bei gutem Wetter einander Gastfreundschaft geboten haben. Den Teilnehmenden am Fest konnten wir zum Abschluss eine vom Grazer Medienkünstler Richard Kriesche gestaltete Plakette überreichen mit einem Schriftzug, den wir einem Wort des em. Papstes Benedikt XVI. entnommen haben: „Wer glaubt, ist nicht allein." Auf dem „Himmelkogel", einem fast 2018 Meter hohen Berg in den Triebener Tauern, steht seit Anfang September 2018 zur dauernden Erinnerung an unser Diözesanjubiläum ein Gipfelkreuz, in das auch dieses Wort „Du bist nicht allein" eingetragen ist: als Einladung, im Aufschauen zu diesem Glaubenszeichen die Botschaft, der die Diözese Graz-Seckau auch in Zukunft verpflichtet ist, zu erkennen.

1 Es gehört zur Tradition unserer Diözesanjubiläen seit 1818, dass auch kirchenhistorische Studien veröffentlicht werden. So wurde auch zum 800-jährigen Jubiläum eine umfangreiche Veröffentlichung vorgelegt: 800 Jahre Diözese Graz-Seckau. Von der Gründung bis zur Gegenwart, hg. von M. Sohn-Kronthaler, R. K. Höfer, A. Ruhri, Graz 2018.

2 Gott kommt im Heute entgegen. Das Zukunftsbild der Katholischen Kirche Steiermark, erhältlich im Bischöflichen Ordinariat Graz und über kirche-konkret@graz-seckau.at.

3 Vgl. Papst Johannes Paul II. im Apostolischen Schreiben „Novo Millennio Ineunte" (2000) Nr. 57.

4 Papst Franziskus, Die Freude des Evangeliums: Das Apostolische Schreiben „Evangelii Gaudium" über die Verkündigung des Evangeliums in der Welt von heute, 2013, Nr. 20 ff.

5 Papst Franziskus, Die Freude des Evangeliums: Das Apostolische Schreiben „Evangelii Gaudium" über die Verkündigung des Evangeliums in der Welt von heute, 2013, Nr. 33.

6 Ders., in einem Interview, http://blog.radiovatikan.de/warum-wolltest-du-jesuit-werden-franziskus-beantwortet-schuelerfragen/.

Das Haus der Geschichte Österreich – ein Aufbruch ins Ungewisse

Am 10. November 2018 wurde das Haus der Geschichte Österreich in der Neuen Burg am Heldenplatz mit der Eröffnungsausstellung „Aufbruch ins Ungewisse – Österreich seit 1918" der Öffentlichkeit übergeben. Punktgenau öffnete das erste zeitgeschichtliche Museum der Republik zur 100. Wiederkehr der Ausrufung der demokratischen Republik 1918 seine Pforten. Zugleich wurde die Evaluierung angekündigt – so wie es im Regierungsprogramm vorgesehen war. Davon erwarten wir uns viel, denn das jahrzehntelang diskutierte Museumsprojekt startete – in Hinblick auf seine Rahmenbedingungen – in eine offene, ungewisse Zukunft.

Komplexe Rahmenbedingungen

Die rechtliche Grundsteinlegung für das Haus der Geschichte Österreich erfolgte mit der Novellierung des Bundesmuseumsgesetzes im April 2016: Das neue zeitgeschichtliche Museum wurde unter Wahrung der wissenschaftlichen Unabhängigkeit der Österreichischen Nationalbibliothek zugeordnet. Diese Konzeption beruht auf einer Idee von SPÖ-Kulturminister Josef Ostermayer. Gemeinsam mit dem Historiker Oliver Rathkolb und einem 31-köpfigen internationalen Fachbeirat wollte er – nicht zuletzt im Hinblick auf das bevorstehende Republikjubiläum 2018 – ein Haus der Geschichte in der Neuen Burg ins Leben rufen: Auf einer Fläche von ca. 3.000 Quadratmetern, mit einem Errichtungsbudget von etwa 30 Millionen Euro, ausgestattet mit einem laufenden Budget von ca. 3,5 bis 4 Millionen Euro sollte dieses Haus dem Standard international vergleichbarer zeitgeschichtlicher Museen standhalten können. Für sein Konzept konnte Ostermayer auf zahlreiche Vorstudien aus früheren Jahren zurückgreifen, wie beispielsweise jene der Museumsexpertin Claudia Haas. Die Pläne von Josef Ostermayer hätten eine Neuverteilung der Ausstellungsflächen für die Museen der Neuen Burg bedeutet: Das Haus der Geschichte Österreich sollte im ersten Stock der Neuen Burg einziehen. Von dort gab Adolf Hitler am 15. März 1938 unter dem frenetischen Jubel von ca. 200.000 Menschen den „Anschluss" seiner Heimat an das Deutsche Reich bekannt. Zudem diente der erste Stock der Neuen Burg in der NS-Zeit als Kunstdepot für arisierte Kunstwerke.

Ostermayer beabsichtigte, auf dieses kontaminierte Erbe mit der Errichtung des Hauses der Geschichte Österreich zu antworten. Um dies realisieren zu können, hätte die Sammlung alter Musikinstrumente (SAM) in das Mezzanin übersiedeln und dort in attraktiver, museologisch innovativer Form neu aufgestellt werden sollen. Die dafür vorgesehenen Räume wurden bislang als Depots und Restaurierungswerkstätten genutzt. Der KHM-Museumsverband hatte allerdings andere Pläne für diese Fläche, dort hätte ein „Korridor des Staunens" für das Weltmuseum eingerichtet werden sollen. Freundinnen und Freunde des Weltmuseums zeigten sich wenig begeistert von der Reduktion der geplanten neuen Ausstellungsflächen, zugleich formierten sich Fans der Sammlung alter Musikinstrumente zu einem Sturm der Entrüstung gegen die geplante Umsiedlung und publikumswirksame Neuaufstellung.

Die Regierungsumbildung im Mai 2016 sollte weitreichende Konsequenzen für die Planungen zur Errichtung eines Hauses der Geschichte haben: Josef Ostermayers Nachfolger, Kulturminister Thomas Drozda, gab im Herbst 2016 neue Eckdaten bekannt. Die SAM sollte in ihren bisherigen Räumlichkeiten im ersten Stock bleiben und das Haus der Geschichte auf einer Fläche von lediglich 1.000 Quadratmetern im Mezzanin einziehen. Für die Sanierung dieser Räume wurden nunmehr 6 Millionen Euro zur Verfügung gestellt. Mit der Redimensionierung des Hauses der Geschichte Österreich einher ging eine Vergrößerung des Ephesosmuseums um 360 Quadratmeter. Als Aufbau- bzw. Betriebsbudget wurden für das zeitgeschichtliche Museum nur noch 1,2 Millionen für 2017, 2 Millionen für 2018 und eine Million Euro für 2019 zugesichert.

Die über 2019 hinaus reichende finanzielle Zukunft blieb ebenso offen wie die räumliche Verortung. Die Museumsräume im Mezzanin der Neuen Burg – auch Gartentrakt genannt – sollten nur „temporär" vom KHM-Museumverband an das Haus der Geschichte Österreich untervermietet werden. Auch die Sanierung des Gartentrakts wurde in die Verantwortung des KHM-Museumsverbandes gelegt, der die Räume plangemäß im Sommer 2018 an das Haus der Geschichte übergeben und untervermieten konnte. Baulich realisiert wurden dabei allerdings nicht die ursprünglichen Pläne für den „Korridor des Staunens". Denn mittlerweile hatte das KHM ein neues Vorhaben entwickelt: Die Gartentraktsanierung wurde derart ausgeführt, um in Zukunft – also nach dem ins Auge gefassten Auszug des Hauses der Geschichte Österreich – das Ephesosmuseum nochmals um 1.000 Quadratmeter zu vergrößern, um das Heroon von Trysa auszustellen. Dabei handelt es sich um ein antikes Steinfries aus der südwestlichen Türkei, das Ende des 19. Jahrhunderts nach Wien gebracht und nicht ausgestellt wurde. „Um die monumentalen Steinreliefs aus Trysa, die einst die Umfassungsmauer des Heroon bildeten, erstmals öffentlich zeigen zu können, ging ein großer Teil der rund 6 Millionen Euro teuren Umbauarbeiten in Verbesserungen der Statik der Säle", berichtete der *Standard* diesbezüglich am 19. Oktober 2018.

Gut beraten

Das Haus der Geschichte Österreich verfügt laut Bundesmuseumsgesetz als einziges Museum des Bundes über zwei gesetzlich verankerte Gremien, die der/dem DirektorIn beratend zur Seite stehen: ein Publikumsforum, zusammengesetzt aus VertreterInnen von 34 Vereinen und Institutionen – das sind mehr Mitglieder als der Publikumsbeirat des ORF aufweist – und ein sechsköpfiger wissenschaftlicher Beirat, der politisch besetzt ist. Das Haus der Geschichte betrat auch hier Neuland, denn bei keinem anderen Bundesmuseum wird der wissenschaftliche Beirat politisch besetzt.

Ende Jänner 2017 ernannte mich die Generaldirektorin der Österreichischen Nationalbibliothek, Johanna Rachinger, zur Gründungsdirektorin des Hauses der Geschichte Österreich. Sie folgte damit der Reihung des wissenschaftlichen Beirats, der, wie im Bundesmuseumsgesetz vorgesehen, nach einem Hearing der BewerberInnen einen Dreiervorschlag erstellt hatte. Die Zusammensetzung dieses wissenschaftlichen Beirates ist gesetzlich geregelt: Wolfgang Maderthaner gehört ihm in seiner Funktion als Generaldirektor des Österreichischen Staatsarchivs an, der Historiker und Landeshauptmann a.D. Franz Schausberger wurde von der Landeshauptleutekonferenz als Vertreter der Bundesländer entsandt. Bundeskanzler Werner Faymann (SPÖ) ernannte die Konstanzer Gedächtnisforscherin Aleida Assmann und den Historiker Oliver Rathkolb, der den Vorsitz des Gremiums übernahm. Wissenschaftsminister Reinhold Mitterlehner (ÖVP) nominierte den Leiter des Dokumentationsarchivs des österreichischen Widerstands Gerhard Baumgartner und Eva Blimlinger, Rektorin der Akademie der bildenden Künste Wien, deren Bestellung Erstaunen hervorrief. Im Juni 2018 legten Baumgartner und Blimlinger ihre Beiratsfunktion zurück. Im August 2018 nominierte Bundesminister Heinz Faßmann (ÖVP) zwei neue Mitglieder: Hans-Walter Hütter, Präsident der Stiftung Haus der Geschichte der Bundesrepublik Deutschland, der vier historische Museen in drei deutschen Städten verantwortet, und Danièle Wagener, die jahrzehntelang die beiden Museen der Stadt Luxemburg leitete. Damit erfuhr der Beirat eine erfreuliche Internationalisierung und Stärkung der Museumsexpertise.

Eine großartige Chance

Die Eröffnung des Hauses der Geschichte Österreich ist also tatsächlich ein historischer Moment und ein Meilenstein der österreichischen Museumslandschaft. Und es ist eine großartige Chance. Wir konnten uns die Frage stellen, wie man ein Museum bzw. eine Ausstellung zur Geschichte einer Nation im 21. Jahrhundert neu konzipiert, das heißt vor dem Hintergrund der gegenwärtigen internationalen Standards einer kulturwissenschaftlich orientierten Ausstellungspraxis.

Denn parallel zur Gründungswelle von Geschichtsmuseen in den 1980er Jahren haben all die wissenschaftlichen „Turns“ der Cultural Studies ihre Spuren in der Institution

Museum hinterlassen – vor allem aber den „Reflexive Turn", der dazu führte, dass sich Museen nicht mehr als neutral und außerhalb der Zeit stehend verstanden, sondern als Teil eines kulturellen Systems der Produktion von Sichtbarkeit, Wissen und Identität. Postkoloniale und feministische Kritik führten zu heftigen Debatten zu Fragen des Ausstellens und der Teilhabe von bislang nicht repräsentierten gesellschaftlichen Gruppen an der Museumsarbeit. Die „New Museology" (Peter Vergo) war geboren. Zudem erschütterte die grundsätzliche Kritik am Zusammenhang zwischen nationaler Geschichte und Identitätsstiftung Kunst- und Geschichtsmuseen in ihren Grundfesten, gehen doch viele Museumsgründungen aus dem Nationalismus des 19. Jahrhunderts hervor. Jan und Aleida Assmann haben das in ihrer Theorie des kulturellen Gedächtnisses klar definiert: Das nationale Wir bedeutet immer auch den Ausschluss der anderen, der Nicht-Zugehörigen. Viele Gruppierungen haben die Leerstelle in ihrer musealen Repräsentation zu recht reklamiert und auch ethische und juristische Themen haben die Museumsarbeit radikal verändert: Raub und Restitution wurden, ebenso wie das Reflektieren einer eurozentrischen Geschichtsschreibung, zu zentralen Themen.

Vor dem Hintergrund der aktuellen geschichtstheoretischen und museologischen Debatten kann Geschichte somit nicht mehr traditionell, d.h. als geschlossenes chronologisches Narrativ dargestellt werden, vielmehr: Geschichtsmuseen werden heute in die Pflicht genommen, nationale Stereotypen und traditionelle Geschichtsmythen kritisch zu hinterfragen, aufzubrechen und zu „dekonstruieren". Die Vorstellung von dem, was ein Museum ist, hat sich fundamental verändert. Das Museum des 21. Jahrhunderts versteht sich nicht mehr als Ort der alleinigen Deutungsmacht über die Geschichte, es ist zu einer „Contact Zone" und zu einem Reflexionsraum geworden. Vor diesem Hintergrund kann kein Museum unpolitisch sein. Auch das Haus der Geschichte Österreich versteht sich nicht als unpolitisch, es versteht sich allerdings als ganz klar als überparteilich.

So startete das Haus der Geschichte Österreich nach Jahrzehnten der Diskussionen um seine Notwendigkeit, seinen Ort, sein Budget und seine Zukunft als Aufbruch ins Ungewisse. Doch immerhin: Es startete! Knapp 450 Arbeitstage hatte das erst zu gründende Team Zeit, gemeinsam mit BWM-Architekten, die aus einem international ausgeschriebenen Wettbewerb als Siegerprojekt hervorhingen, die Ausstellung zu realisieren. Die Gründung gelang unter exakter Einhaltung des Zeit- und Budgetplans. Die Öffentlichkeit nimmt es mit großem Interesse in Anspruch: 31.000 Menschen haben das Museum in den ersten zweieinhalb Monaten bereits besucht. Es liegt nun an den politisch Verantwortlichen, auf dem in Rekordzeit geschaffenen guten Fundament des neuen zeitgeschichtlichen Museums aufzubauen. Aktuell arbeiten Bundesminister Gernot Blümel und Nationalratspräsident Wolfgang Sobotka an klaren Rahmenbedingungen für das Haus der Geschichte. Man darf gespannt sein, in welcher Art und Weise sie das Haus als eigenständige und wissenschaftlich unabhängige Institution gestalten und seine Zukunft sichern. Denn eines scheint klar – mit der späten Gründung ist eine Chance verbunden: Österreich kann unter Beweis stellen, dass es sich auf der Basis einer gefestigten Demokratie seiner historischen Verantwortung stellt – und zwar auf dem Heldenplatz, dem zentralen Ort der Republik.

2018 – ein Jubiläumsjahr mit neuen Akzenten

Historikerinnen und Historiker freuen sich über sogenannte „Jubiläumsjahre“. Da steigt die Nachfrage nach der (populär-)wissenschaftlichen Expertise, die Publikationsmöglichkeiten sind umfassender und eine gewisse öffentliche Aufmerksamkeit ist gesichert.

Nun ist eigentlich jedes Jahr ein Jubiläumsjahr. Wer würde nicht die Jahresendziffer 4 mit dem Bürgerkrieg von 1934 oder dem Ausbruch des Ersten, die 9 mit dem des Zweiten Weltkrieges verbinden? Wer nicht die 7 mit dem allgemeinen (Männer-)Wahlrecht oder die 5 mit dem Ende des Zweiten Weltkriegs, dem Beginn der Zweiten Republik, dem Staatsvertrag oder dem EU-Beitritt Österreichs? Aber die Häufung der Gedenkdaten in Jahren, die auf 8 enden, ist doch bemerkenswert. Für die Zeitgeschichte beginnt dies mit der Revolution von 1848, geht über den Zerfall der Habsburgermonarchie und die Ausrufung der Republik, dann über den „Anschluss“ Österreichs an Hitlerdeutschland 1938 bis hin zur Erklärung der Menschenrechte 1948 und zur kulturellen Wende von 1968. Konjunktur war also 2018 angesagt, zumal sich ja die Gründung der Republik zum hundertsten Mal jährte, was für das kollektive Erinnern einen klaren Schwerpunkt manifestierte. Das sogenannte „Gedenkjahr“ wurde ausgerufen.

Meine Generation überschaut schon ein halbes Jahrhundert an mehr oder weniger feierlich begangenen historischen Jubiläen. Da gab es oftmals Routine, seltener hingegen, wie etwa herausragend 1988, spürbare gesellschaftliche Aufbrüche. Damals war die Auseinandersetzung um Kurt Waldheim frisch in der öffentlichen Wahrnehmung und 50 Jahre nach 1938 stellte man sich erstmals auch außerhalb der Wissenschaft ernsthaft der Frage nach dem österreichischen Anteil an den Schrecken des Nationalsozialismus. Und es gab Rückwirkungen in die Wissenschaft, die „Generation Gedächtnis“ übernahm die Themenführerschaft im Fach Zeitgeschichte.

2018 war aber nochmals deutlich anders. Noch nie war ein Jubiläumsjahr so strukturiert angegangen worden. Der vormalige Bundespräsident Heinz Fischer richte ein eigenes Büro zur Koordinierung der Events ein, und selbst wenn nur ein Bruchteil der Veranstaltungen in der Broschüre dieses Büros Eingang gefunden hatte, so zeigte sich da schon die flächendeckende Vielfalt. Heinz Fischer und mit ihm die Generation der Politik im Ruhestand waren omnipräsent.

Entscheidend aber war, dass das Jubiläum und seine Erwartungshaltungen die letzten Bremser der Idee eines „Hauses der Geschichte Österreichs" an einer erfolgreichen Strategie zu hindern vermochte. Mit bescheidenen Mitteln, mit beschämend wenig Raum und mit einem Zeitbudget, das unfassbar knapp war, stellte ein junges Team die Sichtweise auf die österreichische Geschichte mit den Augen jener Generation, die auf die „Generation Gedächtnis" folgt, eindrucksvoll dar. Da wird keine „große Erzählung" über die Widersprüche gestülpt, da werden die Kontroversen sichtbar und nachvollziehbar gemacht. Österreich braucht nicht mehr die „österreichische Nation" zu erfinden oder zu legitimieren, Österreich braucht nicht mehr die alte „Lagergeschichte" mit ihren für die jeweilige Gruppe identitätsstiftenden Mythen rund um 1934, und selbst die „Generation Gedächtnis" kann sehen, dass die Anerkennung des Anteils Österreichs an der Unmenschlichkeit des Nationalsozialismus nicht mehr allein dominiert. Viel bunter und vielfältiger wird heute Erinnerung individuell und gesellschaftlich konstituiert. Jetzt noch einen wesentlich größeren Standort, ein zumindest mittelfristig gesichertes und ausreichendes Budget, und Österreich wäre endgültig in der Lage, seine Geschichte in all ihren Brüchen, Widersprüchlichkeiten und einstigen Verdrängungen der Weltöffentlichkeit angemessen zu präsentieren. Sollte der Ausbau gelingen, dann hätte sich das Gedenkjahr nachhaltig in das Geschichtsverständnis Österreichs eingeschrieben. Die internationale Fachwelt hat jedenfalls das bisher Geleistete mit großem Respekt zur Kenntnis genommen.

Neben dem Haus der Geschichte gab es eine fast unüberschaubare Menge an weiteren Ausstellungen. Herausragend zweifellos noch die Ausstellung zur Revolution von 1848 im ehemaligen Niederösterreichischen Landhaus in Wien, aber auch hier in der Steiermark waren das „Kartenhaus der Republik" im Grazer Stadtmuseum und die Serie zur steirischen Südgrenze im Museum für Geschichte des Universalmuseums Joanneum von überregionaler Bedeutung. Dazu gab es Festveranstaltungen wie den großen Staatsakt am 12. November in Wien mit Maja Haderlap als Festrednerin, es gab Festsitzungen in den Landtagen zum Beitritt der Bundesländer zur Republik Deutschösterreich. Österreichische Botschaften luden zu „Austrian Lectures" in den jeweiligen Hauptstädten Europas und viele Gemeinden im Lande luden zu Festvorträgen. Ich war nur einer aus der Gruppe der geladenen Redner, aber ich allein hatte 40 Vorträge zu halten, in der ganzen Bandbreite von 1848 bis 1968. Das ging nahe an die Grenze der Belastbarkeit.

Auch die neu erschienenen Bücher sind Legion. Das begann schon am Jahresanfang mit der Broschüre „1918 – 2018. Die Anfänge der Republik Österreich im internationalen Kontext", die ich für das Haus der Geschichte und das Bundesministerium für europäische und internationale Angelegenheiten herausgeben durfte. Monika Sommer, Heidemarie Uhl und Klaus Zeyringer ließen den imposanten Band „100 x Österreich", ebenfalls für das Haus der Geschichte, folgen. Heinz Fischer ließ mit einem spannenden Überblickswerk aufhorchen, Hannes Androsch und andere legten ebenfalls beachtliche Bände vor. Zudem gab es spannende Forschungsresultate wie das Buch von Norbert

Christian Wolf zu den Literaten im Revolutionsjahr 1918. Krönung unter den Buchwerken war aber zweifellos der von Wolfgang Maderthaner edierte und weitgehend von ihm selbst geschriebene Monumentalband „Österreich. 99 Dokumente, Briefe, Urkunden", im Brandstätter-Verlag erschienen. Die Steiermark ließ es sich schließlich nicht nehmen und brachte gegen Jahresende ebenfalls im Brandstätter-Verlag die „Landvermessung Steiermark" heraus, ediert von Herwig Hösele und Manfred Prisching. Und die genannten Bücher sind nur die Spitze des Bücherbergs zur neueren Geschichte Österreichs.

Neues Interesse an unserer Geschichte in den Massenmedien

Klarer als in den Büchern zeigte sich aber das neu erwachte Interesse an der jüngeren Geschichte unseres Landes in den Massenmedien. ORF III war ganz der Thematik gewidmet, und praktisch jede Zeitung und jede Zeitschrift publizierte Serien. Einige davon edierten diese Serien auch als eindrucksvoll illustrierte Broschüren, wobei die Kleine Zeitung mit ihren zwei Broschüren „1938–1938. Die verlorene Republik" und „Als Österreich zu sich fand" besonders eindrucksvolle und vor allem stark nachgefragte Produkte auf den Markt bringen konnte. Regional, national und international wurden hier allgemein verständlich die Ereignisse nachgezeichnet und interpretiert, und zwar von der ersten Garnitur der österreichischen Historikerinnen und Historiker. Allein dadurch wurde gezeigt, dass neue wissenschaftliche Erkenntnisse und Sichtweisen, wie sie in den letzten Jahren und Jahrzehnten etwa von der Geschlechtergeschichte eingebracht wurden, in Verbindung mit moderneren Zugängen zur Sozial-, Militär- oder Politikgeschichte auch einer breiten Öffentlichkeit vermittelbar sind.

Was aber 2018 ganz besonders von allen vorangegangenen Gedenkjahren unterschied, war das breite und erstaunlich wenig kontroversielle Interesse der Öffentlichkeit. Da wurde über die Serien im Fernsehen und in den Zeitungen lebhaft diskutiert, da kamen auch in kleineren Städten jeweils über hundert Zuhörer zu Vorträgen, da wurde man auf der Straße angesprochen und in interessante Gespräche verwickelt, in denen sich manch individuelle Erinnerung der Gesprächspartner ins Gesamtbild einfügen ließ. Menschen kramten in ihren Familiengeschichten, fanden Dokumente, stellten diese zur Verfügung und wurden somit mehr als nur Konsumenten einer vorgegebenen Erzählung, sondern formten diese mit und bereicherten sie um manch persönliche Facette.

Ist dieser ungezwungene, neugierige Umgang mit der eigenen Geschichte, der auch die dunklen Seiten nicht ignoriert, als Indiz dafür zu werten, dass die ganz tragischen und schmerzvollen Perioden der österreichischen Geschichte inzwischen musealisiert sind? Sind sie so weit von uns entfernt, dass sie nicht mehr wirklich weh tun? Dazu eine kleine persönliche Erfahrung:

Bei der Gestaltung des zweiten Teils meiner Ausstellung zur steirischen Südgrenze im Museum für Geschichte des Universalmuseums Joanneum galt es, zentral die dramatischen Ereignisse der Zeit von 1941 bis 1945 zu behandeln, mit den ungeheuren Grausamkeiten aller Seiten. Umsiedlungen, Verschleppungen, Zwangsassimilation, Massenerschießungen, Vertreibungen, Sammel- und Konzentrationslager waren darzustellen. Es gelang relativ problemlos, sowohl das Material der Volksbefreiungsarmee, also der „Titopartisanen" zu erhalten, als auch die Vertriebenenverbände der deutschsprachigen Bevölkerung der Untersteiermark ins Boot zu holen. Beide Seiten waren bereit, den Blick zu öffnen, die anderen Standpunkte und die anderen Gedächtnisorte wahrzunehmen und so zu einer Gesamtschau beizutragen, die für die Wissenschaft schon lange klar war, die aber die Öffentlichkeit noch nicht erreicht hatte. Nun war dafür die Zeit reif. Und friedlich und interessiert trafen alle bei der Eröffnung aufeinander. Ihre jeweilige Geschichte mag noch immer auch von schmerzbehafteter Erinnerung geprägt sein, aber das starre Freund-Feind-Schema scheint überwunden zu sein.

Es gibt aber zumindest noch einen weiteren Grund für das massive Interesse an Geschichte. Wir erleben eine Zeit des beschleunigten Wandels, und Lebensentwürfe, die noch in meiner Generation tatsächlich Lebensspannen umfassten, müssen hastiger entworfenen, rascher veränderbaren Mustern Platz machen. Alte Sicherheiten brechen weg, was als stabil angesehen werden konnte, ist plötzlich schwankend geworden. Da geht dann der Blick auch zurück: Wie sind die Generationen vor uns mit den gewaltigen Krisen vor allem in der ersten Hälfte des 20. Jahrhunderts umgegangen? Konnten sie die Konsequenzen ihrer jeweiligen Entscheidungen auch nur einigermaßen abschätzen? Kann man ihnen, wenn man ihr damaliges Wissen und ihre damaligen Handlungsspielräume bedenkt, mit dem Hochmut der Nachgeborenen kommen? Und vor allem müssen die heute jungen Menschen mit uns, ihren Eltern, nicht jenen politischen Generationskonflikt austragen, den wir mit solcher Vehemenz gegen die Generation unserer Eltern geführt hatten? Die Vergangenheit mit dem Wechselspiel aus Verdrängen und Erinnern ist also nicht mehr wirklich das Kampffeld im Generationswechsel.

Erstaunlicherweise war 2018 kaum je zu hören, es sei zu viel an Geschichte im öffentlichen Diskurs. Noch vor zwei oder drei Jahrzehnten hätte man an jedem Stammtisch gehört, dass endlich Schluss sein soll mit den „alten Geschichten". Heute bedauert man eher, dass die Serien in Printmedien, in Funk und Fernsehen ein Ende haben und dass Ausstellungen abgebaut werden. Historikerinnen und Historiker können also auch im nächsten Jahr, in dem es wenig Jubiläen gibt, mit dem wohlwollenden Interesse der Öffentlichkeit rechnen.

Landtagswahlen 2018

Die niederösterreichische Landtagswahl 2018

Niederösterreich eröffnete am 28. Jänner die Serie von vier Landtagswahlen. Die Wahl war der erste Test nach Bildung der ÖVP-FPÖ-Koalition und bedeutete vor allem für die ÖVP einen Neubeginn, da Langzeitlandeshauptmann Erwin Pröll (1992–2017) nicht mehr antrat. Johanna Mikl-Leitner, seit April 2017 Landeshauptfrau, konnte die dominante Position ihrer Partei verteidigen. Überschattet wurde die Wahl von der Verwicklung des FPÖ-Spitzenkandidaten Udo Landbauer in die „Liederbuchaffäre".

Rahmenbedingungen

Neben der traditionellen Dominanz der ÖVP, die seit 1945 alle Landeshauptmänner stellte und abgesehen von 1993 und 1998 stets eine absolute Mandatsmehrheit gewann, zeichnen das Land die folgenden Besonderheiten aus: Das Regierungssystem folgt – entgegen dem bundesweiten Trend – immer noch dem Proporzsystem und ist daher von einer unklaren Rollenverteilung zwischen Regierung und Opposition geprägt. In Bezug auf das Wahlrecht fällt zunächst die abweichende Regelung bei den Vorzugsstimmen auf. Wird ein Kandidat präferiert, der nicht der gewählten Partei angehört, gilt im Gegensatz zu allen anderen Bundesländern und zum Bund die Partei des Kandidaten als gewählt. Die andere Besonderheit des Wahlrechts ist das sonst nur im Burgenland existierende Stimmrecht für die Inhaber von Zweitwohnsitzen. 2018 mussten diese erstmals Gründe für die Aufnahme in die Wählerliste nennen, wobei Medien über unterschiedliche Vorgehensweisen der Gemeinden berichteten.[1] Die neue Regel führte gegenüber 2013 zu einer Verkleinerung des Elektorats um 18.098 Personen (–1,3 %). Mit 1,386.356 hatte Niederösterreich aber immer noch mehr Wahlberechtigte als alle anderen Länder und auch deutlich mehr als bei der nur drei Monate zuvor abgehaltenen Nationalratswahl (+97.554 bzw. +7,6 %).[2] Die seit 1993 bestehende Vier-Prozenthürde für den Einzug in den Landtag galt erneut. Aufgrund der ebenso seit 1993 geltenden Übereinstimmung der Wahlkreise mit den politischen Bezirken reduzierte sich deren Zahl nach der Auflösung des Bezirks Wien-Umgebung von 21 auf 20.

Parteien und Kandidaten

Die im Landtag vertretenen Parteien einigten sich Mitte Oktober auf den Wahltermin am 28. Jänner. Durch den um rund einen Monat vorgezogenen Termin sollte der Wahlkampf – knapp nach der Nationalratswahl – kurz gehalten werden.[3] Alle fünf relevanten Parteien (das 2013 erfolgreiche Team Stronach löste sich Ende 2017 auf) traten mit neuen Spitzenkandidaten an: Die ÖVP führte mit Mikl-Leitner einen stark personalisierten Positivwahlkampf, dessen Slogan „Wir.Miteinander" die angestrebte Entpolitisierung der Auseinandersetzung verdeutlichte.[4] Die SPÖ trat mit dem früheren Polizeigeneral und Magna-Manager Franz Schnabl an, der erst im Frühjahr 2017 in die Politik eingestiegen war. Seine fehlende Bekanntheit sollte eine betont humoristisch geführte Kampagne ausgleichen. Die FPÖ hatte 2013 hinter dem Team Stronach nur Platz 4 erreicht und erwartete mit ihrem neuen Spitzenkandidaten Landbauer starke Zugewinne, wobei Platz 2 möglich schien. Bei der Nationalratswahl hatte die FPÖ die SPÖ bereits überholt. Die Grünen, angeführt von Helga Krismer, kämpften nach dem Ausscheiden aus dem Nationalrat um ihr politisches Überleben. Im Oktober hatten sie in Niederösterreich nur 2,7 % der Stimmen erreicht. Auch für Neos-Spitzenkandidatin Indra Collini ging es beim erstmaligen Antritt der Partei um den Einzug in den Landtag.

Wahlkampf

Der „offizielle" Wahlkampf setzte erst am 8. Jänner ein und war mit drei Wochen äußerst kurz bemessen. Die Phase nach dem Neuwahlbeschluss, d.h. der Vorlauf der eigentlichen Kampagne, war überwiegend ruhig verlaufen. Auch die beiden TV-Debatten – neben der traditionellen Elefantenrunde im ORF (21.1.) fand erstmals eine Debatte im Privatfernsehen statt (KURIER-SchauTV & Puls 4 am 14.1.) – stießen auf wenig Resonanz. Für Aufsehen sorgten allein gegen die Landeshauptfrau gerichtete Attacken der FPÖ: Im Rahmen einer Anti-Islamisierungskampagne wurde sie als „Moslem-Mama-Mikl"[5] bezeichnet und in einer über soziale Medien verbreiteten Bildmontage mit einem Tschador abgebildet. Ferner nutzte die FPÖ-Jugend einen Kleintransporter, dessen Seitenflächen Mikl-Leitner mit jungen Migranten und dem Schriftzug „Großes Herz für Zuwanderer" zeigte.[6]

Der Schlüsselmoment des Wahlkampfs erfolgte erst fünf Tage vor der Wahl, als der *Falter* die „Liederbuchaffäre" aufdeckte.[7] Das der Wiener Stadtzeitung zugespielte Buch der pennalen Burschenschaft *Germania zu Wiener Neustadt* enthielt die NS-Zeit verherrlichende bzw. verharmlosende Texte. Landbauer, stellvertretender Vorsitzender der Mittelschülerverbindung, wurde heftig kritisiert, da das erneute Anstreifen an die NS-Zeit und antisemitische Parolen die entgegenlaufenden Bemühungen der Bundespartei in Frage stellten. Mikl-Leiter schloss daraufhin eine Zusammenarbeit mit ihm in der künftigen Landesregierung aus. Neben den Auswirkungen dieser Affäre auf die mediale Präsenz Landbauers zeigt Abbildung 1 vor allem die dominante Position der ÖVP-Chefin in der Berichterstattung.

Abbildung 1: Mediale Präsenz der Spitzenkandidaten: wöchentliche Anzahl der Artikel in sechs Tageszeitungen, 23.10.2017–28.01.2018

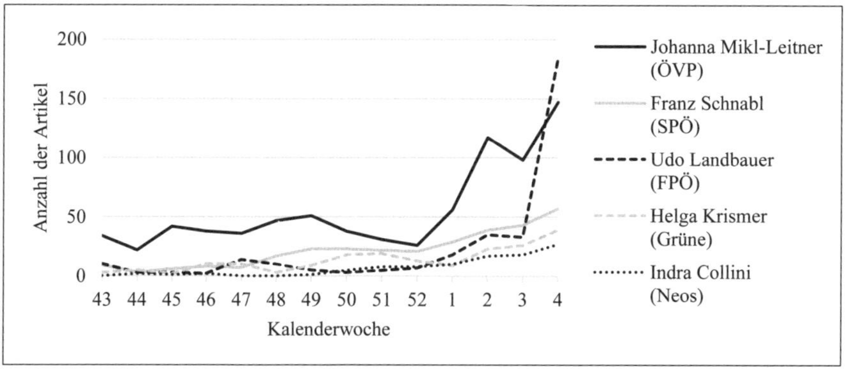

Quelle: APA-OnlineManager Library (Der Standard, Die Presse, Heute, Kronen Zeitung, Kurier, Österreich).
Anmerkung: Wegen Namensgleichheiten wurden die vollen Namen gesucht, einschließlich verschiedener Wortenden.

Niederösterreich hat – wie das Burgenland – keine eigene Tageszeitung. Neben dem ORF kommt daher der Wochenzeitung *Niederösterreichische Nachrichten* (NÖN) mit einer Reichweite von 33 % eine zentrale Rolle zu.[8] Beide Medien tragen mit ihrer Berichterstattung zu einem für die ÖVP vorteilhaften medialen Umfeld bei.[9] Der „Bonus" der Landeshauptfrau zeigt sich auch bei der Anzahl der NÖN-Artikel: Im gesamten Untersuchungszeitraum liegt Mikl-Leitner mit 1.266 deutlich vor Schnabl (350), Landbauer (115), Krismer (158) und Collini (63). Und auch in den letzten drei Wochen der Kampagne war sie mit 431 Artikeln deutlich präsenter als ihre Konkurrenten (Schnabl 167, Landbauer 50, Krismer 59, Collini 29).

Eine Möglichkeit, Defizite bei der medialen Präsenz auszugleichen, sind soziale Medien. Hier fällt zunächst die Bedeutungslosigkeit von Twitter auf: Nur vier von zehn Landesparteien bzw. Spitzenkandidaten führten einen (aktiven) Account: ÖVP und SPÖ; Landbauer und Krismer. Facebook wurde im Gegensatz dazu von allen genutzt; mit 249 Postings produzierte die ÖVP das größte Angebot. In Bezug auf die Interaktion mit den Usern sticht jedoch die große Resonanz Landbauers hervor, der mit 82.557 Likes mehr als doppelt so viel Anklang fand wie die zweitplatzierte Mikl-Leitner. Allein in den letzten fünf Tagen des Wahlkampfs, d.h. nach dem Erscheinen des *Falter*-Artikels, erhielt Landbauer 22.183 Likes (Abbildung 2).

Abbildung 2: Parteien und Spitzenkandidaten auf Facebook, 23.10.2017–28.01.2018

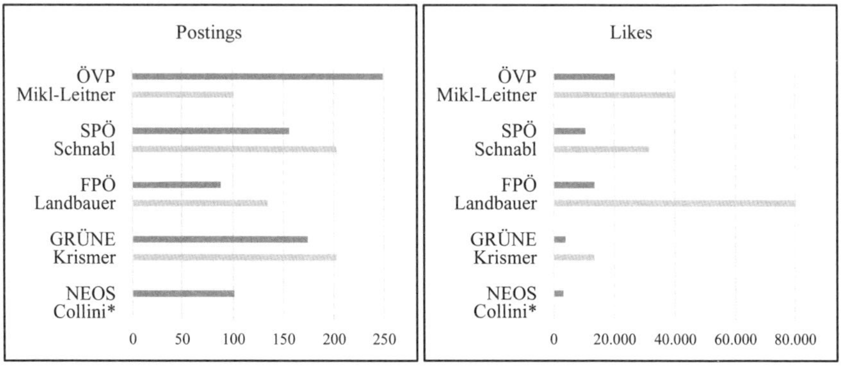

Anmerkung: *Von Collinis privatem Profil konnten mit der Applikation *Netvizz* keine Daten gesammelt werden.

Wahlergebnis

Entgegen einiger Prognosen hielt die ÖVP ihre absolute Mandatsmehrheit und verfehlte die 50 %-Marke bei den Stimmen nur äußerst knapp. Die SPÖ verbesserte sich nach dem historischen Tiefstand von 2013 nur leicht, blieb aber deutlich vor der FPÖ, die ihre Mandatszahl verdoppelte. Sowohl den Grünen als auch Neos gelang der Sprung über die Vier-Prozenthürde (Tabelle 1).

Tabelle 1: Stimmenanteile, Mandate und Regierungssitze 2018 (Vergleich: 2013)

		Stimmen (%)		**Mandate**		**Regierungssitze**	
ÖVP	Volkspartei Niederösterreich	49,63	–1,2	29	–1	6	+/–0
SPÖ	Liste Franz Schnabl – SPÖ	23,92	+2,4	13	+/–0	2	+/–0
FPÖ	Freiheitliche Partei Österreichs	14,76	+6,6	8	+4	1	+1[2]
GRÜNE	Die Grünen	6,43	–1,6	3	–1	0	+/–0
NEOS	Neos – Das Neue Niederösterreich	5,15	—	3	—	0	—
CPÖ[1]	Christliche Partei Österreichs	0,06	–0,0	0	+/–0	0	+/–0
WFNOE[1]	Wir für Niederösterreich	0,04	—	0	—	0	—
	Summe	100	—	56	—		
	Wahlbeteiligung	66,56	–4,3				

Quelle: Amt der NÖ Landesregierung

Anmerkungen: [1]Die CPÖ kandidierte in drei, WFNOE in einem Wahlkreis. [2]Die FPÖ gewann den Sitz des nicht mehr kandidierenden Team Stronach.

Das Team Stronach hatte 2013 knapp 100.000 Stimmen gewonnen (9,8 %; 5 Mandate). Laut einer Wählerstromanalyse von SORA/ISA[10] gingen 2018 davon rund 21.000 an die FPÖ, 15.000 an die ÖVP und 14.000 an die SPÖ. Verglichen mit der Nationalratswahl blieb – offenbar als Folge der Liederbuchaffäre – rund die Hälfte der FPÖ-Wähler zuhause. Ferner ergab die Schätzung des Stimmverhaltens der „Zweitwohnsitzer" mit 72 % einen überaus hohen Anteil für die ÖVP. Die Ausweitung der Wahlberechtigten hatte sich erneut bezahlt gemacht.

Bei den Vorzugsstimmen erreichte Mikl-Leitner auf der Landesebene 186.133 Stimmen und lag damit selbst in Relation zu den Parteistimmen (41 % der ÖVP-Stimmen) deutlich vor Schnabl (39.950; 18 %), Landbauer (41.461; 31 %), Krismer (7.079; 12 %) und Collini (6.959; 15 %). Alle Spitzenkandidaten konnten diesen innerparteilichen Wettbewerb jedoch klar für sich entscheiden. Und auch auf der Ebene der Wahlkreise gewannen die Listenersten in 99 von 104 Fällen die meisten Stimmen.

Das starke Abschneiden Mikl-Leitners war eine Folge der Wahlmotive: Bei der ÖVP lagen mit je 24 % die Spitzenkandidatin sowie die bisherige Arbeit der Partei auf Platz 1. Bei der SPÖ waren es die inhaltlichen Standpunkte (33 %), gefolgt von der bisherigen Arbeit (11 %); bei der FPÖ die Standpunkte (39 %) und die Kontrolle von Missständen (11 %). Einmal mehr war „Zuwanderung" das aus Sicht der Wähler am häufigsten diskutierte Wahlkampfthema (38 %), doch lag es nur knapp vor „Sozialleistungen" und „Maßnahmen der Bundesregierung" (je 35 %) sowie „Arbeitsplätze" (32 %).[11] Insgesamt hatte es die FPÖ nicht geschafft, den Wahlkampf auf die Migrationsfrage zu fokussieren, und auch die ÖVP war deutlich weniger als bei der Nationalratswahl auf diese Thematik eingegangen.

Konsequenzen

Die ÖVP schloss aufgrund des Proporzsystems mit beiden Regierungspartnern ein Arbeitsübereinkommen für die kommende Legislaturperiode. Anstelle von Landbauer übernahm Gottfried Waldhäusl, bislang Klubobmann im Landtag, den neu gewonnenen Regierungssitz der FPÖ. Aufgrund der neuen Regelungen bei den Zweitwohnsitzen kündigten die Grünen zunächst eine Wahlanfechtung an, verzichteten dann aber darauf. Eine Klage der Kleinpartei WFNOE gegen mehrere Bestimmungen des Wahlverfahrens wurde im Juni vom Verfassungsgerichtshof abgewiesen.[12] Das Verfahren im Zuge der Liederbuchaffäre, in dessen Rahmen Landbauer als Zeuge fungierte, wurde im August wegen Verjährung eingestellt.[13]

1 Edith Meinhart, *Stimmviehhändel* (Profil, 18.12.2017).

2 Amt der NÖ Landesregierung.

3 *Niederösterreich wählt am 28. Jänner* (ORF.at, 19.10.2017).
4 Florian Klenk, *Erstickt in der Watte der Landesmutter* (Falter, 24.1.2018).
5 *FP-Landbauer: ÖVP Moslem-Mama-Mikl gibt offiziellen Islamisierungsauftrag für unsere Kleinsten!* (OTS0011, 19.11.2017).
6 Nina Horaczek, *Wir schaffen die siebte Million* (Falter, 24.1.2018).
7 Horaczek, *Million*.
8 Media-Analyse 2017.
9 Harald Fidler, *Treue Begleiter: Medien in Niederösterreich* (Der Standard, 25.1.2018).
10 SORA/ISA, *Landtagswahl Niederösterreich. Wahltagsbefragung und Wählerstromanalyse* (www.sora.at/fileadmin/downloads/wahlen/2018_LTW-Noe_Wahlanalyse-Grafiken.pdf; 17.12.2018).
11 SORA/ISA, *Landtagswahl*.
12 VfGH W I 1/2018-25 (15.6.2018).
13 *Germania-Liederbuchaffäre: Verfahren eingestellt* (Wiener Zeitung, 24.8.2018).

Die Landtagswahl in Tirol 2018

1. Regionale Ausgangslage und bundespolitisches Umfeld[1]

Die Landtagswahl in Tirol am 25. Februar 2018 war die zweite Regionalwahl – nach Niederösterreich im Jänner – seit der Nationalratswahl im Oktober 2017 und fand damit in einem drastisch veränderten bundespolitischen Umfeld statt. Die ÖVP war als „neue Volkspartei" unter Parteiobmann Sebastian Kurz erstmals seit 2002 wieder stimmenstärkste Partei geworden, die SPÖ nach der Bildung einer Bundesregierung aus ÖVP und FPÖ ab Dezember in der Opposition.

In Tirol saß die SPÖ bereits die letzten fünf Jahre in Opposition. Nach der Landtagswahl 2013 war sie von den Grünen als Juniorpartner der ÖVP in der Landesregierung unter Landeshauptmann Günther Platter abgelöst worden und die erste Regierungsperiode der schwarz-grünen Koalition in Tirol stand nun zur Beurteilung. Die grüne Bundespartei hatte ein schreckliches Jahr hinter sich. Im Nationalratswahlkampf von der Tiroler Landesrätin Ingrid Felipe als Kurzzeit-Bundesvorsitzende geleitet, hatten die Grünen den Wiedereinzug nicht geschafft. Die Konkurrenzliste des früheren grünen NR-Abgeordneten Peter Pilz, die SPÖ und NEOS stellten nun die Opposition im Nationalrat. NEOS trat bei dieser Landtagswahl in Tirol zum ersten Mal an.

Die bisherige Opposition im Landtag umfasste vier Parteien: SPÖ, FPÖ, Liste Fritz und Vorwärts Tirol. Vorwärts Tirol war eine ÖVP-Abspaltung, die 2013 fast zehn Prozent der Stimmen und vier Mandate errang, aber bald darauf zersplitterte. Die Rumpfpartei hatte sich in Impuls Tirol umbenannt, aber kaum Chancen auf Wiedereinzug in den Landtag. Bei der letzten Landtagswahl waren zwei Parteien – Team Stronach sowie Fritz Gurgiser & Bürgerklub Tirol – knapp an der Fünf-Prozent-Hürde gescheitert. Beide kandidierten nicht mehr. Insgesamt war somit fast ein Fünftel der ParteiwählerInnen von 2013 auf der Suche. Um sie warb neben den sechs Landtagsparteien und NEOS auch noch „Family – die Tiroler Familienpartei", eine von einer Ex-Abgeordneten von Vorwärts Tirol gegründete Liste.

Die ÖVP hatte gute Aussichten, besser abzuschneiden als 2013, als sie mit 39,4 Prozent der Stimmen und 16 Mandaten ihr schlechtestes Ergebnis bei Tiroler Landtagswahlen erreichte. Bei der Landtagswahl 2008 hatte sie 40,5 Prozent und ebenfalls 16 Mandate. Ursache war eine Besonderheit des Wettbewerbs in Tirol: die Bereitschaft von Faktionen innerhalb der ÖVP, gegen den amtierenden ÖVP-Landeshauptmann mit einer konkurrierenden Liste anzutreten, um dessen Wiederwahl zu verhindern (Karlhofer 2019). Von dieser Seite drohte 2018 wenig Gefahr. Der Ruf von Vorwärts Tirol war ramponiert, der Bekanntheitsgrad von Family und Impuls niedrig und die Ressourcen beider Listen gering. Die Wirtschaftsdaten für Tirol waren ausgezeichnet und die Koalition mit den Grünen hatte trotz Reibereien in Umweltfragen funktioniert.

Die Landtagswahl fand zum regulären Termin statt. Die Parteien hatten genügend Zeit für die Vorbereitung der Wahl, auch wenn das Ergebnis der Nationalratswahl für manche noch Nachjustierungsbedarf schuf.

2. Wahlkampagnen und Medienberichterstattung

Aus der Perspektive von Parteien unterscheidet Lewandowsky (2013) folgende Dimensionen des Wahlkampfs: Strategie, Organisation, Programmatik und Instrumentenwahl. Daten zum Landtagswahlkampf 2018 liefert die von Hayek (2019) durchgeführte Online-Umfrage unter den WahlkampfleiterInnen der sechs Parteien, die in den Landtag einzogen (siehe Tabelle 1).

Nach Angaben der WahlkampfleiterInnen umfasste das mit operativen Aufgaben befasste Wahlkampfteam vier bis neun Personen. Deutlicher unterschieden sich die Parteien in der Anzahl der WahlkampfaktivistInnen. Liste Fritz und NEOS bestritten den Wahlkampf mit lediglich 25 Personen. Grüne, FPÖ und SPÖ stützten sich auf 150, 200 beziehungsweise 300 Personen. Die ÖVP hatte dagegen ein flächendeckendes Netz von 3.000 Personen zur Verfügung.

Tabelle 1: Wahlkampforganisation und Wahlkampfbudget der Landtagsparteien

	ÖVP	**SPÖ**	**FPÖ**	**Grüne**	**FRITZ**	**NEOS**
Operatives Team	9	5	6	7	6	4
AktivistInnen im Wahlkampf	3.000	300	200	150	25	25
Wahlkampfausgaben (in €)	1,400.000	350.000	600.000	300.000	350.000	210.000
SpitzenkandidatIn	Günther Platter	Elisabeth Blanik	Markus Abwerzger	Ingrid Felipe	Andrea Haselwanter-Schneider	Dominik Oberhofer

Quelle: Hayek (2019), Befragung der WahlkampfleiterInnen

Die Zahlen in Tabelle 1 zu den Wahlkampfausgaben beruhen auf den Angaben aus der Online-Umfrage. NEOS hatte beim ersten Antritt bei einer Landtagswahl in Tirol mit 210.000 Euro die geringsten Ausgaben. Die Grünen gaben 300.000, Liste Fritz und SPÖ 350.000 Euro an. Deutlich darüber lag die FPÖ mit 600.000 Euro Wahlkampfkosten. Mit großem Abstand Spitzenreiter war die Tiroler Volkspartei, die Wahlkampfausgaben in Höhe von 1,4 Millionen Euro nannte. Fünf der acht wahlwerbenden Parteien hatten ein Fairnessabkommen inklusive Veröffentlichung ihrer Wahlkampfbudgets vereinbart. Impuls und Family nannten darin ein Wahlkampfbudget von jeweils 20.000 Euro.[2]

Individuelle Ausgaben von KandidatInnen für ihren Vorzugsstimmenwahlkampf sind in diesen Angaben nicht berücksichtigt. Nicht bekannt ist auch das Ausmaß der finanziellen Unterstützung von ÖVP-Spitzenkandidat Platter durch ein Personenkomitee. Die darin gebündelte Landesprominenz aus Wirtschaft, Sport, Kultur und anderen Bereichen erzeugte neben der von ihr finanzierten Werbung für den ÖVP-Spitzenkandidaten zusätzliche kostenlose Medienberichterstattung.

Die *Tiroler Volkspartei* übernahm für ihren Wahlkampf weder die Namensänderung der Bundespartei in „neue Volkspartei" noch den Wechsel der Parteifarbe von Schwarz auf Türkis. Sie konzentrierte sich in der Plakat- und in der Social Media-Kampagne auf Spitzenkandidat Platter, mit Bild und hervorgehobenem „ER" im beigefügten „ArbeitER", „TirolER", „PlattER", und „GünthER". Die ÖVP nannte wie die meisten anderen Parteien die Themen Transit, Wohnen und Arbeit (Hayek 2019).

Die *Sozialdemokratische Partei Österreichs* trat mit der neuen Landesparteivorsitzenden und Bürgermeisterin von Lienz, Elisabeth Blanik, als Spitzenkandidatin an. Auf personelle Erneuerung ihres Teams wies die Bezeichnung „Die neue SPÖ Tirol :)" (mit Smiley) hin, wohl nicht zufällig, weil die ÖVP Tirol auf die Bezeichnung „neue Volkspartei" verzichtet hatte. Auch beim Wahlslogan setzte die SPÖ auf einen positiven Ton mit Smiley: „Freu dich Tirol :)". Die Kampagne konzentrierte sich auf Wohnen, Arbeit und „Lebensraum Gemeinde" mit den Zielgruppen Frauen, Jungfamilien und NichtwählerInnen.

Die *Freiheitliche Partei Österreichs* trat mit Landesparteiobmann Markus Abwerzger als Spitzenkandidat und einem neuen Parteiprogramm an. Inhaltlich setzte die FPÖ auf Transitverkehr und Sicherheit und zielte damit auf ÖVP-WählerInnen. Im Stil orientierte sich die Kampagne an früheren Wahlkämpfen. Bundesparteiobmann Heinz-Christian Strache war auf den Plakaten präsent. Eine Plakatserie musste nach Beschwerden von Unternehmen teilweise überklebt werden.[3]

Für die *Grünen* mit Spitzenkandidatin Ingrid Felipe bedeutete die Landtagswahl eine doppelte Herausforderung. Einerseits war ein gutes Ergebnis nach dem Ausscheiden aus dem Nationalrat für die Bundespartei wichtig, andererseits hatten die Tiroler Grünen sich in ihrer ersten Periode als Regierungspartei mit schwierigen Entscheidungen (Tempobeschränkung auf der Autobahn, Ausweisung von Natura 2000-Gebieten, Flüchtlingsunterbringung) auch gegenüber ihrer Kernwählerschaft exponiert. Sie setzten auf die Kernthemen Umwelt- und Naturschutz, Transitverkehr und gesellschaftlicher Zusammenhalt. Der Stil der Kampagne brach mit dem tradierten Erscheinungsbild. Eine Anlehnung an den Präsidentschaftswahlkampf von Alexander Van der Bellen war erkennbar und Van der Bellen als in Tirol populärer, früherer Parteiobmann der Grünen sichtbar.

Spitzenkandidatin der *Liste Fritz* war Klubobfrau Andrea Haselwanter-Schneider. Listengründer Fritz Dinkhauser, seit fünf Jahren aus der Politik ausgeschieden, war immer noch in der Kampagne präsent. Die Liste Fritz wollte mit den Themen Kontrolle und Kritik am Massentourismus den Schwung aus der erfolgreichen „Nein zu Olympia"-Kampagne bei der Volksbefragung im Vorjahr mitnehmen. NEOS warb mit dem Hotelier Dominik Oberhofer als Spitzenkandidat in Konkurrenz zu den Grünen um ein junges, urbanes Publikum, allerdings als „konstruktive Oppositionskraft". Die Grünen waren zu einer Weiterführung der Koalition mit der ÖVP bereit, wovor die FPÖ warnte, während die ÖVP im Wahlkampf offen blieb.

3. Wahlergebnis und Regierungsbildung

Am Ende eines unaufgeregten Landtagswahlkampfs gab es wenig Überraschung, aber viele glückliche Gesichter. Vier Parteien verzeichneten Stimmen- und Mandatsgewinne (siehe Tabelle 2). Die ÖVP steigerte sich um knapp 5 Prozentpunkte auf 44,3 Prozent und 17 Mandate (+1 Mandat). Die SPÖ blieb zweitstärkste Partei mit 17,3 Prozent und 6 Mandaten (+3,5 Prozent und +1 Mandat). Die FPÖ verzeichnete den stärksten Stimmenzugewinn (+6,2 Prozent). Sie erreichte 15,5 Prozent und 5 Mandate (+1 Mandat). Der Verlust der Grünen hielt sich in Grenzen. Sie erzielten 10,6 Prozent (−1,9 Prozent) und 4 Mandate (−1 Mandat). Die Liste Fritz behielt mit 5,5 Prozent ihre 2 Mandate. NEOS schaffte mit 5,3 Prozent und 2 Mandaten den Sprung in den Landtag. Die beiden Nachfolgelisten von Vorwärts Tirol – Family und Impuls – scheiterten wie erwartet an der 5-Prozent-Hürde.

Die Wahlbeteiligung war mit 60 Prozent fast gleich wie bei der letzten Landtagswahl, jedoch deutlich niedriger als die 76,4 Prozent Wahlbeteiligung in Tirol bei der Nationalratswahl. Eine geringere Wahlbeteiligung bei Landtagswahlen als bei der stärker polarisierenden Nationalratswahl ist typisch, ungewöhnlich ist der große Unterschied (Jenny 2013).

Wie bisher sind sechs Parteien im Landtag vertreten. Die Fragmentierung des Parteiensystems, gemessen mit dem Index der effektiven Parteienzahl, ging nach dem Höchststand von 3,8 bei der Landtagswahl 2013 etwas zurück auf 3,5 (2008: 3,6). Die Wählermobilität blieb hoch, wesentlich verursacht durch die von ÖVP-nahen Konkurrenzlisten ausgelösten Turbulenzen am Wählermarkt. Über die letzten Landtagswahlen lag der Index der Nettovolatilität stets über der 20-Prozent-Marke. Nach dem Höchststand von 24,6 Punkten von 2003 auf 2008, 20,7 Punkten von 2008 auf 2013 waren es dieses Mal

21,5 Indexpunkte. Bei Nationalratswahlen maß die Wählermobilität nur von 1999 auf 2002 und von 2013 auf 2017 mehr als 20 Indexpunkte.

Tabelle 2: Ergebnis der Tiroler Landtagswahl

Partei	Stimmenanteil in % (Veränderung zu 2013)		Mandate (Veränderung zu 2013)	
VP Tirol	44,3	(+4.9)	17	(+1)
SPÖ	17,3	(+3.5)	6	(+1)
FPÖ	15,5	(+6,2)	5	(+1)
GRÜNE	10,6	(−1,9)	4	(−1)
FRITZ	5,5	(−0,2)	2	(0)
NEOS	5,3	(n.k.)	2	(n.k.)
FAMILY[1]	1,1	(n.k.)	0	(n.k.)
IMPULS[1]	0,5	(n.k.)	0	(n.k.)
Gesamt	100,0		36	
Wahlbeteiligung	60,0	(−0,4)		

Quelle: Land Tirol (https://wahlen.tirol.gv.at/landtagswahl_2018/index.html)
Anmerkungen: [1]Nachfolgeliste von Vorwärts Tirol, die in Landtagswahl 2013 vier Mandate erzielte: n.k. nicht kandidiert.

Gering war dagegen der Wähleraustausch zwischen links und rechts. Die gemeinsamen Stimmenanteile von SPÖ und Grünen ergeben einen Zugewinn von nur 1,6 Prozent für die Linksparteien. Der Wähleraustausch zwischen Regierungs- und Oppositionsparteien war mit 3 Prozent wenig größer, mit einem positiven Saldo für die bisherige Koalition, deren Mehrheit im Landtag mit 21 von 36 Mandaten unverändert blieb. Die FPÖ hatte den größten relativen Stimmenzugewinn erzielt, konnte davon aber, wie die Regierungsbildung zeigte, wenig profitieren.

Nach Sondierungsgesprächen der ÖVP mit mehreren Parteien wurden die Koalitionsverhandlungen mit dem bisherigen Partner rasch abgeschlossen und Ende März die zweite schwarz-grüne Koalitionsregierung in Tirol und dritte Landesregierung unter Landeshauptmann Platter angelobt. Die Grünen erhielten wie bisher zwei von acht Sitzen in der Landesregierung. Sie behielten das Umweltressort, verloren aber die Kontrolle über die Zulassung von Wasserkraft- und Beschneiungsanlagen.

4. Schluss

In einem wenig aufregenden Wahlkampf unter günstigen Bedingungen konnte die ÖVP mit einem auf Landeshauptmann Platter zugeschnittenen Wahlkampf ihre zuletzt erlittenen Verluste an parteinahe Konkurrenzlisten großteils zurückholen. Die Zahlen zu

Wahlkampforganisation und -ausgaben zeigen die Dominanz der Volkspartei in Tirol. Sie konnte sich im Wahlkampf 2018 auf mehrere tausend, andere Parteien auf wenige hundert oder nur Dutzende AktivistInnen stützen. Auch das Wahlkampfbudget der ÖVP lag um ein Mehrfaches über den Budgets der anderen Parteien. Weil die Stimmenverluste der Grünen als Juniorpartner in der Koalition bei der Landtagswahl gering ausfielen, wurde die schwarz-grüne Koalition unter Landeshauptmann Platter fortgesetzt.

Literaturverzeichnis

Hayek, Lore (2019). Kampagnen und Medien im Tiroler Landtagswahlkampf 2018. In: Ferdinand Karlhofer und Günther Pallaver (Hrsg.), *Tirol: Jahrbuch 2019*. Innsbruck: Studienverlag (43–56).

Jenny, Marcelo (2013). Austria: Regional Elections in the Shadow of National Politics. In: Régis Dandoy und Arjan Schakel (Hrsg.), *Regional and National Elections in Western Europe: Territoriality of the Vote in Thirteen Countries*. Basingstoke: Palgrave Macmillan (27–46).

Karlhofer, Ferdinand (2019). Die Landtagswahl 2018: Rebellion und Beharrung in Tirols Parteienlandschaft. In: Ferdinand Karlhofer und Günther Pallaver (Hrsg.), *Tirol: Jahrbuch 2019*. Innsbruck: Studienverlag (29–42).

Lewandowsky, Marcel (2013). Landtagswahlkämpfe abseits des Professionalisierungsdiskurses. *Momentum Quarterly – Zeitschrift für sozialen Fortschritt* 2(2): 67–76.

1 Ausführlicher zu politischem Kontext und Wahlkampf sind Hayek (2019) und Karlhofer (2019).

2 Bei dieser Gelegenheit gaben die anderen Parteien folgende Wahlkampfbudgets an: ÖVP: 1,5 Millionen, FPÖ: 800.000, Liste Fritz: 500.000, Grüne: 450.000, SPÖ: 350.000, NEOS: 300.000 Euro. Tiroler Tageszeitung, 19.1.2019, „Die Fairness-Partner legen ihre Wahlkampfkosten offen", https://www.tt.com/politik/landespolitik/13905489/die-fairness-partner-legen-ihre-wahlkampfkosten-offen.

3 tirol.orf.at. *Weitere Beschwerden wegen FPÖ-Plakaten*, 31.1.2018, https://tirol.orf.at/ news/stories/2892675/.

Die Kärntner Landtagswahl 2018

Es war der Triumph eines bisher Unterschätzten. Die Wiederwahl des Kärntner Landeshauptmannes Peter Kaiser (SPÖ) am 4. März 2018 erfolgte mit knapp 48 Prozent. Soviel hatte sein polternder Vorgänger Jörg Haider (FPÖ/BZÖ) nie erreicht. Dass dies Kaiser gelingt, war laut Umfragen keineswegs sicher. Schnitt doch bei der Nationalratswahl fünf Monate zuvor noch die FPÖ als stärkste Partei mit 31,8 Prozent in Kärnten ab. Auf Landesebene reichte es für die FPÖ dennoch nur zu Platz Zwei mit knapp 23 Prozent. Eine offene Frage war damit also rasch geklärt: Das Rennen um Platz Eins blieb aus. An dritter Stelle landete die ÖVP mit 15,5 Prozent. Ebenfalls schon am Wahlabend wurde klar, wer von den Kleinparteien die befürchtete Kannibalisierung überlebt. Einzig das Team Kärnten blieb mit 5,7 Prozent dem Landesparlament erhalten. Sowohl der grüne Regierungspartner (3,1 %) als auch die einzige echte Oppositionspartei BZÖ (0,4 %) schafften den Wiedereinzug in den Landtag nicht. Ebenso scheiterten alle Newcomer wie die NEOS (2,2 %), Liste Erde (1,9 %) die KPÖ (0,3 %) und die Liste FAIR (0,2 %) an der Fünf-Prozent-Hürde.

Niemand wagte, Peter Kaiser den Anspruch auf den Landeshauptmann nach diesem Gewinn von beinahe elf Prozentpunkten streitig zu machen. Mit exakt der Hälfte der 36 Mandate kann die SPÖ zwar nicht allein regieren, eine Koalition gegen sie ist rechnerisch aber ebenfalls nicht möglich. Spannend blieb daher die Frage, wen sich die SPÖ als Koalitionspartner aussucht. Denn seit dieser Wahl setzt sich die Kärntner Landesregierung nicht mehr nach dem Proporzsystem zusammen. Erstmals konnte die Regierung nach freier Partnerwahl gebildet werden. Sicher war daher, dass nicht mehr fünf Parteien am Regierungstisch Platz nehmen werden und nur eine Kleinstpartei wie das BZÖ als Oppositionspartei übrig bleibt. Für eine Fortsetzung der „Kärntner Zukunftskoalition", wie die Zusammenarbeit innerhalb der Proporzregierung zwischen SPÖ, ÖVP und den Grünen von 2013 bis 2018 sich nannte, fehlte jedoch nach der Wahl der dritte Partner. Auch bei der ÖVP hatte sich personell seit 2013 viel verändert und es rumorte schon wieder innerhalb der Schwarzen.

Wohltuend sachlicher Wahlkampf ohne dominantes Thema

Die Nationalratswahl war nicht einmal fünf Monate vorbei und der Wunsch nach politischem Wechsel schien auch in Kärnten damit ausreichend erfüllt. Die Flüchtlingswelle war bereits verebbt und in Kärnten ohnehin eher ein Konflikt zwischen Land und Bund. So hatte die damalige Innenministerin Johanna Mikl-Leitner (ÖVP) von ihrem Durchgriffsrecht bei der Zuteilung von Flüchtlingen nach Kärnten am häufigsten Gebrauch gemacht.[1] Wasser auf die Wahlkampfmühlen der SPÖ. Zuwanderungs- und Integrationspolitik eigneten sich im Land nur bedingt als Mobilisierungsfaktor für die FPÖ, die inzwischen als Koalitionspartner der ÖVP im Bund fungierte. 45 Prozent der Wähler waren in Kärnten ohnehin der Ansicht, dass das Land eine positive Entwicklung in den letzten fünf Jahren genommen habe.[2] Zwei große Projekte hatte die Koalition abgearbeitet in der Periode 2013 bis 2018: die Abwendung des Konkurses durch die Lösung der Haftungsfrage für die Landesbank sowie die Verfassungsreform inklusive Abschaffung des Proporzsystems.

Die politische Situation in Kärnten hatte sich tatsächlich nach Jahren im Ausnahmezustand normalisiert. Jörg Haider und seine selbsternannten Erben Gerhard Dörfler, Uwe Scheuch und Harald Dobernig hatten die Landesbank Hypo Alpe Adria und die Partei in Land und Bund geradezu in Geiselhaft für ihre politischen und persönlichen Ziele genommen. Inzwischen nahmen sie regelmäßig auf der Gerichtsbank Platz. Wahrscheinlich war die Bevölkerung auch etwas wahlkampfmüde nach einem einjährigen Bundespräsidentschaftswahlkampf und einer vorgezogenen Nationalratswahl. Die relative Zufriedenheit mit der ersten Kärntner Dreierkoalition seit 2013 ließ also für die Wahl 2018 keinen politischen Umsturz erwarten. Weder dominierten Skandale den Wahlkampf, noch befeuerten Emotionen die Diskussionen der Spitzenkandidaten. Wie eine letzte Verzweiflungstat erschien der Versuch Gernot Darmanns (FPÖ), der SPÖ durch Personalspekulationen rund um deren Zugpferd Landeshauptmann Peter Kaiser zu schaden.

Motive der Wählerinnen und Wähler

Tatsächlich war das wichtigste Motiv aller SPÖ-Wählerinnen und -Wähler Spitzenkandidat Kaiser, während bei jenen, die FPÖ oder ÖVP die Stimme gaben, inhaltliche Standpunkte eher den Ausschlag gaben.[3] Dies ist angesichts des themenarmen Wahlkampfs als eklatante Schwäche der Kandidaten Darmann und Christian Benger zu interpretieren. Die SPÖ punktete dabei am besten in ihren eigenen Reihen, weiters bei Nichtwählern und ehemaligen Grünwählern. Der Zugewinn der FPÖ von sechs Prozentpunkten schien insofern erwartbar, weil vom Jahr 2013 rechts der Mitte rund 36.300 Stimmen vom Team Stronach sowie 20.700 Stimmen vom BZÖ am Markt waren. (Im Vergleich dazu erreichte 2013 die FPK 54.600 Stimmen.) Tatsächlich gelang es der FPK, sowohl die eigenen Anhänger gut zu mobilisieren als auch beim Team Kärnten und dem BZÖ Wähler abzuwerben. Die ÖVP blieb relativ stabil, wohingegen die Grünen nur jeden fünften Wähler von 2013 halten konnten und sowohl Richtung SPÖ als auch ins Nichtwählerlager stark verloren.

Die Geschlossenheit der SPÖ hinter ihrem Parteichef Peter Kaiser sowie gute Wirtschaftsdaten unterstützten den Erfolg der SPÖ. Die Kärntner Freiheitlichen hatten hingegen erst 2015 einer Wiedervereinigung mit der FPÖ zugestimmt und Gernot Darmann löste im Juni 2016 Christian Ragger als Parteichef ab. Ganz waren die Wunden der Trennung BZÖ und FPK noch nicht geheilt, die Frage des Spitzenkandidaten wurde mit diesem Schritt allerdings geklärt. Nicht ganz vergessen wirkte aber die Rolle Darmanns als Klubobmann bei der Blockade der FPK, die 2013 über Monate durch Auszug aus dem Landtag einen Neuwahlbeschluss verhinderte. Ebenso schadete den Freiheitlichen der erzwungene Rücktritt von Ex-Landeshauptmann und anschließend Bundesrat Gerhard Dörfler im März 2017 nach einem Schuldspruch in der Causa BZÖ-Wahlbroschüre. Viele Kärntnerinnen und Kärntner fürchteten um das gerade sich bessernde Image des Landes jenseits der Grenzen bei einem deutlichen Wahlerfolg der FPÖ.

Auch die ÖVP hatte während der vorangegangenen Legislaturperiode durch personelle Wechsel versucht, den Imageschaden aufgrund der Verurteilung ihres ehemaligen Parteichefs Josef Martinz wegen Untreue möglichst klein zu halten. Auf Wolfgang Waldner und Gabriel Obernosterer folgte im März 2014 der Überraschungskandidat Christian Benger. Der politische Quereinsteiger entpuppte sich im Wahlkampf allerdings als große Schwachstelle und trat nach Beendigung der Koalitionsgespräche zurück. Die Grünen verfügten mit Rolf Holub über einen bekannten, auch über die Zielgruppe hinaus wirkenden Spitzenkandidaten. Doch interne Streitigkeiten zur Listenerstellung führten zum Rücktritt der langjährigen Abgeordneten Barbara Lesjak und zur Abspaltung der Landessprecherin Marion Mitsche mit einer eigenen Liste FAIR. Nach der bundesweiten Niederlage bei der Nationalratswahl erfolgte wenig überraschend der Rauswurf aus dem Kärntner Landtag. Die Grünen wurden Opfer einer skandalfreien Politik und von sich selbst.

Das Team Kärnten schaffte es hingegen aufgrund der Popularität des ehemaligen Bürgermeisters von Spittal an der Drau und SPÖ-Nationalrats Gerhard Köfer knapp, das Erbe Frank Stronachs zu retten, obwohl drei von vier Abgeordneten während der vorangegangenen Legislaturperiode die Partei verließen. Als letzte wechselte Isabella Theuermann drei Monate vor der Wahl zur FPÖ. Beim BZÖ hingegen war klar, dass nach dem Tod von Parteigründer Jörg Haider dieser Wahlverein trotz der zwei Abgeordneten keine politische Zukunft mehr hat. Für alle anderen Kleinparteien erwies sich die eher konservative Wählerstruktur in Kärnten als unüberwindbares Hindernis. Selbst die bundesweit präsenten NEOS konnten mit ihrem Bündnis mit der regional verankerten Enotna Lista/Einheitsliste die geforderten fünf Prozent nicht überspringen.[4]

Regierungsbildung

Mit Ausnahme der alle Umfragen übertreffenden SPÖ freute sich keine Partei wirklich über ihr Wahlergebnis. So galt es, rasch bei den ersten Koalitionsverhandlungen ohne Proporz zu reüssieren. Christian Benger (ÖVP), Gernot Darmann (FPÖ) und Gerhard Köfer (Team Kärnten) bekundeten alle noch am Wahlabend ihr Interesse. Nach den folgenden Sondierungsgesprächen legte sich die SPÖ rasch auf die ÖVP als Partner für Verhandlungen fest, die am 20. März starteten. Nach nur fünf Tagen schien noch in der Karwoche der Pakt besiegelt und der Angelobung der neuen Regierung mit der Konstituierung des Landtages am 12. April nichts mehr im Wege zu stehen. Doch dann begann sich das Personalkarussell zu drehen und die Suche nach geeigneten Landesräten zerstörte den mühsamen Burgfrieden innerhalb der ÖVP. Der überraschende Rücktritt Bengers am 4. April führte beinahe zum Platzen der noch gar nicht im Amt befindlichen Koalition. SPÖ-Chef Peter Kaiser stellte ein Ultimatum an Martin Gruber, sein rasch installiertes Gegenüber in der ÖVP.[5] Die bitterste Forderung in diesem Paket war die Aussetzung des Einstimmigkeitsprinzips in der Landesregierung, das aufgrund der Abschaffung des Proporzes eingeführt wurde. Die SPÖ kann so mit ihren fünf Regierungsvertretern jene zwei der ÖVP überstimmen. Die Absolute ist den Sozialdemokraten also doch noch geglückt, wenn auch aus Eigenverschulden der Volkspartei.

Peter Kaiser war im Grunde schon lange kein Unscheinbarer mehr. Mit seinem taktischen Geschick hat er die SPÖ wieder zu unangefochtenen Nummer Eins in Kärnten gemacht. Als Landeshauptmann des sonst eher ungeliebten südlichen Bundeslandes hat er sich zu einer zentralen Machtposition innerhalb der Bundes-SPÖ emporgearbeitet. Im Jahr 2018 schlug er alle seine Amtskollegen inklusive den mächtigen Wiener Bürgermeister Michael Ludwig im Redeanteil der ZiB1- und ZiB2-Sendungen österreichweit. Das hatte vor ihm auch nur Jörg Haider geschafft, allerdings meist in Kombination mit seiner Rolle als Bundesparteichef und seinem Hang zu Tabubrüchen.

Peter Kaiser gelang dies ganz ohne provoziertem Skandal. Auch die weitere Zusammenarbeit mit der ÖVP verlief bisher friktionsfrei. Kärnten ist also dennoch in gewisser Weise ein Sonderfall geblieben: einer, wo Rot-Schwarz noch funktioniert.

1 Siehe Kleine Zeitung, 30.11.2015, https://www.kleinezeitung.at/kaernten/landespolitik/4877842/Kaernten_Der-Bund-teilt-Kaernten-die-meisten-Fluechtlinge-zu.

2 Siehe Wahltagsbefragung für den ORF von ISA/SORA unter: https://www.sora.at/themen/wahlverhalten/wahlanalysen/ltw-ktn18.html.

3 Mehr zu Wahlmotiven siehe auch Filzmaier/Perlot/Zandonella (2018). Die Landtagswahl 2018 in Kärnten, in: Anderwald u.a. (Hg.): Kärntner Jahrbuch für Politik 2018, Klagenfurt, 21–34.

4 Mehr zu Themen und Verlauf des Wahlkampfes bei Anderwald, Karl (2018). Der Landtagswahlkampf 2018, in: ders. (Hg.): Kärntner Jahrbuch für Politik 2018, Klagenfurt, 35–56.

5 Zur Chronologie der Verhandlungen siehe Stainer-Hämmerle, Kathrin (2018). Stolpernd in neue Regierungszeiten, in: Anderwald u.a. (Hg.): Kärntner Jahrbuch für Politik 2018, Klagenfurt, 93–103.

FRANZ FALLEND

Zwischen „Salzburger Weg" und „Kurz-Effekt": eine Analyse der Salzburger Landtagswahl 2018

1. Einleitung[1]

Nach der Landtagswahl 2013, die im Zeichen des Finanzskandals mit ca. 340 Millionen Euro verspekulierten Landesgeldern gestanden hatte,[2] war die Salzburger Landespolitik vorrangig mit internen „Aufräumarbeiten" beschäftigt. Die neue Landesregierung aus ÖVP, Grünen und Team Stronach – in dieser Zusammensetzung für Österreich ein Novum – schaffte es aber, die Finanzprobleme ohne die befürchteten wirtschaftlichen und sozialen Verwerfungen in den Griff zu bekommen. Für die von ihr betriebene sachorientierte Politik und ihr harmonisches Auftreten wurde sie mit guten Umfragewerten belohnt.

Mit der Rückkehr zur „Normalität" kam bei der Landtagswahl vom 22. April 2018 bundespolitischen Entwicklungen wieder ein größerer Einfluss zu. Nach einem polarisierenden, um das Thema Flüchtlingspolitik kreisenden Wahlkampf zur Nationalratswahl 2017 hatte eine aus ÖVP und FPÖ zusammengesetzte Bundesregierung mit dem neuen ÖVP-Vorsitzenden Sebastian Kurz als Bundeskanzler ihr Amt angetreten. Der von der Regierung angekündigte Reformkurs stieß von Anfang an auf heftige Kritik der Opposition (SPÖ, NEOS, Liste Pilz). Die im Frühjahr 2018 angesetzten Landtagswahlen – nicht nur in Salzburg, sondern auch in Niederösterreich, Tirol und Kärnten – wurden daher in vielen Medien auch als Testwahlen für die Politik der neuen Bundesregierung und die Nachhaltigkeit des „Kurz-Effekts" gesehen.

Der folgende Beitrag analysiert die 2018 in Salzburg abgehaltene Landtagswahl hinsichtlich der politischen Ausgangslage, des Wahlkampfes, des Wahlergebnisses und der anschließenden Regierungsbildung. Ein kurzes Resümee rundet den Beitrag ab.

2. Politische Ausgangslage

Die neue Landesregierung aus ÖVP, Grünen und Team Stronach bewältigte ihre Amtszeit lange Zeit ohne größere Turbulenzen. Budgetkürzungen rechtfertigte sie als infolge des Finanzskandals notwendige Maßnahmen. Mit ihrem geeinten Auftreten hob sie sich vorteilhaft von der SPÖ-ÖVP-Koalitionsregierung auf Bundesebene ab. Besonders Landeshauptmann Wilfried Haslauer (ÖVP) genoss hohe Popularität.[3] Die Grünen dagegen hatten einige interne Auseinandersetzungen zu überstehen, insbesondere wegen der 2015 von der zuständigen Landeshauptmann-Stellvertreterin und Grünen-Vorsitzenden Astrid Rössler genehmigten 380-kV-Leitung.[4] Die dritte Partei im Bunde, das Team Stronach, zerfiel parallel zur bundesweiten Entwicklung 2015 ganz. Dessen Landesrat Hans Mayr behielt jedoch als Parteiloser das Wohnbauressort und gründete später seine eigene Partei, die Salzburger Bürgergemeinschaft (SBG).[5] Schließlich musste er Ende Jänner 2018 sein Amt doch aufgeben, als sich herausstellte, dass er von Baufirmen Spenden erhalten hatte. Nicht nur die Opposition, sondern auch ÖVP und Grüne entzogen ihm daraufhin ihr Vertrauen.[6]

Auch die beiden Oppositionsparteien hatten ihre Probleme. Die SPÖ versuchte, mit ihrer Sozialkompetenz verlorenes Terrain aufzuholen, was ihr aber nicht wirklich gelang. Zu allem Überfluss wurde 2017 auch noch Heinz Schaden, langjähriger SPÖ-Bürgermeister in der Landeshauptstadt, wegen des Vorwurfs, im Zuge des Finanzskandals negativ bewertete Zinspapiere an das Land verschoben zu haben, in erster Instanz schuldig gesprochen, woraufhin er zurücktrat. In der vorgezogenen Neuwahl ging der BürgermeisterInnensessel an die ÖVP.[7] Die FPÖ erlebte gar eine Spaltung. Um andauernden internen Streitereien ein Ende zu bereiten, schloss Bundesparteivorsitzender Heinz-Christian Strache 2015 den seit 1992 amtierenden Landesparteivorsitzenden Karl Schnell aus der Partei aus.[8] Die erst 24-jährige Politikwissenschaftsstudierende Marlene Svazek übernahm die Parteiführung. Schnell gab jedoch nicht klein bei, sondern gründete die Freie Partei Salzburg (FPS), der sich fünf der sechs Landtagsabgeordneten der FPÖ anschlossen.[9]

Neben den spezifischen landespolitischen Entwicklungen hatte auch der 2017 vollzogene Regierungswechsel im Bund Einfluss auf die Landtagswahl. Der Regierungswechsel war eine Folge der steigenden Unzufriedenheit mit der Arbeit der rot-schwarzen Koalition aus SPÖ und ÖVP, der insbesondere bei der Bewältigung der 2015 ausgebrochenen Flüchtlingskrise Versagen angelastet wurde. Die ÖVP zog daraus die Konsequenzen, bestellte im Frühjahr 2017 ihren populären Außenminister Sebastian Kurz zum neuen Parteivorsitzenden und machte eine restriktive Flüchtlingspolitik zu ihren Prioritäten.[10] Als äußeres Zeichen für den Kurswechsel änderte die Bundespartei ihre Farbe von Schwarz auf Türkis. Der neue Kurs sollte sich auszahlen: Bei der vorgezogenen Nationalratswahl landete die ÖVP mit 31,5 % der Stimmen an erster Stelle (SPÖ: 26,9 %; FPÖ: 26 %), danach bildete sie eine türkis-blaue Koalition mit der FPÖ, angeführt von Kurz als Bundeskanzler. Für die Landtagswahl stellte sich daher die Frage, wie sich der neue ÖVP-Kurs auswirken würde. Die Salzburger ÖVP blieb ja ihrem traditionellen Schwarz treu, worin manche JournalistInnen eine Distanzierung gegenüber dem Kurz-Kurs zu erkennen meinten.[11]

3. Wahlkampf

Bevor der Wahlkampf in seine heiße Phase trat, deuteten Umfragen bereits an, dass größere Machtverschiebungen zwischen den Parteien anstehen könnten. Bei der Landtagswahl 2013 hatten die ÖVP 29 %, die FPÖ 17 %, die SPÖ 23,8 % und die Grünen 20,2 % erreicht; die NEOS hatten noch nicht kandidiert. Ende 2017 erzielten die Parteien in einer Umfrage des Instituts für statistische Analysen Jaksch & Partner (n=808) bei der Sonntagsfrage folgende Stimmenanteile: ÖVP 34 %, FPÖ 24 %, SPÖ 23 %, Grüne 10 % und NEOS 8 %. Sowohl die FPS (Schnell) als auch die SBG (Mayr) würden mit 1 % klar den Einzug in den Landtag verpassen.[12] Eine kurze Zeit später erfolgte Umfrage des IMAS-Instituts (n=800) sah die ÖVP (34–36 %) und die NEOS (8–10 %) in etwa gleich stark, die FPÖ deutlich schwächer (15–17 %), die SPÖ etwas schwächer (20–22 %) und die Grünen deutlich stärker (14–16 %).[13]

Der Wahlkampf verlief weitgehend unspektakulär, ohne gegenseitige verbale Ausritte.[14] Die ÖVP baute auf die gute Wirtschaftslage, die Konsolidierung der Landesfinanzen (seit 2015 waren alle Budgets ausgeglichen) und den politischen Rückenwind aus Wien („Kurz-Effekt“).[15] Zu ihren Gunsten wirkte sich auch aus, dass laut einer IMAS-Umfrage (n=800) 84 % der SalzburgerInnen mit der Landespolitik „sehr“ oder „einigermaßen zufrieden“ waren.[16] Das ÖVP-Wahlprogramm rückte die Themen Wirtschaft und Arbeit, Bildung und Zukunft sowie Lebensqualität und Sicherheit in den Mittelpunkt.[17] Wenig überraschend schnitt die ÖVP ihren Wahlkampf auf ihren populären Spitzenkandidaten Landeshauptmann Haslauer zu, der laut IMAS-Umfrage in einer fiktiven Direktwahl von 59 % der Befragten unterstützt würde. An zweiter Stelle rangierte SPÖ-Vorsitzender Walter Steidl mit 12 %; alle anderen KandidatInnen bewegten sich im einstelligen Bereich.[18]

Bezüglich möglicher Koalitionen nach der Wahl hielt sich die ÖVP bedeckt; man werde mit allen Parteien reden, wurde immer wieder betont.[19] Zur öffentlich debattierten Rolle von Burschenschaftern in der FPÖ (siehe unten) wollte Haslauer nicht Stellung beziehen, erklärte nur allgemein: „Radikalismen sind ein Ausschließungsgrund, egal in welche Richtung sie gehen, egal ob nach rechts oder links.“[20] Der FPÖ-Spitzenkandidatin, die vorhatte, die ÖVP wieder auf Spur zu bringen, hielt er freilich entgegen, lieber „die Rechtsabbieger ihrer Partei auf der Spur der Rechtsstaatlichkeit und Demokratie zu halten“.[21]

Zur neuen Linie der Bundespartei äußerte sich Haslauer stets vorsichtig bis ausweichend. So hätte die Bundesregierung ein „sehr brauchbares Arbeitsprogramm“ vorgelegt, ihre Performance wäre „(u)nterm Strich ... nicht schlecht“, und Bundeskanzler Kurz agiere „souverän“.[22] Die Vereinheitlichung und Kürzung der Mindestsicherung unterstützte er ebenso wie die Verringerung der Sozialversicherungsanstalten von 21 auf fünf. Zugleich unterstrich er jedoch, dass er die Diskussion über die Mindestsicherung „nicht am Rücken der Ärmeren in unserer Gesellschaft abgehandelt haben möchte“.[23] Und bei der Sozialversicherungsreform mahnte er, das Prinzip der Selbstverwaltung zu wahren.[24]

Die Grünen konnten – nach dem fulminanten Wahlergebnis 2013 – bei der Landtagswahl 2018 nur verlieren. Dazu kam, dass die Partei nach der Nationalratswahl 2017 überraschend nach 31 Jahren ihre Plätze im Parlament räumen musste. Grünen-Spitzenkandidatin Rössler betonte die gute Umwelt-Bilanz der amtierenden Regierung (u.a. weniger Schadstoffe durch Tempo 80 auf der Stadtautobahn).[25] Gleichwohl war sie für manche Grün-SympathisantInnen bei Kernthemen (wie z.B. der 380-kV-Leitung) gegenüber der ÖVP zu zahm aufgetreten.[26] Im Wahlkampf traten die Grünen für die Förderung des öffentlichen Verkehrs,[27] eine konsequente Raumordnungspolitik, ein „Wohngeld neu" und mehr Kinderbetreuungseinrichtungen ein. Für Kopfschütteln sorgte ein Wahlplakat, das Rössler mit dem Spruch „Ich bin keine Politikerin" zeigte.[28] Auch das Plakatsujet „Heimat beschützen" mit einem Bild von Kindern in Tracht wurde – als Anklang von FPÖ-Stil – kritisiert.[29]

Die SPÖ wollte nach fünf Jahren Opposition unbedingt wieder in die Landesregierung aufrücken.[30] Sie bot sich Landeshauptmann Haslauer als verlässlicher Koalitionspartner an. Von den SPÖ-Wahlplakaten prangte die „Steidl-Garantie", u.a. für Arbeits- und Kinderbetreuungsplätze, leistbares Wohnen und mehr PolizistInnen.[31] Daran gab es einige Kritik, zumal das Land hier nur über begrenzte Kompetenzen verfügte. Im Wahlkampffinale nutzte die SPÖ die von der türkis-blauen Bundesregierung angestoßene Sozialversicherungsreform – die in ihren Augen einer „Zerschlagung" gleichkam –, um WählerInnen zu mobilisieren.[32]

Die FPÖ nahm im Wahlkampf vor allem die ÖVP aufs Korn. Spitzenkandidatin Svazek hob die Leistungen der türkis-blauen Bundesregierung hervor und wollte auch in Salzburg eine solche Regierung einrichten.[33] An Landeshauptmann Haslauer gerichtet, erklärte sie vorlaut: „Wir werden Ihnen zeigen, dass wir Sie wieder auf die richtige Spur bringen".[34] Inhaltlich forderte die FPÖ u.a., die Mindestsicherung zu deckeln, im Interesse leistbaren Wohnens das Baugesetz zu entrümpeln und den „Heimatschutz" auszubauen.[35] Ihr Wahlkampf wurde jedoch empfindlich durch die sogenannte „Liederbuchaffäre"[36] und die dadurch ausgelöste Debatte über Burschenschaften und deren Verhältnis zur FPÖ beeinträchtigt. Davon unbeeindruckt ließ Svazek Reinhard Rebhandl, FPÖ-Ortsobmann von Golling und Mitglied der Burschenschaft Gothia, auf Platz 6 der Landesliste setzen.[37] Die mediale Kritik bezeichnete sie als „Menschenjagd".[38]

FPS-Vorsitzender Schnell – im Hauptberuf Arzt – versprach auf seinen Wahlplakaten „soziale Wärme". Daneben stellte er sich als „Unbestechlich. Erfahren. Kompetent" dar.[39] Inhaltlich kämpfte er u.a. für ältere Menschen, Bürokratieabbau, ein Kleinbussystem auf Randstrecken, die Verhinderung unnötiger Zweitwohnsitze und einen Flüchtlingsstopp.[40] Sein Hauptproblem lag darin, dass ihn viele WählerInnen nach wie vor bei der FPÖ verorteten.[41]

Die NEOS traten mit Sepp Schellhorn, Wirtschafts- und Tourismussprecher im Nationalrat und ehemaliger Präsident der Hoteliervereinigung, als Spitzenkandidaten an.

Ihr Wahlkampf stand unter dem antibürokratischen Motto „Geht ned, gibt's ned". Dazu wurde z.B. medienwirksam ein Video gestaltet, in dem Schellhorn 23 Prüfbescheide verbrannte, mit der daraus gerührten Paste Bilder malte und diese zum Verkauf anbot.[42] Weiters forderte er, die Parteienförderung zu kürzen sowie Kinderbetreuungseinrichtungen und öffentliche Verkehrsmittel auszubauen.[43] Damit das Land weder nach links (mit den Grünen) noch nach rechts (mit der FPÖ) drifte, stellte er sich der ÖVP an deren Stelle als Koalitionspartner zur Verfügung.[44]

Ex-Landesrat Mayr trat trotz seines erzwungenen Rücktritts mit seiner Liste zur Wahl an.[45] Er präsentierte sich als hemdsärmeliger Macher – ein Spruch auf seinen Wahlplakaten hieß z.B. „Anpacken statt blabla" – und bot sich für private Gesprächsrunden an.[46] Neben den erwähnten Parteien, die in allen Wahlkreisen kandidierten, traten in der Stadt Salzburg zudem die KPÖ Plus (ein Zusammenschluss von KPÖ und jungen Grünen) und im Flachgau die KPÖ Plus und die Christliche Partei Österreichs (CPÖ) zur Wahl an. Beide Parteien galten aber als chancenlos, die Einstiegshürde in den Landtag (ein Grundmandat in einem Wahlkreis oder 5 % der abgegebenen Stimmen landesweit) zu überspringen. Eine knapp vier Wochen vor der Wahl durchgeführte Umfrage der Bezirksblätter (n=900) sagte der ÖVP 40 % voraus, der SPÖ 21 %, der FPÖ 18 %, den Grünen 11 %, den NEOS 6 %, der FPS und der Liste Mayr je 2 %.[47]

4. Wahlergebnis

Die Wahlbeteiligung bei der Landtagswahl 2018 betrug 65 %. Sie ging damit – einem langjährigen Trend folgend – gegenüber 2013 um weitere 6 % zurück (siehe Tabelle 1).

Tabelle 1: Ergebnis der Salzburger Landtagswahl vom 22. April 2018

Parteien	2018		Vergleich mit 2013	
	Stimmen in %	Mandate absolut	Stimmen in %	Mandate absolut
ÖVP	37,8	15	+8,8	+4
SPÖ	20,0	8	−3,8	−1
Grüne	9,3	3	−10,9	−4
FPÖ	18,8	7	+1,8	+1
FPS	4,5		+4,5	
NEOS	7,3	3	+7,3	+3
KPÖ	0,4		+0,1	
Liste Mayr	1,8		+0,1	
CPÖ	0,1		+0,1	

Quelle: Land Salzburg/Landesstatistik (2018). Landtagswahl am 22. April 2018. Abgerufen am 24. Jänner 2019 unter https://www.salzburg.gv.at/stat/wahlen/ltw/index2018.html.

Die ÖVP fuhr mit 37,8 % einen deutlichen Wahlsieg ein (wenngleich es sich immer noch um das drittschlechteste Ergebnis nach 1945 handelte). Dagegen verlor die SPÖ (nunmehr 20 %) sogar gegenüber ihrem vermeintlichen Tiefpunkt 2013 weiter an Boden. Wie in den letzten Umfragen angedeutet, wurden die Grünen halbiert und landeten bei lediglich 9,3 %. Mehr überraschte, dass Schnell mit seinem FPÖ-Ableger FPS – entgegen allen Umfragen – auf 4,5 % der Stimmen kam und damit nur knapp den Einzug in den Landtag verpasste. Kein Wunder, dass er den MeinungsforscherInnen eine Mitschuld an seinem Scheitern zuschob: „Das ist Manipulation. Wer wählt dich denn noch, wenn alle sagen, der kommt sowieso nicht rein."[48] Das gute Abschneiden der FPS ging auf Kosten der FPÖ, die sich mit einem Zuwachs von 1,8 % bescheiden musste. Die NEOS übertrafen mit 7,3 % wie erwartet deutlich die 5 %-Hürde, während die Liste Mayr, die KPÖ Plus und die CPÖ weitab von einem Mandat abschnitten.

Die WählerInnenstromanalyse von SORA/ISA (n=1.231) zeigte, dass die ÖVP neben ihren StammwählerInnen auch 15 % ehemalige SPÖ-WählerInnen und 14 % ehemalige Team Stronach-WählerInnen an sich ziehen konnte. Die Grünen verloren 20 % an die NichtwählerInnen, 18 % an die NEOS und 13 % an die SPÖ. Auch die SPÖ litt darunter, dass 16 % ihrer WählerInnen von 2013 diesmal gar nicht zur Wahl gingen. Die FPÖ hatte, wie zu erwarten, ihren stärksten Verlust (15 %) gegenüber der FPS zu verzeichnen, ihren zweitstärksten (9 %) gegenüber den NichtwählerInnen.[49] Die niedrigere Wahlbeteiligung schadete also vor allem Grünen, SPÖ und FPÖ.

Zugunsten der ÖVP wirkte sich zudem aus, dass laut SORA/ISA-Wahltagsbefragung nur 20 % der Befragten fanden, dass sich das Land seit der letzten Wahl negativ entwickelt habe (2013 waren es noch 63 % gewesen), während ein Drittel positive Veränderungen sah (2013: 9 %).[50] Darüber hinaus stach der Landeshauptmannbonus. Bei der Frage zur fiktiven Direktwahl des Landeshauptmannes sprachen sich 46 % für den amtierenden Landeshauptmann Haslauer aus; SPÖ-Vorsitzender Steidl erhielt 16 % Zuspruch, FPÖ-Vorsitzende Svazek 14 %, die übrigen SpitzenkandidatInnen lagen unter 10 %.[51] Für den Meinungsforscher Peter Hajek hatte sich damit bei der Salzburger Landtagswahl – wie auch bei den anderen im Frühjahr 2018 abgehaltenen Landtagswahlen – der „neue Typ des sachlichen Landeshauptmannes" durchgesetzt.[52]

5. Regierungsbildung

Aufgrund des Mandatsstandes nach der Landtagswahl gab es, rein rechnerisch, drei mehrheitsfähige Koalitionsformen. Die ÖVP hätte mit der SPÖ ebenso wie mit der FPÖ eine Zweierkoalition bilden können; daneben bestand die Möglichkeit einer Dreierkoalition aus ÖVP, Grünen und NEOS. Eine Koalition ohne den Wahlsieger ÖVP schien unrealistisch. Die WählerInnen zeigten keine eindeutige Präferenz, wie in der ATV-Wahltagsbefragung ersichtlich wurde: 32 % befürworteten eine Koalition ÖVP-FPÖ, 27 % ÖVP-SPÖ und 24 % ÖVP-Grüne-NEOS.[53]

Einer ÖVP-SPÖ-Koalition konnten nicht nur der SPÖ-Vorsitzende Steidl, sondern auch die sozialpartnerschaftlich gesonnenen WirtschaftsvertreterInnen in beiden Parteien etwas abgewinnen. Allerdings waren in den Parteiapparaten auch noch starke gegenseitige Ressentiments wegen des Umgangs mit dem Finanzskandal vorhanden. Für eine Koalition ÖVP-FPÖ sprach, dass damit logisch an das auf Bundesebene 2017 geschlossene Bündnis angeschlossen würde. Dagegen sprachen die rechten Abweichungen in der Salzburger FPÖ, die ÖVP-Landeshauptmann Haslauer erkennbar ablehnte. Eine Koalition aus ÖVP, Grünen und NEOS würde, die beiden erstgenannten Parteien betreffend, die Fortsetzung einer funktionierenden Partnerschaft bedeuten.[54] Andererseits war NEOS-Spitzenkandidat Schellhorn im Wahlkampf als wortgewaltiger Kritiker der bisherigen Landespolitik aufgetreten und es fehlte seiner Partei an Regierungserfahrung.

Nach Sondierungsgesprächen zwischen allen Parteien deutete sich bereits eine Koalition ÖVP-Grüne-NEOS an. Knapp eineinhalb Wochen nach dem Wahltag verkündete Landeshauptmann Haslauer den einstimmigen Beschluss des ÖVP-Parteivorstands, mit diesen beiden Parteien in Koalitionsverhandlungen einzutreten, um eine „politische Allianz der Mitte" zu schmieden. Haslauer ergänzte, dass er Bundeskanzler Kurz darüber informiert hätte: „Der Bundeskanzler hätte gern Schwarz-Blau gesehen. Aber er hat mir nicht dreingeredet."[55] Aufgrund ihres klaren Wahlsiegs beanspruchte die ÖVP fünf der sieben Regierungssitze; Grüne und NEOS sollten je einen erhalten.[56] Binnen knapp drei Wochen konnten die Koalitionsverhandlungen mit einem 105-seitigen Regierungsprogramm abgeschlossen werden.[57] Bei der Zusammensetzung des ÖVP-Regierungsteams überraschte Haslauer neuerlich, indem er statt der ursprünglich kolportierten Landtagspräsidentin Brigitte Pallauf den Bundesobmann der Jungen Volkspartei (JVP) und Vertrauten von Bundeskanzler Kurz, Stefan Schnöll, zum Verkehrslandesrat bestimmte[58] – eine Entscheidung, die er wohl auch mit Blick auf das künftige Verhältnis zur Bundesregierung traf. Nachfolger der scheidenden grünen Landeshauptmann-Stellvertreterin Rössler wurde Heinrich Schellhorn, der schon bisher Kultur- und Soziallandesrat gewesen war. Die neue NEOS-Landesrätin Andrea Klambauer ist für ein Großressort aus Kinderbetreuung, Familien, Wissenschaft, Erwachsenenbildung, Frauen, Chancengleichheit, Jugend und Generationen, Integration und Wohnbau zuständig.[59]

Die nunmehrigen Oppositionsparteien SPÖ und FPÖ kritisierten naturgemäß die Regierungsbildung. SPÖ-Vorsitzender Steidl sah die ÖVP, die alle wichtigen Ressorts innehabe, im „Machtrausch". Auch FPÖ-Vorsitzende Svazek erkannte nur eine „Komparsenrolle" für Grün und Pink.[60] Während die SPÖ-Fraktion aber am 13. Juni, dem Tag der Konstituierung des neu gewählten Landtags, allen sieben Regierungsmitgliedern ihre Zustimmung erteilte, drückten die FPÖ-Abgeordneten ihren Protest aus, indem sie nur für Haslauer, Schnöll und Agrar-Landesrat Sepp Schwaiger stimmten.[61]

6. Resümee

Im Gegensatz zur Landtagswahl 2013, die infolge des Finanzskandals eindeutig von landespolitischen Faktoren geprägt war, wirkten 2018, nach der politischen „Wende" zur türkis-blauen Bundesregierung im Jahr davor, wieder stärker bundespolitische Entwicklungen auf die Landtagswahl ein. Die Wiedererstarkung der ÖVP auf Bundesebene fand ihre Fortsetzung auf Landesebene, jedenfalls was das Wahlergebnis anging. Bei der Regierungszusammensetzung blieb man hingegen beim „Salzburger Weg" einer „bunten" Koalition, diesmal aus ÖVP, Grünen und den erstmals kandidierenden NEOS.

Es wird spannend sein, zu beobachten, ob bzw. wie lange die positive Stimmung im Land für die ÖVP anhalten wird. Wenn die Auswirkungen der Politik der neuen Bundesregierung vor allem im Sozialbereich deutlicher „spürbar" werden, könnte es dazu kommen, dass die jetzt auf Bundes- wie Landesebene in Opposition befindliche SPÖ wieder gestärkt wird – die SPÖ muss dieses Oppositionspotenzial freilich erst zu nutzen verstehen. Gleichzeitig werden sich auch Grüne und NEOS in der kommenden Regierungsperiode anstrengen müssen, damit ihr Profil angesichts der gegenwärtigen ÖVP-Übermacht nicht ganz verblasst.

1 Der folgende Beitrag stellt die stark gekürzte und überarbeitete Fassung eines vom Autor im Salzburger Jahrbuch für Politik 2018 veröffentlichten Beitrags über die Salzburger Landtagswahlen 2013 und 2018 dar.

2 Siehe zu dieser Wahl Herbert Dachs: Zwischen Restauration und Neubeginn. Die Salzburger Landtagswahl 2013, in: Andreas Khol et al. (Hg.): Österreichisches Jahrbuch für Politik 2013. Wien–Köln–Weimar 2014, 263–276; Armin Mühlböck: Die Salzburger Landtagswahl 2013, in: Beatrix Karl et al. (Hg.): Steirisches Jahrbuch für Politik 2013. Wien–Köln–Weimar 2014, 69–79.

3 Der Standard (16.6.2016). Umfrage: Gute Noten für Haslauer, schlechte Werte für die Landes-ÖVP.

4 Salzburg24.at (15.12.2015). Gemischte Reaktionen zu 380-kV-Leitung: Von Notwendigkeit bis zum politischen Umfaller.

5 Der Standard (20.4.2016). Ex-Stronach-Landesrat Mayr gründet Salzburger Bürgergemeinschaft.

6 Der Standard (20.12.2017). Salzburgs Wohnbaulandesrat Mayr droht Misstrauensantrag; Salzburger Nachrichten (SN) (18.1.2018). Nach Rücktritt: Mayr-Partei legte Spenden nur teilweise offen.

7 ORF Salzburg (31.7.2017). Bürgermeister Schaden gibt Rücktritt bekannt; SN (14.12.2017). Harald Preuner ist neuer Bürgermeister von Salzburg.

8 SN (10.6.2015). Strache schmeißt Schnell und Doppler aus FPÖ Salzburg.

9 Der Standard (14.6.2015). Karl Schnell gründet Partei in Salzburg.

10 Fritz Plasser/Franz Sommer: Wahlen im Schatten der Flüchtlingskrise. Parteien, Wähler und Koalitionen im Umbruch. Wien 2018, 35–36, 50–56, 71–76.

11 Kurier (3.5.2018). Westachse regiert anders: Schwarz gibt sich bunter als Türkis.

12 SN (19.12.2017). Umfrage vier Monate vor der Landtagswahl: ÖVP voran, FPÖ Zweite.

13 SN (29.12.2017). Salzburg-Wahl: Umfragen sehen Volkspartei klar in Front.

14 Die Presse (15.4.2018). Salzburg: Streichelweiche Spitzenkandidaten bei Elefantenrunde; Der Standard (17.4.2018). Salzburg: Ein laues Lüfterl von einem Wahlkampf geht zu Ende.

15 SN (27.01.2018). Die ÖVP muss sich an viel Rückenwind gewöhnen.
16 SN (29.3.2018). Salzburger Landtagswahl: Für die ÖVP geht sich fast jede Koalition aus.
17 SN (26.2.2018). ÖVP präsentiert Wahlprogramm für Salzburger Landtagswahl.
18 SN (29.3.2018). Salzburger Landtagswahl: Für die ÖVP geht sich fast jede Koalition aus.
19 Der Standard (26.2.2018). Salzburgs ÖVP lässt sich alle Koalitionsvarianten offen.
20 Zit. nach: SN (5.4.2018). Landeshauptmann Haslauer im SN-Interview: „Ich bin auf der Überholspur".
21 Zit. nach: Der Standard (7.4.2018). Haslauer geht mit Seitenhieben ins Salzburger Wahlkampffinale.
22 Zit. nach: SN (5.4.2018). Landeshauptmann Haslauer im SN-Interview: „Ich bin auf der Überholspur".
23 Zit. nach: Der Standard (17.4.2018). Haslauer: „Die Wahl ist die Zeit des rhetorischen Rabaukentums".
24 Ebd.
25 SN (27.1.2018). Salzburgs Grüne zeigen sich betont einig.
26 Der Standard (26.2.2018). Salzburgs ÖVP lässt sich alle Koalitionsvarianten offen.
27 SN (8.2.2018). Rössler will Verkehrsressort.
28 Der Standard (13.3.2018). Grüne warnen vor Schwarz-Blau in Salzburg; SN (23.3.2018). Parteien buhlen auf Plakaten um die Gunst der Salzburger Wähler.
29 Die Presse (6.4.2018). Salzburger Grüne werben mit „Heimat beschützen".
30 SN (3.4.2018). Walter Steidl: „In Opposition lerne ich nichts mehr".
31 Der Standard (8.3.2018). Salzburger SP-Chef Steidl bietet sich Haslauer als Regierungspartner an.
32 Die Presse (20.4.2018). SPÖ-Salzburg: „Kurz und Strache gefährden Ihre Gesundheit".
33 SN (18.12.2017). Marlene Svazek: „Werde Ton zur ÖVP nicht mäßigen" (Interview).
34 Zit. nach: Der Standard (16.3.2018). FPÖ will ÖVP „wieder auf die richtige Spur bringen".
35 Die Presse (30.3.2018). Salzburger FPÖ stellt Bedingungen für Regierungsbeteiligung.
36 Der Standard (26.1.2018). Die Burschen und ihre Lieder: Was Sie zur Causa Landbauer wissen müssen.
37 SN (9.2.2018). Konflikt um Wahlliste der FPÖ im Tennengau.
38 SN (12.2.2018). FPÖ Salzburg präsentiert Liste für die Landtagswahl.
39 SN (23.3.2018). Parteien buhlen auf Plakaten um die Gunst der Salzburger Wähler.
40 SN (30.3.2018). Karl Schnell: Ein Widder gibt niemals auf.
41 Der Standard (28.3.2018). Karl Schnell: „Viele wissen nicht, dass ich nicht die FPÖ bin".
42 SN (13.2.2018). Salzburgs Neos-Chef malt „Beamtengrau" und verkauft „schikanöse Kunst".
43 Der Standard (6.3.2018). Neos: Schellhorn will Kinderbetreuung sieben Tage die Woche.
44 Die Presse (21.2.2018). Salzburg-Wahl: Neos streben schwarz-pinke Regierung an.
45 SN (23.1.2018). Landtagswahl: SBG will mit Hans Mayr an der Spitze antreten.
46 SN (23.3.2018). Parteien buhlen auf Plakaten um die Gunst der Salzburger Wähler.
47 meinbezirk.at (22.4.2018). Landtagswahl 2018 – die Spannung steigt!
48 Zit. nach: SN (22.4.2018). Karl Schnell war stark, aber nicht stark genug.
49 SORA/ISA: Wahlanalyse. Landtagswahl Salzburg 2018. Wien 2018, 2–3. Abgerufen am 24.1.2019 unter https://strategieanalysen.at/wp-content/uploads/2018/04/ISA-SORA-Wahlanalyse-Salzburg-2018.pdf.
50 Ebd., S. 5–6.
51 SORA/ISA: Wahltagsbefragung und Wählerstromanalyse. Landtagswahl Salzburg 2018. Wien 2018, Folie 18. Abgerufen am 24.1.2019 unter http://www.sora.at/fileadmin/downloads/wahlen/2018_LTW-Sbg_Wahlanalyse-Grafiken.pdf.
52 Profil (23.4.2018). Peter Hajek zur Salzburg-Wahl: „Gewinner ist die Verlässlichkeit".
53 Peter Hajek Public Opinion Strategies: ATV Wahltagsbefragung. LTW Salzburg 2018: Wahlmotive. Wien 2018, Folie 9.
54 Der Standard (23.4.2018). Haslauer und die Qual der Partnerwahl.
55 Zit. nach: SN (3.5.2018). Salzburg: ÖVP, Grüne und Neos sollen die neue Landesregierung bilden.

56 Ebd.
57 Land Salzburg (2018). Koalitionsvertrag 2018–2023: Abgeschlossen zwischen ÖVP, Grünen und NEOS. Abgerufen am 24.1.2019 unter https://www.salzburg.gv.at/politik_/Documents/Koalitionsvertrag2018.pdf.
58 SN (27.5.2018). Überraschung im ÖVP-Team: Stefan Schnöll und Maria Hutter sind die neuen Landesräte.
59 SN (25.5.2018). Salzburgs neue Landesregierung präsentiert ihr Programm.
60 SN (26.5.2018). Opposition hat nur harte Worte für die neue Salzburger Landesregierung.
61 SN (14.6.2018). „So wahr mir Gott helfe": Die Landesregierung ist im Amt.

„I bin's, dei Abgeordneter"

Soziostrukturelle Bevölkerungsrepräsentativität am Beispiel des Landtags Steiermark

Einleitung

Neben „Kreation (...), Gesetzgebung, Kontrolle und Tribüne für politische Diskurse" führt Dagmar Aigner „Repräsentation der Bevölkerung" als eine der Aufgaben von „Landesparlamente[n] (...) aus politikwissenschaftlicher Sicht"[1] an. „Die Aufgabe der Landtagsabgeordneten ist es, die vielschichtigen Interessen der Bevölkerung zu repräsentieren, zu bündeln und in allgemein gültige Entscheidungen (Gesetze) zu gießen. (...) Vor diesem Hintergrund ist es von Interesse, welche soziostrukturellen Merkmale die MandatarInnen aufweisen, um zu analysieren, ob die Landtagsabgeordneten ein ‚Spiegelbild' der Bevölkerung darstellen, oder ob Über- bzw. Unterrepräsentationen festzustellen sind."[2] In diesem Kontext mahnte 2008 der Doyen der länder- und landesfokussierten Politikforschung, Herbert Dachs, wohl nicht grundlos „eine umfassende Totalerhebung zu starten und unsere Mandats- und Positionsinhaber nach den in der Elitenforschung geläufigen Kriterien insgesamt zu untersuchen",[3] ein.

Alles in allem lässt sich der Forschungsstand zu Abgeordneten sowohl auf Bundes-[4] als auch auf Landesebene[5] mit „Der Abgeordnete[6], das wenig erforschte Wesen" zusammenfassen.[7] Lediglich ein, wenngleich wenig profiliert ausgeprägter Forschungsfokus hat sich mit dem medial-kommunikativen Verhalten von Abgeordneten herausgeschält, wenngleich nicht geklärt ist, wie nachhaltig dieser sein wird.[8]

Während es der Begriff Repräsentation[9] in den Kanon (und die lichten Höhen) der politikwissenschaftlichen Analyse und Terminologie geschafft hat, steht es um den Begriff der Repräsentativität schlecht bestellt.

In dieser deskriptiven Fallstudie[10] wird Repräsentativität als (möglichst) repräsentative Abbildung und repräsentatives Abbild – und da Politik direkt oder indirekt „alle" betrifft – (nicht nur) der Wählerschaft, verstanden. Somit – siehe weiter unten – dienen als Quellen und Interpretationsbasis sowohl statistisch „harte" als auch „weich(er)e" Daten bzw. Parameter.

Die Ausgangslage

Das „Hauen und Stechen" der Landtagswahl 2005[11] setzte sich in der XV. Legislaturperiode nahtlos fort. Die zwischen 2010 und 2015 unter dem Siegel „Reformpartnerschaft"[12] agierende Koalition aus SPÖ und ÖVP sowie deren Reformagenda, allen voran die Bezirksfusionen und die Gemeindestrukturreform,[13] stand somit bei den Landtagswahlen am 31. Mai 2015 (auch) zur Abstimmung.[14] Mit einem jeweiligen Verlust von knapp neun Prozentpunkten waren SPÖ und ÖVP im selben Maße die eindeutigen Wahlverlierer wie die FPÖ mit einem Plus von 16,1 Prozentpunkten der eindeutige Gewinner war.[15] Die Landtagswahlen bzw. die Konstituierung des Landtags (und in weiterer Folge die der Landesregierung bzw. der „Zukunftspartnerschaft"[16]) standen unter einem sowohl (landes-) verfassungsrechtlichen als auch politischem Novum[17]: Auf der Basis der Landtagssitzung vom 22. November 2011 wurden einerseits der Regierungsproporz[18] abgeschafft, andererseits die Anzahl der Abgeordneten von 56 auf 48 reduziert.[19]

Erkenntnisfokus, Quellen(-lage) und Vorgangsweise

Im Zentrum der folgenden Analysen stehen die Variablen bzw. Parameter Geschlecht, Alter, Bildung und Beruf der am 16. Juni 2015 angelobten Abgeordneten. Anhand dieser wird Repräsentativität im Vergleich zur steirischen Wohnbevölkerung auf zwei Ebenen analysiert werden: 1. Wie repräsentativ sind a) der Landtag als Kollektiv und b) die dort vertretenen Parteien für die steirische Wohnbevölkerung sowie 2. wie repräsentativ ist die Zusammensetzung der Parteien in Bezug auf deren Wähler bei der Landtagswahl 2015.

Die namentliche Erfassung der Abgeordneten basiert auf einer Auskunft der Landtagsdirektion.[20] Die Abgeordneten wurden alphabetisch geordnet und mit den Parametern Parteizugehörigkeit, Geschlecht, Alter, Bildung und Beruf in einem Excel-Datensatz erfasst. Die Einzeldaten wurden teilweise über die Website des Landtages, Recherchen auf Partei- und anderen Websites sowie – sofern notwendig – mittels persönlicher Kontaktaufnahme recherchiert. Der Datensatz wurde im Anschluss codiert, in das Statistikprogramm SPSS importiert und ausgewertet.

Die „harten" Daten stammen vom Referat Statistik und Geoinformation beim Amt der Steiermärkischen Landesregierung[21] und dienen dem Ab- und Vergleich der Repräsentanz der steirischen Wohnbevölkerung.

Die „weichen" und dementsprechend vorsichtig zu verallgemeinernden Daten basieren auf der von SORA (Institute for Social Research and Consulting) und ISA (Institut für Strategieanalysen) im Rahmen der Landtagswahl 2015 durchgeführten exit poll.[22]

Die Variable Alter wurde, um die Daten vergleichbar zu machen, in fünf Altersgruppen neu gesampelt. Als schwierig stellte sich der Parameter Beschäftigungsverhältnis heraus. Nicht wenige der Abgeordneten sind entweder der Kategorie Öffentlicher Dienst oder der Kategorie Berufspolitiker im Sinne Max Webers als Politiker, „die von der Politik leben“[23], zuzuordnen. Gemeint sind damit Abgeordnete, die keinem nicht-politischen „Brotberuf“ nachgehen, konkret u.a. Mandatare, die als Bürgermeister tätig sind, das Landtagspräsidium sowie die Klubobleute.[24] Politiker mit der Zuordnung „Öffentlicher Dienst“ wurden, da diese Kategorie entweder nicht exakt genug bzw. gar nicht erhoben und/oder ausgewertet/ausgewiesen wird, nach Recherchen des zuletzt ausgeübten „Brotberufs“ der Kategorie Angestellte zugeordnet.[25]

Ähnlich verhält es sich mit der Zuordnung „selbständig“. Da Landwirte bei SORA/ISA nicht gesondert ausgewiesen werden, werden sie generell der Kategorie Selbständige zugeordnet.[26]

Die Analysen der Einzelvariablen basieren auf drei Einzelschritten: 1. Vergleich der Mittelwerte bzw. der relativen Häufigkeiten der Gesamtbevölkerung mit dem Landtag als Kollektiv; 2. Vergleich der Mittelwerte bzw. der relativen Häufigkeiten der Gesamtbevölkerung mit denen der fünf im Landtag vertretenen Parteien und 3. Vergleich der relativen Häufigkeiten der Wähler aus der exit poll von SORA und ISA mit denen der fünf im Landtag vertretenen Parteien.

Da kaum anzunehmen ist, dass der Landtag bzw. die dort vertretenen Parteien „Punktlandungen“ hinlegen, d.h. die für die Analysen relevante(n) Prozentpunktdifferenz(en) liegt/liegen bei null, werden die folgenden, zugegeben willkürlichen, Zuordnungsintervalle der Abweichung definiert:

≤ +/–5 Prozentpunkte: repräsentativ (bzw. durchschnittlich)

≥ +/–5,1 bis ≤ +/-15 Prozentpunkte: leicht über- bzw. unterrepräsentiert (bzw. leicht über-/unterdurchschnittlich)

≥ +/–15,1 bis ≤ +/-30 Prozentpunkte: über- bzw. unterrepräsentiert (bzw. über-/unterdurchschnittlich)

≥ +/–30,1 Prozentpunkte: stark über- bzw. unterrepräsentiert (bzw. stark über-/unterdurchschnittlich)

Geschlechterverteilung

Mit Stichtag 1. Jänner 2015 teilte sich die steirische Wohnbevölkerung in 50,9 % Frauen und 49,1 % Männer auf.

Der Landtag setzte sich aus 60,4 % Männern und aus 39,6 % Frauen zusammen, womit gemäß Intervallzuordnung Männer (+10,7 Prozentpunkte) leicht über- und Frauen (-10,7 Prozentpunkte) leicht unterrepräsentiert sind.

In der folgenden Abbildung ist der Männerüberhang auf Prozentpunktbasis für die fünf Landtagsparteien dargestellt.

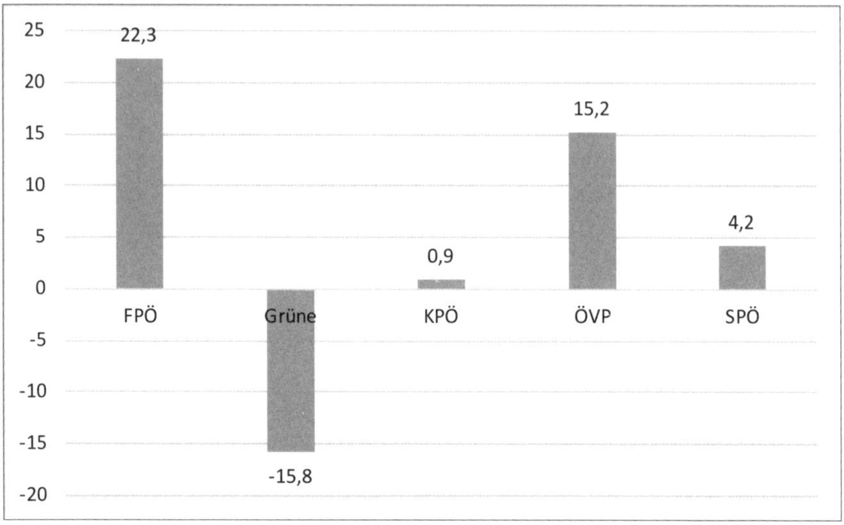

Bei FPÖ und ÖVP sind Männer im selben Maße überrepräsentiert, wie sie bei den Grünen unterrepräsentiert sind. KPÖ und SPÖ fallen in die Kategorie repräsentativ. Bei den weiblichen Abgeordneten sind die Differenzen bzw. Zuordnungen spiegelverkehrt.

Folgt man der von SORA und ISA durchgeführten exit poll, so zeigen sich folgende Prozentpunktdifferenzen.

	Männer	Frauen
FPÖ	33,4	11,6
Grüne	28,3	57,7
KPÖ	46,0	47,0
ÖVP	38,3	4,7
SPÖ	32,3	9,7

Im Vergleich zur Wählerschaft sind somit eine Repräsentanz, sechs starke Überrepräsentanzen, eine Überrepräsentanz und zwei leichte Überrepräsentanzen festzuhalten.

Altersverteilung

Das Durchschnittsalter der für die Analyse relevanten Gesamtbevölkerung mit Jahresbeginn 2015 betrug 43,3 Jahre (das der Wohnbevölkerung ab 16 lag bei 49,2 Jahren).

Das Durchschnittsalter der Abgeordneten beträgt 46,5 Jahre und liegt somit um 7,4 Prozentpunkte über dem Landesschnitt, weshalb das Durchschnittsalter der Abgeordneten leicht überdurchschnittlich ist.

Die folgende Abbildung schlüsselt das Durchschnittsalter für die fünf Landtagsklubs auf.

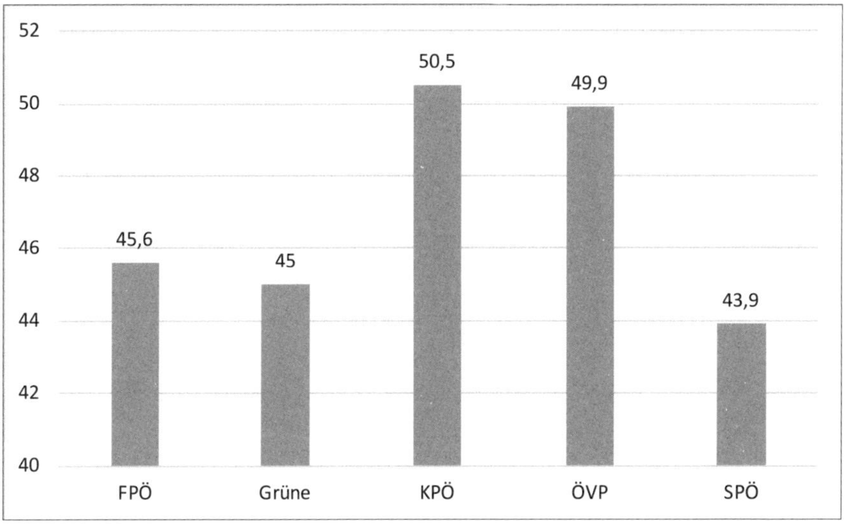

Das Durchschnittsalter von KPÖ- und ÖVP-Abgeordneten ist überdurchschnittlich, das der FPÖ-Mandatare ist leicht überdurchschnittlich und das der Abgeordneten der zwei übrigen Parteien fällt in die Kategorie durchschnittlich.

Im nächsten Schritt wird die Variable Alter in fünf Altersgruppen (0–29, 30–39, 40–49, 50–59, 60+) unterteilt. Die Prozentpunktdifferenzen werden in der folgenden Abbildung dargestellt.

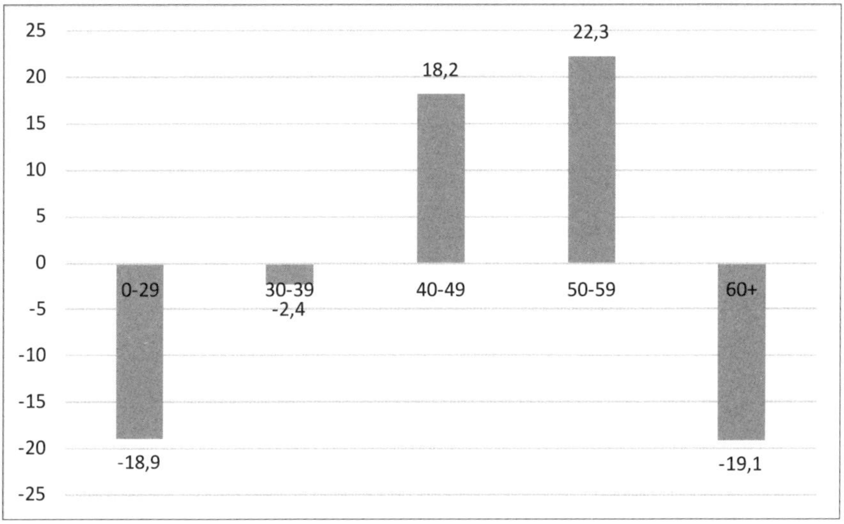

Die bis 29-Jährigen und die über 60-Jährigen sind unter-, die zwei Altersgruppen zwischen 40 und 59 sind überrepräsentiert. Die Altersgruppe 30 bis 39 ist repräsentativ.

Die folgende Tabelle kreuzt die Variablen Altersgruppe mit Partei und ediert die Prozentpunktdifferenzen.

	FPÖ	Grüne	KPÖ	ÖVP	SPÖ
0–29	-17,1	-31,4	-31,4	-24,3	-11,4
30–39	1,5	-12,8	-12,8	-5,7	0,5
40–49	6,3	84,9	34,9	13,5	18,2
50–59	27,7	-15,2	34,8	27,7	18,1
60+	-18,3	-25,4	-25,4	-11,1	-25,4

Lediglich FPÖ und SPÖ sind für die Altersgruppe 30 bis 39 repräsentativ. Ansonsten sind die fünf Altersgruppen fünf Mal leicht unterrepräsentiert, sieben Mal unterrepräsentiert, zwei Mal stark unterrepräsentiert, und jeweils zwei Mal leicht überrepräsentiert, vier Mal überrepräsentiert und drei Mal stark überrepräsentiert.

SORA und ISA edieren nur drei Altersgruppen, deren Prozentpunktdifferenzen in der folgenden Tabelle ediert werden.

	FPÖ	Grüne	KPÖ	ÖVP	SPÖ
0–29	-10,7	-17,0	-1,0	-10,9	-9,0
30–59	-45,6	95,0	96,0	-47,6	-56,9
60+	-14,9	-3,0	-6,0	-16,7	-33,0

Von 15 Zuordnungen sind zwei Teilgruppen repräsentativ und vier stark, fünf leicht unterrepräsentiert, zwei unterrepräsentiert und zwei stark überrepräsentiert.

Höchster Bildungsabschluss

Die folgende Abbildung veranschaulicht die Prozentpunktdifferenzen der fünf ausgewerteten Bildungskategorien der Wohnbevölkerung im Vergleich zum Landtag als Kollektiv.

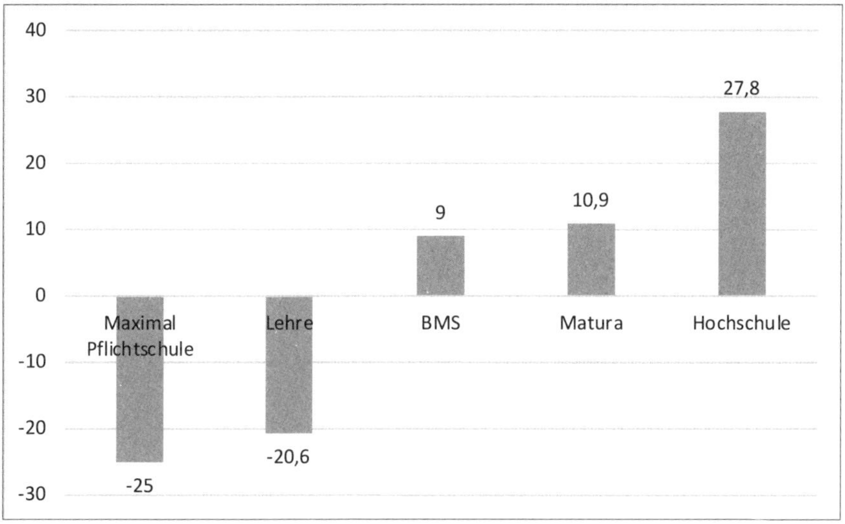

Somit sind Pflichtschulabsolventen[27] sowie Personen mit einem Lehrabschluss unterrepräsentiert, BMS-Absolventen und Maturanten sind leicht und Hochschulabsolventen überrepräsentiert.

In der folgenden Tabelle werden die (höchsten) Bildungsabschlüsse für die fünf Landtagsparteien aufgeschlüsselt.

	FPÖ	**Grüne**	**KPÖ**	**ÖVP**	**SPÖ**
Maximal Pflichtschule	-25	-25	-25	-25	-25
Lehre	-6,6	-35,2	-35,2	-28,1	-21,9
BMS	14,7	19,4	-13,9	21,8	-7,2
Matura	-7	52,6	35,9	14,5	10,9
Hochschule	24,6	-11,1	38,9	17,5	42,2

Bei insgesamt 25 Zuordnungen gibt es zwei starke Unterrepräsentanzen, sieben Unterrepräsentanzen, fünf leichte Unterrepräsentanzen, drei leichte Überrepräsentanzen und jeweils vier (starke) Überrepräsentanzen.

Auf Basis der exit poll von SORA und ISA sind die folgenden Prozentpunktdifferenzen festzuhalten.

	FPÖ	**Grüne**	**KPÖ**	**ÖVP**	**SPÖ**
Maximal Pflichtschule	-42,0	-2,0	0	-26	-30
Lehre	-4,4	-3,0	-6,0	-15,9	-18,7
BMS	-3,4	26,7	-3,0	9,7	-18,3
Matura	-0,9	51,7	44,0	-7,4	-3,3
Hochschule	31,7	-17,0	45,0	-17,4	37,3

Im Rahmen der 25 separat durchgeführten Auswertungen sind acht Repräsentativitäten, eine starke Unterrepräsentativität, sieben Unterrepräsentativitäten, zwei leichte Unterrepräsentativitäten, jeweils eine leichte Überrepräsentativität und eine Überrepräsentativität sowie fünf starke Überrepräsentativitäten festzuhalten.

Berufszuordnung

Aus der folgenden Tabelle sind die Prozentpunktdifferenzen zwischen Wohnbevölkerung und der Zusammensetzung des Landtages für die drei ausgewerteten Berufskategorien ablesbar.

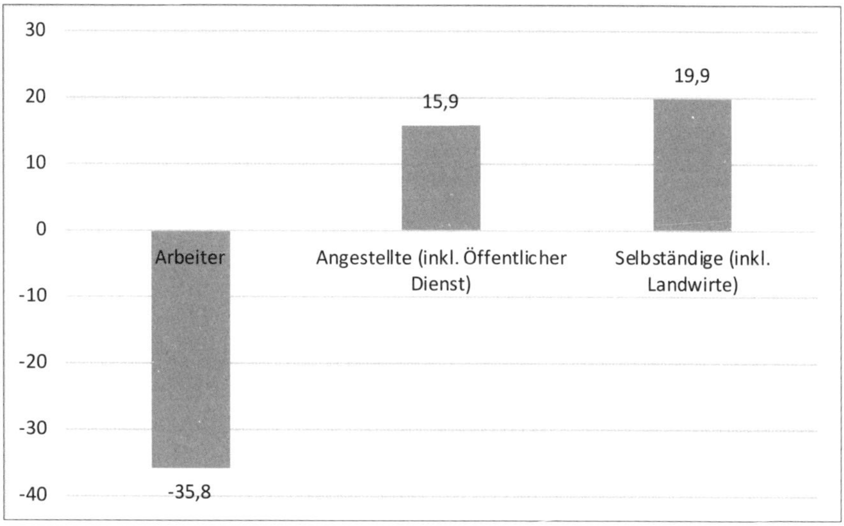

Arbeiter, die unter den Abgeordneten überhaupt nicht vertreten sind, sind stark unterrepräsentiert, Angestellte und Selbständige sind überrepräsentiert.

Die folgende Tabelle schlüsselt die drei Berufsgruppen entlang der fünf Landtagsparteien auf.

	Arbeiter	Angestellte (inkl. Öffentlicher Dienst)	Selbständige (inkl. Landwirte)
FPÖ	-35,8	10	25,8
Grüne	-35,8	-51,5	87,3
KPÖ	-35,8	48,5	-12,7
ÖVP	-35,8	-5,3	41,4
SPÖ	-35,8	48,5	-12,7

Von 15 Zuordnungen sind sechs der Kategorie stark unterrepräsentiert, drei der Kategorie leicht unterrepräsentiert, jeweils eine der Kategorie leicht bzw. überrepräsentiert sowie vier der Kategorie stark überrepräsentiert zuzuordnen.

Aus der folgenden Tabelle sind die Prozentpunktdifferenzen zwischen der Repräsentanz von vier Erwerbsgruppen und der SORA/ISA-exit poll abzulesen.

	FPÖ	Grüne	KPÖ	ÖVP	SPÖ
Arbeiter	-61,0	-2,0	-5,0	-8,0	-18,0
Angestellte (inkl. Öffentl. Dienst)	39,5	-9,0	97,0	15,2	71,0
Selbständige (inkl. Landwirte)	5,5	96,0	-4,0	14,8	-8,0
Pensionisten	-23,0	-2,0	-6,0	-31,0	-37,0

In Kategorien übersetzt bedeutet dies, dass vier Repräsentanzen, drei starke Unterrepräsentanzen, zwei Unterrepräsentanzen, vier leichte Unterrepräsentanzen, zwei leichte Überrepräsentanzen, eine Überrepräsentanzen und vier starke Überrepräsentanzen vorliegen.

Zusammenfassung

Die abschließenden Betrachtungen arbeiten mit den Zuordnungen repräsentativ, unterrepräsentiert und überrepräsentiert.

Die folgende Tabelle schlüsselt entlang der drei Zuordnungskategorien die vier ausgewerteten Parameter auf.

	repräsentativ	unterrepräsentiert	überrepräsentiert
Geschlecht	5	4	13
Alter	6	29	16
Bildung	8	28	29
Beruf	4	19	15
	13,1 %	45,5 %	41,5 %

Summa summarum ist festzuhalten, dass zum einen Unter- bzw. Überrepräsentativität dominiert und zum anderen deren prozentuelle Besetzung relativ ausgeglichen ist.

Aus der nächsten Tabelle sind die prozentuellen Besetzungen der drei Analysekategorien für die vier ausgewerteten Variablen ablesbar.

	repräsentativ	unterrepräsentiert	überrepräsentiert
Geschlecht	22,7 %	18,2 %	59,1 %
Alter	11,8 %	56,9 %	31,4 %
Bildung	14,5 %	50,9 %	34,5 %
Beruf	10,5 %	50,0 %	39,5 %

Das Mindestmaß an Repräsentativität ist somit im Segment der beruflichen Repräsentativität, das Höchstmaß für die Geschlechterverteilung gegeben.

Der Landtag als Kollektiv zeichnet sich durch drei Repräsentativitäten (=15,8 %), fünf Unter- (=26,3 %) und elf Überrepräsentativitäten (=57,9 %) aus. Bemerkenswert an der kollektiven Zusammensetzung des Landtages ist der Umstand, dass kein einziger der Mandatare über einen Pflichtschulabschluss als höchsten Bildungsabschluss verfügt und dass kein Arbeiter im Landesparlament vertreten ist.

Die folgende Tabelle ediert Repräsentativitäten sowie Unter- und Überrepräsentativitäten für die fünf Landtagspartien an Hand der vier ausgewerteten Variablen bzw. der 15 Einzelmerkmale auf Prozentbasis.

	Repräsentativitäten	Unterrepräsentativitäten	Überrepräsentativitäten
FPÖ	6,3 %	43,8 %	50 %
Grüne	6,3 %	62,5 %	31,3 %
KPÖ	12,5 %	56,3 %	31,3 %
ÖVP	3,3 %	56,7 %	40 %
SPÖ	25 %	43,8 %	31,3 %

Das Höchstmaß an Repräsentativität mit immerhin 25 Prozent weist die SPÖ auf, das Mindestmaß der koalitionäre „Zukunftspartner". Zu Grünen und KPÖ ist anzumerken, dass sie bei den Variablen Altersgruppen, Bildungsabschluss und (die KPÖ) bei Beruf auf Grund der geringen Mandatszahl gar nicht in der Lage sein können, Repräsentativität aufzuweisen.

Nimmt man die SORA/ISA-exit poll als Maßstab, so zeigen sich folgende Prozentverteilungen.

	Repräsentativitäten	Unterrepräsentativitäten	Überrepräsentativitäten
FPÖ	21,4 %	42,9 %	35,7 %
Grüne	28,6 %	28,6 %	42,9 %
KPÖ	35,7 %	21,4 %	42,9 %
ÖVP	7,1 %	64,3 %	28,6 %
SPÖ	7,1 %	64,3 %	28,6 %

Auf den ersten Blick fällt auf, dass die Prozentanteile an Repräsentativitäten massiv zugenommen haben und wie sehr diesbezüglich ÖVP und SPÖ hinterherhinken und, da die Prozentanteile ident sind, man durchaus von „Koalitionszwillingen" sprechen kann. Allerdings wird bei Grünen und KPÖ die Kombination aus geringer Abgeordnetenzahl und geringen Prozentanteilen in den einzelnen Wählersegmenten schlagend, was die hohen Prozentwerte an Repräsentativität über weite Strecken erklärt. Darüber hinaus ist zu berücksichtigen, dass für das jeweils ausgewiesene Wählersegment mehr als die fünf schließlich im Landtag vertretenen Parteien ausgewiesen wurden.

1 Aigner, Dagmar, Die Landtage. In: Politik in Österreich. Das Handbuch. Hg. v. Herbert Dachs [u.a.]. Wien 2006. S. 959.

2 Ebda., S. 962.

3 Dachs Herbert: Anmerkungen zur Politikforschung im Bundesland Salzburg. In: Salzburger Jahrbuch für Politik 2007. Hg. v. Herbert Dachs und Roland Floimair. Wien [u.a.] 2008 (= Schriftenreihe des Landespressebüros Serie „Sonderpublikationen", Nr. 180). S. 173.

4 Unverzichtbar, wenn auch „angegraut", Müller, Wolfgang C. [u.a.]: Die österreichischen Abgeordneten. Individuelle Prägungen und politisches Verhalten. Wien 2001 (= Schriftenreihe des Zentrums für Angewandte Politikforschung, Bd. 23) sowie etwas rezenter Rosenberg, Eva: Eine Untersuchung zur Repräsentativität des österreichischen Nationalrates anhand der Legislaturperioden XVII (1986–1990), XX (1996–1999) und XXIII (2006–2008). Wien 2008 (Diplomarbeit). Abrahamczik, Nina: „Rolle und Weiterbildung österreichischer Nationalratsabgeordneter im Kontext des politischen Systems". Wien 2012 (Diplomarbeit). Kaltenegger, Mattias Lukas und Lerchner, Lukas: Deutschland, Österreich und Schweiz: (Miss-)Repräsentation von Berufen in den nationalen Parlamenten und Regierungen. In: Steirisches Jahrbuch für Politik 2012. Hg. v. Beatrix Karl [u.a.]. Graz 2013. S. 123–126.

5 Vgl. u.a. Stranzinger, Dagmar und Rotschopf Romana: Auf die Plätze fertig los ... Präsenz von Frauen in der Salzburger Politik. In: Salzburger Jahrbuch für Politik 1999. Hg. v. Herbert Dachs und Roland Floimair. Salzburg 1999 (= Schriftenreihe des Landespressebüros Serie „Sonderpublikationen", Nr. 158). S. 57–69. Wolfgruber, Elisabeth: Das Tätigkeitsprofil der Abgeordneten in ausgewählten österreichischen Bundesländern. In: Österreichische Zeitschrift für Politikwissenschaft, 1/1997. S. 7–22 sowie einige Hinweise bei Thaler, Walter: Pfade zur Macht. Wie man in Österreich Spitzenpolitiker wird. Wien 2012.

6 Textierung und alle auf Personengruppen bezogene Bezeichnungen verstehen sich als geschlechtsneutral und meinen Frauen und Männer gleichermaßen.

7 Geradezu paradigmatisch liest man in einer politikwissenschaftlichen Einführung: „Die *Makroebene* umfasst primär die wesentlichen Bestandteile des Regierungssystems, also z.B. Verfassung, Parlament, Regierung und weitere Verfassungsorgane. Die *Mesoebene* umfasst in erster Linie gesellschaftliche Gruppen und Organisationen wie Gewerkschaften, Unternehmensverbände, Parteien, Bürgerinitiativen sowie Massenmedien. Die *Mikroebene* umfasst die Bürger/innen in ihren unterschiedlichen politischen Rollen (ihr Denken, Kommunizieren und Handeln).
Westle Bettina: Methoden der Politikwissenschaft, 2., aktualisierte Auflage. Baden-Baden 2018 (= Studienkurs Politikwissenschaft). S. 28.

8 Vgl. Technscher, Jens: Nur ZiB und Krone? Medienorientierung österreichischer Abgeordneter. In: SWS-Rundschau, 3/2012. S. 322–342. Ders.: Im Netz der Abgeordneten. In: Österreichische Zeitschrift für Politikwissenschaft, 2/2013. S. 145–160. Ders.: Idealmaße österreichischer Abgeordneter.

In: SWS-Rundschau, 4/2013. S. 404–422 sowie auf die Steiermark bezogen Wassermann, Heinz P.: „Wie schon gesagt, ‚wenn du nicht in den Medien vorkommst, gibt es dich nicht'." Landtagsabgeordnete und Medien. In: Schnittflächen und Trennlinien. Politik und Medien am Beispiel Steiermark. Hg. v. Heinz P. Wassermann. Graz 2015 (= Studien zu Medien und Gesellschaft, Bd. 1). S. 19–47 sowie Ders.: „Kleine", „Krone" „Bauern-Zib". Notizen zu Landespolitik und medialer Arena. In: Steirisches Jahrbuch für Politik 2012. Hg. v. Beatrix Karl [u.a.]. Graz 2013. S. 107–115.

9 „Im Politischen dient Repräsentation dazu, dass ein Volk, eine (...) *Nation*, eine Bürgerschaft durch Amtsinhaber zur Anwesenheit gebracht wird. So versteht man unter einer repräsentativen (...) *Demokratie* eine politische Ordnung, in der allgemeinverbindliche Entscheidungen nicht durch Abstimmungen aller Bürgerinnen und (...) Bürger getroffen werden, sondern durch Abgeordnete oder Volksvertreter, die an der Stelle aller Staatsangehörigen und in deren Namen entscheiden. Das Parlament ist von daher in Repräsentativverfassungen *der* herausgehobene Ort, das Hohe Haus, an dem die gewählten Repräsentanten für die zu Repräsentierenden, sprich für die gesamte politische Einheit stehen und auch einstehen."

Breier, Karl-Heinz: Repräsentation. In: Grundbegriffe der Politik. 33 zentrale Politikbegriffe zum Einstieg, 2., aktualisierte und erweiterte Auflage. Hg. v. Martin Schwarz [u.a.]. Baden-Baden 2017 (= Studienkurs Politikwissenschaft). S. 177.

Vgl. weiters u.a. Nohlen, Dieter: Repräsentation. In: Lexikon der Politik, Bd. 7: Politische Begriffe. Hg. v. Dieter Nohlen. München 1994. S. 556–557.

10 Vgl. Nohlen, Dieter: Fallstudie. In: Lexikon der Politik, Bd. 2: Politikwissenschaftliche Methoden. Hg. v. Dieter Nohlen. München 1994. S. 128–129.

11 Vgl. Russ, Gabriele und Wassermann, Heinz P.: „Der Sieg hat viele Väter, die Niederlage meist eine Mutter." Eine Medienstudie zu Siegern und Verlierern der steirischen Landtagswahl 2005. In: Medienimpulse, 4/2006. S. 54–58. Wendezeit. Monitoring des steirischen Landtagswahlkampfes 2005. Hg. v. Gabriele Russ und Heinz P. Wassermann. Graz 2006 (= EDITION FH JOANNEUM, Schriftenreihe Medien und Design, Bd. 1).

12 Vgl. NN: REFORMPARTNERSCHAFT FÜR DIE STEIERMARK. Regierungsübereinkommen von SPÖ und ÖVP für die XVI. Gesetzgebungsperiode 2010 bis 2015. Im Internet: https://www.verwaltung.steiermark.at/cms/dokumente/11853969_106888175/a5a93b00/Regierungsuebereinkommen2010Land.pdf (eingesehen am 22. Jänner 2019).

Vgl. weiters u.a. Voves, Franz und Schützenhöfer, Hermann: Ein starkes steirisches Reformjahr. In: Steirisches Jahrbuch für Politik 2012. Hg. v. Beatrix Karl [u.a.] Graz 2013. S. 25–28. Prisching, Manfred: Reformpartnerschaft: Politik der Wirklichkeitswahrnehmung. In: Steirisches Jahrbuch für Politik 2014. Hg. v. Beatrix Karl [u.a.]. Wien [u.a.] 2015. S. 161–164. Schiller Stephanie und Eder Marc: Walter Kröpfl: „Die Reformpartnerschaft kommt meinem Ideal von Politik sehr nahe." In: Wassermann (Hg.), Schnittflächen, S. 59–75. Dies.: Barbara, Eibinger: „Hart, aber herzlich". In: Ebda., S. 165–178. Vollath, Bettina: Das steirische Landesbudget: Keine neuen Schulden – Ziel erreicht? In: Karl [u.a.] (Hgg. 2015), Jahrbuch, S. 135–138.

13 Vgl. Dirnberger, Ernst: Die Gemeindestrukturreform aus Sicht des Gemeindebundes. In: Steirisches Jahrbuch für Politik 2013. Hg. v. Beatrix Karl [u.a.]. Wien [u.a.] 2014. S. 253–254. Gödl, Ernst: Die Gemeindestrukturreform – die „harte Nuss" der steirischen Reformpolitik. In: Ebda., S. 263–265. Ders.: Die Gemeindestrukturreform in der Steiermark. Historische Fakten, politische Aspekte, rechtlicher Rahmen. Zwaring-Pöls 2013. Hoflehner, Stefan: Die Gemeindestrukturreform aus Sicht des Städtebundes. In: Karl [u.a.] (Hgg. 2014), Jahrbuch, S. 255–257. Holzmann, Katharina: Umsetzung und Bestätigung der Steiermärkischen Gemeindestrukturreform. In: Steirisches Jahrbuch für Politik 2014. Hg. v. Beatrix Karl [u.a.]. Wien [u.a.] 2015. S. 157–160. Kampus, Doris und Nagler, Martin: Regionalplanung und Gemeindestrukturreform. In: Karl [u.a.] (Hgg. 2014), Jahrbuch, S. 241–245. Kin-

dermann, Manfred und Wassermann, Heinz P.: Bezirksfusionen und Gemeindestrukturreform als (rechtliche) Rahmenbedingungen von Gemeinderats- und Landtagswahlen 2015. In: Urnengänge. Analysen der steirischen Gemeinde- und Landtagswahlen 2015. Hg. v. Heinz P. Wassermann. Graz 2016 (= Studien zu Medien und Gesellschaft, Bd. 3). S. 15–34. Prettenthaler, Franz: Die Gemeindestrukturreform aus wirtschaftlicher Sicht. In: Karl [u.a.] (Hgg. 2014), Jahrbuch, S. 271–276. Spann, Thomas und Verhounig, Ewald: Die Gemeinden als Wirtschaftsstandort: Auswirkungen der geplanten Gemeindefusionen auf die Wirtschaft. In: Steirisches Jahrbuch für Politik 2012. Hg. v. Beatrix Karl [u.a.]. Graz 2013. S. 49–53. Stark, Christoph: Die Strukturreform in der Praxis der betroffenen Gemeinde. In: Karl [u.a.] (Hgg. 2014), Jahrbuch, S. 267–269. Taucher, Max: Keinen Zwangsfusionen gegen den Willen der Bevölkerung. In: Ebda., S. 259–261. Wlattnig, Wolfgang: Streiflichter einer historischen Gemeindestrukturreform. In: Ebda., S. 247–252. Wlattnig, Wolfgang und Kindermann, Manfred: 2015: Gemeindestrukturreform und Gemeinderatswahl in der Steiermark. In: Steirisches Jahrbuch für Politik 2015. Hg. v. Beatrix Karl [u.a.]. Wien [u.a.] 2016. S. 127–136. Zajac-Thelen, Bettina: Gemeindefusionen gestern und heute. Steirische Gemeindestrukturreformen im Spiegel der Medien. Graz 2015 (= Masterarbeit).

14 Vgl. Wassermann, Heinz P.: Von weggebrochenen Hochburgen und zerbröckelnden Parteien. Einige statistische Hinweise zu den steirischen Gemeinde- und Landtagswahlen 2015. In: Steirisches Jahrbuch für Politik 2015. Hg. v. Beatrix Karl [u.a.]. Wien [u.a.] 2016. S. 177–201. Wassermann, Heinz P. und Ziermann Natalie: „Zwischen Ernüchterung, Enttäuschung und Entsetzen". Die Landtagswahlen vom 31. Mai 2015. In: Wassermann (Hg.), Urnengänge, S. 279–320. Zandonella, Martina und Perlot, Flooh: Wahltagsbefragung und Wählerstromanalyse Landtagswahl Steiermark 2015. Im Internet: https://www.sora.at/fileadmin/downloads/wahlen/2015_LTW-Stmk_Wahlanalyse-Grafiken.pdf (eingesehen am 22. Jänner 2019).

15 Vgl. NN: Steiermark gesamt – endgültiges Ergebnis. 287 von 287 Gemeinden wurden ausgezählt. Im Internet: https://egov.stmk.gv.at/wah/pub/stdwahl/stdwahlSet.do (eingesehen am 22. Jänner 2019).

16 Vgl. Chibici, Bernd und Brodschneider, Karl: Schützenhöfer: „Und jetzt die Zukunftspartnerschaft". Im Internet: http://www.stvp.at/3496-und-jetzt-die-zukunftspartnerschaft/. NN: Kräfte bündeln – Steiermark stärken. Koalition.Zukunft.Steiermark. Im Internet: https://stmk.spoe.at/Standpunkte/Koalition-Zukunft-Steiermark. NN: Zukunftspartnerschaft zog Halbzeit-Bilanz. Im Internet: https://steiermark.orf.at/news/stories/2883988/ (alle eingesehen am 26. Jänner 2019).

17 Dass der Wahlsieger SPÖ der ÖVP den Landeshauptmann überließ, könnte für steirische Verhältnisse auch als Novum bezeichnet werden, für den Verfasser ist der Begriff Kuriosum diesbezüglich treffender.

18 Vgl. u.a. Koller, Christine: Der Wechsel vom Proporz- zum Majorzsystem bei der Wahl der Landesregierung. Rechtlicher Anpassungsbedarf. Umsetzung in der Steiermark. Graz 2015 (Masterarbeit). Dies.: Die rechtliche Umsetzung der Abschaffung des Proporzes bei der Wahl der Landesregierung. In: Steirisches Jahrbuch für Politik 2015. Hg. v. Beatrix Karl [u.a.] Graz 2016. S. 209–212. Poier, Klaus: Zukunftsorientierte Landesverfassung – Wider die Proporzwahl der Landesregierung. In: Steirisches Jahrbuch für Politik 2002. Hg. v. Herwig Hösele [u.a.]. Graz 2003. S. 37–47.

19 Vgl. LGBl. 8/2012 sowie Gigler, Claudia und Johannes, Kübeck: Liebesheirat als Prinzip ist besiegelt. In: Kleine Zeitung vom 23. November 2011.
Der „Landtag Steiermark wurde im Laufe der Zeit von 56 Mitgliedern (L-VG 1926) auf 48 Mitglieder (LGBl. Nr. 66/1930) und dann auf 36 Mitglieder (LGBl. Nr. 73/1934) verkleinert; in der Folge wieder auf 48 Mitglieder (LGBl. Nr. 21/1946) und später auf 56 Mitglieder vergrößert (LGBl. Nr. 358/1964). Ab der XVII. Gesetzgebungsperiode beträgt die Zahl der Mitglieder wieder 48 (LGBl. Nr. 8/2012)."

E-Mail von Manfred Kindermann (Abteilung 7 Gemeinden, Referat Gemeinderecht und Wahlen) vom 22. Jänner 2019. Bei ihm, bei Florian Eigletsberger (Landtag Steiermark), Josef Holzer (Landes- und Regionalentwicklung, Referat Statistik und Geoinformation) und bei Maximilian Weiss (Landtag Steiermark) darf sich der Verfasser für Auskünfte und Materialien herzlich bedanken.

20 Vgl. E-Mail Florian Eigletsberger vom 11. Jänner 2019.

21 Vgl. E-Mails von Josef Holzer an den Verfasser vom 18. und vom 22. Jänner 2019.

22 Vgl. Zandonella, und Perlot, Wahltagsbefragung.

23 Vgl. Weber, Max: Politik als Beruf. Stuttgart 2006 (Erstauflage 1921). S. 16 und S. 19 f.

24 Übernimmt man Webers Kategorien bzw. Differenzierung zwischen Berufs- und Nebenberufspoltikern (vgl. ebda., S. 14 f), dann sind 31,9 % der Abgeordneten Berufs- und 68,1 % Nebenberufspolitiker. Ein Abgeordneter konnte nicht zugeordnet werden.

25 Für 2016 sind unter „Öffentliche Verwaltung" 39.054 Beschäftigte verzeichnet, das entspricht einem Anteil von 7,4 % an den unselbständig Beschäftigten. Unter den Landtagsabgeordneten sind es hingegen 26,1 %.

26 10,9 % der Abgeordneten wurden als Landwirte codiert. Deren Anteil an den Erwerbstätigen betrug 2016 hingegen nur 2,9 %.

27 In diese Kategorie fällt kein Angeordneter.

Buchpublikation „Steiermark – Leute, Leben, Land“

„Steirer sind geheimnisvolle Wesen, sie vereinen sowohl etwas Nördliches als auch etwas Südliches in sich ...“

Das verkürzt dargestellte Diktum von Prof. Michael Lehofer in seinem Text über die steirische Seele ist wohl weniger geografisch denn habituell gedacht. Im Wesentlichen bedeutet es eine gewisse Ambivalenz, man könnte es, freundlich formuliert, auch Vielschichtigkeit nennen.

„Grün ist die Farbe der Steiermark und Weiß der Kontext“, sagt Josef Fink und hier setzt auch die inhaltliche und gestalterische Idee zu dem Buch „Steiermark – Leute, Leben, Land“ an. Es gibt eine visuelle Identität der Steiermark über die bekannten Insignien wie Wappen, Landesfarben und nicht zu vergessen das grüne Herz, aber das genannte Buch hat zum Ziel, nicht vordergründig *eine* Identität darzustellen, sondern verschiedene Charakteristika zu untersuchen und daraus neue Perspektiven für Betrachter zu erzeugen.

Ähnlich wie bei der Betrachtung eines Kunstwerks, das eine starke Präsenz und Atmosphäre aufweisen kann, sind es wohl die Interpretationsmöglichkeiten für Betrachter, die einen Raum aufspannen, in dem Interesse und Identifikation entstehen können. Was könnte besser geeignet sein als ein Buch, um eine sensible Untersuchung von Geschichte, Gegenwart und Zukunft, von Istzustand und Wunschbild sowie zu einem Abgleich von Selbst- und Fremdbild in Text und Bild zu gelangen?

Ausgehend von einem inhaltlich-textlichem Narrativ von Prof. Hösele, Prof. Prisching und einem schon erwähnten Beitrag von Prof. Lehofer entstand ein Doppelband, was bedeutet, dass zwei Bücher innerhalb eines Buchdeckels Platz finden. Ein Band zeigt in einer subjektiven Auswahl (historische) Persönlichkeiten, die durch besondere Leistungen oder Verdienste in Zusammenhang mit dem Land stehen. Der zweite Band folgt einer thematischen Gliederung, die sich den Bereichen Politik, Religion, Wissenschaft, Wirtschaft, Industrie, Arbeit, Kunst und Kultur u.a. widmet. So entsteht, durch die Möglichkeit zwei Bücher parallel zu blättern, ein Panorama eines Landes, in dem man als Betrachter, schon durch die schiere Dimension des Cinemascope-Formates, selbst Teil des Gezeigten werden kann.

Die Farben der Steiermark – Farben des Buches: Anknüpfend an die eingangs erwähnte Vielschichtigkeit des Landes folgten Herausgeber, Autoren und Gestalter der Idee, den Farbraum der Steiermark über das klassische Grün-Weiß hinaus zu erweitern. Hilfreich dafür war es, dieses Buch nicht chronologisch, sondern thematisch zu gliedern. Jedem Kapitel wurde assoziativ eine Farbe zugeordnet, daraus ergab sich ein Kanon aus Schneeweiß, Stahlgrau, Sonnengelb, Smaragdgrün, Ährengold, Ziegelrot, Nachtblau und Kernöl.

Die Kapitel werden mit einer dieser Leitfarben eingeleitet. Die Bildkomposition innerhalb der Kapitel sieht vor, in jedem gezeigten Bild zunächst die Leitfarbe stark aufzunehmen. In der Folge beginnt sich die dominante Farbe des einen Kapitels über die einzelnen Bilder langsam in die dominante Farbe des darauffolgenden Kapitels zu verwandeln. Dergestalt ergibt sich ein weicher und eleganter Übergang von Thema zu Thema als auch ein starker Zusammenhang, der zu einer homogenen Gesamtanmutung führt. Viele Farben ergeben durch bewusst gesetzte Verläufe ein großes Ganzes, das je nach Betrachtungstiefe Akzentuierungen zulässt.

Auch das Cover zeigt einen Farbverlauf, eine Bewegung von Grün nach Weiß. Gewünschte Assoziation: Die Fähigkeit zur Entwicklung, der stete und selbstbewusste Anspruch, nicht nur den Herausforderungen der Zeit zu entsprechen, sondern im Denken und Handeln avantgardistisch zu sein auf Basis einer interessanten Geschichte und Tradition. Wohl in der Erkenntnis, dass der gelungenen Kreation Vielschichtigkeit zugrundeliegt.

So gibt es nun ein Buch, das nicht DIE steirische Identität zu vermitteln versucht, sondern eine Untersuchung wagt, eine Näherung zum Begriff eines Selbstverständnisses unternimmt. Die steirische Identität zeigt sich wohl darin, diese nicht einfach festzuschreiben, sondern das Fortentwickeln derselben zu ermöglichen. Dafür gebührt dem Auftraggeber dieses Werks, den Herausgebern, Autoren und den Menschen, die sich dafür interessieren, Dank und großer Respekt.

Österreichs Bundesländer for Sale!

Als sich Griechenland in höchster finanzieller Not befand, gab es Überlegungen, Teile des Landes – vornehmlich wurde da an Inseln gedacht – zu verkaufen. Wonach hätte man diesen Wert bemessen? Was macht einen – möglicherweise nicht nur fiktiven – Wert einer Region aus, wenn sich ein Land oder dessen Herrscher und Regierende in Schwierigkeiten befinden?

Seine Majestät Robert Heinrich I. – seines Zeichens fiktiver „Kaiser von Österreich" – hat diese Frage via ORF im Herbst 2018 durch seinen Kurier Hanno Settele stellen lassen: Lassen sich Österreichs Bundesländer verkaufen, und wenn ja, um wieviel?

Was sind sie wert?

So eine Frage bringt einen Ökonomen, der sich mit der Entwicklung und Dynamik von Regionen beschäftigt und dabei mit einer großen Menge von Kennzahlen umgeht, zum Nachdenken: Welche aus der Vielzahl von Indikatoren drückt am ehesten den „Wert" eines Bundeslandes aus, der gleichzeitig auch als Verkaufspreis interpretiert werden kann? Die übliche Bewertung erfolgt in stromgrößenähnlichen Dimensionen: Wie hat sich das Bruttoregionalprodukt (BRP) verändert, wie die Beschäftigung entwickelt, die unternehmerische Landschaft dynamisiert?

Daraus lässt sich aber noch keine eindimensionale Wertgröße ableiten. Was tun, um solche Stromgrößen wie das BRP und seine Veränderung in einen Verkaufspreis umzuwandeln? Die ökonomische Theorie bietet hier für auf dem Kapitalmarkt gehandelte Wertpapiere eine bekannte Methode an, nämlich die Diskontierung. Die Grundüberlegung besteht darin, für die in naher und fernerer Zukunft anfallenden jährlichen Beträge einen Gegenwartswert zu errechnen. Dieser Wert ist ein Erwartungswert, der letztlich den Preis eines Wertpapieres ausmacht. Dieser Erwartungswert hat natürlich spekulative Dimensionen: Wie hoch ist der Zinssatz, mit dem später anfallenden Beträge gewertet werden? Das bekannteste und klarste Beispiel von Diskontierung ist der Fall von „perpetuity" oder „consol", einer Anleihe mit unendlicher Laufzeit, die eine „ewige Rente" aus der Anlage verspricht. Um zum gegenwärtigen Wert von zukünftig anfallenden Beträgen zu kommen, muss man sehr einfach nur den Betrag durch den erwarteten Zinssatz dividieren. Etwas komplizierter ökonomisch ausgedrückt: Der Gegenwartswert eines zukünftigen jährlich anfallenden Zahlungsstromes entspricht dem Wert, der – zu einem Zinssatz von i investiert – diesen Zahlungsstrom produziert.

Diese Grundüberlegung lässt sich „cum grano salis" und etwas Phantasie auch auf Bundesländer übertragen. Die Bundesländer werden als „Wertpapiere" interpretiert, vergleichbar mit Aktienunternehmen, denen ein eindimensionaler Wert zugeordnet werden kann. Der jährliche Zahlungsstrom ist dann das jährlich anfallende Bruttoregionalprodukt, die wirtschaftliche Kennzahl, die ausdrückt, was in einer Region im Laufe eines Jahres an Waren und Dienstleistungen erzeugt wird (weil es sich um eine Wertschöpfungsgröße handelt, müssen bei deren Berechnung vom Preis der Endprodukte die Vorleistungen abgezogen werden). Dieses BRP entspricht grosso modo auch der Summe der Löhne und Gewinne eines Landes.

Am Beispiel der Steiermark

Für die **Steiermark** betrug dieses Bruttoregionalprodukt im Jahr 2016 rund 44 Milliarden Euro. Das ist ihre Wertschöpfung mit einer Bevölkerung von rund 1,240 Millionen Menschen, der Tätigkeit von rund 600.000 Erwerbstätigen und 44.000 Unternehmen. Dieses BRP ist damit vor allem von der Größe eines Bundeslandes abhängig.

Mit welchem Zinssatz i soll nun daraus der „Wert" der Steiermark ermittelt werden? Das ist im Wesentlichen das spekulative Element der Berechnung, weil sie zukunftsorientiert ist, zwar einerseits von vergangenen Entwicklungen geprägt, aber stark von der Einschätzung des zukünftigen Potenzials beeinflusst. Aufgrund der vielfachen innovativen Leistungen der Steiermark habe ich für die nächsten Jahre ein „Zinssatz" von 5 Prozent als „erwartetes Wachstum" angenommen (kleine ökonomische Nebenbemerkung: Der Zinssatz i ist eine nominelle Größe, nimmt man im analogen Fall die Wachstumsrate, muss auch die erwartete Inflationsrate hinzugefügt werden).

Was ergibt sich nach den skizzierten Diskontierungsmethoden daraus für ein Wert der Steiermark: 44 Milliarden dividiert durch 5 Prozent = 880 Milliarden Euro! Um diese Größe nachvollziehbar zu machen, habe ich sie mit dem Börsenwert von Aktiengesellschaften verglichen: Zum damaligen Zeitpunkt entsprach dies ziemlich genau dem Wert von Apple (umgerechnet in Euro).

Warum dieser hohe Wert, warum diese „Rendite"? Sie ist von vielen Faktoren beeinflusst. Seit der Krise der Grundstoffindustrie in den 1980er und frühen 1990er Jahren war die Steiermark auf der Überholspur mit starken Wachstumsraten bei Wertschöpfung und Beschäftigung – damit war ein positiver Schub vom „alten Industriegebiet" zum „modernen Technologieland" bereits in der Vergangenheit vorhanden.

Das Zukunftselement und damit die Einschätzung für ein kommendes Wachstumspotenzial gründet sich auf vielfachen innovativen Bemühungen:

- Die Forschungsquote beträgt 5,12 Prozent, die höchste nicht nur in Österreich, sondern unter den Spitzenwerten Europas.
- Die Steiermark ist an 25 von 39 österreichischen COMET-Zentren und Projekten (als institutionalisierte Kooperation zwischen Wissenschaft und Wirtschaft zum Aufbau und Verwertung von Forschungskompetenz) beteiligt.
- Sie weist überdurchschnittlich viele Unternehmensgründungen auf (2017 waren es 6.247). Umgelegt auf die Bevölkerung liegt sie österreichweit an dritter Stelle.
- Die Exportquote liegt bei 46 Prozent (Österreich 38 Prozent) und hat zuletzt stark zugenommen.
- Die Steiermark ist ein Hotspot für Forschung und Lehre, sie besitzt 9 akademische Einrichtungen mit über 60.000 Studierenden.
- Dazu kommen „innovationsfördernde" Dimensionen mit einer lebhaften Kunst-, Kultur- und Literaturszene. Dieses kreative Milieu fördert nicht nur die Lebensqualität, sondern auch die Wirtschaft.

Insgesamt: Für einen Investor bietet diese Kombination von zukunftsorientierten Indikatoren durchaus Anreiz, die „Aktie Steiermark" zu kaufen. Seine Majestät hätte hier quasi einen „Blue-Chip" (hohe Bonität, gute Wachstumsperspektive, regelmäßige Dividendenzahlung) anzubieten! Aber verlöre er dann nicht gerade das innovativste Bundesland?

Und die anderen?

Wie wertvoll sind die anderen Bundesländer unter Anwendung derselben Methode? Ausgangspunkt ist wiederum das jeweilige BRP, das sich zwischen 90 Milliarden Euro (Wien) und 8,2 Milliarden Euro (Burgenland) bewegt. Unterschiedlich sind auch die zu erwartenden nominellen Wachstumsraten: Dabei liegt Tirol nach meinen Kalkulationen basierend auf Vergangenheit und erwarteter Zukunft mit 5,5 Prozent an der Spitze, Wien ist mit 4,3 Prozent das Schlusslicht. Daraus lässt sich für jedes Bundesland ein Verkaufswert errechnen, der durch Vergleichswerte von Marktkapitalisierungen von Konzernen veranschaulicht und mit jeweiligen Besonderheiten der Länder ergänzt wird. Diese Besonderheiten sind es gleichzeitig aber auch, die die reine Preisbetrachtung ironisierend in Frage stellen und für Unverkäuflichkeit plädieren.

Burgenland ist *der* Aufsteiger unter den Bundesländern, mit ökonomischer Aufholjagd.

156 Milliarden Euro – entspricht China Mobile/Hongkong (dem nach Kundenzahl weltweit größten Mobilfunkanbieter) und dem doppelten Wert von Goldman Sachs.

Unverkäuflich, weil Paradebeispiel, wie man trotz fehlender Größe viele Anknüpfungspunkte für Fleiß, Intelligenz und Umsetzungswillen schafft.

Kärnten ist wirtschaftlich besser als viele glauben; vollzieht stetigen Strukturwandel zu einem modernen High-Tech-Standort.

400 Milliarden Euro – entspricht dem dreifachen Wert von Netflix, dem doppelten Wert von Visa.

Unverkäuflich, weil dann das Kärntnerlied verloren ginge, das – in seiner Zweisprachigkeit – ein starkes Symbol dafür ist, dass sich trotz bewegter Vergangenheit die Tore zur Zukunft öffnen lassen.

Niederösterreich ist groß, vielfältig, führendes Agrarland Österreichs mit starken Bemühungen zu neuen Stärkefeldern und Nischen in Wirtschaft und Technik.

1,1 Billionen Euro – entspricht dem zehnfachen Wert von Nike, dem fünffachen von Nestle, 20 Prozent über Apple.

Unverkäuflich, weil altes Stammland Österreichs mit Stiften, Schlössern und ausgeprägter Weinkultur.

Oberösterreich glänzt als *das* industrielle Powerhaus Österreichs, geprägt von der Fähigkeit zur Zusammenarbeit zwischen den Betrieben.

1,15 Billionen Euro – um einiges mehr als die größten Aktienfirmen der Welt wie Apple und Amazon.

Unverkäuflich – Oberösterreich ist das Goldhäubchen Österreichs, von Industrie bis Ars Electronica.

Salzburg besitzt mit Kultur, Natur und Wirtschaft drei Pfeiler, die einander ergänzen und verstärken; gehört zu den reichsten Regionen Europas.

530 Milliarden Euro – entspricht dem doppelten Wert der Bank of America und BP.

Unverkäuflich – Salzburg bringt Salz in die Vielfalt der Kulturen Österreichs (vom Dorfglanz bis Hochglanz).

Tirol schafft eine erfolgreiche wirtschaftliche Balance zwischen Tourismus und Technologieland.

590 Milliarden Euro – eineinhalbmal so viel wie Facebook.

Eine solche weltweit bekannte Marke zu verkaufen, wäre grob fahrlässig.

Vorarlberg ist zwar als Land ein Zwerg, aber wirtschaftlich oho; eine der wirtschaftlich produktivsten und attraktivsten Regionen nicht nur Österreichs, sondern Europas.

340 Milliarden Euro – entspricht JPMorgan Chase, der größten Bank der USA.

Bei Verkauf ginge die konstruktive Unbequemlichkeit der Vorarlberger verloren, die Österreich mit seinem Hang zur Gemütlichkeit ständig herausfordert.

Wien ist anders, ist Bundesland, Hauptstadt, europäische Metropole gleichzeitig; und wächst – sowohl im österreichischen als auch europäischen Vergleich; ist lebenswerteste Großstadt der Welt.

2,1 Billionen Euro – ein Wert, der weit über dem Wert auch der höchstnotierten Unternehmen der Welt liegt – zweieinhalbmal so viel wie Apple.

Ohne den imperialen Glanz von Wien würde Österreich viel von seiner Leuchtkraft verlieren.

Zwischen Preis und Wert

Ein Zyniker, so Oscar Wilde, ist ein Mensch, der von allem den Preis und von nichts den Wert kennt. Alle Bundesländer zusammen in ihrer ergänzenden Vielfalt machen Österreich so wertvoll. Der Kaiser möge keines verkaufen, sondern sich einer alten erfolgreichen Strategie erinnern: Tu felix Austria nube!

Gesundheitspolitik

Von vielen gefordert, von wenigen gewollt

Grundsätzliche Überlegungen zu Strukturreformen im Sozialversicherungswesen und im Gesundheitssystem

Nicht nur aufgrund der zeitlichen Parallelität ist eine vergleichende Betrachtung der gegenwärtigen Strukturveränderungen im Bereich des Sozialversicherungswesens und jenen betreffend die medizinische Versorgungstruktur äußerst aufschlussreich.

Am 13. Dezember 2018 wurde vom Österreichischen Nationalrat mit den Stimmen der beiden Regierungsparteien das sogenannte „Sozialversicherungs-Organisationsgesetz" beschlossen. Im Rahmen dieser Gesetzesnovelle wurde im Zuge der Reduktion der Sozialversicherungsträger von 21 auf fünf Träger auch die Zusammenlegung der neun Gebietskrankenkassen zu einer Österreichischen Gesundheitskasse mit österreichweiter Budget- und Personalhoheit festgelegt. Insbesondere letzterer Punkt ist für den Verfasser dieser Zeilen als für das Gesundheitswesen zuständige Mitglied der Steiermärkischen Landesregierung von großer Bedeutung, ist doch der Krankenversicherungsträger (bisher in Form der Steiermärkischen Gebietskrankenkasse und Zukunft in Form der Österreichischen Gesundheitskasse) neben der Ärztekammer der Hauptpartner des Landes in Fragen der medizinischen Versorgung. Abgesehen davon ist es dem Verfasser dieser Zeilen allerdings ausdrücklich kein Anliegen, im Rahmen dieser Abhandlung die geneigte Leserschaft über Gebühr mit hinlänglich bekannten bzw. behaupteten Zahlen, Daten und Fakten zum „Sozialversicherungs-Organisationsgesetz" zu behelligen. Für den Zweck der hierorts dargelegten Überlegungen ist es schlicht ausreichend zu wissen, dass dem Gesetzesbeschluss eine intensive und teilweise von schrillen Misstönen geprägte Verhandlungsphase vorausging.

Die Motive für den Widerstand gegen die Kassenreform waren und sind indes sehr vielfältig; sie reichen von fundierten sachlichen Bedenken aufgrund der Schwierigkeiten bei der faktischen Zusammenführung bis hin zu schwerer persönlicher Betroffenheit ob der Tatsache, dass so manche der sicher und unverlierbar geglaubten Funktionen in der Selbstverwaltung nun zur Diskussion stehen. Hierbei ist es aber wichtig festzuhalten, dass die Bundesregierung immer klar kommuniziert hat, dass es aufgrund der Strukturreform zu keinen betriebsbedingten Kündigungen für die Angestellten der Sozialversicherungsträger kommen wird.

Angesichts der massiven (möglicherweise manchmal im Detail berechtigten) Kritik gilt es an dieser Stelle dennoch, ein persönliches Credo abzulegen. Es betrifft die ganz simple Überzeugung, dass es nur tiefgreifende Veränderungen der Struktur ermöglichen werden, dass die Systeme der Krankheits-, Unfall- und Pensionsversicherung wie auch die medizinische Versorgung weiterhin funktionieren. Das derzeit bestehende Institutionengefüge im Grenzbereich Krankenversicherung/Gesundheitsversorgung ist in seiner Problemlösungskapazität weitestgehend ausgereizt und bietet insbesondere aufgrund seiner historisch gewachsenen Struktur nicht mehr die notwendige Selbsterneuerungsfähigkeit für zukünftige Herausforderungen. Diese mangelnde Fähigkeit zur Problemlösung wird vernehmbar immer dann virulent, wenn von den involvierten Akteuren zur Lösung eines Problems in trauter Einigkeit ausschließlich die Idee ventiliert wird, man müsse doch einfach „mehr Geld in die Hand nehmen“ (für dies oder jenes) – und schon würde das Problem verschwinden! Für einen verantwortungsbewussten Politiker im Dienste der res publica stellt dieser Zugang natürlich keine Option dar. Er stellt sich vielmehr die Frage: Wie kann der Transformationsprozess aus der alten Versorgungsstruktur im Gesundheitsbereich in eine neue und bessere zum Wohle aller erfolgreich gestaltet werden? Um dies zu ermöglichen, müssen folgende Voraussetzungen erfüllt sein:

Im Mittelpunkt aller Bemühungen muss der Patient oder der von Krankheit bedrohte gesunde Mensch stehen!

So wie bei allen Überlegungen zur Reform des Bildungssystems nur das Wohl der Heranwachsenden als selbstdenkende und somit – im wahrsten Wortsinn – autonome Individuen die Handlungsleitlinie eines verantwortungsbewussten Politikers sein kann und man sich erst ausgehend davon darüber Gedanken machen sollte, durch welche Institutionen dies am besten gewährleistet werden kann, ist es bei den Überlegungen zur Reform des Gesundheitssystems so, dass das einzig legitime Ziel nur darin bestehen kann, den Gesunden vor Erkrankung zu bewahren und in jenen Fällen, in denen aus dem gesunden Menschen bereits ein Patient geworden ist, diesen zu heilen oder ihm Linderung zu verschaffen. Alle anderen Partikularinteressen haben sich diesem Interesse unterzuordnen!

Ressourcen sind knapp!

Diese banale Feststellung betrifft nicht nur die auf der Welt verfügbaren Rohstoffe und die daraus erzeugten Güter sowie Dienstleistungen, sondern gilt auch und ganz besonders für das zur Verfügung stehende Geld, welches ja bekannter Weise selbst in den besten uns bekannten Gesellschaftsformen die unangenehme Eigenschaft besitzt, stets in nicht für alle Bedürfnisse ausreichendem Maß zur Verfügung zu stehen. Nachdem es eben auch nicht für die Gesundheitsversorgung in unbegrenztem Ausmaß verfügbar ist, gilt es in einem dritten Schritt, die ersten beiden Feststellungen in dialektischem Sinne zu synthetisieren.

Die entscheidende Frage lautet: Wie können wir es schaffen, dass die (und das dürfte ohne jeden Zweifel über alle Parteigrenzen hinweg unbestritten sein) endlich für die Finanzierung des Gesundheitssystems zur Verfügung stehenden finanziellen Mittel so eingesetzt werden, dass man einen maximalen (Heilungs-)Effekt beim Betroffenen erzielen kann? Erschwert wird die Erreichung dieses Ziels jedoch insbesondere durch die an und für sich äußerst begrüßenswerte Tatsache, dass aufgrund der durch stete Forschung und Entwicklung erzielten Fortschritte auf den Gebieten der Medizin und insbesondere der Medizintechnik mittlerweile Wege zur Genesung offenstehen, die in rückblickender Betrachtungsweise nachgerade unvorstellbar sind. Wenn man sich vergegenwärtigt, dass vor nicht allzu langer Zeit eine einfache Zahninfektion aufgrund mangelnder Behandlungsmöglichkeiten mitunter tödlich sein konnte und man heute schwierigste Erkrankungen oder körperliche Gebrechen durch minimalinvasive Eingriffe beheben kann, so ist dieser Umstand höchst erfreulich und begrüßenswert. Österreich befindet sich betreffend Gesundheitsversorgung derzeit in der glücklichen Lage, den Bürgern flächendeckend ein im weltweiten Vergleich außerordentlich hochwertiges Versorgungsnetz zur Verfügung stellen zu können. Die sich ständig erweiternden und verbessernden medizinischen Möglichkeiten für möglichst viele Menschen dieses Landes auch weiterhin leist- und verfügbar zu machen, stellt für die Verantwortlichen eine große Herausforderung dar. Das Ziel muss darin bestehen, die miteinander verwobenen Systeme (Krankenkassen, niedergelassene Ärzte und Krankenhäuser in den verschiedensten Formen der Kooperation) für die nächsten Jahrzehnte so zu ertüchtigen, dass sie auch weiterhin die ihnen eigentlich zugedachten Versorgungsfunktionen erfüllen können. Dazu ist es zunächst notwendig, alles Bestehende zu hinterfragen – auch, wenn es weh tut! Dem gerecht zu werden, ist im Rahmen der angewandten Gesundheitspolitik die wohl schwierigste Aufgabe.

Es gibt keinen Grund zum Pessimismus!

Betrachtet man den rasanten Veränderungsprozess, dem gegenwärtig das Gemeinwesen (und somit die sozialen Versorgungs- und Sicherungssysteme) insbesondere durch die Digitalisierung unterworfen ist, so mag es ob dessen Wucht und Geschwindigkeit manchem angst und bange vor der Zukunft werden. Die Stichworte, aus denen allzu leicht politische Kampfbegriffe werden können, geistern deutlich wahrnehmbar herum und lauten: „Zerschlagung der sozialen Sicherungssysteme“ bzw. „Soziale Kälte“, „Zwei-Klassen-Medizin", „Versorgungsengpässe", „Apparatemedizin" und so weiter – wer in diese Richtung argumentiert, hat scheinbar gute Gründe. Wie so oft hilft aber auch bei der Beantwortung dieser Frage der Blick ins (Sozial-)Geschichtebuch. Wer ihn wagt, wird feststellen, dass sowohl das Sozialversicherungssystem, dessen Wurzeln sich bis ins Mittelalter zu Selbsthilfeorganisationen wie dem „Bruderladen" oder Knappschaftskassen zurückzuverfolgen lassen, als auch die Versorgungstruktur für kranke Menschen im Laufe der Jahrhunderte ständig dem Druck gesellschaftlicher Veränderungen ausgesetzt waren. Motor dieser Entwicklung war stets der technische Fortschritt, durch den die jeweils bestehende Ordnung in Frage gestellt wurde. Technische Innovationen haben aber letztlich immer zu mehr Wohlstand und in der Folge zu mehr sozialer Sicherheit geführt! Diese These mag in Zeiten, in denen unter Zuhilfenahme medial induzierter Autosuggestion (die vielfach mühelos das Fehlen wahrhaftiger Katastrophen substituiert) die Zukunftsangst fröhliche Urständ' feiert, einigermaßen ungewöhnlich wirken. Sie ist aber gerade deshalb unverzichtbar, weil sie ermöglicht, gegenwärtige Entwicklungen richtig einzuordnen. Vor allem aber muss es einem verantwortungsbewussten Politiker Auftrag sein, der grassierenden Zukunftsangst – die sich auch hinter so mancher Debatte über Strukturreformen verbirgt – mittels nüchterner Argumente einen Kontrapunkt entgegenzusetzen.

Veränderung um jeden Preis – ein gefährliches Experiment

Nichts ist surrealer als die Wirklichkeit – das mag einigermaßen widersprüchlich klingen, ist aber im Zusammenhang mit der sogenannten Sozialversicherungsreform durchaus zutreffend. Wenn ein kerngesundes System aus politischem Marketingkalkül über Nacht zum Pflegefall schlechtgeredet wird, wenn durch nichts belegbare Phantasiesummen als vermeintliches „Einsparungspotenzial" aus dem Traumbuch gezaubert werden, wenn massive Bedenken so gut wie aller Experten aus reinem Machtstreben kaltlächelnd abgeschmettert werden, dann erscheint die Realität plötzlich sehr unwirklich ...

Die Steiermärkische Gebietskrankenkasse feierte im Vorjahr ihren 150. und – wenn nicht alle Anzeichen täuschen – letzten Geburtstag. Gegründet 1868 von sozial denkenden Visionären, abgeschafft von einer Politikergeneration, die für das exakte Gegenteil steht. Zum Zeitpunkt der Zusammenlegung steht der größte steirische Sozialversicherungsträger für bestmögliche Versorgungsstrukturen, punktgenaue Gesundheitsförderungsprogramme, soziale Kompetenz und niedrige Verwaltungskosten. Dass diesem Unternehmen jetzt die Daseinsberechtigung abgesprochen wird, ist mit dem Wort „Willkürakt" nur unzureichend beschrieben. Beklemmendes historisches Detail: In eineinhalb Jahrhunderten blieb es bislang ausschließlich der NS-Diktatur vorbehalten, die Gebietskrankenkassen und ihre durch die Gemeinschaft der Versicherten organisierte Selbstverwaltung zu zerschlagen.

Wie auch immer: Trotz heftiger Kritik von vielen Seiten und schwerer verfassungsmäßiger Bedenken macht die Regierung aus neun Gebietskrankenkassen einen zentralen Träger für rund 7,2 Millionen Versicherte. Die ideale Größe für einen Krankenversicherungsträger liegt übrigens bei rund einer Million Versicherten, die Steiermärkische Gebietskrankenkasse ist derzeit für 970.000 Menschen verantwortlich. Eine aufgeblähte Organisation wie die künftige ÖGK wird in erster Linie mit ihrer eigenen Verwaltung beschäftigt sein. Immerhin werden das dann Funktionäre übernehmen, die den Herrschenden politisch genehm sind und die sich mit Sicherheit nicht – so wie die meisten der derzeitigen „Bonzen" – ehrenamtlich oder für eher bescheidene Aufwandsentschädigungen in den Dienst der Sache stellen werden ...

Doch Polemik beiseite: Selbst im einwohnermäßig zehnmal so großen Deutschland übertreffen nur 17 der 110 verbliebenen Krankenkassen die magische Grenze von einer

Million Versicherten. Lediglich zwei werden geringfügig größer sein als die ÖGK. Die Fusionsflut in Deutschland hat übrigens keineswegs zu einer Reduktion der Verwaltungskosten geführt – ganz im Gegenteil: Die Verwaltungskosten stiegen, wie der deutsche Rechnungshof nachgewiesen hat, von 5,7 auf 6,2 Prozent der Gesamtausgaben an. Im Schnitt liegen die Netto-Verwaltungskosten bei unserem großen Nachbarn bei 150 Euro pro Versichertem – die österreichischen Gebietskrankenkassen kommen im Durchschnitt mit knapp 40 Euro, die Steiermärkische Gebietskrankenkasse sogar mit 30 Euro aus. Auch die so gern als leuchtendes Vorbild hingestellte Schweiz hat wesentlich höhere Verwaltungskosten als Österreich. Der von unserer Regierung fast schon gebetsmühlenartig gebrauchte Slogan von der „aufgeblähten Verwaltung" lässt sich also spielend leicht als Märchen entlarven.

Klarerweise überschlägt sich der PR-Apparat der Regierung dennoch in Superlativen: Von einem „Leuchtturmprojekt" ist da die Rede, die „größte Reform der Zweiten Republik" werde das Land endlich von der Meute geldgieriger und machthungriger Funktionäre befreien und hunderte Millionen oder gar eine Milliarde einsparen – zum alleinigen Wohl der Versicherten, versteht sich. Tatsächlich?

Was die Zusammenlegung der Gebietskrankenkassen der Bevölkerung wirklich bringen wird, lässt sich – zugegeben sehr plakativ – am besten folgendermaßen darstellen: eklatante Mehrkosten durch steigenden Verwaltungsaufwand, eine Verschlechterung der medizinischen Versorgung, eine Enteignung der Versicherten, den Verlust zahlreicher Arbeitsplätze und den ersten großen Schritt zur Privatisierung unseres Gesundheitssystems. Sprich: Gut krankenbehandelt wird, wer es sich leisten kann – aber gehen wir ein wenig ins Detail.

- Fusionen sind, wie wir am Beispiel Deutschland gesehen haben, mit enormen Kosten verbunden. Auch in Österreich kennen wir einen Präzedenzfall: Die – vom Umfang und der Logistik her ungleich einfacher durchführbare – Zusammenlegung der Pensionsversicherungsanstalt der Arbeiter mit jener der Angestellten im Jahr 2003 erforderte laut Rechnungshof allein in den ersten vier Jahren einen Fusionsaufwand von rund 115 Millionen Euro. Zudem führte der von der Politik vorgegebene Zeitdruck zu „einer Reihe von Planungs- und Durchführungsmängeln und vermeidbaren Mehraufwendungen", wie der Rechnungshof in seinem 2007 vorgelegten Prüfbericht nachweist. Bis heute haben sich die Kosten dieser vergleichsweise bescheidenen Fusion auf etwa 500 Millionen Euro summiert. Man muss kein Prophet sein, um vorherzusagen: Das alles wird sich nicht nur wiederholen, die Fusionskosten werden angesichts der ungleich komplexeren Aufgabe förmlich explodieren.
- Die Verantwortung für die zunehmend schwierige medizinische Versorgungssituation speziell in ländlichen und strukturschwachen Regionen wird öffentlich gerne den Krankenkassen angelastet. In Wahrheit sind es gerade sie, die das Problem durch ein Bündel von Maßnahmen entschärfen: deutlich besser dotierte Kassenverträge,

Job-Sharing, die Schaffung von Primärversorgungszentren, der Wegfall verpflichtender Bereitschaftsdienste an Wochenenden, finanzielle Zuschüsse für schwierig zu besetzende Kassenpraxen – das sind nur einige der Akzente, die von der Steiermärkischen Gebietskrankenkasse in letzter Zeit gesetzt wurden. Wohlgemerkt: Wir sprechen von ganz konkreten Schritten gegen den Landarztmangel, denen die Politik nicht viel mehr als polemische und populistische Schuldzuweisungen gegen die Sozialversicherung und ihre Verantwortungsträger entgegenzusetzen hat.

- Wenn jetzt ausgerechnet im Gesundheitssystem der Sparstift angesetzt und überdies ernsthaft eine Senkung der Sozialversicherungsbeiträge erwogen wird, lässt sich leicht ausrechnen, wie viel Geld für die ärztliche Versorgung schon in wenigen Jahren fehlen wird. Die Zeche werden die Versicherten bezahlen müssen: Aus meiner Sicht drohen – ohne Anspruch auf Vollständigkeit – Selbstbehalte, die Nicht-Bezahlung der ersten Krankenstandstage, eine Schwächung der ärztlichen Versorgung und das Aus für regional erfolgreiche Gesundheitsförderungsprojekte in Kindergärten, Schulen und Betrieben. Dieser Kahlschlag wird auch an unseren medizinischen Einrichtungen und an unseren 2.100 Vertragspartnern nicht spurlos vorübergehen. Ich befürchte Betriebsschließungen, den Verlust von zahlreichen Arbeitsplätzen und einen massiven Mittelabfluss aus der Steiermark. Siegt nicht bald die Vernunft, ist das Ende unserer sozialen, solidarischen Krankenversicherung schneller Realität, als wir uns heute vorstellen können.
- Die von der Regierungspropaganda versprochene Milliardeneinsparung – das berühmte „Sparen im System, nicht bei den Menschen" – wurde sogar vom Rechnungshof als reiner PR-Gag entlarvt. Was als Reform verkauft wird, stuft die Anspruchsberechtigten der bisherigen Gebietskrankenkassen zu Versicherten dritter Klasse herab. Während sich Beamte und Politiker, die Gemeinde- und Landesbediensteten in den privilegierten Krankenfürsorgeanstalten und auch Selbstständige weiter über viele Rosinen freuen dürfen, werden über die Krankenversicherung der Arbeiter, Angestellten, Beschäftigungslosen und Pensionisten künftig Dienstgeber bestimmen, die in der neuen ÖGK nicht einmal selbst versichert sind. Das Gesetz sieht vor, die bisherigen Gebietskrankenkassen zu weisungsgebundenen Landesstellen zu degradieren. Alle relevanten Entscheidungen für 970.000 steirische Anspruchsberechtigte fallen künftig in Wien, ganz nebenbei wird der Einfluss der Bundespolitik auf die bisherigen Länderkassen massiv ausgebaut.
- Anno 1889 erfolgte in Österreich die Einführung einer gesetzlichen Krankenversicherung. Schon damals wurde den Versicherten das Recht eingeräumt, selbst über die sinnvollste Verwendung ihrer Beiträge zu bestimmen – das bis heute bewährte Modell der Selbstverwaltung war geboren. Demnächst wird es damit vorbei sein. Die im neuen Sozialversicherungsgesetz verfügte Parität von Arbeitgebern und Arbeitnehmern in den Verwaltungsgremien repräsentiert in keiner Weise den Versichertenkreis.

Und auch das Argument, die Arbeitgeber würden die Hälfte der Beiträge bezahlen, ist falsch: Mehr als 70 Prozent zahlen die Versicherten selbst. Nebenbei bemerkt ist es schon ein beispielloser Willkürakt, dass diese Parität nur in den Sozialversicherungsträgern der in der Privatwirtschaft beschäftigten Österreicherinnen und Österreicher gelten soll. Im künftigen Dachverband werden die Arbeitgeber 60 Prozent der Entscheidungsträger bestellen können und somit eine klare Mehrheit halten. Einige wenige bestimmen über die Beiträge und Leistungen von mehr als sieben Millionen Betroffenen – das ist demokratiepolitisch höchst bedenklich!

Seit Jahrzehnten gilt das österreichische Modell einer sozialen, solidarischen Krankenversicherung als vorbildlich. Österreich rangiert in zahlreichen internationalen Vergleichsstudien im Spitzenfeld, Verhältnisse wie in den USA, wo der Kontostand über die Qualität der Behandlung entscheidet, sind hierzulande – noch – undenkbar. Die neue Philosophie sieht offenbar anders aus: Dem Sozialsystem wird massiv Geld entzogen, auf Hilfe oder staatliche Unterstützung angewiesene Menschen, die oft ihr Berufsleben lang in dieses System eingezahlt haben, werden als Sozialschmarotzer denunziert. Es wird ganz bewusst in Kauf genommen, einen Keil in die Bevölkerung zu treiben und den sozialen Frieden in Österreich aufs Spiel zu setzen.

Im Gesundheitsbereich sehen die Pläne der Regierung unter anderem vor, viel Geld in den Fonds der privaten Krankenanstalten umzuleiten – wohl der erste Schritt zur Privatisierung unseres Gesundheitssystems. Große private Versicherungsunternehmen reiben sich bereits die Hände und rühren im Wettstreit um gesunde, finanzkräftige Kunden kräftig die Werbetrommel. Wie sich chronisch kranke oder alte Menschen, die für gewinnorientierte Unternehmen wegen der zu erwartenden Kosten nicht attraktiv sind, ihre Behandlungen finanzieren sollen, spielt in einer Welt, in der Relikte wie „sozial" oder „solidarisch" als Schimpfwörter verunglimpft werden, wohl keine Rolle.

Bleibt abschließend nur der Appell an die Vernunft und das Gewissen der politischen Entscheidungsträger. Euer Rezept ist simpel: Man nehme ein paar Sündenböcke, stelle sie medial an den Pranger, schreie lautstark nach Reformen und setze diese kaltschnäuzig und zum Wohle weniger um. Nur: Das löst kein einziges Problem, schafft aber unzählige neue.

Die Sozialversicherung steht seit Jahren für Reformen, viele wurden mit Weitblick und Verantwortungsbewusstsein umgesetzt. Wer jetzt darangeht, ein funktionierendes System zu zerstören, müsste bei einem Mindestmaß an Seriosität zumindest den Beweis erbringen, ein qualitativ besseres Modell anbieten zu können. Diesen Beweis bleibt die Regierung schuldig.

Veränderung als Deckmantel für eine Politik, die nur wenigen nützt und vielen schadet – ein gefährliches Experiment!

Reform und Realität

Wir fusionieren neun Gebietskrankenkassen zu einer österreichischen Kasse und alles wird gut. So ungefähr verläuft die dominante gesundheitspolitische Debatte. Aber leider ist das Leben komplizierter.

Die drängenden Themen, die Ärztinnen und Ärzte unmittelbar berühren, sind andere. Da ist einmal der Ärztemangel, der Kommunalpolitikerinnen und -politikern genauso Sorgen bereitet wie allen Bürgerinnen und Bürgern. Diese „Ärztemangel"-Debatte ist in mehreren Wellen verlaufen. Zuerst gab es einmal die Debatte, ob es überhaupt einen Ärztemangel gibt. Es gäbe in kaum einem Land so viele Ärzte wie in Österreich, sagten die einen. Und sie haben nicht ganz unrecht. Allerdings nur dann, wenn man die österreichische Zählweise anwendet, die Ärztinnen und Ärzte in Ausbildung komplett mitrechnet. Tut man das nicht – so wie es andere Länder nicht tun – fällt die österreichische Ärztedichte ins europäische Mittelfeld zurück.

Dann kam der „Landärzte"-Mangel. Es fehle nur an Kassen-Allgemeinmedizinerinnen und -medizinern in ländlichen Regionen, hieß es. Für die müsse man die Bedingungen wieder attraktiver machen und schon wären alle Probleme wie weggeblasen. Seit es auch schwierig geworden ist, fachärztliche Stellen in Städten zu besetzen, ist es um diese These etwas stiller geworden.

Es gibt ihn also, den Ärztemangel. Und er betrifft nicht nur die Allgemeinmedizin und nicht nur ganz kleine Gemeinden, nicht nur das „Land". Soweit sind wir mittlerweile. Es ist ein Mangel an Ärztinnen und Ärzten, die sich die Einschränkungen des öffentlichen Gesundheitssystems antun wollen. Problem erkannt, aber deswegen leider noch nicht gebannt.

Aber es gibt Maßnahmen: Eine ist es, Ärztinnen und Ärzte besser zu bezahlen und Restriktionen zu reduzieren. Das ist keine schlechte Maßnahme, sie ist sogar notwendig. Aber sie ist nicht hinreichend, vor allem dann, wenn man von den Ärztinnen und Ärzten im Gegenzug fast devote Dankbarkeit erwartet. Dankbarkeit dafür, dass sie etwas bekommen, was man ihnen über Jahrzehnte vorenthalten hat.

Eine weitere Idee ist es, Ärztinnen und Ärzte zu ersetzen. Indem man deren Aufgaben einfach zur Pflege verlagert, zum Beispiel. Die könnten ja viele von den Dingen tun, die bisher Ärztinnen und Ärzten vorbehalten sind. Da gäbe es jetzt eine ganze Reihe medizinischer Argumente dafür, dass das so einfach nicht ist. Aber die Diskussion will ich hier gar nicht führen. Sondern nur auf zwei Punkte hinweisen: Es gibt auch einen veritablen Pflegekräftemangel. Und auch Pflegekräfte verdienen in Zürich deutlich mehr als in der Steiermark. Also so einfach ist das mit dem Ersetzen nicht.

Eine weitere – und gar nicht schlechte – Idee sind Primärversorgungsstrukturen. Nicht schlecht ist die Idee, weil Ärztinnen und Ärzte einerseits die Arbeit im Team zu schätzen wissen und andererseits, weil die institutionalisierte Zusammenarbeit mit anderen therapeutischen Berufen bis hin zur Sozialarbeit auch dem Bedürfnis vieler, vor allem junger Ärztinnen und Ärzte entspricht. Aber auch diese anderen Gesundheitsberufe gibt es nur eingeschränkt – und: Durch Teamarbeit werden es nicht mehr Ärztinnen und Ärzte.

Eine Lösung, die manchen Politikern vorschwebt, ist die Erhöhung der Zahl der Studienplätze an Medizinischen Universitäten und Fakultäten. Diese Lösung ist vor allem einmal eines: teuer. Jede Absolventin, jeder Absolvent kostet rund eine halbe Million Euro. Gleichzeitig wissen wir, dass ein erheblicher Teil dieser Absolventinnen und Absolventen gleich nach Abschluss der Ausbildung ins Ausland abwandert und dort die Versorgung verbessert, nicht in Österreich. Und wer mehr Studienplätze verlangt, müsste auch mehr Ausbildungsplätze in Krankenhäusern und mehr Lehrpraxen fordern. Davon habe ich aber noch keine Politikerin, keinen Politiker reden hören.

Eine ganze Reihe konkreter Maßnahmen wurden aber in der Steiermark bereits gesetzt: die Möglichkeit gemeinsamer Jobsharing-Kassenstellen, wie sie von jungen Ärztinnen und Ärzten schon lange gewünscht wird; eine Startfinanzierung für die Schaffung von Kassenpraxen; die Attraktivierung der Kassenverträge, vor allem für Allgemeinmedizin, Kinder- und Jugendheilkunde sowie Gynäkologie; die halbwegs gesicherte Finanzierung der Lehrpraxis für die Allgemeinmedizin; bessere Rahmenbedingungen für die Ärzteausbildung in den Spitälern der steirischen Krankenanstaltengesellschaft KAGes und anderer Träger.

Und was hat das alles mit der Sozialversicherungsreform, mit einer einheitlichen Österreichischen Gesundheitskasse, kurz ÖGK genannt, zu tun? Nichts und doch viel. Diese Reform erfordert hohen Aufwand. Sie hat im Jahr 2018 konkrete Maßnahmen in der Steiermark wie den attraktiveren Kassenvertrag erschwert. Sie sorgt für massiven politischen Streit, sie erfordert aufwändige Begleitmaßnahmen. Das ist alles hinzunehmen, wenn die Ziele es wert sind.

Aber was sind die Ziele? Eine Milliarde für die Patientinnen und Patienten, eine umfassende Harmonisierung der Kassenleistungen auf dem höchsten Niveau sind Ziele, deren Erreichung den Aufwand rechtfertigt. Oder sollte man sagen, rechtfertigen würde? Denn außer Überschriften und großem Zweifel, dass diese Vorgaben halten, gibt es noch nicht allzu viel.

Ja, es gibt Gesetze und noch nicht endgültig überschaubare Durchführungsbestimmungen, und die sind natürlich auch nötig bei so einem Vorhaben. Noch mehr wird es aber nötig sein zu beweisen, dass die großen Ziele tatsächlich damit erreicht werden können, dass es einen konkreten Nutzen für die Patientinnen und Patienten sowie die Partnerinnen und Partner in der Gesundheitsversorgung gibt.

Wenn das gelingt, wenn sich beweisen lässt, dass diese zusätzliche Milliarde für die Gesundheitsversorgung der Österreicherinnen und Österreicher Realität wird, wenn sich herausstellt, dass es letztendlich nur Gewinnerinnen und Gewinner geben wird, dass es für alle Menschen – von Feldkirch bis Hainburg an der Donau, von Litschau bis Ferlach – besser wird, werden die Skeptiker und Kritiker wohl schweigen (müssen).

Dann ist die Reform in einer besseren Realität angekommen. Darauf hoffen wir. Aber wir schließen nicht aus, dass es auch anders kommen könnte. Leider müssen wir das.

Österreich braucht einen Nichtraucherschutz

Fast 900.000 Österreicherinnen und Österreicher haben 2018 das von der Wiener Ärztekammer und der Österreichischen Krebshilfe initiierte Volksbegehren „Don't smoke" für ein absolutes Rauchverbot in der Gastronomie unterzeichnet. Damit ist „Don't smoke" das sechsterfolgreichste Volksbegehren in der Geschichte Österreichs sowie das erfolgreichste Volksbegehren, das nicht von einer politischen Partei initiiert und finanziell unterstützt wurde. Auch wurde das Ziel, nämlich die von Vizekanzler Heinz-Christian Strache genannten 900.000 Eintragungen zu erhalten, beinahe erreicht.

Am 8. Oktober 2018, dem letzten Tag der Eintragungswoche des Volksbegehrens, stand um 20 Uhr im Bundesländer-Ranking fest: In Wien erreichte man knapp 17 Prozent, dicht gefolgt von der Steiermark mit 15 Prozent. Bei den Landeshauptstädten war Graz mit knapp 22 Prozent sogar einsamer Spitzenreiter. Die Steiermark hat damit bewiesen, dass sie als „grüne Mark" nicht nur durch ihre Wälder und als waldreichstes Bundesland, sondern auch durch ihre Bürgerinnen und Bürger, die „Don't smoke" so zahlreich unterstützt haben, für saubere Luft sorgt.

Ärztekammer und Krebshilfe sehen auch dem Plan der Bundesregierung, vor der Einführung eines Rauchverbots in der Gastronomie nochmals eine Volksabstimmung durchführen zu lassen, gelassen entgegen, war doch die Unterstützung auch in Gesamtösterreich sehr groß. Allerdings muss diese Volksabstimmung zur Verhinderung weiterer Lungenkrebsfälle und sonstiger Erkrankungen zeitnahe erfolgen – und nicht erst 2021, wie es die Bundesregierung plant.

„Wir sind Volksbegehren"

2018 hat sich die Wiener Ärztekammer intensiv dafür engagiert, die Bevölkerung auf das Thema Nichtraucherschutz und die Wichtigkeit der Beibehaltung der 2015 beschlossenen Novelle zum Nichtraucherschutzgesetz aufmerksam zu machen. Das Feedback aus der Ärzteschaft, von Experten und auch die zahlreichen Zuschriften aus der Bevölkerung haben dabei die Bemühungen sehr bestärkt und einen kräftigen Rückenwind verschafft. Dass bereits in der Unterstützungsphase des Volksbegehrens fast 600.000

Unterschriften gesammelt werden konnten, war ein ganz klares Signal dafür, dass man am Ball bleiben muss.

Über die Sommermonate bis in den Herbst hinein sind in Wien neben Insertionen in den Medien Informations- und Verteilaktionen in Bädern, Schönbrunn, Prater sowie vor Krankenhäusern, U-Bahn-Stationen und Fußballplätzen angelaufen. Ein weiteres Highlight war die „Don't smoke-Straßenbahn", die kurz vor der Eintragungswoche in Wien ihre Runden gedreht hat. Darüber hinaus wurden Pakete mit Informationsmaterial (Poster, Flyer und Buttons) an Ärzte und freiwillige Unterstützer verschickt und in Wiener Spitälern punktuell Infopoints platziert, bei denen Patienten und Interessierte die Möglichkeit hatten, sich eine Handysignatur für die bequeme Unterzeichnung des Volksbegehrens einrichten zu lassen.

Ein Großteil ist für Rauchverbot

Dass Zigarettenrauch in Lokalen nicht nur ungesund, sondern auch unbeliebt ist, belegte eine Studie, die von der Wiener Ärztekammer im Juni 2018 österreichweit durchgeführt wurde. Demnach tritt ein Großteil der Menschen (62 Prozent) für einen umfassenden Nichtraucherschutz in der Gastronomie in Österreich ein. (Sehr) intensiv mitverfolgt haben die mediale und politische Debatte 61 Prozent. Die Schlussfolgerung: Die Bevölkerung ist interessiert und will den Nichtraucherschutz – die Bevölkerung fordert den Nichtraucherschutz. Die stärksten Argumente für den Nichtraucherschutz in der Gastronomie sind laut Studie der noch immer lückenhafte Jugendschutz (94 Prozent), der mangelnde Arbeitnehmerschutz (92 Prozent) sowie die erwiesenen Gefahren, die durch den Passivrauch ausgehen (91 Prozent). Es ist demnach ganz klar, dass die Bemühungen der Regierung, vor allem in puncto Jugendschutz, nicht ausreichend sind. Nur ein generelles Rauchverbot kann die Jugend vor den Schäden des Passivrauchs in der Gastronomie wirksam schützen.

Unzureichender Jugendschutz

Gerade beim Jugendschutz ist es fraglich, ob die geplanten Maßnahmen in Österreich wirklich greifen werden. Es ist zwar so, dass Tabakwaren zukünftig erst ab 18 Jahren verkauft und geraucht werden dürfen, der Zugang zur Gastronomie ist aber auch unter 18 Jahren – selbstverständlich – gestattet. Es ist unverständlich, dass Jugendliche in der Gastronomie zwar nicht rauchen dürfen, aber sehr wohl durch den Passivrauch in engen Kontakt mit Rauchern kommen und daher gesundheitlichen Gefahren direkt ausgesetzt sind. Gleichzeitig wird es für die Gastronomen schwierig, den Jugendschutz auch einzuhalten. Denn der Ausschank von Alkohol an Minderjährige kann sehr wohl durch den Lokalinhaber mittels Ausweiskontrolle bei der Bestellung kontrolliert werden. Schwieriger wird es jedoch, wenn es um die Konsumation von selbst ins Lokal mitgebrachten Tabakwaren durch Minderjährige geht.

Arbeitnehmer schützen

Was in der Diskussion rund um den Nichtraucherschutz oft vernachlässigt wird, ist auch der Schutz der Arbeitnehmer. Studien haben erwiesen, dass Tabakrauch in Innenräumen zu einer massiven Belastung der Innenraumluft mit Schadstoffen und somit zu einem relevanten Gesundheitsrisiko führt. Bereits sehr geringe Mengen an Tabakrauchbestandteilen führen zu signifikant erhöhten gesundheitlichen (vor allem kardiovaskulären) Risiken. Dies hat auch eine im Frühjahr 2018 veröffentlichte Studie der Initiative „Ärztinnen und Ärzte für eine gesunde Umwelt ÄGU" und der „Initiative für gesunden Wettbewerb in der Gastronomie" eindrucksvoll belegt. Im Jänner/Februar 2018 wurde in Gastronomiebetrieben im 15. Wiener Gemeindebezirk die Raumluft in Raucher- und Nichtraucherbereichen in mehr als zwei Drittel der Raucher-/Nichtraucherbetriebe auf Feinststaub untersucht. Sowohl in den Raucher- als auch in den Nichtraucherbereichen zeigten sich stark erhöhte Konzentrationen an Feinststaub. In den Raucherbereichen gab es naturgemäß die höchsten Messwerte, die den Feinststaubgehalt der Außenluft zum Teil um das bis zu 20-fache überschritten haben.

Hohe Feinststaubbelastung

Weiters ergaben die Messungen, dass in nahezu allen untersuchten Objekten (sowohl bei permanent geöffneten bzw. nicht vorhandenen als auch bei geschlossenen, nur fallweise geöffneten Türen) bedingt durch die Luftströmungen ein signifikanter Übertritt von Feinststaub vom Raucherbereich in den Nichtraucherbereich stattfand. Die Konzentrationen in der Außenluft, die vor allem durch den Straßenverkehr bedingt sind, wurden hier in der Regel um das Mehrfache (bis zum Zehnfachen) überschritten. Darüber hinaus wurde in Raucher-/Nichtraucherbetrieben überprüft, inwieweit die Vorgaben des Tabakgesetzes in Bezug auf räumliche Trennung von Raucher- und Nichtraucherbereichen erfüllt werden. Die Ergebnisse zeigten, dass in den Raucher-/Nichtraucherbetrieben Verstöße gegen das Rauchverbot (meist permanent geöffnete oder nicht vorhandene Türen) die Regel sind.

Unter Berücksichtigung aller Kriterien erfüllte nur einer der 28 geprüften Betriebe alle Vorgaben der zum Zeitpunkt der Prüfung geltenden Vorschriften des Tabakgesetzes. Es ist davon auszugehen, dass auch in anderen Teilen Österreichs ähnliche Situationen anzutreffen sind wie in Wien. In ländlichen Gebieten bleibt das Tabakgesetz, wie die Alltagserfahrung zeigt, oft völlig unbeachtet.

Volkswirtschaftlicher Schaden

Ernüchternd sind auch die Ergebnisse der 2018 vom Institut für Höhere Studien (IHS) im Auftrag der Niederösterreichischen Gebietskrankenkasse präsentierten Studie, in der die volkswirtschaftlichen Schäden für den Staat durch die Folgen des Tabakkonsums erläutert werden. Auch dies ist ein klares Signal an die Regierung, ihren Kurs der konsequenten Verharmlosung des Rauchens in Österreich nachhaltig zu hinterfragen. Das erschreckende Fazit aus den aktuellen Untersuchungen sowie aus unserer täglichen Praxis in Spitälern und Ordinationen lautet: Rauchen kostet nicht nur Menschenleben, es kostet dem Staat auch Millionen. Umso wichtiger sind daher ein umfassender Nichtraucherschutz sowie die Einführung eines generellen Rauchverbots in der österreichischen Gastronomie, wie es eigentlich mit 1. Mai 2018 hätte eintreten sollen. Man darf nicht vergessen, dass abseits aller nicht wegzuredenden negativen gesundheitlichen Aspekte Tabakkonsumenten dem Staat mehr an Pflege- und Gesundheitsausgaben kosten, als sie dem Staat durch die Einnahmen durch die Tabaksteuer letztendlich bringen. Außerdem verursachen Tabakkonsumenten wegen Arbeitsausfällen durch häufigere Krankenstände zusätzliche Kosten für die Wirtschaft.

Bedeutendes Gesundheitsrisiko

Untersuchungen aus Ländern mit einem generellen Rauchverbot in der Gastronomie zeigen, dass die Implementierung dieser Maßnahme nicht nur einen deutlichen Rückgang der Raucherraten unter der erwachsenen und jugendlichen Bevölkerung zur Folge hat, sondern auch zu einer deutlichen Abnahme der tabakassoziierten Morbiditäts- und Mortalitätsraten beiträgt. Ohne rauchende Jugend gibt es de facto keine rauchenden Erwachsenen: 80 Prozent der männlichen und 72 Prozent der weiblichen Raucher in Österreich beginnen vor dem 19. Geburtstag mit dem Rauchen. Nach dem 26. Geburtstag beginnt kaum noch jemand mit dem Rauchen – dies deckt sich auch mit internationalen Erhebungen. Seit der Aufhebung der bereits 2015 beschlossenen Novelle zum Tabakgesetz mit 1. Mai 2018 sind in Österreich laut Krebshilfe 374 Menschen an den Folgen des Passivrauchens verstorben. Das kostet jeden Tag – statistisch gesehen – 2,81 Menschen durch Passivrauchen das Leben. Dazu kommen 12.079 Krankenhausaufenthalte durch Passivrauchen in der Gastronomie seit 1. Mai 2018. Gemäß der Weltgesundheitsorganisation (WHO) stellt der Konsum von Tabakwaren in Industrieländern das bedeutendste einzelne Gesundheitsrisiko für Atemwegs-, Herz-Kreislauf- und Krebserkrankungen dar und wäre somit die größte vermeidbare Todesursache. Lungenkrebs, bedingt durch Rauchen, ist in der Europäischen Union die häufigste durch Krebs bedingte Todesursache. In Österreich selbst ist ein Drittel aller Krebserkrankungen auf das Rauchen sowie das passive Mitrauchen zurückzuführen und ungefähr 13.000 Österreicherinnen und Österreicher sterben jährlich an den Folgen des Tabakkonsums. Raucher leben durchschnittlich um sieben Jahre kürzer als Nichtrauchende. Auch ist wissenschaftlich erwiesen, dass Passivrauchen dieselben gesundheitlichen Schäden wie aktives Rauchen verursacht. Es kann daher nur einen Appell an die Bundesregierung geben: „Wir brauchen für die Gesundheit der Österreicherinnen und Österreicher ein absolutes Rauchverbot in der Gastronomie. Sie sind am Zug – handeln Sie jetzt."

Warum wir kein Rauchverbot brauchen

Ich bedanke mich für die Möglichkeit, einen Beitrag für das „Steirische Jahrbuch für Politik 2018" zu verfassen. Als Arbeitstitel wurde mir „Warum wir kein Rauchverbot brauchen" vorgeschlagen, auf den ich sehr gerne eingehe.

Ganz sicher sind meine Ausführungen kein Plädoyer für das Rauchen. Denn es ist völlig unbestritten, dass Rauchen die Gesundheit schädigt. Mein Ansatz gilt – zutiefst unseren freiheitlichen Wurzeln und Grundwerten entnommenen – der Freiheit, nämlich selbst entscheiden zu können, etwas zu tun oder zu unterlassen.

„Freiheit gilt uns als höchstes Gut" lautet der erste Satz des Parteiprogramms der Freiheitlichen Partei Österreichs (FPÖ)[1]. Die Freiheit des Einzelnen und auch der Gemeinschaft und die Möglichkeit eines selbstbestimmten Lebens sind Voraussetzung für das Funktionieren unseres Gemeinwesens. Diese Freiheit inkludiert aber auch eine gewisse Verantwortung und „findet ihre Grenzen in der Beschränkung der Freiheit des Mitbürgers", wie es in unserem Parteiprogramm steht.

Generelles Rauchverbot seit 2015

„Warum wir kein Rauchverbot brauchen" ist eigentlich ein irreführender Titel, denn in Österreich gilt bereits seit dem Jahr 2015 ein generelles Rauchverbot. Nirgends dürfen Raucherinnen und Raucher ihrem Laster frönen, weder in öffentlichen Gebäuden, noch in Hallen, Festzelten oder öffentlichen Verkehrsmitteln wie beispielsweise der Österreichischen Bundesbahn. Auf Bahnhöfen oder Flughäfen – ebenso in Hotellerie und Gastronomie – nur in für alle Gäste zur Verfügung stehenden eigenen Bereichen.

Einzig ausgenommen davon sind jene Bereiche der Gastronomie, in denen das Rauchen gemäß § 13a TNRSG (Tabak- und Nichtraucherinnen- bzw. Nichtraucherschutzgesetz) zulässig ist. Das heißt, diese Ausnahme gilt für Gastronomiebetriebe, die über einen eigenen Raucherraum verfügen, der auch räumlich getrennt sein muss oder für Lokale, deren Grundfläche weniger als 50 Quadratmeter nicht übersteigt oder für Lokale bis 80 Quadratmeter Grundfläche, die aufgrund eines bau-, denkmal- oder feuerschutzrechtlichen Bescheids keine Abtrennung eines Raucherraumes vornehmen dürfen.

Darüber hinaus hat jeder Gastronomiebetrieb die Möglichkeit, aus eigener Entscheidung ein reines Nichtraucherlokal zu werden. Von dieser Möglichkeit haben schon bisher vor allem Konditoreien und Restaurants in großer Zahl – weit mehr als die Hälfte aller Restaurants in Österreich sind rauchfrei, bei Konditoreien ist der Anteil nahezu flächendeckend – Gebrauch genommen. Dies erscheint auch durchaus nachvollziehbar. Anders zeigt sich die Situation in Abendlokalen und Bars, dazu weiter unten.

Jeder Bürgerin und jeder Bürger, jede Kundin und jeder Kunde hat die Möglichkeit, jene Lokalität aufzusuchen, die für ihre individuellen Bedürfnisse passend ist. Niemand wird gezwungen, den Raucherbereich aufzusuchen oder in ein Raucherlokal zu gehen.

Eigenverantwortung versus staatliche Zwangsregelung

Jeder Raucherin und jeder Raucher weiß, dass Rauchen ungesund ist, dass verschiedene Giftstoffe in der Zigarette enthalten sind, die zu schweren Erkrankungen führen können. Vor dem Hintergrund dieses Wissens muss es aber jedem Einzelnen erlaubt sein, selbst zu entscheiden, ob sie oder er zur Zigarette greift oder nicht. Es ist die Selbstverantwortung, die wir unseren Bürgerinnen und Bürgern geben wollen, eine Stärkung der Eigenverantwortung für das Leben und die Gesundheit.

In den letzten Jahrzehnten hat sich in Österreich immer mehr eine Bevormundung der Bürgerinnen und Bürger etabliert, deren Leben von der Wiege bis zur Bahre geregelt ist. Wir haben in der Zwischenzeit eine „Verbotskultur" in der Politik erlebt, was ich als großen Irrweg sehe. Aufgabe der Politik soll und muss es sein, für ihre Bevölkerung Rahmenbedingungen zu schaffen, die ein selbständiges Denken und Handeln fördern.

Durch die Ausnahmebestimmungen in der Gastronomie wird es nicht zu einer Zunahme an Rauchern kommen, auch durch ein Verbot in der Gastronomie wird nicht ein Raucher mehr seinem Laster entsagen. Man denke in diesem Zusammenhang an die vielen Raucher, die sich zu jeder Jahreszeit und bei jedem Wetter vor den Nichtraucherlokalen tummeln, um ihre Zigarette zu genießen. Auch dies erscheint aber nicht als optimale Lösung, denn Lärmbelästigung und Raucherdunst, der in die darüberliegenden Wohnungen zieht, sorgen ebenso für Ärger.

Rauchverhalten im europäischen Vergleich

Österreich liegt, was das Rauchverhalten und die Anzahl der Raucher betrifft, im europäischen Mittelfeld. Weniger geraucht wird vor allem in Nordeuropa und Italien, wie eine Statistik der Europäischen Kommission[2] zeigt:

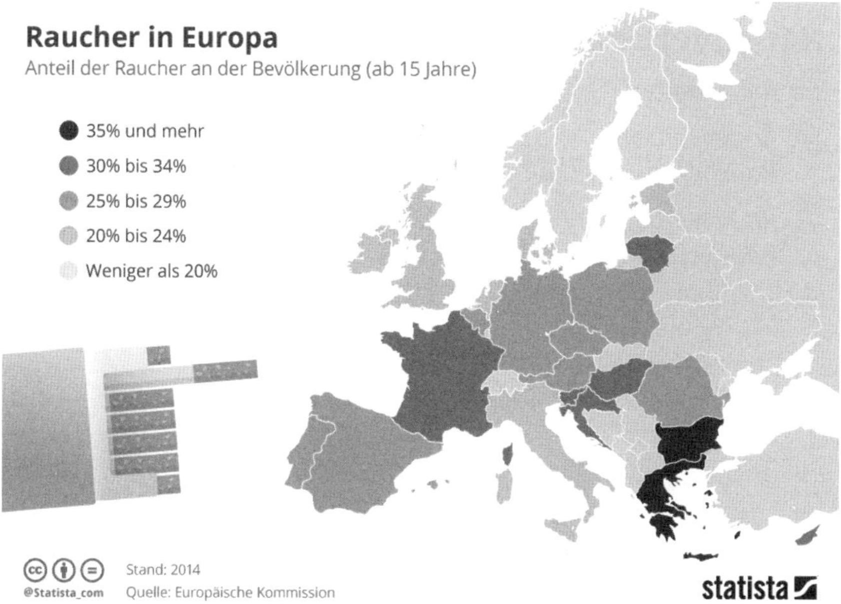

So wird beispielsweise in Frankreich trotz eines lange bestehenden generellen Rauchverbots mehr geraucht als hierzulande. Aber auch Länder wie Spanien, Griechenland oder Ungarn, die ein absolutes Rauchverbot haben, zeigen eindrucksvoll, dass dieses an den Rauchgewohnheiten der Bevölkerung nur wenig bewirkt.

In Deutschland besteht derzeit nur in drei Bundesländern ein generelles Rauchverbot in Gaststätten, in allen anderen Bundesländern sind Regelungen für Raucherbereiche üblich (z.B. Einraum-Lokale oder „Eckkneipen").

In einer weiteren Statistik ist erkennbar, dass in der Gastronomie in rund der Hälfte der europäischen Länder die Möglichkeit zum Rauchen gegeben ist.

Verschärfungen im Bereich des Jugendschutzes

Die aktuelle österreichische Bundesregierung unter Türkis-Blau hat das generelle Rauchverbot in einigen Bereichen verschärft. Vor allem im Bereich des Jugendschutzes. Wir haben das generelle Rauchverbot bis zur Volljährigkeit ausgedehnt, das bedeutet, dass Jugendliche unter 18 Jahren den Raucherbereich in Lokalen nicht mehr aufsuchen dürfen. Außerdem ist das Rauchen im Auto verboten, wenn Kinder mitbefördert werden.

Diese beiden Regelungen waren mir als Vizekanzler besonders wichtig, weil Kinder- und Jugendschutz ein wichtiger Faktor ist. Gerade kindliche Atemwege und Lungen sind

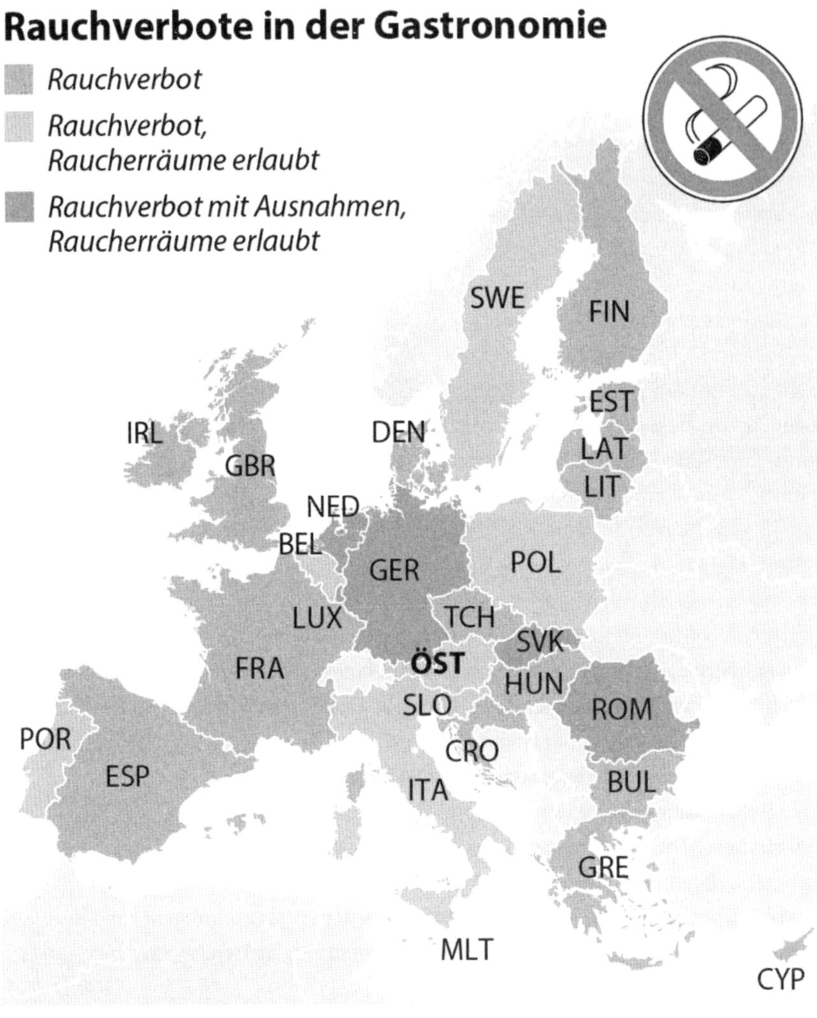

Grafik: © APA, Quelle: APA

viel empfindlicher für Schadstoffe. Es wäre daher wünschenswert, dass auch Eltern im privaten Bereich aus Rücksicht nicht in geschlossenen Räumen rauchen, in denen sich Kinder aufhalten. Hier kann man nur eindringlich an die elterliche Verantwortung appellieren, denn einmal erworbene Schäden an Lunge und Bronchien können nie mehr zur Gänze ausgeheilt werden und oft Jahre später zu schweren Erkrankungen führen.

Öffentliche Diskussion

Die große öffentliche Diskussion ist aber entstanden, weil sich die neue Bundesregierung darauf verständigt hat, die Ausnahmeregelungen in der Gastronomie beizubehalten. Laut Wirtschaftskammer Österreich (WKO) nimmt die Anzahl der Nichtraucherlokale zu. Nur noch knapp die Hälfte aller Gastronomiebetriebe, inklusive Wirtshäuser, Bars und Würstelstände nehmen die Ausnahmeregelungen gemäß § 13a Abs. 2 und Abs. 3 TNRSG (Tabak- und Nichtraucherinnen- bzw. Nichtraucherschutzgesetz) in Anspruch. Bei Neuübernahmen und Neueröffnungen zeigt sich laut Wirtschaftskammer, dass diese meist zur Gänze rauchfrei sind.

Einen großen Raucheranteil gibt es in Nachtlokalen und Bars, was den Prozentanteil insgesamt erhöht. Gerade diese Lokalitäten werden jedoch nicht von Kindern und Jugendlichen besucht. Es liegt also in der Selbstverantwortung jedes Einzelnen, entsprechende Lokalitäten zu besuchen. Kein Nichtraucher wird gegen seinen Willen gezwungen, eine verrauchte Bar aufzusuchen. Es wird aber auch kein Raucher seine Sucht verlieren, wenn er nicht mehr in der Gastronomie rauchen darf, wie das oben erwähnte Beispiel Frankreich zeigt. Vielmehr finden Raucher andere Wege und Möglichkeiten, sie weichen beispielsweise in Vereinslokale oder Privatwohnungen aus.

Unsere Ziele als Bundesregierung sind es, einerseits junge Menschen davon abzuhalten, mit dem Rauchen zu beginnen und auf der anderen Seite Raucher bei ihrem Weg aus der Sucht zu unterstützen, anstatt sie zu kriminalisieren.

Volksbegehren und Volksabstimmung

Das Volksbegehren „Don't smoke" ging aber klar an diesen Zielen vorbei. Denn Punkt 2 des Volksbehrens – den umfassenden Schutz unserer Jugend – haben wir bereits umgesetzt. Diese ganz wesentliche Forderung hatte unter den Vorgängerregierungen offenbar keine Relevanz. Ebenso wie Punkt 3 des Volksbegehrens, die Beibehaltung des generellen Rauchverbots in Österreich. Auch diese haben wir umgesetzt. Einzig die Ausnahmeregelungen in der Gastronomie (Punkt 1 des „Don't smoke"-Volksbegehrens) haben wir beibehalten.

Dennoch habe ich zugesagt, ab 900.000 Unterstützern für dieses Volksbegehren eine verbindliche Volksabstimmung durchzuführen, wie es auch im ÖVP-FPÖ-Koalitionsabkommen vereinbart ist.

Ein wichtiger Punkt, der oft als Argument gegen eine Abschaffung der Ausnahmeregelungen genannt wird, ist der Schutz der Arbeitnehmerinnen und Arbeitnehmer, welcher nicht gegeben sei. Dass Personal in Raucherlokalen hier der Gefahr von anerkannten Berufskrankheiten ausgesetzt ist, wird von der Bundesregierung keinesfalls auf die leichte Schulter genommen. Arbeitnehmerschutz ist mir ein ganz großes Anliegen.

Lungenerkrankungen werden daher in der Gastronomie auch als Berufskrankheiten anerkannt.

Aber der Ordnung halber sei erwähnt, dass das Nichtraucherschutzgesetz keine Arbeitnehmerschutzvorschrift ist und daher auch das Arbeitsinspektorat für die Vollziehung, also die Kontrolle der Einhaltung desselben, eben nicht zuständig ist.

Man muss aber schon auch sagen, dass die Mitarbeiterinnen und Mitarbeiter in der Gastronomie um die Belastung Bescheid wissen, wie auch viele andere Arbeitnehmerinnen und Arbeitnehmer, die gesundheitsgefährdenden Substanzen ausgesetzt sind. Weniger als die Hälfte aller Gastronomiebetriebe sind nicht rauchfrei. Es steht daher auch den Mitarbeiterinnen und Mitarbeitern frei, den Arbeitsplatz zu wechseln. Gerade im Gastronomiebereich klagen die Unternehmen wie in keiner anderen Branche über einen Fachkräftemangel und suchen händeringend nach Personal. Die Mär vom abhängigen Arbeitnehmer, der keine andere Möglichkeit habe, scheint damit auch wiederlegt.

Resümee

Österreich hat eines der strengsten Rauchergesetze in der Europäischen Union. Der Anteil der Raucher an der Gesamtbevölkerung liegt im EU-Schnitt, es ist daher auch völlig unzutreffend, dass man unser Land als Raucherbastion oder gar als „Aschenbecher Europas" bezeichnet. Ein Blick über die Staatsgrenzen zeigt, dass in vielen europäischen Staaten weniger strenge Rauchergesetze gelten, und – wie ganz deutlich am Beispiel von Frankreich erkennbar, welches seit über zehn Jahren ein absolutes Rauchverbot hat –, dass Rauchverbote nichts am Rauchverhalten der Bevölkerung ändern. Wesentlich sind daher die Prävention- und Aufklärungsmaßnahmen, um unserer Jugend den Zugang zu Zigaretten zu verunmöglichen und Rauchen als „uncool" darzustellen.

1 https://www.fpoe.at/fileadmin/user_upload/www.fpoe.at/dokumente/2015/2011 graz parteiprogramm_web.pdf.

2 https://de.statista.com/infografik/4915/anteil-der-raucher-an-der-bevoelkerung/.

Fachkräftemangel

Die Steiermark – ein guter Boden für Talente

In den letzten Jahren und Jahrzehnten hat sich die Steiermark zu einem Land entwickelt, in dem innovative kleine und mittlere Unternehmen sowie große industrielle Leitbetriebe – darunter zahlreiche Weltmarktführer – dafür sorgen, dass steirische Produkte und Dienstleistungen und hier entwickelte Technologien auf der ganzen Welt gefragt sind. Durch ihren starken Fokus auf Forschung und Entwicklung tragen unsere Unternehmen wesentlich dazu bei, dass die Steiermark eine der innovativsten Regionen in Europa ist, was sich direkt auf den Erhalt von Arbeitsplätzen und damit positiv auf unsere Lebensqualität auswirkt.

Wir können heute mit Stolz sagen, dass fast jedes dritte österreichische Hightech-Produkt in einem Konnex zu unserem Bundesland steht. So steckt in beinahe jedem Smartphone und in den meisten Reisepässen dieser Welt ein kleines Stück Steiermark. Dieser Weg zu einem Hochtechnologie- und Spitzenforschungsland war alles andere als selbstverständlich: In den 1980er Jahren mussten wir den Niedergang der Verstaatlichten Industrie mit allen damit verbundenen Folgen für den Arbeitsmarkt und unsere Unternehmen erleben. Doch mit vereinten Kräften, Fleiß und Erfindergeist ist es gelungen, aus der Situation zu lernen und erfolgreich in die Zukunft zu gehen. Einer der wichtigsten Aspekte in diesem Zusammenhang war das starke Bekenntnis der Industrie zu Forschung und Entwicklung. Heute ist F&E nicht mehr nur ein Thema für Industriebetriebe, sondern auch die steirischen Klein- und Mittelbetriebe haben erkannt, dass das Investieren in Forschung und Entwicklung der Schlüssel zum Erfolg ist.

Für die Umsetzung von Innovationen und um weiterhin am Markt wettbewerbsfähig zu bleiben, benötigt insbesondere ein Hochtechnologiestandort wie die Steiermark entsprechende Humanressourcen. Dass der Wirtschaftsmotor in der Steiermark brummt, zeigen die seit vielen Monaten überaus erfreulichen Zahlen am Arbeitsmarkt. Im Vorjahr konnte erstmals der magische Rekordwert von über 500.000 unselbständigen Aktivbeschäftigungsverhältnissen im Jahresdurchschnitt erreicht werden, womit die Steiermark beim Beschäftigungszuwachs unter den Bundesländern an der Spitze Österreichs steht. Auch die Arbeitslosenzahlen sinken erfreulicherweise kontinuierlich. Angesichts dieser positiven Entwicklungen herrscht reger Bedarf an Fachkräften, der sich – schon aufgrund der demografischen Entwicklung – in den kommenden Jahren weiter verstärken wird.

Bei meinen regelmäßig stattfindenden Betriebsbesuchen berichten die Unternehmerinnen und Unternehmer, dass es mittlerweile eine der größten Herausforderungen darstellt, gut ausgebildete Fachkräfte zu finden. Aus Studien wissen wir, dass rund 75 Prozent der heimischen Unternehmen vom Fachkräftemangel betroffen sind; im technischen und naturwissenschaftlichen Bereich liegt der Prozentsatz sogar noch deutlich höher.

Das Wirtschaftsressort des Landes ist auf die Unterstützung von Unternehmen und die Weiterentwicklung des Wirtschaftsstandortes Steiermark fokussiert und für den Arbeitsmarkt sowie die Aus- und Weiterbildung nicht unmittelbar ressortzuständig. Dennoch stellt die Bewusstseinsbildung bei jungen Menschen für Karrieremöglichkeiten in unserem Ressort einen wichtigen Aspekt dar, denn für einen starken Wirtschafts- und Wissenschaftsstandort sind bestens qualifizierte Nachwuchsfachkräfte von großer Bedeutung. Mir persönlich ist vor allem auch der regionale Aspekt ein großes Anliegen, weshalb ich mit Projekten wie der „Erlebniswelt Wirtschaft“ oder „Take Tech“ Jugendlichen ihre Chancen in den Unternehmen ihrer Region aufzeigen möchte, um damit der Abwanderung aus dem ländlichen Raum entgegenzuwirken.

Gerade die Initiative „Take Tech“, die bereits auf europäischer Ebene im Rahmen von Erasmus+ als Best-Practise-Beispiel ausgezeichnet wurde, leistet einen wichtigen Beitrag zur Unterstützung unserer Betriebe bei der Suche nach Fachkräften. Ziel von „Take Tech“ ist, Jugendlichen bei erlebnisreichen Betriebsbesuchen praxisnahe Einblicke in steirische Unternehmen zu gewähren, und damit Bewusstseinsbildung zu betreiben für stark gefragte technische und naturwissenschaftliche Berufe, die beste Karrieremöglichkeiten bieten. Um den erlebnisreichen und praxisorientierten Charakter der Betriebsbesuche zu gewährleisten, bietet „Take Tech“ sowohl Workshops und Coachings für Unternehmen als auch Seminare für Pädagoginnen und Pädagogen an, um die Betriebsbesuche jugendgerecht zu gestalten und einen tieferen Einblick in die steirische Wirtschaft zu ermöglichen. Auf der Plattform https://taketech.sfg.at/ geben wir einen Überblick über technische Lehrberufe sowie steirische Unternehmen, die in technischen und naturwissenschaftlichen Berufen ausbilden und außerdem Praktika oder Diplom- bzw. Abschlussarbeiten anbieten.

Auch das Projekt „Erlebniswelt Wirtschaft“, im Rahmen dessen man bei rund 60 regionalen Unternehmen ganzjährig hinter die Kulissen blicken kann, leistet einen wichtigen Beitrag zur Berufsorientierung. Durch das Öffnen der Betriebe geben die Unternehmen jungen interessierten Menschen und auch deren Eltern die Chance, die vielfältigen beruflichen Möglichkeiten kennenzulernen.

In Zukunft werden wir ein noch stärkeres Gewicht auf die Einbindung der Eltern legen, da diesen bekanntermaßen ein entscheidender Einfluss auf die Ausbildungs- und Berufsentscheidungen ihrer Kinder zukommt.

Um den Mangel an qualifizierten IT-Fachkräften entgegenzusteuern, wurde die IT+ Talenteschmiede initiiert. Mit diesem Projekt soll mittel- bis langfristig die Anzahl der ausgebildeten Fachkräfte im IT-Bereich, insbesondere im Bereich Softwareentwicklung, Data Science und Künstliche Intelligenz signifikant erhöht werden. Durch die Kooperation der steirischen Universitäten mit heimischen Schulen werden den 10- bis 19-Jährigen die Berufsbilder der IT aufgezeigt. Es werden auch Fortbildungsworkshops für Lehrerinnen und Lehrer angeboten, um den MINT-Schwerpunkt zu verstärken.

Ein weiteres, international beachtetes Referenzprojekt, das von meinem Ressort unterstützt wird, ist die „BerufsFindungsBegleitung", wodurch Jugendliche, Eltern und Unternehmen dabei unterstützt werden, den Übergang von Schule zu Ausbildung und Beruf erfolgreich zu gestalten.

Lehre: gute Karten für die Zukunft

Dass die initiierten Maßnahmen gegen den Fachkräftemangel greifen, zeigt der erfreuliche Umstand, dass die Steiermark im Jahr 2018 bundesweit mit einem Plus von sechs Prozent die meisten Lehranfängerinnen und Lehranfänger verzeichnen konnte. Vor allem vor dem Hintergrund der demografisch bedingt sinkenden Anzahl der Jugendlichen in unserem Land ist das ein Zeichen dafür, dass die Ausbildungsform der Lehre geschätzt wird und das Image der Lehre nicht so negativ ist, wie oft behauptet wird.

Ich bin überzeugt, dass sich dieser Trend fortsetzen wird, denn jungen Menschen wird immer mehr bewusst, dass sie mit einer Lehre gute Karten für die Zukunft haben.

Ein wichtiger Schritt war dabei auch die Einführung der Lehre mit Matura sowie die Einführung der Berufsmatura für all jene, die ihre Berufsausbildung bereits abgeschlossen haben. Diese Maßnahmen tragen dazu bei, die Attraktivität der Lehre zu erhöhen und steigern die Chancen auf Weiterqualifizierung nach Abschluss der Lehre.

Auch das traditionell erfolgreiche Abschneiden der österreichischen und insbesondere der steirischen Teilnehmerinnen und Teilnehmer bei den EuroSkills und den WorldSkills zeigt, dass die Berufsausbildung in Österreich ein Erfolgsmodell ist, um das uns viele Länder beneiden. Von den außerordentlichen Talenten und beeindruckenden Fähigkeiten unserer Nachwuchsfachkräfte kann man sich im Jahr 2020, wenn die EuroSkills erstmals in der Steiermark stattfinden werden, selbst ein Bild machen.

An dieser Stelle möchte ich den Ausbildungsbetrieben danken, die ihr Wissen und ihr Know-how den jungen talentierten Mitarbeiterinnen und Mitarbeiter in den steirischen Betrieben vermitteln. Sie legen damit den Grundstein für die erfolgreiche Weiterentwicklung des Wirtschaftsstandortes Steiermark!

JOSEF PESSERL

Lehrlings- und Fachkräftemangel: attraktivere Arbeitsbedingungen, Aus- und Weiterbildung!

Die anhaltende Hochkonjunktur hat eine deutliche Entspannung auf dem Arbeitsmarkt gebracht. Das ist in erster Linie einmal erfreulich. Sinkende Arbeitslosenzahlen und steigende Beschäftigung stellen volkswirtschaftlich eine Win-win-Situation dar. Der Vorteil für die Beschäftigten liegt auf der Hand. Stabile Verhältnisse auf dem Arbeitsmarkt sind über den Umweg höherer Kaufkraft aber auch im Interesse der Wirtschaft. Nicht zuletzt profitiert auch das Gemeinwesen in Form höherer Steuern und Sozialabgaben.

Dies festzuhalten erscheint mir notwendig, um die aktuelle Diskussion über den in manchen Bereichen tatsächlich vorhandenen Fachkräftemangel ins rechte Licht zu rücken. Dieser Mangel soll keineswegs kleingeredet werden, bedarf aber so mancher Relativierung. Es darf beispielweise nicht übersehen werden, dass es auch in Phasen der Hochkonjunktur nach wie vor Problemgruppen auf dem Arbeitsmarkt gibt, etwa die Generation 50+. Die Tendenz, dass ältere Arbeitnehmerinnen und Arbeitnehmer als „zu teuer" aus dem Erwerbsleben gedrängt werden, scheint auch in Zeiten steigenden Arbeitskräftebedarfs nicht gänzlich zu stoppen. Ein weiterer Aspekt der Diskussion um die Fachkräfte ist, dass es sich in vielen Fällen um einen Personalmangel handelt, der den nicht gerade attraktiven Arbeitsbedingungen geschuldet ist. Dabei geht es nicht ausschließlich um die Bezahlung, sondern auch um Rahmenbedingungen wie Arbeitszeiten, Betriebsklima oder freiwillige Sozialleistungen. Und es ist kein Zufall, dass gerade jene Branchen, die die unattraktivsten Arbeitsplätze anbieten, in der Öffentlichkeit am lautesten „Fachkräftemangel" rufen.

Nicht wegzudiskutieren ist – das höre ich überall, wo ich hinkomme – ein Lehrlingsmangel, genauer gesagt ein Mangel an jungen Menschen, die eine Lehre machen wollen und auch die nötigen Voraussetzungen dafür mitbringen. Dieser Mangel hat mehrere Gründe:

1. Das Image der Lehre: „Wenn du in der Schule nicht ordentlich lernst, musst du arbeiten gehen." Wer kennt diesen Satz nicht, der verkehrter nicht sein könnte. Denn dieser Satz suggeriert, dass es quasi eine Strafe ist, einen Beruf erlernen zu müssen. Dabei ist das Gegenteil der Fall: Eine Lehre kann ein wesentlich besseres Sprungbrett für die

spätere Berufslaufbahn sein als beispielsweise eine AHS-Matura. Eine Imagekampagne für den Lehrberuf ist also notwendig. Die Sozialpartner haben das erkannt und zahlreiche Initiativen gesetzt, mit dem Ziel, das Image der Lehre zu verbessern.

2. Versäumnisse in der Vergangenheit: Nicht verschwiegen sollte auch werden, dass sich sehr viele Betriebe in der Vergangenheit von der Lehrlingsausbildung verabschiedet haben. Offenbar in der Annahme, dass die Fachkräfte vom Himmel fallen. Nicht wenige Lehrbetriebe klagen zu Recht darüber, dass die von ihnen ausgebildeten Fachkräfte nach Absolvierung der Lehre abgeworben werden. Dieser Wettbewerbsverzerrung zwischen Betrieben, die in Ausbildung investieren, und solchen, die das nicht für notwendig erachten, wollen die Gewerkschaften mit einem Lehrlingsfonds begegnen. In einen solchen Fonds würden alle Betriebe Mittel für die Ausbildung einbringen, profitieren würden aber nur jene, die tatsächlich auch Lehrlinge ausbilden. Ein logischer Vorschlag, der bei den Arbeitgebern bisher unverständlicherweise auf taube Ohren gestoßen ist. Eine solche Maßnahme würde auch zwangsläufig dazu führen, dass Betriebe bei der Ausbildung stärker kooperieren. Lehrinhalte werden insbesondere in technischen Berufen immer komplexer, so dass nicht alle Betriebe in der Lage sind, alle Lehrinhalte zu vermitteln. Kooperationen wären also ein Gebot der Stunde. Nicht hilfreich in diesem Zusammenhang sind übrigens die Bestrebungen, der überbetrieblichen Lehrausbildung in Lehrwerkstätten die Mittel zu kürzen. Das wäre wohl der sprichwörtliche Schuss ins Knie.

3. Das Bildungsniveau vieler Pflichtschulabgänger: Die Tatsache, dass jeder fünfte Pflichtschulabgänger Schwierigkeiten mit den Grundkulturtechniken Lesen und Schreiben sowie mit einfachen Rechenaufgaben hat, ist schlicht inakzeptabel. Hier ist das Bildungssystem gefordert. Meiner Überzeugung nach kann die Antwort nur lauten, viel mehr Ressourcen in die Bildung zu stecken. Das fängt in den Kindergärten an, die als Bildungsstätten und nicht als „Aufbewahrungsorte" verstanden werden müssen. Dazu bedarf es zahlreicher Maßnahmen, um die KindergartenpädagogInnen zu entlasten, etwa was die Gruppengrößen angeht. Und das kostet Geld. Ebenso wie Verankerung der Ganztagesschule mit verschränktem Unterricht als Regelschule. Denn ob wir es wollen oder nicht: Die Zeiten, in denen ein Elternteil zu Hause geblieben ist und die Kinder bei den Hausaufgaben unterstützt hat, sind aus verschiedenen Gründen weitgehend vorbei. Gerade in sozial schwächeren Haushalten sind die Eltern oft gar nicht in der Lage, ihre Kinder entsprechend zu unterstützen. Auf diese Änderungen in der Gesellschaft muss das System Schule reagieren, unter anderem um zu gewährleisten, dass Pflichtschulabgänger reif für eine Berufsausbildung sind. Denn von den Arbeitgebern wäre es wohl zuviel verlangt – und viele wären damit wohl auch überfordert – erst einmal die grundsätzlichen Defizite ihrer Lehrlinge zu beheben, ehe es an die eigentliche Berufsausbildung geht.

Gerade wenn es um den Kampf gegen tatsächlichen oder vermeintlichen Fachkräftemangel geht, spielt die Qualifizierung des vorhandenen Arbeitskräfte-Potenzials eine wichtige Rolle. In diesem Zusammenhang muss allerdings festgestellt werden, dass die berufliche Weiterbildung in Österreich ein Stiefmütterchen-Dasein fristet. Dass beispielsweise dem Arbeitsmarktservice ausgerechnet die Mittel für die Qualifizierung Arbeitsloser gekürzt werden, ist absolut kontraproduktiv. Sinnvoller wäre es, diese Mittel ganz gezielt einzusetzen, um das vorhandene Arbeitskräftepotenzial für sogenannte Mangelberufe zu qualifizieren.

Berufliche Weiterbildung wird in Zukunft vor dem Hintergrund der Digitalisierung unbedingt eine erheblich größere Rolle spielen müssen. Denn in einem Punkt gehen sämtliche Studien über die Auswirkungen der Digitalisierung konform. Der Quantensprung in der Technologisierung, der der gesamten Lebens- und Arbeitswelt durch die Digitalisierung prophezeit wird, ist insbesondere eine Herausforderung für die Bildungspolitik. „Lebensbegleitendes Lernen" wird mit der Digitalisierung eine Notwendigkeit. Für die ArbeitnehmerInnen selbst, aber auch für die Betriebe, weil der vielbeschworene Fachkräftemangel sonst zum Dauerzustand würde. Es entsteht aber nicht der Eindruck, dass das alle Beteiligten verstanden haben und entsprechend handeln.

Es ist jedenfalls hoch an der Zeit, diese Hausaufgaben – attraktivere Arbeitsbedingungen, Ausbildung, Weiterbildung – zu erledigen, ehe an die Rekrutierung von zusätzlichen Arbeitskräften aus dem Nicht-EU-Ausland zu denken ist. Aus meiner Sicht macht es wenig Sinn, Personalbedarf auch langfristig mit zusätzlichen ausländischen Arbeitskräften zu begegnen und gleichzeitig das vorhandene Arbeitskräftepotenzial (ältere Arbeitnehmer, Frauen, Personen ohne weitere Berufsausbildung nach dem Pflichtschulabschluss) links liegen zu lassen.

„Flexibilisierung": Zauberwort oder Themenverfehlung?

Ein Zauberwort, mit dem viele glauben, einen regionalen Mangel an Fachkräften kompensieren zu können, lautet „Flexibilisierung". Verstanden wird darunter meist die Mobilitätsbereitschaft der ArbeitnehmerInnen. Dazu ist einmal festzuhalten, dass diese Mobilitätsbereitschaft – sei es freiwillig oder unfreiwillig – ohnehin stark ausgeprägt ist. In der Steiermark gelten mehr als 340.000 ArbeitnehmerInnen als PendlerInnen. Das heißt, dass diese Personen jetzt schon gezwungen sind, mehr oder weniger lange Anfahrtswege zu ihrem Arbeitsplatz in Kauf zu nehmen. Mehr als 40.000 pendeln sogar in ein anderes Bundesland. Immerhin gilt eine Anfahrtszeit von einer Stunde als zumutbar. Das entspricht einer Verlängerung der täglichen Arbeitszeit um bis zu zwei Stunden. Den ArbeitnehmerInnen mangelnde Mobilitätsbereitschaft zu unterstellen, ist also eine glatte Themenverfehlung. Und der berühmte „arbeitslose Koch aus dem Burgenland", der alles liegen und stehen lassen soll, wird einen saisonalen Arbeitskräftemangel in einem Vorarlberger Schigebiet auch nicht beheben können.

Diese bereits gelebte Flexibilität gilt auch für die in diesem Sommer heiß diskutierte Arbeitszeit. Denn es ist festzuhalten, dass die vor allem von Arbeitgeberseite immer geforderte und von der Regierung einseitig beschlossene „Arbeitszeitflexibilisierung“ auch ohne das umstrittene Gesetz in vielen Kollektivverträgen schon lange ermöglicht wird. Allerdings mit einem entscheidenden Unterschied: Das neue Gesetz ermöglicht es de facto, einen 12-Stunden-Tag einseitig zu verordnen, ohne Mitsprache des Betroffenen bzw. des Betriebsrates. Denn die im Nachhinein ins Gesetz reklamierte „Freiwilligkeit“ ist in sehr vielen Fällen das Papier nicht wert, auf dem sie steht. Das ist wohl jedem, der auch nur einen Tag im Berufsleben verbracht hat, vollkommen klar. Denn die Beschäftigten sind auf Einkommen und ein gutes Betriebsklima angewiesen. Ein weiterer entscheidender Unterschied: Durch die Mitsprache des Betriebsrates ist gesichert, dass es einen entsprechenden Ausgleich für Mehrarbeit gibt, um gesundheitliche Folgen abzufedern – beispielsweise in Form längerer Freizeitblöcke.

Die gesundheitlichen Folgen längerer Arbeitszeiten sind auch unsere größte Sorge. Schon jetzt sind psychische Erkrankungen, die nicht selten Folge des steigenden Drucks in der Arbeitswelt sind, Hauptursache für krankheitsbedingte Frühpensionen. Zu den möglichen gesundheitlichen Auswirkungen kommen Probleme mit der Vereinbarkeit von Beruf und Familie und nicht zu vergessen die für die Zivilgesellschaft unentbehrlichen ehrenamtlichen Tätigkeiten, wenn wir etwa an die Freiwillige Feuerwehr denken. Hauptkritikpunkt bleibt daher, dass mit dem neuen Arbeitszeitgesetz sämtliche Mitsprachemöglichkeiten für die ArbeitnehmerInnen zumindest erheblich eingeschränkt, wenn nicht völlig beseitigt wurden.

JOSEF HERK

21st Century Skills oder: Die Frage, wie das heimische (Aus-)Bildungswesen in Zeiten des Fachkräftemangels aussehen sollte

Der Fachkräftemangel ist zu einem bestimmenden Thema in der heimischen Wirtschaft geworden. 75 Prozent aller heimischen Unternehmen leiden bereits jetzt akut darunter. In Österreich fehlen aktuell über 160.000 Professionisten. In vielen Branchen bleiben mehr als 50 Prozent der offenen Stellen mehr als sechs Monate unbesetzt. Die Ursachen sind vielschichtig. Die ungünstige demografische Entwicklung, Rigiditäten am Arbeitsmarkt oder falsche Anreize aus dem Sozialsystem sind mit Sicherheit wesentliche Faktoren und tragen sicherlich zur Verschärfung der Lage bei. Die richtige Bildungswahl sowie die Qualität des Bildungsangebots sind auf lange Sicht gesehen jedoch die entscheidenden Determinanten, wenn es um die Sicherung des Hauptrohstoffs einer kleinen Volkswirtschaft wie Österreich geht: top-ausgebildete und eigenverantwortliche Menschen. Daher gilt es, im Bildungssystem endlich jene Reformen in Gang zu setzen, die seit Jahrzehnten in Diskussion sind. Dazu gehört auch, unangenehme Fragen zu stellen, kontraproduktive Haltungen zu überdenken und zeitgemäße Lösungswege aufzuzeigen. Einige davon möchte ich im Folgenden kurz umreißen.

In welchem Jahr lebt unser Bildungsangebot?

„Wissen ist Macht" ist ein altbekanntes Zitat, das zur Zeit unserer Großeltern schon in aller Munde war. Und folgerichtig wird an unseren Bildungsanstalten nach wie vor Wissen vermittelt. Frontal, nach Noten, Methode Multiple Choice. Dabei wissen wir spätestens seit Alexander von Humboldt (er starb 1859), dass der eigentliche Zweck der Bildung die Persönlichkeitsentwicklung ist. Lernen ist heute mehr denn je dann sinnvoll, wenn es Fähigkeiten und Kenntnisse ausbildet, um immer wieder neu lernen zu können. Die Voraussetzung dafür aber ist, dass man sich nicht über Kurse, Zeugnisse oder Titel definiert – sondern vielmehr weiß, wer man ist. Bei aller Liebe zur freien Studienwahl: Hier müssen Zugangsbeschränkungen lenkend eingreifen, denn es gibt viele dieser Jobs nicht, für die wir ausbilden.

Die richtige Bildungswahl und die schwierige Rolle der Eltern

Die Rolle der Eltern im Zusammenhang mit der richtigen Bildungswahl ist eine schwierige. Denn: Alle Eltern wünschen sich das Beste für ihre Kinder. Dennoch verliert der Arbeitsmarkt Jahr für Jahr viele Jugendliche durch falsche Ausbildungsentscheidungen. Nach wie vor werden diese Entscheidungen meist auf Empfehlung der Eltern getroffen, doch oftmals passen die Absichten und Motive der Eltern nicht zu den Talenten ihrer Kinder. Ebenso oft verfügen Eltern nicht über ausreichende Informationen über aktuelle Entwicklungen in der Berufswelt. Vor allem hohe Schulabbruchraten bzw. Ausbildungswechselraten sind ein Beleg für diese Entwicklung: In etwa jeder Vierte in der AHS und jeder Dritte in der BHS bricht die Schule ab oder wechselt die Ausbildung. Die Lehre wird hingegen nach wie vor weit unter ihrem Wert geschlagen: „Wenn du nicht brav lernst, musst' eben eine Lehre machen!" Diese Haltung gehört ins Museum. Spätestens jetzt, da der Lehrabschluss endlich als Qualifikation mit der AHS-Matura gleichgestellt wird!

Selbstständigkeit und Eigenverantwortung

Auch im Bildungsbereich muss deutlich werden, dass ein neues Zeitalter angebrochen ist. Ein Zeitalter, das von Globalisierung, Digitalisierung, von ökologischen und sozialen Herausforderungen sowie von hohem Tempo geprägt ist. Was braucht diese Zeit? Die wesentlichen Eigenschaften der Zukunft heißen meiner Meinung nach Selbstständigkeit und Eigenverantwortung. Denn die Herausforderungen unserer Zeit brauchen Menschen, die Komfortzonen verlassen, die Risiko abschätzen, die Verantwortung für sich und andere übernehmen, die Entscheidungen treffen und die ihre Ideen umsetzen. Auch das muss unser Bildungssystem unterstützen. Wenn das nach Unternehmertum klingt, dann ist das durchaus beabsichtigt. Aber es muss uns klar sein, dass es auch in Schulen und Unis, in Krankenhäusern und gemeinnützigen Einrichtungen, in Gewerkschaften und in allen anderen Lebensbereichen unternehmerische Menschen braucht. Selbstständigkeit und Eigenverantwortung beginnen eben mit der Schultüte und nicht mit dem Gewerbeschein.

21st Century Skills: WKO-Bildungsoffensive für alle

Wie sieht nun aber eine Bildungsreform in groben Zügen aus, die den heutigen Ansprüchen von Wirtschaft und Arbeitsmarkt Genüge tut und jene Kompetenzen und Eigenschaften fördert, die ich bereits angesprochen habe? In der Wirtschaftskammerorganisation haben wir im Rahmen eines tiefgreifenden Strategieprozesses jene Bausteine definiert, die ein Bildungssystem der Zukunft beinhalten sollte und haben uns dabei auch selbst in die Pflicht genommen.

Wir müssen künftig vor allem wieder mehr Augenmerk auf die Erfüllung von Grundkulturtechniken richten, die sogenannten MINT-Fächer forcieren und das soziale Prestige der Lehre heben. Wesentliche Handlungsfelder sind u.a. die Förderung individueller Talente, die Ausrichtung des Bildungsangebots am künftigen Bedarf, die Durchgängigkeit von Bildungspfaden, die Unterstützung für ausbildende Unternehmen und die Forcierung von Wirtschaftskompetenzen in der Schule. Die WKO unterstützt die Erfüllung dieser öffentlichen Aufgaben durch gezielte Leuchtturm-Projekte. Dazu gehören, um nur einige herauszugreifen, die Implementierung einer virtuelle Lernplattform – einer Lernwelt der Wirtschaft für alle, die triale Berufsausbildung –, die auf den Möglichkeiten der Digitalisierung aufsetzt, oder die Einrichtung eines Campus der Wirtschaft. Mit Letzterem wird eine neue, physische Bildungsinfrastruktur geschaffen. Sie bietet für alle Gesellschaftsgruppen Zugang zu neuen Technologien sowie Infrastrukturen und fördert die direkte Vernetzung.

Bildung und das damit verbundene Know-how sind, wie bereits mehrfach betont, die wichtigste Ressource unseres Landes. Diese gilt es entsprechend ihrer Bedeutung zu fördern. Darum investieren wir als WKO massiv in diesem Bereich! Die öffentliche Hand sollte es uns gleichtun. In Zeiten des Fachkräftemangels und der digitalen Revolution ist Bildung kein hehres Ziel, sondern absolute Notwendigkeit!

Rezepte gegen den Fachkräftemangel

Volle Auftragsbücher, sprudelnde Unternehmensgewinne, sinkende Arbeitslosigkeit: Österreichs Wirtschaft, speziell der steirischen, geht es so gut wie schon lange nicht mehr. Doch die Freude ist getrübt – viele Firmen klagen, dass ihnen die Fachkräfte ausgehen. Neu ist die Aufregung jedoch nicht: Jeder Aufschwung zieht einen Fachkräfteengpass nach sich. Wenn sich die Zahl der Arbeitsuchenden in der Steiermark wie aktuell innerhalb von 24 Monaten um knapp 10.000 Menschen (minus 22 Prozent) reduziert, spüren das die Unternehmen stark. Klagen über den Mangel an verfügbaren Fachkräften waren schon Mitte der 1980er Jahre zu vernehmen, ebenfalls während des Technologiebooms 2000 und auch in den Jahren 2007/08, also kurz vor der Banken- und Wirtschaftskrise.[1]

Der derzeitige Fachkräftemangel vor allem in den handwerklich-technischen Berufen beruht auf dem Rückgang der Lehrausbildungen während der Rezession der 1990er Jahre. So sank die Zahl der Lehrlinge in Österreich von 1986 bis 2016 um satte 35 Prozent.[2] Daher gibt es unter den heute 40- bis 50-Jährigen verhältnismäßig wenig ausgebildete Arbeitskräfte. Natürlich hängt ein Fachkräfteengpass auch von der Nachfrage ab – und je nach Region und Branche fällt er unterschiedlich aus. Während ländliche Regionen teils dramatisch an Einwohnern und damit Arbeitskräften verlieren, wachsen die städtischen Ballungsräume. Die Folge: Auf dem Land wird es zunehmend schwieriger, bestimmte offene Stellen zu besetzen. Normalerweise würden dann Jobs in Mangelbereichen durch höhere Gehälter und verbesserte Arbeitsbedingungen an Attraktivität gewinnen. Zumindest bis 2017 zeigen der „Allgemeine Einkommensbericht 2018" des Rechnungshofes[3] oder die Regionalstatistik der steirischen Arbeiterkammer hier aber keine sprunghafte Tendenz.

Keine einfachen Wahrheiten

Im September 2018 bezifferte die Wirtschaftskammer den geschätzten Fachkräftebedarf in Österreich mit 162.000 Personen.[4] Der steirische Anteil daran: 20.000. Ich teile den grundsätzlichen Befund, dass es einen Fachkräfteengpass in verschiedenen Regionen und Branchen gibt, die Gesamtzahl erscheint mir aber deutlich zu hoch. Könnten alle 20.000 Vakanzen tatsächlich besetzt werden, dann wäre die Beschäftigung von 2017 auf 2018 nicht um 15.500 Personen oder 3,1 Prozent gestiegen, sondern hätte sich um 35.500 Arbeitskräfte erhöht, was einem Plus von sieben Prozent entspräche. Bereits eine Steigerung um drei Prozent ist außerordentlich und einmalig in den Nuller-Jahren; die höchsten je gemessenen Wachstumsraten gab es im Bundesland Steiermark 1973 mit plus 5,2 Prozent und 1955 mit plus 4,3 Prozent. Auch lässt sich nicht nachvollziehen, dass sich ein derart großer Zusatzbedarf an Arbeitskräften weder in den gemeldeten offenen Stellen beim AMS noch in den Jobinseraten in Print und Online oder in den Aufträgen der Zeitarbeitsbranche niederschlägt. Von allen 75.500 offenen Stellen, die dem steirischen AMS im Jahr 2018 gemeldet wurden, entfielen 32.300 auf FacharbeiterInnen und ein Gutteil davon wurde besetzt.

Die demografische Herausforderung

Der Alarmismus beim Fachkräftemangel dürfte bei der nächsten wirtschaftlichen Stagnation und einem Anstieg der Arbeitslosigkeit wieder verstummen. Ein viel bedeutenderes Thema ist jedoch die künftige demografische Entwicklung. Seit dem Rekordjahr 1963 mit 134.809 sank die Zahl der Geburten in Österreich, der bisherige Tiefpunkt wurde 2001 erreicht (75.458). Nur dank der Zuwanderung konnte die Zahl der Geburten zuletzt halbwegs konstant gehalten werden. Bleibt diese aus, ist mit einem weiteren Rückgang zu rechnen.

Der demografische Wandel bezeichnet gemeinhin die Vergreisung der Gesellschaft aufgrund geringer Geburtenraten und höherer Lebenserwartung. Aufgrund dessen sinkt auch kontinuierlich das Erwerbspersonenpotenzial, also die Zahl jener Menschen zwischen 18 und 65 Jahren, die grundsätzlich dem Arbeitsmarkt zur Verfügung stehen. Das reale Arbeitskräfteangebot ist jedoch nochmals geringer: So könnte beispielsweise eine alleinerziehende Mutter theoretisch 40 Stunden in der Woche arbeiten, tatsächlich ist sie aber aufgrund ihrer Erziehungsverantwortung „nur" 20 Stunden beschäftigt. Zuletzt stiegen auch hierzulande die Erwerbsquoten von Frauen und Älteren. Dieses Potenzial kann und muss noch besser ausgeschöpft werden. Dafür müssen jedoch die Rahmenbedingungen passen, etwa die flächendeckende Verfügbarkeit von Kinderbetreuungsplätzen.

Seitens der Arbeitgeberverbände wurde zuletzt verstärkt der Zuzug ausländischer Fachkräfte gefordert, die Neuregelungen bei der Rot-Weiß-Rot-Karte bringen nun eine Ausweitung der Mangelberufe und eine Regionalisierung. Das sind gute Ansätze, die aber meines Erachtens zu kurz greifen. Ob jemand überhaupt nach Österreich kommen will, das hängt nicht nur von der Bundespolitik ab. Wer einmal in Osteuropa bei einer internationalen Jobbörse einen österreichischen Stand betreut hat, weiß, dass unser Land bei den dort lebenden Menschen nicht das Zielland Nummer eins ist. Die Lieblingsdestinationen qualifizierter Auswanderer sind das englischsprachige Ausland, Skandinavien und vor allem Deutschland. Zudem brummt in vielen östlichen Staaten die Wirtschaft stärker als bei uns, ist die Arbeitslosigkeit geringer und sind qualifizierte Arbeitskräfte dort ebenfalls Mangelware. 2007 gaben wir eine Studie zum Fachkräftemangel in Auftrag[5], deren Schlussfolgerungen – gerade zum Ausländerthema – noch heute Gültigkeit haben.

Hilfe von außen alleine kann die Probleme also nicht lösen, Österreich bzw. die Steiermark müssen selbst handeln. Der heimische Arbeitsmarkt bietet Möglichkeiten, die noch immer viel zu wenig Beachtung finden.

Wir haben ein Qualifikationsproblem

Der Fachkräftemangel droht dann tatsächlich chronisch zu werden, wenn die Generation der Babyboomer in den nächsten Jahren in Pension geht und es bis dahin nicht besser gelingt, den bestehenden Mismatch zwischen den von arbeitsuchenden Personen angebotenen und den von den Unternehmen nachgefragten Qualifikationen zu schließen. Trotz der vielen schwer besetzbaren (FacharbeiterInnen-)Stellen sind in der Steiermark noch immer ca. 11.000 Menschen arbeitslos, die mit entsprechender Unterstützung diese Stellen besetzen könnten.

Das Schließen dieser qualifikatorischen Lücke ist Aufgabe der Bildungs- und Arbeitsmarktpolitik, bezieht aber auch die Wirtschaft mit ein. Das Bildungsangebot muss sich dahingehend anpassen, dass das nachgefragte Know-how auch gedeckt werden kann. Schwerpunkte wären dabei eine fachlich fundierte Berufsorientierung an allen Schulen, eine qualitätsgesicherte, moderne duale Ausbildung, die Förderung von Mädchen für technische Ausbildungen und der Ausbau des dualen Studiums. Ohne stärkere Investitionen in die (betriebliche) Weiterbildung wird es auch nicht gehen. In Deutschland reagiert die Politik mit einem „Qualifizierungschancengesetz“: Dieses soll ermöglichen, dass Beschäftigte unabhängig vom Alter, vom Unternehmen und des Ausbildungsstandes in den Firmen qualifiziert werden können. Der heimischen Politik ist ähnliches zu empfehlen.

Vorhandene Potenziale werden übersehen

Nach wie vor schöpfen wir bestehende Potenziale am Arbeitsmarkt zu wenig aus – ich denke hier an Ältere, Frauen und MigrantInnen. Das erfordert natürlich Umschulungsmaßnahmen. Das AMS hat mit der „Arbeitsplatznahen Qualifizierung“ (AQUA) und Implacementstiftungen Instrumentarien entwickelt, um mit Unterstützung der Landespolitik und in enger Zusammenarbeit mit den Betrieben maßgeschneidert arbeitslose Personen für offene Stellen zu qualifizieren.

Auch Rekrutierungsstrategien sind selten auf Nachhaltigkeit ausgerichtet. Betriebe denken zu kurzfristig und statt auf Ausbildung wird auf Leiharbeit gesetzt. Jeder Jagd nach Fachkräften in der Hochkonjunktur folgen tausende Entlassungen während einer Rezession. Dann kann man sich hinterher nicht über mangelndes Interesse der Jugend an technischen Berufen beklagen. Wir müssen hin zum Recruiting von Fachkräften, unabhängig vom wirtschaftlichen Zyklus. Einstellungsstopps in schlechteren Zeiten, Personalabbau und Frühpensionierungen haben schließlich in der Vergangenheit den Fachkräftemangel verschärft.

Zuwanderung und Digitalisierung als Chancen

Die Zuwanderung qualifizierter Fachkräfte wird in der Zukunft notwendig sein, das alleine ist aber keine Lösung und schon gar nicht die prioritäre. Unser Land steht im beinharten internationalen Wettbewerb um die besten Köpfe, es droht aber eine Nebenrolle, da es an einem längerfristig angelegten Konzept fehlt. Österreich muss aber auch herzlicher werden. Es geht nicht nur ums Geld, sondern auch um zwischenmenschliches Miteinander, um echte Integration und Wertschätzung. Toleranz reicht nicht, da das zu Parallelgesellschaften führt, aber auch das alte „Gastarbeiter"-Modell früherer Jahrzehnte hat ausgedient.

Noch ungewiss ist die Auswirkung der Digitalisierung auf die Arbeitswelt: Wir müssen die Rahmenbedingungen dieser massiven Transformation jedoch klug und rechtzeitig so gestalten, dass die Vorzüge überwiegen. Jedenfalls sind steigende Investitionen etwa in Forschung und Entwicklung und höhere Ausgaben für Aus- und Weiterbildung vonnöten, um das allgemeine Qualifikationsniveau der Arbeitskräfte anzupassen und zu erhöhen. Aber: Erst nach zehn Jahren schlägt sich die Digitalisierung in höherem Produktivitätswachstum nieder und kann sie dem demografischen Wandel entgegenwirken.

Noch stärkerer Fokus auf Bildung und Qualifizierung, besseres Ausschöpfen bestehender Potenziale am Arbeitsmarkt, Überdenken der Personalstrategien, (qualifizierte) Zuwanderung und Digitalisierung als Chancen: Die Rezepte gegen den Fachkräftemangel liegen auf dem Tisch, zur Umsetzung sind aber alle Köche gefordert!

1 https://www.ots.at/presseaussendung/OTS_20070301_OTS0182/leitl-zur-regierungsklausur-fachkraeftemangel-mit-klaren-prinzipien-loesen; https://www.ots.at/presseaussendung/OTS_20070214_OTS0129/fachkraeftemangel-ak-gegen-wunschkatalog-der-wirtschaft.

2 Lehrlingsausbildung im Überblick, ibw-Forschungsbericht Nr. 190, Wien 2017.

3 Rechnungshof GZ 105.500/709-PR3/18.

4 Fachkräfteradar 2018, ibw-Forschungsbericht Nr. 191 und 192, Wien, 2018.

5 http://www.forschungsnetzwerk.at/downloadpub/AMS_Endbericht_2009_Fachraeftemangel_Steiermark.pdf.

Weltpanorama

Brexit 2018 – das Jahr der Verzögerung

Es war ein Jahr des Gedenkens und der Jubiläen: das Ende des Ersten Weltkrieges, die Einführung des Frauenwahlrechts und die 68er-Bewegung, um nur einige zu nennen. Fraglich ist, ob das abgelaufene Jahr in Zukunft genauso Anlass für Erinnerungen und Gedenkfeiern bieten wird. Was die Verhandlungen über den Brexit betrifft, wird 2018 sicher als das Jahr der großen Verzögerungen in die Geschichte eingehen. Es begann mit einer vorweihnachtlichen Vereinbarung, welche allerdings sofort den Verdacht zweideutiger Interpretationsmöglichkeiten bei nicht wenigen der verhandelten Themen aufwarf, zuvorderst bei der heiklen Frage, wie eine harte Grenze zwischen Irland und Nordirland verhindert werden könnte. Die Lösung dieses Rätsels erweist sich umso schwieriger, als sich die britischen Tories unter Premierministerin Theresa May in einer Koalition mit der nordirischen Democratic Unionist Party (DUP) befinden, die mit ihren zehn Parlamentssitzen als Mehrheitsbeschafferin der Konservativen im britischen Parlament fungiert. Wie der Name schon sagt, gilt die DUP als Verfechterin der Union mit Großbritannien und engen Verbindungen zu London.

Der heikle Friedensprozess, geschmiedet mit dem Karfreitagsabkommen 1998, ermöglichte den Weg zu einem Konsens zwischen den Befürwortern eines Nordirlands als integralem Bestandteil des Vereinigten Königreichs und jenen, die Nordirland eines Tages als Teil Irlands sehen wollen. Da Großbritannien und Irland zur selben Zeit Mitglied der Europäischen Union (damals EWG) wurden, hat sich die heikle Frage der Grenze bis jetzt nicht gestellt. Mit der Brexit-Entscheidung der britischen Bevölkerung bekam dieses Thema jedoch eine eigene Dynamik in den Scheidungsverhandlungen Großbritanniens mit der EU. Die Unterhändler auf Seiten der Europäischen Union bestanden darauf, dass die Grenzfrage als eines der Hauptthemen in den Verhandlungen behandelt wird, neben den finanziellen Verpflichtungen Großbritanniens nach dem Austritt aus der EU sowie dem rechtlichen Status von Briten in der EU und EU-Bürgern in Großbritannien. Während über die zwei letzteren Themen bereits im Frühling 2018 großteils eine Einigung erzielt werden konnte, spießte es sich an der irischen Frage. Die EU stellte sich hier demonstrativ auf die Seite des Mitgliedstaats Irland, um Großbritannien zu signalisieren, dass ein Austritt aus der EU Isolation und eine schlechtere Verhandlungsposition bedeutet.

Eine Politikerin, die im abgelaufenen Jahr überraschenderweise gegen alle Widrigkeiten wenig Schwäche zeigte, war Theresa May. An die Macht kam May nicht durch eine Wahl der Mitglieder der Tories, sondern verdankte den Posten der Premierministerin den Wirren unter den britischen konservativen Parlamentsabgeordneten nach dem Brexit-Referendum. Nachdem sich alle anderen Kandidaten für das Amt des Premierministers nach dem Rücktritt David Camerons entweder gegenseitig aus dem Spiel genommen oder ihre Kandidatur zurückgezogen hatten, blieb May als Einzige übrig. Von diesem Zeitpunkt an füllte sie jedoch das Amt und deren Aufgaben, welche ihr das Schicksal gebracht haben, mit eiserner Entschlossenheit aus.

Als Innenministerin fiel Theresa May vor dem Referendum nicht unbedingt als eine Politikerin auf, die große Reden zum Thema Brexit schwingt. In einer jedoch sprach sie sich für den Verbleib Großbritanniens in der EU aus. Als Anführerin der britischen Konservativen sah sie sich nun gezwungen, das Gegenteil zu vertreten, eine Aufgabe, die Theresa May jedoch stoisch in Angriff nahm und damit, wie es zunächst schien, auch Erfolg hatte. Bis zu jenem Zeitpunkt, als sie vorgezogene Parlamentswahlen in der Hoffnung ausrief, ihr Hauptkonkurrent Jeremy Corbyn, der Spitzenkandidat der Labour Party, würde abgeschlagen auf dem zweiten Platz landen. Mit einem widersprüchlichen Wahlprogramm und den falschen Themen scheiterte die konservative Wahlkampfmaschinerie. Wollte May den Wahlkampf ganz auf das Thema Brexit fokussieren, schaffte es Corbyn, in den Medien prominent soziale Fragen – die Achillessehne der Tories – zu besetzen. Eine gedemütigte May konnte sich zwar als Premierministerin halten, die absolute Mehrheit war jedoch dahin. War Mays vorgeblicher Grund der vorgezogenen Neuwahl, sich im Parlament für die notwendigen Beschlüsse im Zuge des EU-Austritts ein stärkeres Mandat und eine breitere Mehrheit zu holen, so war nun das Gegenteil der Fall, wie 2018 eindeutig gezeigt hat.

Theresa May arbeitete weiter an Verhandlungen über eine speziell für die Wirtschaft so bedeutsame Übergangsphase nach dem Austritt aus der EU, aber eingeschränkt durch ihre selbst gezogenen roten Linien zum Austritt aus der Zollunion und dem Binnenmarkt. May verwies oft auf eine maßgeschneiderte Vereinbarung, welche sich vom Inhalt her an jenen der EU mit Norwegen und Kanada orientieren sollte. Ein Vorhaben, das sich jedoch zunehmend schwieriger umsetzen ließ. Schließlich einigte sich das britische Kabinett auf den sogenannten „Chequers-Plan", benannt nach dem von den umliegenden Dörfern abgeschiedenen Landsitz des britischen Premierministers und einer dort abgehaltenen Kabinettsitzung im Sommer 2018. Mobiltelefone waren verboten, außerdem sorgten Beamte der Premierministerin dafür, dass während der Kabinettssitzung keine lokalen Taxis gerufen werden konnten, um zu verhindern, dass Minister verärgert aus der Kabinettsitzung stürmen und die Premierministerin so in eine peinliche Lage bringen konnten. Der Chequers-Plan war ein komplizierter Kompromiss, unfreundlich beschrieben als ein für May typisches Ausweichmanöver.

Mays Hoffnung war, alle Seiten zufriedenstellen zu können, als zwar ein Austritt aus der EU ermöglicht wurde, gleichzeitig aber Großbritannien enge Beziehungen zur EU aufrechterhalten sollte. Die britischen Regierungsmitglieder akzeptierten schlussendlich den Vorschlag. Die Tinte unter dem Kabinettsabkommen war allerdings kaum trocken, protestierten bereits zwei Schwergewichte in Mays Kabinett, Außenminister Boris Johnson und Brexit-Minister David Davis. Davis beschwerte sich darüber, nicht in die Verhandlungen eingebunden gewesen zu sein. Diese seien vielmehr auf Beamtenebene geführt worden. Johnson wiederum, bekannt für seine Ambitionen und Extravaganz, startete seine eigene „Chuck Chequers"-Kampagne, um den Plan wieder loszuwerden, und hielt eine flammende Rede beim Parteitag der Konservativen im Herbst 2018. Theresa May jedoch schaffte es, den Parteitag mit einer soliden Rede voller Selbstironie, Humor und einer Tanzeinlage – in Anspielung auf ihr steifes Auftreten im Zuge einer Werbetour der britischen Regierung in Afrika – zu überstehen und sich so im Sattel zu halten.

Der Chequers-Plan wurde ergänzt und in ein über 600 Seiten starkes Dokument voll von technischem und juristischem Jargon gegossen, auf das sich May und die EU in weiterer Folge einigen konnten. Dieses Dokument sollte nunmehr das Scheidungsabkommen zwischen Großbritannien und der EU darstellen und als Vertrag völkerrechtlich bindend sein. Bestandteil des Vertrages war aber auch eine umstrittene Klausel, genannt „Backstop", um eine harte Grenze zwischen Irland und Nordirland zu verhindern. Weiters umfasste das Paket sieben äußerst vage gehaltene Seiten über die zukünftigen Handelsbeziehungen zwischen Großbritannien und der EU, welche allerdings erst nach dem EU-Austritt verhandelt werden sollen und rechtlich auch erst dann verhandelt werden können. Trotz Erweiterung auf 26 Seiten erwies sich diese Absichtserklärung in vielen Punkten weiterhin als unzulänglich, sodass sie harscher Kritik im britischen Unterhaus ausgesetzt war.

Obwohl es Theresa May geschafft hatte, den Scheidungsvertrag auszuhandeln, kam sie – verursacht durch die Backstop-Klausel im Vertrag – nicht ohne politische Schrammen davon. Die britische Regierung versuchte zwar, die zu diesem Thema eingeholten Rechtsmeinungen unter Verschluss zu halten, das britische Parlament erzwang jedoch im Zuge einer Sonderdebatte, trotz Protests des Attorney General, der in einer Publikation einen gefährlichen Präzedenzfall gesehen hatte, deren Veröffentlichung. Das Rechtsgutachten erstreckte sich zwar nur über sechs Seiten, war jedoch in einer unmissverständlichen Sprache. Es führte aus, dass, würde der Backstop so wie vereinbart beschlossen werden, sich Großbritannien nur mit Zustimmung der EU von diesem Zustand wieder lösen werde können. Je länger der Backstop außerdem in Kraft wäre, desto größer sei die Wahrscheinlichkeit einer Zollunion mit Grenze in der Irischen See. Dies führte zu einem Aufschrei nicht nur bei Abgeordneten der DUP und der Labour Party, sondern auch bei vielen Tories, die nicht zum Brexit-Lager zählten. Als sich herausstellte, dass der Vertrag, den Theresa May mit der EU geschlossen hatte, keine Zustimmung im Parlament bekommen würde, zog ihn die britische Regierung nach nur drei Tagen der Debatte zurück. In der Zwischenzeit brachen Hinterbänkler ihrer eigenen Partei ein Misstrauensvotum gegen Theresa May vom Zaun, welches sie zwar überstand, aber umso mehr die Unzufriedenheit vieler Abgeordneter mit der Arbeit der Regierung unter Theresa May aufzeigte.

Theresa May musste zurück nach Brüssel, nur um ein weiteres Mal nach dem Gipfel der Staats- und Regierungschefs im September in Salzburg brüskiert zu werden. Mit leeren Händen kehrte sie ans Rednerpult ins britische Parlament zurück, wo sie nun im Wochentakt den Abgeordneten stundenlang Rede und Antwort stehen muss. Die zermürbende Aufgabe begann nun, Tribut zu zollen, nichtsdestotrotz wiederholte May, dass im neuen Jahr Verhandlungen fortgesetzt und rechtliche sowie politische Lösungen ausgearbeitet werden. Damit wurde ein weiteres Kapitel der schon fast endlosen Geschichte „Brexit-Verhandlungen" hinzugefügt. Wieder konnte sich Theresa May aus einer für sie misslichen Lage befreien, offen bleibt allerdings, was als nächstes kommt.

GÜNTHER PALLAVER

Signori, si cambia!

Die Parlamentswahlen in Italien und die neue Regierung Lega – Movimento 5 Stelle

Die Ausgangspositionen

Das Wahlergebnis ist das Ergebnis des politischen Angebots der Parteien, der Nachfrage der WählerInnen und des spezifischen Kontextes, in dem sich der Urnengang abspielt. Simpel formuliert, es haben jene politischen Kräfte in Italien die Parlamentswahl 2018 gewonnen, deren Aktionen, Vorschläge und Angebote der politischen Nachfrage am nächsten gekommen sind und damit den politischen, wirtschaftlichen und sozialen Kontext am besten widerspiegelt haben.

Die Märzwahlen wurden wesentlich vom Diskurs über zwei Krisen bestimmt: von der Wirtschafts- und von der Migrationskrise. Dabei hat die Wahrnehmung der WählerInnen über diese beiden Themenfelder eine weit wichtigere Rolle gespielt als ihre soziale Wirklichkeit. Denn die Wirtschaft hatte sich objektiv betrachtet erholt, wenngleich diese nicht den Stand des Jahres 2008 erreicht hatte. Der Zuzug von MigrantInnen und AsylwerberInnen war im Jahr vor den Wahlen merklich zurückgegangen, aber ihre Visibilität im öffentlichen Raum hatte nicht abgenommen.

Die Regierungspartei Partito Democratico (PD) und ihre Verbündeten hatten versucht, ein realistisches Bild der Wirklichkeit zu vermitteln, während sich Oppositionsparteien (besonders der Movimento 5 Stelle [M5S] und die Lega) im ständigen Einsatz befanden, die der Wirklichkeit nicht entsprechende negative Wahrnehmung der WählerInnen noch zu verstärken. Den Oppositionsparteien gelang es erfolgreich, das *framing* des politischen Kontextes zu bestimmen. Umfragen bestätigten, dass die Wahrnehmung der WählerInnen zur Wirtschaftslage und zur Einwanderung von den Oppositionsparteien und nicht von den Regierungsparteien bestimmt wurde. Allerdings hing diese Wahrnehmung nicht ausschließlich von der „besseren" oder „schlechteren" politischen Kommunikation ab. Diese Wahrnehmung fiel eher mit der persönlichen Erfahrung der BürgerInnen zusammen und verstärkte das Gefühl, dass diese Krisen weiterhin bestünden.

Dieses allgemein verbreitete Unbehagen verband sich mit einer bereits durch den ehemaligen Ministerpräsidenten und Populisten Silvio Berlusconi propagierten anti-politischen Einstellung gegen „die da oben“: gegen die politische Klasse, gegen die Parteien, gegen die repräsentative Demokratie, gegen die politischen Institutionen – eine Einstellung und Haltung, die zu einer Entfremdung von der Politik (u.a. durch Wahlenthaltung) führte, aber auch zum Protest gegen das Establishment. Dies hatte zur Folge, dass Lega und M5S ihr *framing* auf der Dichotomie „wir“ (Lega, M5S) und „die anderen“ (PD) durchsetzen konnten.

Innerhalb der narrativen „Wir“-Gruppe gab es eine elektorale Arbeitsteilung. Die WählerInnen der Lega waren äußerst stark durch das Thema AusländerInnen geprägt, jene des M5S durch das Anti-Establishment-Thema.

En passant soll noch darauf verwiesen werden, dass Italien seit 1992 bereits mit vier unterschiedlichen Wahlsystemen gewählt hat, 2018 mit dem *Rosatellum*, mit einem gemischten Wahlsystem. 37 Prozent der Sitze in beiden Häusern (Kammer und Senat) werden nach dem relativen Mehrheitswahlsystem in Einerwahlkreisen vergeben. Die restliche Zuteilung erfolgt nach dem Verhältniswahlsystem für jene Parteien, die mindestens drei Prozent der Stimmen erzielt haben. Wahlbündnisse müssen zehn Prozent der Stimmen erreichen, eine Partei des Bündnisses mindestens drei Prozent. Die Stimmen der Parteien mit weniger als drei, aber mehr als einem Prozent werden unter den Parteien des Wahlbündnisses aufgeteilt.

Das Wahlergebnis

Der Movimento 5 Stelle wurde zur stärksten Partei Italiens, die Lega stieg zur stärksten politischen Kraft innerhalb des Mitte-Rechts-Bündnisses auf und überholte erstmals Berlusconis Forza Italia (FI), der Partito Democratico als Regierungspartei und die anderen linken Parteien erlitten eine historische Niederlage. Das ist, kurz auf den Punkt gebracht, das Ergebnis der italienischen Parlamentswahlen vom 4. März 2018.

Das Wahlergebnis weist auf Kontinuitäten und Brüche hin. Beginnen wir bei den Kontinuitäten. Die Wahlbeteiligung hat im Vergleich zu 2013 mit 72,9 Prozent (–2,3 %) nur geringfügig abgenommen. Das Dreiparteiensystem, das bereits bei den Parlamentswahlen vor fünf Jahren sichtbar wurde, ist bestätigt worden, wenngleich sich die Kräfteverhältnisse zwischen den politischen Polen/Bündnissen wie auch zwischen den Parteien, die diese Bündnisse bilden, erheblich verändert hat.

Das Mitte-Rechts-Bündnis (Lega, Forza Italia, Fratelli d’Italia, Noi con l’Italia – UDC) hat mit 37 Prozent am besten abgeschnitten, aber das Ziel, die absolute Mehrheit der Sitze zu erzielen, weit verfehlt (42,1 %). Innerhalb der Koalition hat es aber eine historische Überholung gegeben. Die Lega unter ihrem neuen Leader Matteo Salvini hat mit 17,3 Prozent ein bis dahin noch nie erreichtes Ergebnis erzielt und hat im Vergleich zu 2013 (4,0 %) um mehr als 13 Prozentpunkte zugenommen. Im Gegensatz dazu ist Forza Italia, ehemals Aggregationspol der Mitte-Rechts-Parteien, auf 14 Prozent zurückgefallen, das sind sieben Prozent weniger als 2013 (21,5 %) und gar 24 Prozent weniger als bei den Parlamentswahlen von 2008 (37,8 %).

Stärkste politische Kraft wurde der M5S mit 32,7 Prozent, womit die Partei von Beppe Grillo im Vergleich zu 2013 (25,6 %) um rund sieben Prozentpunkte zulegte. Im europäischen Vergleich stellt dies ein Novum dar, zumal alle neuen Parteien der Nachkriegszeit beim zweiten Urnengang immer Stimmen eingebüßt haben, wie dies beispielsweise für Forza Italia und Podemos (Spanien) der Fall ist, oder gar zum elektoralen Einbruch führte, wie etwa beim Partido Renovador Democrático in Portugal oder bei der Liste Pim Fortuyn in den Niederlanden.

Das Mitte-Links-Bündnis (Partito Democratico, +Europa, Italia Europa Insieme, Civica Popolare, Südtiroler Volkspartei, Partito Popolare Trentino Tirolese) lag 2013, wenn auch nur mehr knapp, an erster Stelle (25,4 %) und fiel im März 2018 mit 18,7 Prozent auf den dritten Platz zurück, während das Bündnis unter 23 Prozent zu liegen kam. Es ist historisch betrachtet das schlechteste Wahlergebnis für die Linke Italiens, zumal auch die Parteien links des Partito Democratico, nämlich Liberi e Uguali (3,4 %) und Potere al Popolo (1,1 %) äußerst schlecht abgeschnitten haben.

Sechs Listen haben die Sperrklausel von drei Prozent überschritten, aber dank Wahlabsprachen und Kandidaturen in den Einerwahlkreisen schafften insgesamt elf Listen den Einzug ins Parlament.

Die Volatilität der Wählerschaft betrug 2018 26,7 Prozent und lag damit um zehn Punkte unter jener des Wahljahres 2013. Allerdings muss ergänzt werden, dass eine Volatilität von über 25 Prozent bei zwei Wahlgängen hintereinander ein äußerst seltenes Phänomen darstellt. Auf 368 Wahlen der Nachkriegszeit in zwanzig europäischen Ländern gibt es im Vergleich zu Italien nur einen einzigen Präzedenzfall, nämlich Island für die Periode 2013–2016. Die hohe Volatilität ist dabei weniger auf eine neue Angebotsseite zurückzuführen, sondern auf die WählerInnenflüsse.

Die Wahlen haben zu einem beträchtlichen Austausch der politischen Klasse geführt, mit einem *turnover* von 65,9 Prozent im Vergleich zu 2013. Der Frauenanteil ist etwas angestiegen und liegt nun bei 35 Prozent. Die im Wahlgesetz vorgesehene Verpflichtung von Listen mit nach Geschlecht alternierenden KandidatInnen in Wahlkreisen nach dem Verhältniswahlsystem hätte einen noch größeren Effekt zugunsten der Frauen erzielen können, sofern diese Regel nicht dadurch umgangen worden wäre, dass Frauen in mehreren Wahlkreisen kandidierten und dann für einen optieren mussten, sodass ein Mann nachrückte.

Die traditionellen politischen Subkulturen haben mit den Wahlen 2018 ihre geografische Zuordnung verloren. 2013 erzielten im geografischen Norden das Mitte-Links- wie das Mitte-Rechts-Lager in etwa denselben Konsens, in der Roten Zone prädominierte noch das Mitte-Links-Lager, im Süden war es zu einem Wettbewerb der drei Lager gekommen.

Mit dem Urnengang von 2018 hat das Mitte-Rechts-Lager im Vergleich zu 2013 sowohl im Norden als auch in der Roten Zone stark an Konsens gewonnen (12–13 %), während es im Süden stagnierte. Der M5S hat im Süden um 26 Prozentpunkte zugelegt, ist aber in der Roten Zone und im Norden im Vergleich zu 2013 gleich geblieben. Das Mitte-Links-Lager hat im Norden vier Prozent verloren, rund das Doppelte aber in der Roten Zone und im Süden. Die ehemalige Rote Zone, die klassische politische Subkultur der Linken, ist mit wenigen übriggebliebenen Enklaven fast verschwunden.

Im Wettbewerb zwischen dem Mitte-Rechts-Lager und dem M5S gibt es eine klare Unterscheidung zwischen dem Norden und dem Süden. Im Norden dominiert das Mitte-Rechts-Lager mit der Lega Salvinis an der Spitze, im Süden der M5S. Allerdings ist die Volatilität der Wählerschaft im Süden weit höher als im Norden, was auf die kommenden Parlamentswahlen Auswirken haben könnte.

Das italienische Wahlergebnis bestätigt einen europäischen Trend hin zu rechtspopulistischen (Lega) und Anti-Establishment Parteien (M5S). Dies hat Parteien (wie den Partito Democratico), die sich für eine grenzübergreifende Integration der Märkte aussprechen, eine multikulturelle Politik verfolgen und libertäre Positionen der höher gebildeten Mittelschichten vertreten, negative Wahlergebnisse beschert. Dazu kam noch die große Wirtschaftskrise der Jahre 2007–2010, während ab 2014 die Flüchtlingswelle aus Syrien, aus dem Kosovo und Afghanistan einsetzte und sich dadurch die soziale Unsicherheit durch die Wahrnehmung einer angeblichen Invasion durch AusländerInnen verstärkte.

Ökonomische Unsicherheit, wahrgenommen durch die Arbeitslosigkeit, und soziale Unsicherheit, wahrgenommen durch die Flüchtlingswelle, haben die Agenda des Wahlkampfes bestimmt. Im reichen Norden hat die Lega mit dem Slogan „Zuerst die Italiener" Wahlkampf betrieben, im Süden hat der M5S die soziale Absicherung zugunsten der Arbeitslosen mit dem Slogan des „Bürgereinkommens" an die erste Stelle gereiht, zumal gerade im Süden Arbeitslosigkeit und Armut am meisten verbreitet sind.

Die Wahlen haben ein Parteiensystem mit vier relevanten Parteien hervorgebracht (Lega, M5S, FI, PD), die in drei antagonistischen politischen Lagern aufgeteilt sind. Keines der drei Bündnisse erreichte eine absolute Anzahl von Mandaten, um eine Regierung zu bilden. Jede mögliche „minimum winning coalition" war durch bestimmte Themen verbunden, aber getrennt durch andere inhaltliche Gegensätze. Lega, Forza Italia und M5S standen sich insgesamt aber näher und in jedem Falle weiter entfernt vom Partito Democratico. Davon ausgehend wäre eigentliche eine große Koalition des Mitte-Rechts-Lagers (Lega, Forza Italia) mit dem M5S naheliegend gewesen. Lediglich bei Fragen zu Europa und Einwanderung hatte der M5S im Laufe der Zeit „weichere" Positionen eingenommen und sich so von den Positionen der Lega etwas distanziert.

Die neue Regierung

Nach der Wahl führte der M5S als stärkste Partei erste Gespräche mit dem PD, die sehr bald abgebrochen wurden, und mit der Lega, die allerdings für den M5S noch viel zu eng mit FI verbunden war. Erst als sich die Lega von FI und Berlusconi trennte und damit aus dem Mitte-Rechts-Bündnis ausscherte, kam es zu Regierungsverhandlungen, die im *Contratto di governo* (Regierungsvertrag) mündeten. Der M5S gilt als hybride (rechts/links) populistische Bewegung, die organisatorisch keine Partei, sondern eine Bewegung sein will. Die Lega Nord gilt heute als eine rechtsextreme Partei, die als rassistisch, sexistisch und xenophob eingestuft wird.

In den 40 Punkten des Vertrags waren die wichtigsten Forderungen der beiden Parteien enthalten: für den M5S das Bürgereinkommen, die Reduzierung der Kosten der Politik und Maßnahmen gegen die Korruption. Für die Lega die *flat tax* mit der Reduzierung der Steuersätze, ein Plan gegen die Einwanderung, eine Pensionsreform und Maßnahmen für die Sicherheit der BürgerInnen.

Die Leader der beiden Parteien, Matteo Salvini für die Lega sowie Luigi Di Maio für den M5S, wurden zu stellvertretenden Ministerpräsidenten ernannt, der völlig unbekannte Giuseppe Conte rückte zum (unsichtbaren) Ministerpräsidenten auf. Von allem Anfang an kam es zu harten Auseinandersetzungen mit der EU wegen der Verabschiedung des Haushaltsplans. Nur knapp entging Italien einem Defizitverfahren, musste dafür aber bei der Ausgabenseite stark zurückrudern. Die beiden wichtigsten Wahlversprechen, das Bürgereinkommen und die Pensionsreform, sind in der Zwischenzeit stark verschlankt verabschiedet worden. Insgesamt blieben aber beide Reformen auf halber Strecke stecken.

Diese beiden Reformen wurden auch mit Blick auf die EU-Wahlen (Mai 2019) verabschiedet. Die Lega, die als EU-feindlich gilt, versucht Matteo Salvini als Leader einer rechtspopulistischen europäischen Allianz zu lancieren (die Lega war in der vergangenen Legislaturperiode im EU-Parlament in der Fraktion Europa der Nationen und der Freiheit organisiert); die Versuche des M5S, neue Fraktionspartner in Europa zu finden, sind bislang gescheitert (der M5S war in der vergangenen Legislaturperiode im EU-Parlament in der Fraktion Freiheit und Direkte Demokratie vertreten). Der M5S gilt als stark eurokritisch und euroskeptisch.

Mehr als bei den Reformen sind die beiden Koalitionsparteien bei der politischen Kommunikation erfolgreich. Seit den Wahlen dominiert der Vizepremier und Innenminister Matteo Salvini die öffentliche Szene, weit stärker als sein Kollege, Vizepremier sowie Minister für Wirtschaftliche Entwicklung, Arbeit und Sozialpolitik Luigi Di Maio. Dies hat sich auch im Umfragekonsens niedergeschlagen. Die Lega liegt seit Monaten bei durchschnittlich 30 Prozent und darüber (Parlamentswahl: 17,3 %); der M5S bei rund 25 Prozent (Parlamentswahl: 32,7 %). Trotz ständiger interner Koalitionskonflikte und externer

Konflikte mit der EU-Kommission und anderen EU-Institutionen (z.B. EZB) genießt die Regierung das Vertrauen von rund 60 Prozent der wahlberechtigten BürgerInnen Italiens.

Verwendete Literatur:

Biorcio, Roberto/Natale, Paolo: Il Movimento 5 Stelle: dalla protesta al governo, Milano/Udine: Mimesis.

Cavallaro, Matteo/Diamanti, Giovanni/Pregliasco, Lorenzo (2018): Una nuova Italia. Dalla comunicazione ai risultati, un'analisi delle elezioni del 4 marzo, Roma: Castelvecchi.

Forestiere, Carolyn/Tronconi, Filippo (Hg.): Politica in Italia. I fatti dell'anno e le interpretazioni. Edizioni 2018, Bologna: il Mulino.

Itanes (2018) (Hg.): Vox populi. Il voto ad alta voce del 2018, Bologna: il Mulino.

Ministero dell'Interno (2018): Elezioni 2018, http://www.interno.gov.it/it/speciali/elezioni-2018 (5.1.2019).

Passarelli, Gianluca/Tuorto, Dario (2018): La Lega di Salvini. Estrema destra di governo, Bologna: il Mulino.

Valbruzzi, Marco/Vignati, Rinaldo (Hg.): Il vicolo cieco. Le elezioni del 4 marzo 2018, Bologna. Il Mulino.

REINHARD HEINISCH

Die Kongresswahlen 2018 als Abstimmung über Präsident Trump

Die Wahlen zum US-amerikanischen Kongress am 5. November 2018 waren vor allem eine Abstimmung über die Präsidentschaft von Donald Trump. In dieser Hinsicht war dieser Urnengang einzigartig. Zwar sind zu allen Zeiten Opposition und Medien bemüht, den sogenannten Midterms eine nationale Dimension zu verleihen, da dem amtierenden Präsidenten oft eine Schlappe droht, doch selten nimmt dieser die Herausforderung auch öffentlich an. Anders agierte Donald Trump, der ganz offen diese Wahl zum Referendum über seine Person und Amtsführung hochstilisierte. Damit spielten beide Seiten mit einem hohen Einsatz. Das Kalkül Trumps war gewiss, den Erfolgsdruck für die Demokraten nach oben zu schrauben. Sollten diese den Erwartungen nicht zu entsprechen vermögen, würde Trump einen weiteren Überraschungssieg für sich reklamieren können. Wie lassen sich nun Vorgeschichte, Wahlkampf und Ergebnis interpretieren?

Grundannahmen

Dieser Aufsatz analysiert die Ausgangsbedingung, politischen Optionen und die Strategie der maßgeblichen Akteure in den Kongresswahlen 2018 und bietet eine Interpretation des Ergebnisses als Ausgangslage für zweite Hälfte der Amtszeit des Präsidenten. Zunächst muss daran erinnert werden, dass am Wahltag viele verschiede Ämter auf allen Ebenen gewählt werden, wobei sich lokale und regionale Faktoren mit nationalen Trends überlagern und somit durchaus unvorhersehbare Ergebnisse entstehen können. Bundesweit stehen immer alle Mitglieder des US-Abgeordnetenhauses und jeweils ein Drittel des US-Senates zur Wahl. Wie es der Zufall wollte, bestand diese Gruppen an SenatorInnen zu einem Großteil aus Demokraten, da diese vor sechs Jahren zusammen mit Obamas zweiten Wahlsieg und einer demokratischen Welle in den Senat gelangt waren. Diese „Überlebenden" der Obama-Zeit mussten sich nun unter gänzlich anderen Voraussetzungen zur Wiederwahl stellen. Hierbei war es von vornherein statistisch unwahrscheinlich, dass alle ihre Wiederwahl schaffen würden. Außerdem waren vielen von ihnen seinerzeit nur mit dem Zugpferd Obama ganz oben auf dem Stimmzettel in den Kongress gelangt. Nun auf sich allein gestellt hatten sie in ihren eher konservativen

Wahlbezirken wenig Chancen. Daher war stets zu befürchten, dass die Republikaner im Senat ihren knappen Vorsprung noch ausbauen würden.

Normalerweise folgen Präsidentenwahlen und Midterms einer jeweils unterschiedlichen politischen Logik. Bei ersterem entscheidet die Popularität des Präsidentschaftskandidaten über die Wahlbeteiligung. Ein Stimmenmagnet an der Spitze sorgt für sogenannte *Coattail*-Effekte, also dafür, dass angehängt an dessen „Rockzipfel" die anderen BewerberInnen derselben Partei mitgezogen werden. Bei den Midterms fehlt nicht nur dieser Effekt, sondern es bleiben viele Parteigänger des jeweiligen Präsidenten auch zu Hause, weil sie entweder zufrieden oder enttäuscht sind. Dafür gehen eher die Gegner zur Wahl, da sie dem Amtsinhaber einen Denkzettel verpassen wollen. Somit ist das Elektorat der Midterms und der Präsidentenwahlen jeweils ein etwas anderes, was an der typischerweise deutlich niedrigeren Wahlbeteiligung sehr gut ablesbar ist. Die Wählerschaft bei den Zwischenwahlen ist vergleichsweise älter, „weißer" und konservativer, was für die Demokraten ein struktureller Nachteil ist. Hingegen sind es jüngere WählerInnen und ethnische Minderheiten, die für die Demokraten wahlentscheidend sind.

Eine weitere Hürde für die Demokraten stellten jene vielen Wahlbezirke dar, deren Grenzen so gezogen wurden, dass die Republikaner einen Wahlvorteil hatten. Nach jedem Zensus werden in den USA nämlich die Wahlbezirke neu eingeteilt, was in der Regel von der im Bundesstaat regierenden Partei zu eigenen Gunsten vorgenommen wird. Diese „Gerrymandering" genannte Vorgehensweise unterstreicht einmal mehr die Schwäche der Demokraten auf Landesebene vor allem in den Flächenstaaten abseits der Küsten. Vor den Midterms waren überhaupt nur 16 der Gouverneure Demokraten. Somit konnten die Republikaner darauf zählen, mit relativ weniger Stimmen relativ mehr Sitze zu bekommen. Außerdem konzentriert sich das Gros der demokratischen WählerInnen auf vergleichsweise wenige, dafür jedoch bevölkerungsreiche Staaten.

Zudem bevorzugt die Verfassung strukturell die eher konservativen Flächenstaaten, so hat Kalifornien mit seinen 38 Millionen Einwohnern nur zwei SenatorInnen, während die selbe Zahl an Einwohnern aufgeteilt auf 23 andere Bundesstaaten ausreicht, um 46 SenatorInnen zu bestellen. Ein weiteres Problem waren die politisch motivierten Versuche, die Teilnahme an den Wahlen durch bürokratische Hürden zu erschweren. Die Republikaner hatten in vielen Landesteilen neue Gesetze erlassen, die zusätzliche Registrierungsmaßnahmen und Dokumente für die Anmeldung zur Wahl vorschrieben.[1] Der offizielle Grund war, einem vermeintlichen Wahlbetrug vorzubeugen. Die Demokraten sprachen dagegen vom selektiven Ausschließen ethnischer Minderheiten sowie weniger mobiler und ärmerer Personen, die Schwierigkeiten hätten, sich diese Dokumente rechtzeitig zu besorgen oder sich im Internet entsprechend zu registrieren.

Ausgangslage

Schon früh zeichnete sich ab, dass die Midterms 2018 eine sogenannte „base election" werden würden. Dabei gewinnt jene Seite, die in der Lage ist, ihre Basis zu den Urnen zu bringen. Wer es darüber hinaus noch schaffen würde, zusätzliche Bevölkerungsteile anzusprechen, konnte sich des Wahlsieges sicher sein. Für beide Seiten gab es relativ klare Szenarios, wie ein Erfolg zu erzielen sei, dennoch gab es widersprechende Umfragedaten und erwies sich Trump für Gegner und Verbündete als höchst unberechenbar. Auf dem Papier hatten die Demokraten eine gute Ausgangslage. Des Präsidenten Umfragewerte waren fast die gesamte Amtszeit hindurch extrem schlecht gewesen und wenn man die guten Konjunkturdaten miteinberechnet, schlechter als die aller Vorgänger seit dem Zweiten Weltkrieg.[2] Eine lange Abfolge von Skandalen, zahlreiche Rücktritte enger Mitarbeiter, Enthüllungen, öffentliche Blößen, Fehltritte, peinliche Tweets, kontroverse Aussagen und nicht weniger als 17 behördliche Untersuchungen wegen diverser Vergehen begleiteten den Mann im Weißen Haus. Die Umfragedaten besagten auch, dass sowohl die demokratische Basis als auch parteiunabhängige WählerInnen immer wieder ihre Missbilligung und scharfe Ablehnung gegenüber Trump äußerten. Vor diesem Hintergrund war an sich ein Erdrutschsieg der Demokraten zu erwarten, vor allem, wenn berücksichtigt wird, dass historisch gesehen Präsidenten mit Popularitätswerten unter 50 Prozent im Durchschnitt etwa 30 Sitze im Abgeordnetenhaus verlieren.

Dennoch konnte man die Ausgangslage auch gänzlich anders lesen. Gerade Trump hatte immer wieder bewiesen, dass Aktionen und Aussagen, die jede andere Präsidentschaft schon längst beendet hätten, ihm politisch wenig anzuhaben schienen. Seine Basis hielt ihm nicht nur die Treue, sondern unter Republikanern war der Präsident noch immer äußerst populär.[3] Dass er mit seinen politischen Botschaften bei älteren weißen, männlichen Wählern außerhalb der urbanen Zentren durchaus zu reüssieren wusste, hatte er bereits in den Präsidentschaftswahlen eindrucksvoll bewiesen.

Grundsätzlich lässt sich die Trump-Präsidentschaft als großes gesellschaftspolitisches Experiment verstehen. Seit geraumer Zeit war dem politischen Establishment in den USA bewusst gewesen, dass innerhalb der nächsten 20 Jahre die Weißen zur Minderheit in der Bevölkerung werden würden. Obama war in gewisser Hinsicht ein Vorbote dieser Entwicklung gewesen. Vor diesem Hintergrund empfahlen viele den Republikanern nach der Niederlage gegen Präsident Obama, sich gegenüber Immigranten und Minderheiten hin stärker zu öffnen und dabei homophobes, rassistisches und sexistisches Gedankengut in den eigenen Reihen stärker zu bekämpfen. Eine kleine Gruppe rechter Aktivisten, darunter die späteren Berater Trumps wie Steven Bannon und Stephen Miller, waren jedoch überzeugt, dass vor allem mit weißen Wählerstimmen sowie mithilfe eines „Backlash" gegen den drohenden Machtverlust der Weißen aktuell Wahlen zu gewinnen wären. In gewisser Hinsicht muss man die Trump-Präsidentschaft auch unter diesem Gesichtspunkt verstehen und somit ebenfalls seine Popularität in bestimmten Wählerschichten.[4]

Mochte Trump auch der Gegenstand von Häme und Kritik in den Establishment-Medien wie der „New York Times“ oder der großen Fernsehanstalten zu sein, seine Basis erwies sich gegen diese Vorwürfe immun. Sie konsumierte alternative Medien der rechten und teilweise extremrechten Szene, darunter Nachrichtenplattformen wie Breitbart, Infowars, den Drudge Report, die Rush Limbaugh Show oder Sender wie FOX News. Gerade letzterer betrieb eine Art intensiver Hofberichterstattung, wobei deren führende Kommentatoren Shawn Hannity oder Lou Dobbs sogar häufig mit Trump konferieren.[5] Dieser wiederum bezieht sich in seinen Tweets häufig auf Informationen des Senders. Zudem mochten Trumps Popularitätswerte zwar vergleichsweise schlecht sein, aber sie lagen immer noch über jenem Prozentsatz, der es ihm erlaubte, 2016 die Wahlen zu gewinnen. Immerhin genügten ihm dafür nur 27 Prozent der Wählerstimmen.

Man konnte also davon ausgehen, dass der Präsident mithilfe der ihm gewogenen Medien, seiner loyalen Basis und seiner unterhaltsamen Wahlkampfauftritte sein Wählerpotenzial maximal ausschöpfen würde können. Da obendrein die Wirtschaft boomte, war davon auszugehen, dass der Präsident und seine Partei besser abschneiden würden, als es die Umfragen vermuten ließen. Diesen war auch nicht in jedem Fall zu trauen, da viele Befragte angesichts des kontroversen Präsidenten ihre Unterstützung nicht offen zeigen wollten.

Ein weiteres Problem war aus Sicht der Demokraten, dass diese, abgesehen von ihrer Fundamentalkritik an Trump, thematisch zunächst wenig anzubieten hatten und in politischen Richtungsfragen zerstritten waren. Somit schien Trump trotz niedrigerer Umfragewerte analog zur Präsidentenwahl wieder eine gute Chance zu haben, die Demokraten um den Sieg zu bringen. Außerdem bestand, wie erwähnt, die Wählerschaft der Midterms üblicherweise aus älteren weißen, konservativen und somit eher republikanisch gesinnten WählerInnen.

Trump als Produkt einer ideologisch polarisierten Parteienlandschaft

Die Republikanische Partei, auch Grand Old Party (GOP) genannt, hatte sich lange gegen ihre Übernahme durch den Außenseiter Donald Trump gewehrt. Hierbei muss angemerkt werden, dass Parteien in den USA eine andere Rolle spielen als in Europa. Ihre Hauptaufgabe besteht in der Organisation von Wahlen, der Präsentation von KandidatInnen und dem Aufbringen der Finanzmittel für Wahlkämpfe. Es gibt keine Parteiapparate und Funktionärskader im europäischen Sinn und die Finanzierung der strategisch wichtigeren KandidatInnen in einer Wahlperiode erfolgt in der Regel erst nach parteiinternen Vorwahlen.

Zwar rückte die Republikanische Partei seit den 1970er Jahren sukzessive nach rechts, doch ist diese keineswegs monolithisch und umfasst mindestens vier bis fünf Untergruppen. Diese standen bisher für verschiedene Richtungen und unterstützten in den Vorwahlen unterschiedliche KandidatInnen. Trump zählte jedoch nie zu einer dieser Gruppierungen. Zwar dominiert die sozialkonservative Fraktion die Partei und sind die politisch Moderaten seit geraumer Zeit im Rückzug, dennoch stellte Trump ein Novum für die GOP dar. Er entspricht wesentlich eher den typischen Rechtspopulisten europäischen Zuschnitts als den amerikanischen Rechten und schaffte es somit, eine große Establishment-Partei zu übernehmen und politisch umzuorientieren.[6]

Der Begriff Populismus steht hier für ein Ideensystem, das von einem Antagonismus zwischen einem rechtschaffenen und homogenen Volk einerseits und korrupten Eliten und volksfremden Gruppen andererseits ausgeht. Letztere stellen eine Bedrohung für das Volk dar. Populisten präsentieren sich als Change Agents und verheißen Erlösung aus dem vermeintlichen Leidenszustand, indem sie versprechen, die korrupten Eliten zu verjagen und den vermeintlich früher herrschenden Zustand eines selbstbestimmten Volkes wiederherzustellen. Trumps Slogans „make America great again" oder „drain the swamp" sind Beispiele populistischen Denkens. Im Rechtspopulismus verbinden sich diese Forderungen mit jenen der extremen Rechten, wonach Fremde(s) – entweder Einwanderer oder internationale Interessen – zusammen mit den ihnen verbündeten liberalen Eliten eine vor allem soziokulturelle Bedrohung für das amerikanische *Ethnos* und dessen Identität darstellen.

Vor Trump hatte die GOP eher gegenteilige Grundsätze, die in einem ausgeprägten (Neo-)Liberalismus ruhten und Leistungsdenken, individuellen Wettbewerb und persönliche Freiheit hochhielten. Die Republikaner traten daher stets für eine offene Wirtschaft und überwiegend für eine US-geführte internationale Ordnungs- und Bündnispolitik ein. Trumps politische Aussagen im Sinne einer kaum verhüllten rassistischen Identitätspolitik, angelehnt an eine weiße Leitkultur, sind dieser republikanischen Programmatik fremd und fanden sich allenfalls an den extremen Rändern der amerikanischen Politik.[7]

Zwar gab es innerhalb der GOP die sogenannten Wertekonservativen („value conservatives" oder „social conservatives"), die christlich-fundamentalistische und extrem kulturkonservative Positionen vertraten und heute zu Trumps Basis zählen, dennoch kann man diese nicht automatisch mit Rechtspopulisten oder Nationalisten gleichsetzen. Allerdings trugen die von Wertekonservativen ausgehenden Kulturkampfdiskussionen ab den 1990er Jahren zu einer nachhaltigen Ideologisierung der Parteipolitik in den USA bei. Obwohl die Demokraten damals betont marktliberale und restriktive sozialstaatliche Positionen von den Republikanern übernahmen, erhöhte sich die Polarisierung und Entfremdung zwischen beiden Parteien stetig.[8] Auch in der Wählerschaft wurde die politische Mitte zugunsten deutlich ausgeprägter Verschiebungen nach rechts und (etwas weniger) nach links ausgedünnt. Die Zunahme ideologischer Gegensätze führte auch zu einer Verschlechterung des Klimas im Kongress, wo vor allem im Senat die einstmals berühmte Kultur des Konsenses und der parteiübergreifenden Freundschaften einer Politik der Kompromisslosigkeit und gegenseitigen Blockaden wich. Die Verschärfung des politischen Klimas und die verhärtete Rhetorik zwischen den Parteien brachte es mit sich, dass politische Hardliner mit der Zeit moderate Kongressabgeordnete ersetzten.

Die zunehmende Wertediskussion befeuerte ein neues mediales Ökosystem zunächst in Form rechts- und wertekonservativer Radio- und Fernsehsender diverser Kirchen und politischer Organisationen und später durch dessen Verlagerung in die sozialen Medien. Im Gegenzug entstand bei den Demokraten eine identitätsorientierte Gegenströmung, die sich wiederum besonders der Rechte sexueller und rassischer Minderheiten und Immigranten annahm und betont kosmopolitisch-säkulare Wertvorstellungen vertrat. Damit setzte jedoch ein parteipolitischer Dealignment-Prozess ein, wobei klassische demokratische Wählergruppen der kleinstädtischen unteren Mittelschicht und Arbeiterschaft sowie ältere WählerInnen vor allem fernab der Küstenregionen zunehmend die Republikaner unterstützten. Gleichzeitig neigten traditionell republikanische Parteigänger wie gutausgebildete Fachkräfte, die Bildungsschichten und das städtische Bürgertum zunehmend dazu, Demokraten zu wählen, vor allem in und um die großen Metropolen des Landes.

Im eskalierenden Kulturkampf wurde die Symbolpolitik zu Ungunsten sozioökonomischer Fragen zunehmend wichtiger. Themen wie die Klimaerwärmung, die Reform der umfassenden Krankenversicherung, Einwanderungsreformen, Wahlrechtsreformen oder selbst die Regulierung des individuellen Waffenbesitzes – alles Themen, bei denen es seinerzeit in beiden Parteien konstruktive und durchaus kompromissfähige Politikansätze gab – wurden immer mehr zu Prinzipienfragen, wobei KandidatInnen gegensätzliche Alles-oder-nichts-Positionen einnehmen mussten, um von der eigenen Partei als wählbar zu gelten und in Vorwahlen eine Chance zu haben.

Der Mitbewerber wurde vom politischen Gegner zum ideologischen Feind erklärt, der um jeden Preis – auch um den unlauterer Mitteln – zu schlagen war. Als sich etwa die GOP-Präsidentschaftskandidaten John McCain und Mitt Romney weigerten, im Wahlkampf gegen Obama unlautere Methoden einzusetzen, wurden beide von der eigenen Parteibasis scharf kritisiert. Donald Trump hatte weit weniger Skrupel und fabrizierte die Anschuldigung, Obama wäre kein gebürtiger Amerikaner, sondern stamme aus Afrika. Er begründete damit sogar eine Art politische Basisbewegung auch „Birther Movement" genannt, die eine Art Nukleus seiner späteren Basis darstellte.[9] Das aufgeheizte Klima, die ideologische Radikalisierung und zunehmend negative Meinung über den politischen Gegner trugen zu jenen Umständen bei, in denen jemand wie Donald Trump erfolgreich sein konnte. Sein politischer Diskurs orientierte sich von Anfang an am Vergiften innenpolitischen Klimas und verknüpfte diesen mit den Feindbildern der extremen Rechten. Hierbei sei an seine Eröffnungsansprache beim Wahlkampfauftakt erinnert, als es behauptete: „When Mexico sends its people, ... They're bringing drugs. They're bringing crime. They're rapists."[10]

Obwohl Trump von den Veränderungen innerhalb der GOP profitierte, entsprang er dennoch keiner ihrer Gruppierungen. Am ehesten korreliert seine politische Sichtweise mit den Ansichten der Tea Party, einer am rechten Rand der Partei angesiedelte Basisbewegung verunsicherter, vor allem weißer Bevölkerungsteile der Mittelschicht und unteren Mittelschicht. Es sind jene gesellschaftlichen Gruppen, die auch in anderen Ländern dazu neigen, rechtspopulistische Parteien zu unterstützen, da sie sich durch einschneidende gesellschaftliche Veränderungen mit einem tatsächlichen oder vermeintlichen Status- sowie Kontrollverlust konfrontiert sehen.

Die bisherige Amtszeit Trumps und deren parteipolitische Auswirkungen

Da Trump nicht ins übliche republikanische Schema passte und er sich im Wahlkampf gegen Eliten positionierte, bestand bei den Demokraten zunächst eine gewisse Hoffnung, sich mit ihm in bestimmen Bereichen arrangieren zu können. Es ging darum, punktuell eine gemeinsame Agenda etwa bei Infrastrukturinvestitionen oder Arzneimittelpreisen durchsetzen zu können. Doch rasch wurde klar, dass Trump zwei Maximen treu blieb. Erstens würde er nur Gesetzesinitiativen verfolgen, die dem konservativen Flügel der GOP verpflichtet waren. Darunter fielen eine umfassende Steuersenkung, die Ernennung eines sehr konservativen Richters zum Obersten Gerichtshof und die Abschaffung der bei den Konservativen ungeliebten Obama'schen Krankenversicherung (was jedoch letztlich scheiterte). Zweitens musste Trump immer wieder seine rechtspopulistische Basis bedienen, indem er gegenüber Einwanderern betont Härte zeigte, im internationalen Kontext besonders nationalistisch auftrat oder Aussagen von sich gab, die speziell Demokraten und liberale Medien provozieren sollten. Diese Vorgehensweise hatte durchaus Kalkül und war für Trump politisch überlebensnotwendig. Bei der Gesetzgebung war der Präsident einerseits vollkommen von der republikanischen Kongressmehrheit, und hierbei besonders vom rechtskonservativen Flügel abhängig. Andererseits war er für eine allfällige Wiederwahl auf die volle Unterstützung seiner rechten Basis angewiesen.

Die Ausgangslage der beiden Parteien war am Beginn der Amtszeit Trumps denkbar unterschiedlich. Die Republikaner hatten einen ihrer größten politischen Erfolge erzielt und kontrollierten nicht nur die Präsidentschaft und beide Häuser des Kongresses, sondern auch anstehende Ernennungen zum Obersten Gerichtshof. Allerdings erzeugte die Machtfülle für die Regierungspartei auch einen Erwartungs- und Erfolgsdruck, da man sich nicht mehr auf die Demokraten als Sündenböcke ausreden konnte. Folglich traten innerhalb der GOP bald die latenten innerparteilichen ideologischen Gegensätze stärker zu Tage. An einer Mischung aus überzogenen Forderungen und Unvermögen scheiterte letztlich auch der Versuch, die von Obama eingeführte Krankenversicherung abzuschaffen oder gar zu ersetzten. Auch die alles entscheidende Steuerreform, ein Ziel, das die Partei seit vielen Jahren verfolgte, wäre beinahe gescheitert, hätte nicht der gewiefte Stratege und Senatsvorsitzende Mitch McConnell im Hintergrund und ohne Weißes Haus die Fäden gezogen.

Für die GOP war und blieb jedoch Präsident Trump ihr größtes Problem, da dieser sich oft als ahnungslos und durch seine öffentlichen Kommentare als wenig hilfreich erwies. Die Skandale und Untersuchungen gegen ihn taten ein Übriges. Als jedoch einzelne prominente und somit vermeintlich unangreifbare Republikaner den Präsidenten zu kritisieren begannen, bezahlten sie einen hohen politischen Preis. Sie fielen bei ihrer Wählerbasis durch, verloren Vorwahlen oder sahen sich massiver interner Kritik ausgesetzt. Statt dass es der Partei gelang, ihren Präsidenten zu disziplinieren, wurde die GOP immer mehr zur Partei Trumps, wobei prominente parteiinterne Kritiker entweder zunehmend schwiegen oder ihr Ausscheiden aus der Politik ankündigten. Darunter befand sich auch der prominente junge Speaker des Repräsentantenhauses und einstige Hoffnungsträger der Partei, Paul Ryan, der sich immer schärferer Kritik der Trump-Fraktion unter seinen Abgeordneten ausgesetzt sah.

Die Demokraten befanden sich in einer umgekehrten Situation. Sie hatten nach der unerwarteten Wahlschlappe von 2016 sichtlich Mühe, Tritt zu fassen, waren führerlos und in sich gespalten. Der linke Flügel, darunter die vielen Anhänger des parteifernen Sozialisten Bernie Sanders, argumentierte, dass die Wahlschlappe eine Folge einer zu gemäßigten, profillosen Politik gewesen wäre und daher das Wahlvolk nicht genügend mobilisiert hätte. Speziell habe man es verabsäumt, ehemalige Kernwählergruppen wie die Industriearbeiterschaft mit progressiven Umverteilungsmaßnahmen anzusprechen. Der pragmatische Flügel wiederum meinte, dass die Demokraten zu sehr mit linken und ultraliberalen Sonder- und Nischenthemen wie *Black Lives Matters*, Schwulenrechten oder radikalen Umverteilungsvorstellungen in Verbindung gebracht würden und daher für die breite Mittelschicht unwählbar geworden seien. Die ehemalige „Kleine-Leute-Partei" kümmere sich heute eher um die Anliegen urbaner Eliten, so lautete eine interne Kritik.

Dennoch einte Gegnerschaft zu Trump letztlich die Partei und führte zu einer beispiellosen Flut an Wahlspenden und einem Zustrom neuer Kandidaturen, vor allem von Frauen. Die offensichtlichen Schwierigkeiten der Republikaner, ihre Agenda durchzubringen und des Präsidenten permanente Kontroversen und Konflikte überdeckten alle innerdemokratischen Konfliktlinien und machten Trump zum Hauptthema für die Midterms.

Die Strategien der beiden Parteien anlässlich der Kongresswahlen 2018

Bereits in den ersten Nachwahlen 2017 zeigte sich, dass die Demokraten weit über das übliche Maß hinaus zu mobilisieren verstanden. Die Wahlsiege oder knappen Niederlagen in konservativen Wahlbezirken nährten früh die Hoffnung auf eine sogenannte „blaue Welle", also einen Umschwung im Repräsentantenhaus, der über das übliche Maß hinausging. Außerdem hoffte man, dass eventuell auch der Senat zu knacken wäre.

Es war zwar klar, dass die Wahlen ein Referendum über den beim Mainstream unbeliebten Präsidenten sein würden, dennoch wollte man dabei vermeiden, die Fehler von 2016 zu wiederholen. Zum einen war man bestrebt, nicht auf die Provokationen des Präsidenten hereinzufallen und somit nicht in die identitätspolitische Falle zu tappen. Trump hatte mehrmals durch Aussagen und in Tweets auf Gefahren verwiesen, die vermeintlich von Flüchtlingen und MigrantInnen ausgingen. Eine sich der US-Grenze vom Süden her nähernde Ansammlung von mittelamerikanischen Flüchtlingen wurde vom Präsidenten zur Invasionsgefahr hochstilisiert, wofür er sogar das Militär mobilisierte. Hierbei vermieden es die Demokraten, automatisch eine Gegenposition einzunehmen, um nicht sogleich als Verteidiger illegaler Immigranten oder gar einer externen Bedrohung dazustehen. Gleichzeitig versuchte man, Trump und die Republikaner dort zu kritisieren, wo deren Politik die Bevölkerung am meisten traf. Das war einerseits das Thema der von Obama eingeführten Krankenversicherung, deren Bestand durch diverse Maßnahmen der Trump-Regierung zunehmend gefährdet war. Andererseits versuchte man, durch gezielte Kritik an Trumps Lebensstil und seinen provokanten Aussagen über Minderheiten und Frauen an das moralische Gewissen und Gerechtigkeitsempfinden vieler WählerInnen zu appellieren.

Den Demokraten half auch, dass dieses Mal keine landesweite Kandidatin wie Hillary Clinton zur Wahl stand. Somit konnten in unterschiedlichen Landesteilen auch unterschiedliche Themen und Kritikpunkte an der Trump-Regierung forciert werden. So waren Trumps Aussagen über Latinos und Klimawandel eher ein Thema in Kalifornien, während die Frage der Krankenversicherung im Mittleren Westen thematisiert wurde oder Moral und Sexismus in den suburbanen mittelständischen Wohngegenden der Metropolen. Die Außen- und Bündnispolitik war so gut wie kein Thema.

Auch die Republikaner vermochten die politische Ausgangslage entsprechend zu deuten, konnten sich jedoch nicht eindeutig von Trump distanzieren. Die loyale Basis bestrafte in den Vorwahlen beinahe alle Kandidaten, die an Trump Kritik übten. Im Laufe des Sommers 2018 gelang es Trump außerdem, seine Umfragewerte zu stabilisieren und er zeigte sich ungewöhnlich diszipliniert. Seine Wahlkampfauftritte richtete er auf Gegenden aus, wo er seine Basis mobilisieren konnte und wo ein konservativer Senatssitz auf dem Spiel stand. Wie schon 2016 war Trump ein exzellenter Wahlkämpfer, der seine Anhänger zu begeistern verstand. In vielen Fällen halfen seine Auftritte den besonders konservativen republikanischen KandidatInnen, sich im innerparteilichen Wettstreit durchzusetzen. Es blieb jedoch bis zum Wahlabend unklar, ob der Präsident vor allem jene Wählergruppen motivieren würde, die ohnehin die GOP wählen, oder auch andere. Dass Trump in konservativen und kleinstädtisch strukturierten Landesteilen populär war, wusste man. Doch war dies genug, um jene „blaue Welle" zu kompensieren, die sich in und um die großen Metropolen und entlang der Küsten abzeichnete?

In der Schlussphase des Wahlkampfes setzte Trump beinahe nur noch auf das Thema Flüchtlinge und die bedrohliche „Karawane" an der mexikanischen Grenze.[11] Trotz Bedenken im Pentagon mobilisierte er 5.000 Soldaten, pikanterweise genau zu den Familienfeiertagen um Thanksgiving.[12] Hinter vorgehaltener Hand waren republikanische Wahlstrategen darüber sehr unglücklich, weil dies moderate WählerInnen abermals an Trumps Image als radikalen und kontroversen Politiker erinnerte.[13] Dort meinte man eher, der Präsident solle die guten Wirtschaftsdaten und Steuersenkungen betonen. Das Thema Immigration war für den Präsidenten jedoch so entscheidend, dass er via Twitter sogar einem Massaker in einer Synagoge in Pittsburgh die Schuld gab, von seinem Hauptthema abzulenken.[14]

Das Wahlergebnis der Midterms 2018 und dessen Konsequenzen

Der Wahlabend begann für die Demokraten mit einer Reihe Enttäuschungen, die zunächst den Eindruck vermittelten, die Partei habe einmal mehr einen erwarteten Sieg am Ende aus der Hand gegeben. Das entsprach auch der internationalen Wahrnehmung, zumindest unmittelbar nach dem Urnengang.[15] Es war zudem bald offensichtlich, dass wie erwartet der Senat in republikanischen Händen bleiben würde. In zahlreichen prominent besetzten Wahlschlachten scheiterten zudem die demokratischen Herausforderer, zwar zumeist auf republikanischem Terrain und denkbar knapp, aber dennoch. Besonders tragisch aus demokratischer Sicht war, dass im Schlüsselstaat Florida alle demokratischen Bewerber ihre Wahlen für die wichtigsten Ämter verloren. Auch die Niederlagen der Kandidaten für die Gouverneursposten von Florida, Andrew Gilium, und Georgia, Stacy Abrams, sowie das knappe Scheitern von Beto O'Rourke gegen den texanischen Senator und Tea Party-Konservativen Ted Cruz waren ein Schlag für viele progressive Demokraten, die große Summen in deren Wahlkampagnen gepumpt hatten. Insgesamt hatten die Demokraten beinahe ein Drittel mehr an Wahlkampfspenden aufgebracht als die Republikaner, so motiviert hatte sich ihre Basis gezeigt.

Zwar zeichnete sich von Anfang an eine extrem hohe Wahlbeteiligung ab, doch war zunächst unklar, welche Seite davon profitieren würde. Mit 49,3 Prozent war die Wahlbeteiligung bei den Midterms somit die höchste seit 100 Jahren. In verschiedenen Gegenden, vor allem in Städten, bildeten sich lange Warteschlagen, dazu kamen Logistikprobleme und Schwierigkeiten mit der oft alten Wahlinfrastruktur. In einigen Gegenden entschied man sich, die Wahllokale länger offen zu halten, damit zumindest die Personen in der Wartereihe noch wählen konnten. In jedem Fall trafen dadurch die Wahlergebnisse vieler bevölkerungsreicher Gegenden erst sehr spät ein und wurden in Hochrechnungsmodellen nicht adäquat berücksichtigt. Somit sah es am frühen Abend für die Republikaner deutlich besser aus – Donald Trump sprach auf Twitter sogar von einem Erfolg und behauptete fälschlicherweise, dass alle Kandidaten, die ihn unterstützt hatten, erfolgreich waren und nur Abtrünnige bestraft worden wären.[16]

Erst allmählich, teilweise sogar Tage später, wurde das Ausmaß des republikanischen Wahldebakels sichtbar – für eine Übersicht über alle Ergebnisse siehe „The New York Times: 2018 Midterm Election Results“[17]. Im Abgeordnetenhaus konnten die Demokraten 41 Sitze der Republikaner erobern – die höchste Anzahl seit 1974 – und über zwölf Millionen mehr Stimmen gegenüber den Republikanern für sich verbuchen. In weiten Teilen des Nordostens und in Kalifornien waren kaum noch republikanische Abgeordnete übriggeblieben. Doch selbst in eher konservativen mittelständischen Gegenden wie Virginia, Oklahoma oder im sogenannten Rust-Belt im Mittleren Westen waren die Demokraten erfolgreich.

Das Wahlergebnis war vor allem auch ein Erfolg für Kandidatinnen. Nachdem eine unvergleichlich große Anzahl von über 250 Bewerberinnen angetreten war, würden nun 102 bzw. 23,4 Prozent statt wie bisher 89 weibliche Abgeordnete im Repräsentantenhaus vertreten sein. Im Senat wiederum stieg der Frauenanteil von 23 auf 25 Senatorinnen und liegt daher mittlerweile bei 25 Prozent. Bezeichnend ist, dass fast 90 Prozent dieser weiblichen Abgeordneten bei den Demokraten anzutreffen sind.

Die Wahlen brachten auch in anderer Hinsicht viel Neues für den Kongress, wie etwa die ersten beiden Musliminnen, die erste bekennende Sozialistin und die erste Palästinenserin, die ersten beiden indianisch-stämmigen weiblichen Abgeordneten sowie zahlreiche VertreterInnen des progressiven Flügels der Demokraten, besonders solche von bisher wenig bis gar nicht vertretenen ethnischen Minderheiten. Am bekanntesten darunter ist zweifellos Alexandria Ocasio-Cortez aus New York City, die mit 29 Jahren jüngste Kongressabgeordnete in der US-Geschichte und ebenfalls eine der progressivsten. Auch bei den Gouverneurswahlen waren die Demokraten höchst erfolgreich, hatten sie doch einen Zugewinn von sieben, darunter den ersten sich offen zu seiner Homosexualität bekennenden Gouverneur, sowie die erste Gouverneurin von Maine. Sechs Tage nach der Wahl und nach Auszählung aller Stimmen wechselte sogar noch ein Senatssitz im Bundesstaates Arizona von den Republikanern zu den Demokraten. Auch hier siegte eine Kandidatin. Die Demokraten stehen somit in ihrer Buntheit für ein gänzlich anderes Amerika als die beinahe zur Gänze aus älteren weißen Männern bestehende republikanische Kongressdelegation.

Die Wahlen zeigten somit einmal mehr die großen politischen Differenzen im Land, denn die Republikaner konnten sich in ländlichen Gebieten und Kleinstädten sowie in den Präriestaaten und im Süden – besonders in Florida und Texas – behaupten. Dagegen fielen die Städte und das städtische Umland selbst in konservativen Bundesstaaten reihenweise an die Demokraten. Besonders die an sich eher den Republikanern zugeneigten politisch moderaten Vorstadtgürtel und die Mittelschicht, hier ganz besonders die Frauen, entschieden sich mehrheitlich für die Demokraten.

Im Gegensatz zu Obama, der nach seinen Niederlagen sichtlich reumütig und mit Kooperationsangeboten an die politischen Gegner reagierte, handelte sein Nachfolger gänzlich anders. Bestärkt im Glauben, dass er nur seiner Basis von 30 bis 35 Prozent seine bisherigen Erfolge verdanke und letztlich auch nur dank dieser eine realistische Chance auf eine Wiederwahl habe, ist davon auszugehen, dass er sich in Zukunft noch stärker an dieser Wählerschaft orientieren wird. Das reihenweise Ausscheiden hochrangiger und als gemäßigt geltender Regierungsmitglieder, besonders des allgemein geschätzten Verteidigungsministers James Mattis, sowie vorher der UNO-Botschafterin, des Stabschefs, des Sicherheitsberaters sowie des Justiz- und des Außenministers neben dem Exodus von hohen Beamten und Spezialisten aus dem Staatsapparat ist ein Indiz dieser Entwicklung. In vielen Fällen wurden diese Posten mit Personen nachbesetzt, deren Loyalität weniger dem Staat, sondern der Person Trump gilt und die weniger versuchen würden, die erratischen und rechtspopulistischen Impulse des Präsidenten zu konterkarieren.

Fazit und Ausblick

Präsident Trump hat sich von seiner Partei und den Gemäßigten in seinem Stab emanzipiert, was darauf hindeutet, dass er sich zunehmend von der konventionellen Politik verabschiedet und gegenüber ExpertInnen, den eigenen Regierungsstellen und sachpolitischen Argumenten beratungsresistenter wird. Er scheint noch überzeugter als zuvor, dass seine politische Zukunft in erster Linie von seiner Basis abhängt und er auf diese seine Politik ausrichten müsse. Diese Abhängigkeit macht Trump auch abhängig von den medialen Vermittlern zwischen ihm und der Basis. Dazu zählen eine Reihe rechter Medienpersönlichkeiten wie der bereits erwähnte Shawn Hannity, die Talk-Radio-Instanz Rush Limbaugh und die rechte Publizistin Ann Coulter. Diese sind nicht nur seine wichtigsten Vermittler, sondern scheinen auch ständig seine politischen Überlegungen zu beeinflussen, wie ihre Durchhalteparolen ans Weiße Haus während der Regierungssperre im Jänner 2019, also dem „Shutdown", einmal mehr belegen. Mehrere Fälle von offensichtlichen Positionsänderungen des Präsidenten nach öffentlicher Kritik durch diese Personen unterstreichen diesen Eindruck.[18]

Anders gesprochen, Trumps Stärke ist die Loyalität seiner Basis, doch das ist auch seine Schwäche. Seine Abhängigkeit von der Basis und somit von wenigen einflussreichen Meinungsmachen, die natürlich nicht die Republikanische Partei repräsentieren oder gar die Mehrheit der Bevölkerung, stellt in der amerikanischen Politik ein Novum dar. Zwar nimmt die Kritik am Präsidenten durch seine eigene Partei zu, doch wird diese es kaum wagen, offen gegen ihn vorzugehen. Er hat oft genug bewiesen, dass einer seiner Tweets selbst populäre Politiker seiner Partei in eine Vorwahlniederlage treiben kann. Außerdem bleibt Trump innenpolitisch für die Republikaner eine Trumpfkarte, etwa beim Blockieren von Gesetzesinitiativen der Demokraten oder bei der Ernennung weiterer BundesrichterInnen.

Vieles wird in den nächsten zwei Jahren vom Bericht des Sonderermittlers Mueller zur Einmischung Russlands in die Wahlen von 2016 und der Rolle Trumps abhängen. Fällt dieser für Trump sehr negativ aus, werden die Demokraten kaum dem Druck ihrer Basis widerstehen können, ein Amtsenthebungsverfahren einzuleiten. Vor allem die vielen neuen Abgeordneten werden sich ihren WählerInnen verpflichtet sehen. Zwar hat dieses Verfahren im Senat kaum eine Chance auf Erfolg, doch allein die Verfahrenseröffnung kann unabsehbare Folgen haben und sich als Bumerang für die Demokraten entpuppen. Allerdings könnten auch in der GOP Fraktionskämpfe ausbrechen. In jedem Fall würde ein Amtsenthebungsverfahren die US-Politik auf Monate hin lähmen und zu einer ungeahnten politischen Schlammschlacht werden. Es steht in jedem Fall zu befürchten, dass die politische und gesellschaftliche Polarisierung weiter zunehmen wird.[19] Große Bevölkerungsgruppen sprechen dem einen oder anderen politischen Lager bereits jetzt jegliche politische Legitimation ab und nehmen dieses als das Gegenteil dessen wahr, wofür in ihren Augen die USA und ihre Tradition stehen. Dies sind durchaus beunruhigende Entwicklungen für die wohl einflussreichste westliche Demokratie.

1 Vgl. „A Look at Where North Dakota's Voter ID Controversy", New York Times, 18. Oktober 2018, https://www.nytimes.com/2018/10/19/us/politics/north-dakota-voter-identification-registration.html;
„A new controversy erupts over whether voter identification laws suppress minority turnout", Washington Post, 11. Juni 2018, https://www.washingtonpost.com/gdpr-consent/?destination=%2f-blogs%2fmonkey-cage%2fwp%2f2018%2f06%2f11%2fa-new-controversy-erupts-over-whether-voter-identification-laws-suppress-minority-turnout%2f%3f&utm_term=.153d2e37c5ea.

2 How unpopular is Donald Trump?, https://projects.fivethirtyeight.com/trump-approval-ratings/.

3 „As Critics Assail Trump, His Supporters Dig In Deeper", New York Times, 23. Juni 2018, https://www.nytimes.com/2018/06/23/us/politics/republican-voters-trump.html.

4 Arlie Russell Hochschild (2016), Strangers in Their Own Land: Anger and Mourning on the American Right, The New Press.

5 „Donald Trump and Sean Hannity Like to Talk Before Bedtime", The Intelligencer, 14. Mai 2018, http://nymag.com/intelligencer/2018/05/sean-hannity-donald-trump-late-night-calls.html; „Trump 'consults Fox News hosts Sean Hannity and Lou Dobbs over government shutdown", The Independent, 9. Jänner 2019, https://www.independent.co.uk/news/world/americas/us-politics/trump-shutdown-government-border-wall-mexico-fox-news-sean-hannity-lou-dobbs-a8718566.html.

6 Todd Donovan, David Redlawsk (2018), „Donald Trump and right-wing populists in comparative perspective", Journal of Elections, Public Opinion and Parties, 28(2): 190–207.

7 David Leonhardt, „Birtherism Is Now Federal Policy", New York Times, 31. August 2018, https://www.nytimes.com/2018/08/31/opinion/trump-birtherism-citizenship-texas.html?rref=collection%2Ftimestopic%2FBirther%20Movement&action=click&contentCollection=timestopics&region=stream&module=stream_unit&version=latest&contentPlacement=6&pgtype=collection.

8 Für eine Übersicht und statistische Tabellen zum Thema Polarisierung der US-Gesellschaft und Politik siehe: Pew Center Research-US Politics & Policy (2014), http://www.people-press.

org/2014/06/12/political-polarization-in-the-american-public/; „Political Polarization in the American Public", 14. Juni.

9 „Inside the Six Weeks Donald Trump Was a Nonstop 'Birther'", New York Times, 2. Juli 2016, http://www.people-press.org/2014/06/12/political-polarization-in-the-american-public/, https://www.nytimes.com/2016/07/03/us/politics/donald-trump-birther-obama.html?module=inline.

10 „Trump: Mexico Not Sending Us Their Best; Criminals, Drug Dealers And Rapists Are Crossing Border", RealClear Politics, 16. Juni 2015, https://www.realclearpolitics.com/video/2015/06/16/trump_mexico_not_sending_us_their_best_criminals_drug_dealers_and_rapists_are_crossing_border.html.

11 „Defiant Trump warns of 'caravans and crime' in last minute push for votes", The Guardian, 6. November 2018, https://www.theguardian.com/us-news/2018/nov/06/defiant-donald-trump-warns-of-caravans-and-in-last-minute-push-for-midterm-votes.

12 „Border mission doesn't fit Mattis' focus on 'lethality'", Military Times, 1. November 2018, https://www.militarytimes.com/news/your-military/2018/11/03/border-mission-doesnt-fit-mattis-focus-on-lethality/.

13 „Trump has hijacked the election: House Republicans in panic mode", Politico, 4. November 2018, https://www.politico.com/story/2018/11/04/trump-2018-elections-midterms-republicans-immigration-960748.

14 „President Trump Laments Pittsburgh Synagogue Shooting", Washington Post, 2. November 2018, https://www.google.at/url?sa=t&rct=j&q=&esrc=s&source=web&cd=2&cad=rja&uact=8&ved=2ahUKEwjvmYv6mOvfAhUi4YUKHe-KAJ4QFjABegQICRAB&url=https%3A%2F%2Fwww.esquire.com%2Fnews-politics%2Fa24555144%2Fpresident-trump-momentum-right-wing-violence-election%2F&usg=AOvVaw2PWOvZnbM1S8dqxISOq33n.

15 „US Midterms-Democrats disappointed at lack of a blue wave", The Straits Times, 7. November 2018, https://www.straitstimes.com/world/united-states/us-midterm-election-democrats-disappointed-at-lack-of-blue-wave.

16 „The strange argument that Democrats actually lost the midterms, debunked", Vox, 9. November 2019, https://www.vox.com/midterm-elections/2018/11/9/18076068/midterms-2018-results-democrats-progressivism-left-trump.

17 The New York Times, 2018 Midterm Election Results, https://www.nytimes.com/interactive/2018/us/elections/calendar-primary-results.html.

18 https://www.washingtonpost.com/gdpr-consent/?destination=%2fpolitics%2f2018%2f12%2f22%2fthis-is-tyranny-talk-radio-hosts-right-limbaugh-coulter-blamed-trumps-shutdown%2f%3f&utm_term=.172f7188068a.

19 Pew Center Research-US Politics & Policy (2018), „Public Expects Gridlock, Deeper Divisions With Changed Political Landscape", 15. November, http://www.people-press.org/2018/11/15/public-expects-gridlock-deeper-divisions-with-changed-political-landscape/.

Zur aktuellen Entwicklung Südosteuropas

Spricht man von Südosteuropa, so findet man durchaus unterschiedliche Abgrenzungen, welche Länder eigentlich dazugehören. Die weitere Abgrenzung, die zum Beispiel die Südosteuropa-Gesellschaft verwendet, umfasst im Norden auch die Länder Ungarn und die Republik Moldau sowie Rumänien und beschäftigt sich dann mit den sogenannten Ländern des Balkan, also Albanien, Bosnien und Herzegowina, Bulgarien, Griechenland, Kosovo, Kroatien, Makedonien[1], Montenegro, Serbien, Slowenien, die Türkei und Zypern, und schließt sogar noch teilweise die südliche Slowakei wegen der dort beheimateten ungarischen Minderheit ein. Innerhalb dieser Gruppe, die zugegebenermaßen sehr weit gefasst ist, wird in aktuellen Problembetrachtungen meist nur die Ländergruppe Westlicher Balkan diskutiert, das sind die Nachfolgestaaten der vormaligen Föderativen Sozialistischen Republik Jugoslawien plus Albanien und minus Slowenien. Dies vor allem, weil nur diese Länder als mögliche künftige Mitgliedstaaten der Europäischen Union gehandelt werden (wobei Kroatien mittlerweile seit 2013 bereits EU-Mitgliedstaat ist), nachdem die Aussichten der Türkei auf eine EU-Mitgliedschaft politik-realistisch gesehen gegen Null gegangen sind.

Diese zur Erweiterung in der Diskussion stehenden Länder sind mittlerweile zur Gänze von EU-Mitgliedstaaten eingekreist, wobei allerdings auch diese sich eher als Sorgenkinder denn als konsolidierte Mitglieder darstellen: Kroatien steckt weiterhin in einer schwierigen wirtschaftlichen Lage und befindet sich in ständigen Auseinandersetzungen mit seinen Nachbarn Slowenien, Serbien und Bosnien-Herzegowina; Bulgarien muss ähnlich wie Kroatien als innenpolitisch instabil erkannt werden und kämpft ohne sichtbare Fortschritte gegen Korruption und organisierte Kriminalität. Griechenland als südlicher Nachbar des Westlichen Balkan hat seine seit 2008 laufende schwere wirtschaftliche und soziale Krise noch lange nicht überwunden und erwartet mögliche Neuwahlen nach dem Bruch der Koalition, eventuell zeitgleich mit den Wahlen zum Europäischen Parlament. Die Türkei driftet mehr und mehr in Richtung eines autokratischen, nationalistischen Systems ab und Rumänien, das im ersten Halbjahr 2019 die EU-Ratspräsidentschaft meistern muss, wird zunehmend als drittes Sorgenkind wegen schwindender Rechtsstaatlichkeit nach Polen und Ungarn kritisiert und könnte unter Umständen demnächst sogar einem sogenannten Rechtsstaatlichkeitsverfahren in der Europäischen Union unterliegen. Damit stellt sich der Nachbarschaftskreis für die Länder des Westlichen Balkan keineswegs derart stabil dar, dass entsprechende unterstützende und stabilisierende Impulse erwartet werden können.

In dem am 10. Jänner 2019 veröffentlichten Freedom Barometer Europe 2018, das ein Ranking für 45 europäische Länder für den Gesamtbereich politische Freiheit, Rechtsstaatlichkeit und wirtschaftliche Freiheit erstellt, finden sich dementsprechend die Länder Südosteuropas an folgenden Stellen: Slowenien 21, Rumänien 24, Bulgarien 29, Ungarn 31, Griechenland 32, Montenegro 33, Albanien 34, Serbien 35, Makedonien 36, Bosnien und Herzegowina 40.[2]

Am 17. April 2018 veröffentlichte die Europäische Kommission ihr jährliches Erweiterungspaket einschließlich sieben individueller Länderberichte, früher Fortschrittsberichte genannt (sechs Berichte zum Westlichen Balkan sowie ein Bericht zur Türkei). Hierbei empfahl die Europäische Kommission, dass der Europäische Rat Beitrittsverhandlungen mit Makedonien und Albanien eröffne.[3] Für Albanien werde dabei entscheidend sein, wie sich der Fortschritt im Bereich der Rechtsstaatlichkeit darstelle. Hierbei geht es in erster Linie um die Begutachtung aller Richter und Staatsanwälte, das sogenannte Vetting, von dem die Verlängerung ihrer Beschäftigung beziehungsweise Neueinstellungen abhängen. Auf dem EU-Gipfel beschäftigte sich am 28. und 29. Juni 2018 der Europäische Rat in Brüssel neben dem Thema Migration auch mit den Empfehlungen der Europäischen Kommission bezüglich der nächsten Erweiterungsschritte. Vor dieser Sitzung war das Jahr 2025 als mögliches Beitrittsdatum für Montenegro und Serbien, den Ländern, mit denen bereits Beitrittsverhandlungen im Gange sind, genannt worden – in Brüssel erfolgte jedoch im Juni keine Wiederholung dieses Datums, was als klares Negativsignal vor allem gegenüber Serbien gedeutet wurde. Zur Türkei äußerte der Rat starke Bedenken zu den andauernden und tief beunruhigenden Rückschritten in den Bereichen Rechtsstaatlichkeit und Grundrechte, einschließlich der zunehmenden Beschränkung der Freiheit von Meinungsäußerungen.[4] So wurden die Beitrittsverhandlungen mit der Türkei unterbrochen, keine weiteren Kapitel sind für Öffnung oder Schließung vorgesehen, ebenso keine weitere Bearbeitung der Modernisierung der EU-Türkei-Zollunion. Bosnien und Herzegowina, das im Februar 2016 seinen Mitgliedsantrag in Brüssel eingereicht hatte, und Kosovo, das bisher lediglich das Inkrafttreten des Stabilisierungs- und Assoziierungsabkommens vorweisen kann, werden weiterhin nur als „mögliche" Beitrittskandidaten behandelt. Für Albanien und Makedonien wurde der Beginn von Beitrittsverhandlungen für den Juni 2019 in Aussicht gestellt. Für Makedonien ist dabei aber der Ausgang des Namensstreits mit Griechenland von ausschlaggebender Bedeutung. Das Parlament der Republik Makedonien hat am 11. Jänner 2019 mit 81 von 120 Stimmen (Zweidrittelmehrheit) die notwendigen Verfassungsänderungen zur Umsetzung des Prespa-Abkommens vom Juni 2018 zur

Lösung des sogenannten Namensstreits beschlossen. Mit diesen Verfassungsänderungen wird die Republik Makedonien in „Republik Nord-Makedonien" umbenannt. Die Bezeichnung der Staatsbürgerschaft wird dann „Makedonisch / Bürger der Republik Nord-Makedonien" lauten. Durch das Prespa-Abkommen mit Griechenland wird die Bezeichnung der Amtssprache der Republik Makedonien als „Makedonisch" und die Selbstidentifizierung der ethnischen Makedonier als „Makedonier" auch durch Griechenland anerkannt. Diese Verfassungsänderungen konnten in Kraft treten, nachdem auch das griechische Parlament das Prespa-Abkommen am 25. Jänner 2019 mit 153 von 300 Stimmen ratifiziert hat. Begonnen wurde bereits das sogenannte „Screening" (vorbereitende Untersuchungen) in Makedonien und dem benachbarten Albanien, das es diesen ermöglicht, sich mit den EU-Rechtsnormen vertraut zu machen. Die Europäische Union kann ihrerseits die Bereitschaft zur Einhaltung dieser Normen, insbesondere mit Bezug auf die Rechtsstaatlichkeit in den beiden Ländern, beurteilen.

Stand des EU-Erweiterungsprozesses im Westlichen Balkan, Stand Dezember 2018[5]			
Albanien	Kandidat. ER: Beginn der Beitrittsverhandlungen vorgesehen für Juni 2019	*Ehem. Jugosl. Republik Makedonien*	Kandidat. ER: Beginn der Beitrittsverhandlungen vorgesehen für Juni 2019
Bosnien und Herzegowina	Potentieller Kandidat. September 2016: ER beauftragt die EK zur Erstellung einer „Opinion" zum Beitrittsantrag	*Montenegro*	Juni 2012: Beginn der Beitrittsverhandlungen (32 Kapitel geöffnet, 3 provisorisch geschlossen)
Kosovo	Potentieller Kandidat. Seit April 2016 SAA in Kraft	*Serbien*	Jänner 2014: Beginn der Beitrittsverhandlungen (16 Kapitel geöffnet, 2 provisorisch geschlossen)

ER: Europäischer Rat; EK: Europäische Kommission; SAA: Stabilisierungs- und Assoziierungsabkommen

Deutlich wurde aber in den letzten Jahren der Unterschied zwischen der Europäischen Kommission einerseits, die weiterhin versucht, den Erweiterungsprozess in Gang zu halten, und den Einstellungen der EU-Mitgliedsländer andererseits. Deshalb fand auf Einladung Bulgariens, das im ersten Halbjahr 2018 die EU-Präsidentschaft innehatte, ein Sondertreffen EU-Westlicher Balkan am 17. Mai 2018 in Sofia statt – dieses war das erste seiner Art seit dem sogenannten Balkan-Gipfel von Thessaloniki im Jahr 2003, bei welchem die Europäische Union den West-Balkanstaaten die grundsätzliche Perspektive der EU-Mitgliedschaft eröffnet hatte. Auf diesem 2018 Mai-Gipfel hatten verschiedene EU-Offizielle, wie zum Beispiel der Präsident des Europäischen Parlaments, Antonio Tajani, und Kommissionspräsident Jean-Claude Juncker, durchaus ermutigende Worte gewählt, doch äußerten andererseits Bundeskanzlerin Angela Merkel und der französische Präsident Emmanuel Macron Bedenken bezüglich eines zu schnellen Erweiterungsprozesses. Macron unterstrich insbesondere den Vorrang EU-interner Reformen.

In der Tat kann man kaum davon sprechen, dass sich in den letzten Jahren deutliche Verbesserungen in wichtigen innenpolitischen Bereichen, aber auch in den regionalen Nachbarschaftsbeziehungen im Westlichen Balkan ereignet hätten! Dementsprechend hatte auch die Europäische Kommission in der Zusammenfassung zu den Länderberichten deutlicher als zuvor die Notwendigkeit von verstärkten Anstrengungen im Bereich der Rechtsstaatlichkeit angesprochen: Gefordert sind vor allem die kompromisslose Bekämpfung der Korruption und mehr Transparenz bei der Verwendung öffentlicher Mittel zum einen und die Intensivierung der Zusammenarbeit mit europäischen Institutionen wie Europol und Eurojust im Kampf gegen die organisierte Kriminalität, die die Region als wichtige Durchzugsroute für den Handel mit Drogen, Waffen und Menschen benutzt. Weitere Kritikbereiche im Übersichtsbericht der Europäischen Kommission sind Defizite in der Meinungsfreiheit und die zu langsamen Fortschritte in der Reform der öffentlichen Verwaltung. Zwar konnten alle Länder des Westlichen Balkan in den letzten Jahren eine Beschleunigung des Wirtschaftswachstums vermelden, angesichts des niedrigen Ausgangsniveaus bleiben aber die Raten der Arbeitslosigkeit weiterhin in zweistelligen Bereichen (in Makedonien, Bosnien und Herzegowina und auch im Kosovo über 25 %), insbesondere bei der Jugend, wo teilweise die Hälfte der Schulabgänger keinen Job findet. Dies führt zu einem ständigen Brain Drain zum Teil gut ausgebildeter Fachkräfte, die mangels dringend benötigter Investitionen in der Region keine Beschäftigung finden: Die Region veraltet und die absoluten Bevölkerungszahlen schrumpfen. Nachdem die von den lokalen Politikern geschürten Erwartungen in der Bevölkerung in diesen Ländern bezüglich eines rascheren EU-Beitritts hoch waren, sich dieser aber immer mehr in die ungewisse Zukunft verlagert, nimmt die Enttäuschung ständig zu und trifft sich mit der Erweiterungsmüdigkeit in den EU-Mitgliedstaaten, wobei letztere durch das schwierige Verhalten der Mitgliedsländer Polen, Ungarn und Rumänien noch gestärkt wird.

Diese beiderseitige Erweiterungsmüdigkeit und die in allen Ländern des Westlichen Balkan instabilen innenpolitischen Konstellationen, gekennzeichnet durch häufige Kabinettsumstrukturierungen und öffentliche Demonstrationen, haben dazu geführt, dass externe Mächte verstärkt versuchen, Einfluss in der Region zu gewinnen. Russland konzentriert sich dabei auf die Länder Serbien, Makedonien, Montenegro und zusätzlich speziell auf die serbische Teilrepublik in Bosnien und Herzegowina, die Republika Srpska; die Türkei finanziert Moscheen und Investitionen in Albanien, Bosnien-Herzegowina und im Kosovo und China hat die Region Südosteuropa als bequemes und offenes Einfallstor in Europa für seine groß angelegte Seidenstraßen-Strategie entdeckt. Gleichzeitig zieht sich die Trump-Administration zunehmend aus internationalen Engagements, also auch aus Südosteuropa, zurück und die Europäische Union, immer noch der Hoffnungsträger Nummer 1 in der Region, ist vorrangig mit internen Problemen beschäftigt.

1 Bisherige offizielle Bezeichnung: Ehemalige Jugoslawische Republik Mazedonien, engl. FYROM.

2 Siehe http://freedombarometer.org/files/download/Freedom_Barometer_Europe_20181.pdf.

3 Siehe https://europeanwesternbalkans.com/2018/04/17/enlargement-package-commission-publishes-reports-western-balkans-partners-turkey/ccc.

4 Council Conclusions on Enlargement and Stabilisation and Association Process, Brüssel, 25.06.2018, 10555/18, abrufbar unter: http://www.consilium.europa.eu/media/35863/st10555-en18.pdf (letzter Zugriff: 10.10.2018).

5 RFE/RL News vom 10.12.2018, Serbia, Montenegro Open More Negotiation Chapters With EU.

ANITA ZIEGERHOFER

Die Europäische Union 2018

Gedanken über ihren Zustand

Prolog

Die Zustandsbeschreibung der EU im „europäischen und österreichischen" Gedenkjahr 2018 möchte ich mit einem Ausspruch, der dem ersten Kommissionspräsidenten Walter Hallstein (1901–1982) zugeschrieben wird, einleiten. Hallstein meinte, dass die europäische Integration einem Rad gleiche, es braucht Schwung, kommt es zum Stehen, fällt es um. Ich möchte diese Rad-Metapher für die europäische Integration auf die EU umlegen. Die EU gleicht einem Rad, sie muss immer in Schwung bleiben. In Schwung bleiben setzt einen aktiven Radfahrer voraus, der in die Pedale tritt und so das Rad nach vorne bewegt. Radfahren bedeutet, sich aus eigener Kraft fortbewegen, bedeutet Dynamik. Die ersten Radfahrer waren die Gründungsväter. Ihren Antrieb, schwungvoll in die Pedale zu treten, bildeten ihre unzähligen leidvollen Erfahrungen aus den beiden Weltkriegen, die sie miterlebt hatten und woraus sie ihre Lehren zogen. Diese gipfelten in der ernsthaften Überzeugung: Nie wieder Krieg. Sie hatten gelernt und es auch gespürt, dass das Grundübel des Ausbruchs des Zweiten Weltkrieges im Nationalstaat lag und daher wollten sie den Nationalstaat in einem europäischen Zusammenschluss aller „National"-Staaten aufgehen lassen.

Die Gründungsväter traten in die Pedale und gaben der EWG/EG Schwung, sich in die EU zu verwandeln. Der Schwung wurde oftmals von Krisen gestoppt. Dabei handelte es sich, jedenfalls bis zu der 2007 ausgebrochenen Bankenkrise, um konstruktive Krisen. Konstruktiv deshalb, weil die jeweiligen Radfahrer nach jeder Krise – deren es seit Bestehen der EG viele gab, beginnend mit der EVP-Krise 1954 über die Krise des leeren Stuhls 1966 bis zum Nein zur Verfassung für die Europäische Union 2005 – noch schwungvoller in die Pedale traten, was in weiterer Folge zur Vertiefung des Integrationsprozesses führte.[1] Schließlich bedeutete der Zerfall des Sowjetsystems einen weiteren tiefergehenden Integrationsschritt, er führte zur Gründung der politischen Europäischen Union – der Wirtschaftsgemeinschaft war 1993 (Maastricht) eine politische Union erwachsen! In einem, wie sich später herausstellen wird, Überschwu(a)ng wollte man nach dem Zusammenbruch des Ostblocksystems zusammenführen, was zusammengehört und hatte einen „Marshall-Plan" (Agenda 2000) für die mittel- und osteuropäischen Staaten entwickelt, man wollte die ehemaligen sowjetischen Satellitenstaaten in die EU aufnehmen. Heute zeigt es sich, dass man die Pedale wohl zu rasch getreten hat. Nach 1989 suchten diese „Transformationsstaaten" eine neue Identität, um sich in diesem neuen Gebilde „Europa" zurechtzufinden. Sie fanden zunächst Halt im Patriotismus, der sich kontinuierlich zu einem Nationalismus steigerte. Diese Entwicklung wurde uns etwa in Polen und Ungarn im Jahr 2018 drastisch vor Augen geführt. Nationalismus wird in die EU eingespeist und es scheint, dass dieser 2018 salonfähig gemacht wurde. Im Nachhinein betrachtet war auch die Aufnahme von Bulgarien und Rumänien 2007 zu schwungvoll, erstmals in der Geschichte der europäischen Integration hatte man Staaten aufgenommen, die die Kopenhagener Kriterien nur teilweise erfüllten. Der rumänische Staatspräsident Klaus Iohannis, der seit 1. Dezember 2018 die Ratspräsidentschaft von Österreich in einer Staatskrise übernommen hat, vertritt den Standpunkt, dass sein Land für diese Aufgabe nicht fit sei.[2] Ein Europa der zwei Geschwindigkeiten wird uns jetzt bewusst vor Augen geführt, es ist so, als würde der Radfahrer einmal nach vorne treten und dann die Rückbremse betätigten.

Aber wer tritt die Pedale? Zunächst sind es, wie bereits erwähnt, die Kommissionspräsidenten beginnend bei Walter Hallstein bis Jean-Claude Juncker, je nach Persönlichkeit und Stärke traten sie fest oder zaghaft in die Pedale. Hatte man das Gefühl und die Sicherheit, dass die Kommissionspräsidenten vor Juncker mehr oder weniger gut im Sattel saßen und dementsprechend schwungvoll in die Pedale traten und die Krisen/Stolpersteine dementsprechend umfahren können, scheinen die Stolpersteine, die sich in der Kommissionszeit von Juncker angehäuft haben, einer beinahe unüberwindbaren Folge von Schlaglöchern zu weichen. Es scheint, als würde der Radfahrer nicht in Tritt kommen, von Schwung ist ja überhaupt keine Rede mehr. Wenngleich Juncker mit seiner ambitionierten Rede über die Lage der Union 2017 noch die Segel setzen wollte – er bediente sich hier auch einer Metapher – so war die Rede über die Lage der Union 2018 schon durchaus realistischer und viel weniger schwungvoll sprach er über die Stunde der europäischen Souveränität.[3]

Man hat nun das Gefühl, dass der so dynamisch in die Amtsperiode gegangene Kommissionspräsident das Radfahren einfach nicht mehr beherrscht, die Schlaglöcher Migration und Brexit, um nur zwei zu nennen, nicht „erradeln" kann, sondern die „Achter", die seine Räder abbekommen haben, ihn straucheln lassen. Dadurch, dass der Kommissionspräsident das Rad nicht mehr in Schwung halten kann, beginnt dieses zu schwanken und die Regierungen der Mitgliedstaaten übernehmen nun die europäischen Probleme. Wahlkämpfe werden mit Migrationsdebatten geführt und gewonnen, und gegen das europäische Gemeinschaftsgefühl und den europäischen Wert Solidarität verstoßend gibt man die Parole aus: „Nation first!" Re-Nationalisierung findet nahezu in der gesamten EU statt und dies mit einer derartigen Unverfrorenheit, dass es kaum zu fassen ist. Ich denke an die Menschenrechts- und Werteverstöße durch Ungarn, Polen oder Italien. Doch auch seitens des Europäischen Parlaments weht der raue Wind „Renationalisierung", gegen den die Radfahrer ordentlich kraftvoll in die Pedale treten müssen. Neben den (noch) mehrheitlich pro-europäischen Fraktionen wie EVP, Sozialdemokraten, Liberalen und Grünen finden sich im Europäischen Parlament europakritische Fraktionen, Rechtspopulisten und Rechtsextreme, die gegen Europa sind. 2018 bekamen diese europa-kritischen Fraktionen Unterstützung von außen: Der US-amerikanische Rechtsextreme Steve Bannon, ehemaliger Chefberater von Donald Trump, plant mittels Zusammenschluss dieser europakritischen bzw. europafeindlichen Parteien eine Kampagne zur Zerstörung der EU!

Doch zurück zu den Radfahrern in der EU. Neben den Kommissionspräsidenten zählen auch die Mitgliedstaaten zu den Radfahrern, in erster Linie sind es Deutschland und Frankreich, jene Motoren, denen bereits Churchill in seiner berühmten Zürcher Rede vom 19. September 1946 diese Funktion zuerkannte. Diese beiden Staaten, die für einen jahrhundertlangen Bruderzwist im europäischen Hause sorgten, werden zu einem kongenialen europäischen Radfahrer-Gespann, namentlich Konrad Adenauer und Robert Schuman, Helmut Kohl mit François Mitterand und Jacques Chirac, Angela Merkel und Nicolas Sarkozy. Spätestens mit François Hollande hörte diese europäische Gespannschaft auf, schwungvoll zu sein, Merkel trat nun allein in die Pedale und erhielt durch den jungen Emmanuel Macron seit 2015 einen weiteren aktiven Radfahrer. Doch Flüchtlingsfrage (2015) und Brexit (2016) ließen beide außer Tritt kommen. Die Willkommenskultur von Merkel kostete ihr den Wahlsieg (2017), sie vergeudete nach den Wahlen viel zu viel wertvolle Zeit für die Regierungsbildung, 2018 entzog ihr die eigene Schwesterpartei das Vertrauen – Merkel ist angezählt, ihre Nachfolgerin bestimmt. Der schwungvolle Macron kämpft seit Spätherbst gegen die „Gelbwesten" – die Französische Revolution 2018 ist ausgebrochen.

Epilog

Ist es nicht endlich Zeit, vernünftig zu werden und sich zu vertragen, oder wolle man weiter streiten, bis alles zerstört und die Menschheit vernichtet sei,[4] lautete bereits 1543 der Appell von Andrés á Laguna an die Europäer, als der angesehene Arzt den damaligen Zustand des Kontinents analysierte und Europa in Frauengestalt begegnete, die *„bleich, hohläugig, abgemagert und heruntergekommen"* wirkte. *Krank sei sie gewesen und sicher habe sie Fieber gehabt.*

Nein 2018 ist nicht 1543, in seiner Rede vor dem Europäischen Parlament im September 2018 über die Lage der Union präsentierte Juncker weder eine *bleiche, hohläugige, abgemagerte* noch *heruntergekommene,* gar kranke Europa. Im Gegenteil: Europas Zustand im Jahr 2018 ist gut und stabil. Die Finanzkrise scheint überwunden, Griechenland hat sich wieder erholt, es gibt Arbeit für 339 Millionen Männer und Frauen sowie für Jugendliche und Europa bewegt sich sicher auf globalem Boden. Europa 2018 ist eine Weltmacht, es hat mit 70 Ländern weltweit Abkommen, was zusammen 40 Prozent des weltweiten Bruttoinlandproduktes ausmacht. Europa ist stark und Europa hat Zimmer frei für den Westbalkan!

In der Tat, das ist die wirtschaftliche, ich nenne sie die „körperliche“ Verfasstheit von Europa, doch wie ist es um ihre seelische Verfasstheit bestellt? Wie wird die EU in einer Zeit des derzeitigen Epochenwechsels, den Botschafter Wolfgang Petritsch für Europa[5] konstatiert, in einer Zeit, wo das Alte noch nicht vergangen, das Neue noch nicht geboren ist, wahrgenommen?

Spirituelle Menschen erblicken in den Stolpersteinen („unsere“ Schlaglöcher), die ihnen im Laufe ihres Lebens in den Weg gelegt werden, eine Möglichkeit der Neuorientierung, eine Herausforderung, um daran zu wachsen, um Schwung zu bekommen. Nicht nur spirituelle Menschen haben Hoffnung, die, wie wir wissen, zuletzt stirbt. Hoffnung, auf ein gesundes, besseres Leben; Hoffnung, ein Ziel gemeinsam zu verfolgen und anzukommen. Die heutige EU hat im Zuge des Integrationsprozesses viele Stolpersteine bzw. Schlaglöcher meistern können und dementsprechend neuen Schwung erhalten, vielleicht anfänglich mit Achtern im Rad, aber sie hielt das Rad schwungvoll in Bewegung. Heute hat man das Gefühl, dass die EU das Radfahren nicht mehr beherrscht, der Kommissionspräsident muss oftmals von seinem Rad absteigen und es schieben, die „Motoren“ Deutschland und Frankreich werden durch innenpolitische Angelegenheiten gebremst, die sie daran hindern, sich Europa zu widmen. Die anderen Mitgliedstaaten scheinen auf ihren eigenen „nationalstaatlichen“ Rädern das „europäische“ Rad zu überholen. Europa ist zu einem Randpolitikum geworden.

Das, was Europa wie auch jeder Mensch braucht, sind Hoffnung, Träume und Visionen, die aber nicht am Sankt-Nimmerleins-Tag vollendet werden, sondern in absehbarer Zeit. Die Gründerväter hatten diese Hoffnung, 2018 war alles in allem für die „Idee Europa“ ein eher hoffnungsloses Jahr. In der Rückschau gebe ich der Hoffnung Raum, dass die „Idee Europa“ Politiker und EU-Bürgerinnen und EU-Bürger erreicht. Dass Europa von den Politikern nicht weiterhin als Vehikel eigenstaatlicher Interessen und als Tribüne egoistischer Reden instrumentalisiert wird und dass alle Menschen erkennen, dass nur das Gemeinsame eine hoffnungsvolle Zukunft bieten kann und nicht das Trennende. Wir müssen für die Idee Europa brennen und an ihr festhalten, dürfen die großartige Geschichte des europäischen Friedensprojektes nicht vergessen oder gar leugnen! So wie Jules Romains (1885–1972): Romains, einer der bedeutendsten Lyriker Europas, rief 1916 die Menschen dazu auf, nationalstaatliche Egoismen zugunsten übernationaler europäischer Gruppeninteressen zu überwinden. Jules Romains war von Europa überzeugt und hielt in einer der schrecklichsten Jahre in der Geschichte des Kontinents an Europa fest, wie dieses Gedicht[6] bezeugt:

Europa
Europa! Ich nehm´es nicht hin,
dass du im Wahnsinn vergehst.
Europa, ich schrei´, was du bist,
ins Ohr deiner Mörder hinein.

Europa! Sie schließen den Mund uns;
Doch alles durchdringt meine Stimme wie
die Pflanze, die Steine durchbricht.

Sie mögen noch steigern den Lärm:
Ich erinnre sie sanft und still
an tausend köstliche Dinge.

Sie mögen das Unheil vergrößern;
ich bleibe Gewährsmann und Wächter,
von zwei, drei göttlichen Dingen.

1 Vergleiche Anita Ziegerhofer, Krisen als Motor der europäischen Integration? Von den „Vereinigten Staaten von Europa" zur Europäischen Union, in: Anita Ziegerhofer/Sascha Ferz/Martin Polaschek, Zukunft Europa? Festschrift für das „zóon europaion" Johannes W. Pichler zum 70. Geburtstag, Wien 2017, 485–498.

2 https://www.zdf.de/nachrichten/heute/rumaenien-eu-ratsvorsitz-trotz-staatskrise-100.html.

3 https://ec.europa.eu/commission/sites/beta-political/files/soteu2018-speech_de.pdf.

4 Claus Schöndube/Christel Ruppert, Eine Idee setzt sich durch, Hangelar/Bonn 1964, 55–56.

5 Wolfgang Petritsch, Epochenwechsel, Wien 2018.

6 Friedrich Kemp/Hans T. Siepe (Hrsg.), Französische Dichtung 3, Von Baudelaire bis Valéry, München 2003, 422–423. Auszug aus dem Gedicht Europa, 1916.

Anhang

„Gipfel"-Treffen: Bojko Borissow, Ministerpräsident Bulgariens, Bundeskanzler Sebastian Kurz und EU-Ratspräsident Donald Tusk am 30. Juni 2018 auf der steirischen Planai anlässlich der symbolischen Übergabe des EU-Ratsvorsitzes.

Historischer Durchbruch: Landeshauptmann Hermann Schützenhöfer und der Kärntner Landeshauptmann Peter Kaiser anlässlich des Durchschlags im ca. 33 km langen Koralmtunnel, der ab 2025 die beiden Nachbarbundesländer noch näher zusammenrücken lassen wird.

„Jahrhundertprojekt“: Mit dem „Haus der Geschichte Österreich“ wurde am 10. November 2018 nach jahrzehntelangen Anläufen ein Museum für die Geschichte der Republik Österreich eröffnet, mit dem „Hrdlicka-Pferd“ als einem der zeitgenössischen Exponate.

Hundertjahrfeier: Anlässlich des 100-Jahr-Jubiläums der Republik Österreich wurde am 6. November 2018 im steirischen Landtag dem Beitritt des Landes Steiermark zur Republik Deutschösterreich gedacht, mit einem Vortrag des renommierten Historikers Helmut Konrad.

Eine Ära endet in Berlin: Im Dezember 2018 wurde Annegret Kramp-Karrenbauer am Parteitag der CDU in Hamburg zur Nachfolgerin von Bundeskanzlerin Angela Merkel als CDU-Vorsitzende gewählt. „AKK" konnte sich in einer Kampfabstimmung gegen Friedrich Merz und Jens Spahn durchsetzen.

Ende einer Ära in Wien: Am 24. Mai 2018 übergab Michael Häupl nach 24 Jahren das Amt des Wiener Bürgermeisters an seinen Nachfolger als Bürgermeister, Landeshauptmann und Wiener SPÖ-Landesparteivorsitzenden Michael Ludwig.

Die erste Frau an der Spitze: Am 24. November 2018 wurde Pamela Rendi-Wagner mit 98,8 Prozent der Delegiertenstimmen als Nachfolgerin von Christian Kern zur Parteivorsitzenden der SPÖ gewählt. Sie ist die erste weibliche Parteivorsitzende in der Geschichte der 1888 gegründeten Partei.

Frauenpower: Auch bei NEOS übernahm mit Beate Meinl-Reisinger eine Frau die Parteiführung. Am 23. Juni 2018 wurde sie mit 94,8 Prozent der Delegiertenstimmen als Nachfolgerin von Matthias Strolz zur Parteivorsitzenden gewählt.

Absolut: Bei den Landtagswahlen in Niederösterreich verteidigte Landeshauptfrau Johanna Mikl-Leitner mit 49,63 Prozent die absolute Mandatsmehrheit der ÖVP im Landtag. In Tirol festigte Landeshauptmann Günther Platter mit einem Zugewinn auf 44,26 Prozent klar Platz eins der ÖVP.

Kaiserlich: In Kärnten erreichte Landeshauptmann Peter Kaiser einen großen Zuwachs der SPÖ auf 47,94 Prozent und die Hälfte der Landtagsmandate. In Salzburg baute Landeshauptmann Wilfried Haslauer mit 37,78 Prozent den Vorsprung der ÖVP auf die anderen Parteien aus.

Tauziehen: Am 20. August 2018 wurde die Lehrerin, Musikerin und Krimiautorin Maria Stern zur Obfrau der in weiterer Folge in „JETZT“ umbenannten Partei gewählt. Zuvor hatte sie auf ihr Mandat verzichtet, um dem Listengründer Peter Pilz die Rückkehr in den Nationalrat zu ermöglichen.

Neustart: Am 17. November 2018 wurde Werner Kogler, nach dem Rücktritt von Ingrid Felipe knapp ein Jahr bereits interimistischer Bundessprecher der Grünen, mit über 99 Prozent zum Bundessprecher der Grünen gewählt.

100. Todestag und 185. Geburtstag von Peter Rosegger: Beim Auftakt zum Rosegger-Jahr 2018 (v.l.) Bgm. von Krieglach Regina Schrittwieser, Gf. der Volkskultur Stmk. GmbH Monika Primas, Rosegger-Experte Univ.Prof. Gerald Schöpfer, LH Hermann Schützenhöfer, Leiterin der Landesbibliothek Katharina Kocher-Lichem und Gf. des Universalmuseum Joanneum Wolfgang Muchitsch.

Publikumsmagnet: Das „Klanglicht"- Spektakel im April 2018 lockte und begeisterte 50.000 Besucherinnen und Besucher, die in eine magische Welt voller Farben und Geräusche eintauchten. Fortsetzung folgt!

„Victoire“: Bei der Fußball-Weltmeisterschaft im Sommer 2018 in Russland besiegte die „Équipe Tricolore“ Frankreichs in einem spannenden Finale das Team der kroatischen Nationalmanschaft mit 4:2 und wurde damit zum zweiten Mal Fußballweltmeister.

Jubel: Mit einem 1:0-Sieg in der Verlängerung gegen FC Red Bull Salzburg wurde der SK Sturm Graz zum ersten Mal seit 2010 und insgesamt fünften Mal österreichischer Cup Sieger. Zum Cup-Finale nach Klagenfurt pilgerten Kolonnen tausender Fans im Stau über die Pack nach Klagenfurt.

Jahresrückblick 2018

Jänner 2018

1. (Chronik National): Die Steirerin Julia Marie ist das Neujahrsbaby 2018. Das 3.400 Gramm schwere und 48 Zentimeter große Mädchen erblickt eine Minute nach Mitternacht im Krankenhaus Leoben das Licht der Welt.
1. (Kultur): Das Kulturjahr beginnt traditionsgemäß mit dem Neujahrskonzert im Musikverein. Am Pult der Wiener Philharmoniker steht zum bereits fünften Mal der italienische Maestro Riccardo Muti. Insgesamt verfolgen weltweit rund 50 Millionen Fernsehzuseher das Konzert.
1. (Wirtschaft): Die Bundesregierung schafft trotz massiver Proteste der Opposition den Beschäftigungsbonus und die Aktion 20.000 ab.
6. (Sport): Kamil Stoch fixiert als zweiter Skispringer den Grand Slam bei der Vierschanzentournee. Der Pole gewinnt nach Oberstdorf, Garmisch-Partenkirchen und Innsbruck auch das Finale in Bischofshofen und schafft 16 Jahre nach dem Deutschen Sven Hannawald Siege bei allen vier Springen. Stefan Kraft wird nach einer für Österreich enttäuschend verlaufenen Tournee einmal Tagesvierter, Michael Hayböck 14. der Gesamtwertung.
18. (Politik National): Der langjährige Grazer Bürgermeister und ehemalige FPÖ-Obmann Alexander Götz stirbt 90-jährig.
19. (Chronik National): Die prominente Flüchtlingshelferin Ute Bock erliegt im 76. Lebensjahr einer Erkrankung.
20. (Kultur): Valetta läutet das Jahr als Europäische Kulturhauptstadt mit spektakulären Shows ein. Die feierliche Eröffnung in der Hauptstadt Maltas lassen sich mehr als 100.000 Menschen nicht entgehen. Bis Jahresende finden über 400 Kulturevents statt, wobei man sich in erster Linie mit der Identität der Insel und europäischer Integration auseinandersetzt.
23. (Wirtschaft): Niki Lauda erhält den Zuschlag für den Kauf der ursprünglich von ihm selber gegründeten Airline Niki aus der Insolvenzmasse der Air Berlin. Schon am 20. März verkauft Lauda 75 Prozent seiner neuen Fluglinie Laudamotion an den irischen Billigflieger Ryanair. Der Kaufpreis beträgt 50 Millionen Euro, als Anschubfinanzierung

macht Ryanair weitere 50 Millionen Euro locker. Ende August ist die Übernahme der Fluglinie Laudamotion durch die irische Ryanair formal abgeschlossen.

27. (Sport): Oliver Marach gewinnt als dritter Österreicher nach Julian Knowle (US Open 2007) und Jürgen Melzer (Wimbledon 2010 und US Open 2011) einen Grand-Slam-Titel im Herren-Doppel. Gemeinsam mit seinem kroatischen Partner Mate Pavić besiegt der Steirer bei den Australian Open das kolumbianische Duo Juan Sebastian Cabal/Robert Farah.

27. (Kultur): Auch die zweite Europäische Kulturhauptstadt Leeuwarden beginnt mit ihrem Programm: Den Auftakt markiert ein Konzert von Kirchenglocken, wobei das niederländische Königspaar Willem-Alexander und Maxima selbst Hand anlegt. Thematisch als „Labor für Europa" konzipiert, zeigen insgesamt 300 Programmpunkte, wie man kreativ und eigensinnig mit Zukunftsfragen wie Armut, Überalterung und Klimawandel umgehen kann.

27. (Politik International): Mit einem Wahlkampf, der sich vor allem auf die strikte Ablehnung von Flüchtlingen konzentrierte, sichert sich Amtsinhaber Miloš Zeman die Wiederwahl als tschechischer Präsident. Der 73-Jährige schlägt in der Stichwahl seinen liberalen Herausforderer, den Wissenschafter Jiří Drahoš, knapp mit 51,4 Prozent der Stimmen.

28. (Politik National): Die ÖVP büßt bei der niederösterreichischen Landtagswahl nur minimal an Zustimmung ein und rettet mit ihren 49,6 Prozent beim ersten Antritt von Landeshauptfrau Johanna Mikl-Leitner die absolute Mandatsmehrheit. Leichte Zugewinne gibt es für die SPÖ mit knapp 24 Prozent, die Freiheitlichen kommen auf fast 15 Prozent der Stimmen. Die Grünen halten sich trotz leichter Verluste mit 6,4 Prozent im Landtag, die NEOS ziehen mit 5,2 Prozent erstmals ein.

Februar 2018

2. (Politik National): Der langjährige Abgeordnete und Präsident des Landtages Steiermark Reinhold Purr (ÖVP) verstirbt im 81. Lebensjahr.

8. (Chronik National): Begleitet von einer kleinen Gegendemonstration wird der 62. Wiener Opernball eröffnet. Die Staatsspitze ist vertreten durch Bundespräsident Alexander Van der Bellen und Bundeskanzler Sebastian Kurz. Baumeister Richard Lugner begrüßt die US-Schauspielerin Melanie Griffith als seinen Gast.

8. (Chronik National): Mit mehr als 64 Projekten und verschiedensten Veranstaltungen läutet das Land Steiermark mit LH Hermann Schützenhöfer das Gedenkjahr zum 100. Todestag von Peter Rosegger ein und feiert gleichzeitig seinen 175. Geburtstag.

8. (Chronik International): Das Europaparlament fordert die EU-Kommission zu einer Überprüfung der halbjährlichen Zeitumstellung auf. Bei einer späteren Online-Befragung der EU spricht sich eine große Mehrheit der Teilnehmer für eine Abschaffung der Zeitumstellung aus. Die Kommission schlägt daraufhin vor, diese mit 2019 abzuschaffen. Im Zuge der österreichischen EU-Ratspräsidentschaft wird entschieden, die Abschaffung aber erst 2021 vorzunehmen.

11. (Politik International): Weitere Entspannungssignale auf der koreanischen Halbinsel: Nordkoreas Machthaber Kim Jong-un lädt den südkoreanischen Präsidenten Moon Jae-in zu einem Staatsbesuch nach Pjöngjang ein. Kims jüngere Schwester Kim Yo-jong überbringt die Einladung bei ihrem Besuch der Olympischen Winterspiele in Seoul.
13. (Politik International): SPD-Chef Martin Schulz gibt den Parteivorsitz ab. Für die Nachfolge schlägt das SPD-Präsidium Andrea Nahles vor.
16. (Politik International): Nach einem Jahr in türkischer Haft wird der deutsch-türkische Korrespondent der „Welt", Deniz Yücel, aus dem Gefängnis entlassen.
24. (Sport): Österreich holt zum Abschluss der Alpin-Bewerbe der Olympischen Winterspiele in Südkorea Silber bei der Premiere des Teambewerbs. Insgesamt erringen die österreichischen Athleten 14 Medaillen (5 Gold, 3 Silber, 6 Bronze), Österreich steht damit im Medaillenspiegel auf Platz zehn.
24. (Kultur): Einen durchaus umstrittenen Sieger bringt die 68. Berlinale: Der Goldene Bär geht an den rumänischen Experimentalfilm „Touch Me Not" von Adina Pintilie, die sich darin intensiv mit Sexualität auseinandersetzt. Für die beste Regie wird der US-Amerikaner Wes Anderson („Isle of Dogs") ausgezeichnet, der Preis der Jury geht an „Gesicht" von Małgorzata Szumowska aus Polen. Den Glashütte Original Dokumentarfilmpreis kann die Österreicherin Ruth Beckermann für ihren Essay „Waldheims Walzer" gewinnen.
25. (Politik National): Die Tiroler Landtagswahl bestätigt die ÖVP mit deutlichen Zugewinnen und einem Ergebnis von 44,3 Prozent als stärkste Kraft. Platz zwei erringt die SPÖ (17,3 %) vor der FPÖ (15,5 %). Die Grünen verlieren leicht, halten aber mit 10,7 Prozent die Zweistelligkeit. Die Liste Fritz bleibt knapp im Landtag, die NEOS ziehen erstmals ins Landesparlament ein.
28. (Politik National): Im Bundesamt für Verfassungsschutz und Terrorismusbekämpfung kommt es zu einer umstrittenen Hausdurchsuchung, nachdem Vorwürfe bezüglich einer Nicht-Löschung von Daten sowie im Zusammenhang mit der Weitergabe nordkoreanischer Pass-Rohlinge an Südkorea erhoben worden waren. Später wird die Razzia, die ungewöhnlicherweise von der Einsatzgruppe gegen Straßenkriminalität durchgeführt wurde, vom Oberlandesgericht Wien für großteils unzulässig erklärt.

März 2018

2. (Wirtschaft): Die langjährige Bundessprecherin der Grünen Eva Glawischnig-Piesczek wechselt zum niederösterreichischen Glücksspielkonzern Novomatic. Bei den ehemaligen Parteikollegen sorgt der Jobwechsel für heftige Kritik, Glawischnig legt daraufhin ihre Mitgliedschaft bei den Grünen zurück.
3./4. (Sport): Olympiasieger Marcel Hirscher holt sich in Kranjska Gora den Sieg in Riesentorlauf und Slalom und steht zum siebenten Mal als Gewinner des Gesamtweltcups fest. Dazu entscheidet er jeweils zum fünften Mal auch die beiden Disziplinwertungen für sich. Er hält bei insgesamt 17 Kristallkugeln.

4. (Politik National): Die SPÖ unter Landeshauptmann Peter Kaiser triumphiert bei der Kärntner Landtagswahl, legt zweistellig zu und schafft mit knapp 48 Prozent die Hälfte der Mandate. Die FPÖ steigert sich deutlich auf 23 Prozent, die ÖVP minimal auf 15,5 Prozent. Während das Team Kärnten gerade noch den (Wieder-)Einzug in den Landtag schafft, fliegt die Regierungspartei Grüne nach diversen internen Turbulenzen unter anderem rund um die Listenerstellung aus dem Landesparlament.
5. (Kultur): Bei der 90. Oscar-Verleihung in Hollywood gewinnt der 13-fach nominierte Film „Shape Of Water" von Guillermo del Toro vier Oscars, darunter die Kategorien Bester Film und Beste Regie. Für ihre Leistungen in dem Firm „Three Billboards Outside Ebbing, Missouri" erhält Sam Rockwell die Trophäe als bester Nebendarsteller, Frances McDormand jene als beste Hauptdarstellerin. Bei den Herren darf Gary Oldman als Winston Churchill in „Die dunkelste Stunde" die Trophäe als bester Darsteller mit nach Hause nehmen.
8. (Wirtschaft): Die USA verhängen weltweite Einfuhrzölle auf Stahl in Höhe von 25 Prozent und auf Aluminium in Höhe von 10 Prozent. US-Präsident Donald Trump läutet damit einen Handelsstreit mit China und der EU ein, der sich das ganze Jahr dahinzieht. Am 2. April verhängt China als Vergeltungsmaßnahme seinerseits Strafzölle auf 128 US-Produkte. Betroffen sind Importgüter im Wert von drei Milliarden Dollar (2,66 Mrd. Euro). Zwei Tage später kündigen die USA 25-prozentige Strafzölle auf chinesische Waren im Wert von 50 Milliarden US-Dollar an, China reagiert umgehend mit Zöllen in gleichem Ausmaß. Am 2. Juni treten die US-Strafzölle auf Einfuhren von Stahl und Aluminium aus der EU in Kraft. Am 18. Juli führt die EU Sonderabgaben auf Stahlprodukte ein, um europäische Hersteller vor schwerwiegenden Marktverzerrungen durch die neuen US-Zölle zu schützen. Der Zusatzzollsatz in Höhe von 25 Prozent wird auf Importe fällig, die wegen der US-Zölle zusätzlich in die EU kommen. Unter dieser Drohung einigen sich USA und EU am 25. Juli auf die Beilegung ihres Handelsstreits. US-Präsident Donald Trump und EU-Kommissionschef Jean-Claude Juncker vereinbaren bei einem Krisentreffen im Weißen Haus Gespräche über die Abschaffung von Zöllen auf Industriegüter. Während der Verhandlungen wollen beide Seiten auf neue Zölle verzichten. Am 24. September belegt Trump die Hälfte aller Warenimporte aus China mit Sonderzöllen. Den bisher verhängten Sonderzöllen auf Waren im Wert von 50 Milliarden Dollar folgen Zölle auf Waren im Wert weiterer 200 Milliarden Dollar.
9./10. (Sport): Die US-amerikanische Rennläuferin Mikaela Shiffrin gewinnt zum zweiten Mal in Folge den Alpinski-Gesamtweltcup. Bereits fünf Rennen vor Schluss liegt sie uneinholbar in Führung und steht damit als Gesamtsiegerin fest.
14. (Chronik International): Der britische Astrophysiker Stephen Hawking stirbt 76-jährig in seinem Haus in Cambridge. Der Forscher litt an der unheilbaren Muskel- und Nervenkrankheit Amyotrophe Lateralsklerose (ALS).
14. (Politik International): Fast sechs Monate nach der deutschen Bundestagswahl wird die CDU-Vorsitzende Angela Merkel zum vierten Mal zur Bundeskanzlerin gewählt. Die

63-Jährige erhält im Bundestag allerdings nur neun Stimmen mehr, als für die Kanzlerwahl notwendig sind. Zuvor hatte die SPD mit der Zustimmung ihrer Mitglieder in einer Urabstimmung den Weg für eine ungeliebte Fortsetzung der Großen Koalition freigemacht, nachdem Koalitionsverhandlungen der CDU mit FDP und Grünen gescheitert waren.

18. (Kultur): Nach fünf Tagen endet in Graz das Festival des österreichischen Films „Diagonale". Der Hauptpreis geht an Christian Froschs Gerichts-Dokudrama „Murer - Anatomie eines Prozesses", die Auszeichnung in der Dokumentarfilmsparte gewinnt Nikolaus Geyrhalters Film „Die bauliche Maßnahme".

20. (Politik National): Tiroler ÖVP und Grüne einigen sich auf eine Neuauflage ihrer Koalition unter Landeshauptmann Günther Platter (ÖVP). Die Landesregierung wird etwa eine Woche später angelobt.

April 2018

4. (Sport): Red Bull Salzburg fixiert mit dem Finaleinzug in der Erste Bank Eishockey Liga (EBEL) seinen achten österreichischen Meistertitel.

8. (Politik International): Deutlicher als erwartet, nämlich mit 48,5 Prozent der Stimmen, gewinnt der EU-kritische Regierungschef Viktor Orbán mit seiner Fidesz-Partei die Parlamentswahl in Ungarn. Es wird seine vierte Amtszeit als Präsident.

11. (Kultur): Der Österreicher Max Hollein wird neuer Direktor des renommierten Metropolitan Museums in New York. Der Leiter des Fine Arts Museums in San Francisco wechselt im Sommer an das wohl renommierteste US-amerikanische Museum.

12. (Politik National): Peter Kaiser wird vom Kärntner Landtag als Landeshauptmann wiedergewählt. Nachdem die ÖVP nach Abschluss der Gespräche ihren Landesparteichef Christian Benger durch Martin Gruber ersetzt, besteht die SPÖ auf Nachverhandlungen. Bei diesen erlangen die Sozialdemokraten das Zugeständnis, vom Einstimmigkeitsprinzip in der Regierung abgehen zu können und so gegebenenfalls die Volkspartei mit Hilfe anderer Parteien im Landtag überstimmen zu können.

13. (Kultur): Der tschechische Oscar-Preisträger Miloš Forman stirbt mit 86 Jahren. Er erlangte Weltruhm durch Filme wie „Einer flog über das Kuckucksnest" (1975) und „Amadeus" (1984). Für beide Filme wurde der in Prag geborene Forman, der kurz vor dem Einmarsch der Truppen des Warschauer Paktes 1968 in der Tschechoslowakei ins Exil ging, mit dem Oscar ausgezeichnet.

19. (Politik National): Der Nationalrat beschließt das erste Doppelbudget von ÖVP und FPÖ, das für 2018 ein Maastricht-Defizit von 0,4 Prozent des BIP und für 2019 ein Nulldefizit bzw. allenfalls einen minimalen Überschuss vorsieht.

19. (Politik National): Das Parlament bringt einen parlamentarischen BVT-Untersuchungsausschuss auf den Weg. Nachdem der Versuch der SPÖ, im Alleingang einen Ausschuss zu erwirken, aus Formalgründen gescheitert war, gibt es nun einen gemeinsamen Antrag der drei Oppositionsparteien.

23. (Chronik International) Die britische Herzogin Kate, Ehefrau des Thronfolgers Prinz William, bringt in London einen Buben zur Welt. Louis Arthur Charles ist das dritte Kind des Paares und steht damit an fünfter Stelle der britischen Thronfolge.
25. (Wirtschaft): Der oberösterreichische Möbelhändler XXXLutz übernimmt von der Kika-Leiner-Mutter Steinhoff die Anteile an der deutschen Möbelkette Poco. Die XXXLutz-Gruppe wächst damit um 123 Einrichtungshäuser und fast 8.000 Mitarbeiter in Deutschland mit einem Gesamtumsatz von 1,6 Milliarden Euro und steigt in Deutschland zur Nummer Zwei hinter Ikea auf.
26. (Chronik International) Der ehemalige US-Fernsehstar Bill Cosby wird wegen sexuellen Missbrauchs schuldig gesprochen. Am 25. September wird das Strafmaß von mindestens drei und höchstens zehn Jahren Gefängnis verkündet.
27. (Politik National): Die bisherige ÖGB-Frauenchefin Renate Anderl wird zur neuen Präsidentin der Arbeiterkammer gewählt, nachdem ihr Vorgänger Rudolf Kaske sich von der Funktion zurückgezogen hat.
28. (Politik National): Die Salzburger Landtagswahl endet mit einem Sieg für die ÖVP unter Landeshauptmann Wilfried Haslauer. Die Volkspartei legt fast neun Punkte zu und ist mit beinahe 38 Prozent klar stärkste Kraft. Die SPÖ verliert, bleibt mit 20 Prozent aber knapp vor den Freiheitlichen, die 18 Prozent und damit ein kleines Plus erreichen. Die Grünen kommen nur noch auf neun Prozent und verlieren damit zweistellig, weshalb sich Spitzenkandidatin Astrid Rössler aus der Politik zurückzieht. Erstmals im Landtag vertreten sind die NEOS.
28. (Wirtschaft): Das Bundesverwaltungsgericht (BVwG) genehmigt im zweiten Anlauf den Bau der umstrittenen dritten Piste am Flughafen Wien. Vorausgegangen war ein Urteil des Verfassungsgerichtshofs (VfGH) vom Juni des Vorjahres, wonach die Ablehnung der dritten Piste durch das BVwG falsch und zum Teil willkürlich gewesen sei und das BVwG die Sachlage nochmals zu prüfen habe.
30. (Wirtschaft): Die Enthüllungen rund um die „Panama Papers" ziehen in Österreich Strafen nach sich. Die Finanzmarktaufsicht (FMA) verhängt über die Raiffeisenbank International (RBI) eine – nicht rechtskräftige – Geldstrafe in Höhe von rund 2,75 Millionen Euro. Der Hypo Vorarlberg wird ein Bußgeld von 414.000 Euro aufgetragen.

Mai 2018

2. (Politik International): Die baskische Untergrundorganisation ETA gibt nach Jahrzehnten des bewaffneten Kampfes gegen den spanischen Zentralstaat und für die baskische Unabhängigkeit ihre Auflösung bekannt. Die ETA hatte bereits 2017 ihre Waffen vollständig abgegeben. Sie war 1959 während der Franco-Diktatur in Spanien gegründet worden.
3. (Kultur): Beat Furrer, österreichischer Komponist Schweizer Herkunft, erhält den Ernst von Siemens Musikpreis „für ein Leben im Dienste der Musik". Die Auszeichnung ist mit 250.000 Euro dotiert.

6. (Politik National): Georg Willi wird erster Grüner Bürgermeister von Innsbruck. Bei der Stichwahl in der Tiroler Landeshauptstadt setzt er sich mit knapp 53 Prozent gegen Amtsinhaberin Christine Oppitz-Plörer von der Liste „Für Innsbruck" durch, die Vizebürgermeisterin wird. Die Gemeinderatswahl zwei Wochen davor hatten die Grünen ebenfalls auf Platz eins beendet, mit deutlichem Abstand folgte die FPÖ. Willi bildet eine Koalition aus seiner Partei, der ÖVP, der SPÖ und der Liste Für Innsbruck.
7. (Politik International): Wladimir Putin wird zum vierten Mal als Präsident Russlands vereidigt. Bei der Wahl im März war er mit knapp 77 Prozent der Stimmen wiedergewählt worden. Überschattet wird die Amtseinführung von der Gewalt, mit der die Polizei an den Tagen vor der Amtseinführung Kundgebungen von Regierungsgegnern aufgelöst hatte. Dabei wurden etwa 1.600 Anhänger des Oppositionellen Alexej Nawalny festgenommen.
7. (Politik National): NEOS-Gründer Matthias Strolz kündigt überraschend seinen Rückzug aus der Politik an. Als Grund nennt er den passenden Zeitpunkt für den Schritt.
8. (Politik International): Die USA ziehen sich trotz des massiven Widerstands europäischer Partner aus dem Atomdeal mit dem Iran zurück. Die im Rahmen des Abkommens ausgesetzten Sanktionen sollen wieder in Kraft treten. Teheran hält vorerst am Atomabkommen fest, ebenso wie die übrigen Vertragspartner Großbritannien, Frankreich, Deutschland, Russland und China.
9. (Sport): Sturm Graz gewinnt das Finale um den österreichischen Fußball-Cup gegen Red Bull Salzburg nach Verlängerung mit 1:0.
12. (Kultur) Die israelische Sängerin Netta Barzilai gewinnt den 63. Eurovision Song Contest in Lissabon. Österreichs Kandidat Cesar Sampson gewinnt die Wertung der Expertenjurys und belegt den überraschenden dritten Platz.
14. (Kultur): US-Schriftsteller und Journalist Tom Wolfe stirbt im Alter von 88 Jahren. Zu seinen bekanntesten Werken gehört der Roman „Fegefeuer der Eitelkeiten".
17. (Politik National): Der Nationalrat ermöglicht die Etablierung von Deutschförderklassen. Schulanfänger, die nicht imstande sind, dem Unterricht ausreichend zu folgen, können nunmehr nach eigenem Lehrplan in eigenen Klassen unterrichtet werden.
18. (Politik National): Der über Monate schwelende Konflikt um die Abgeltung der zusätzlichen Kosten für die Abschaffung des Pflege-Regresses zwischen Bund und Ländern wird beigelegt. Letzteren werden bis zu 340 Millionen Euro für das heurige Jahr zugestanden, nachdem der Bund ursprünglich nur 100 Millionen freimachen wollte.
18. (Wirtschaft): Der deutsche Halbleiterhersteller Infineon erweitert das Werk in Villach: In die Errichtung einer neuen Fabrik für Leistungshalbleiter werden über einen Zeitraum von sechs Jahren rund 1,6 Milliarden Euro investiert. Bis 2021 sollen rund 750 zusätzliche Arbeitsplätze entstehen.

18. (Wirtschaft): Harald Mahrer übernimmt offiziell die Funktion als Präsident der Wirtschaftskammer Österreich von Christoph Leitl, dessen Ära nach 18 Jahren zu Ende geht. Zum neuen Generalsekretär wird am 30. Mai der frühere zweite Nationalratspräsident Karl-Heinz Kopf gekürt.
19. (Chronik International): Bei der Hochzeit des Jahres geben einander der britische Prinz Harry und die US-Schauspielerin Meghan Markle auf Schloss Windsor das Jawort. Am 15. Oktober wird verlautbart, dass das Paar erstmals Nachwuchs erwartet.
22. (Kultur): Der US-Schriftsteller Philip Roth stirbt im Alter 85 Jahren. Zu den bekanntesten Werken des Pulitzer-Preisträgers, der auch immer wieder als Anwärter auf den Literaturnobelpreis gehandelt wurde, zählen unter anderem die Roman-Trilogie „Der Ghostwriter", „Zuckermans Befreiung" und „Die Anatomiestunde".
23. (Politik National): Der frühere Landeshauptmann Franz Voves erhält den Ehrenring der Steiermark.
24. (Politik National): Mit der Wahl von Michael Ludwig zum Wiener Bürgermeister endet die fast 24-jährige Ära von Michael Häupl. Der neue Stadtchef bringt ein rundumerneuertes Regierungsteam ins Rathaus, etwa mit Sozialstadtrat Peter Hacker, Finanzstadtrat Peter Hanke oder der Kulturmanagerin Veronica Kaup-Hasler.

Juni 2018

1. (Politik International): Knapp drei Monate nach der Parlamentswahl hat Italien einen neuen Regierungschef. Der italienische Staatspräsident Sergio Mattarella vereidigt das neue Kabinett unter Ministerpräsident Giuseppe Conte. Der 53-jährige parteilose Rechtsprofessor führt eine europakritische Regierung aus der rechten Lega und der populistischen Fünf-Sterne-Bewegung an.
2. (Chronik National): Mit einer opulenten Hommage an das Erfolgsmusical „The Sound of Music" feiert der Life Ball im Wiener Rathaus sein 25. Jubiläum.
5. (Wirtschaft): Die teilstaatliche OMV und die russische Gazprom verlängern ihren bestehenden Gasliefervertrag, der bis 2028 laufen würde, bis zum Jahr 2040.
7. (Kultur): Stefan Weber, der als Kopf der Skandalband Drahdiwaberl österreichische Popgeschichte geschrieben hat, stirbt im Alter von 71 Jahren.
7. (Sport): Fußball-Bundesliga-Aufsteiger TSV Hartberg gibt die Verpflichtung von Markus Schopp als neuer Trainer bekannt. Der Ex-Teamspieler war zuletzt Assistenz-Coach beim SKN St. Pölten.
12. (Politik International): In Singapur kommt es zum historischen Gipfeltreffen zwischen US-Präsident Donald Trump und Nordkoreas Machthaber Kim Jong-un. Trump stellt danach die baldige offizielle Beendigung des Korea-Kriegs in Aussicht und kündigt ein Ende der US-Militärmanöver mit Südkorea an.

12. (Sport): Die Kapfenberg Bulls sind zum sechsten Mal österreichischer Meister im Herren-Basketball. Die Steirer entscheiden die „Best of seven"-Finalserie der ABL gegen die Gmunden Swans mit 4:2 für sich.
13. (Politik National): In Salzburg wird eine neue Landesregierung angelobt. Sie besteht aus ÖVP, Grünen und erstmals NEOS. Landeshauptmann bleibt Wilfried Haslauer (ÖVP).
14. (Politik National): Der ÖGB wählt den bisherigen GPA-Vorsitzenden Wolfgang Katzian zum neuen Präsidenten. Bis dahin hatte diese Aufgabe Erich Foglar über, der in Pension geht. Statt Katzian leitet nun der Vorsitzende der Gewerkschaft pro-ge, Rainer Wimmer, die sozialdemokratischen Gewerkschafter. Die Position Katzians als Chef der größten Einzelgewerkschaft GPA übernimmt Barbara Teiber.
14. (Chronik International): Mit Haftstrafen von jeweils 25 Jahren für die vier Hauptangeklagten geht der Prozess gegen die Schlepperbande zu Ende, die für den Tod von 71 auf der Ostautobahn im Burgenland entdeckten Flüchtlingen im August 2015 verantwortlich sind.
18. (Chronik International): Die Weltgesundheitsorganisation (WHO) stuft Online-Spielsucht als eigenständige Suchtkrankheit ein.
19. (Wirtschaft): Im Korruptionsprozess rund um die Buwog-Privatisierung kommt am 41. Verhandlungstag erstmals der Hauptangeklagte, Ex-Finanzminister Karl-Heinz Grasser zu Wort. Er bekennt sich zu Beginn seiner Befragung „nicht schuldig". Grasser ist wegen Amtsmissbrauch und Bestechung angeklagt, er weist die Vorwürfe zurück.
21. (Politik National): Präsentation des Steirischen Jahrbuches für Politik 2017 im ÖVP-Landtagsklub. Das Hauptreferat hält Bundespräsident Alexander Van der Bellen über „Vertrauen – Österreichs wichtigste Ressource".
22. (Wirtschaft): Signa, das Unternehmen des Immobilienentwicklers René Benko, kauft die Möbelhäuser kika und Leiner von der angeschlagenen Steinhoff-Gruppe. Das operative Geschäft wird zu einem symbolischen Euro übertragen, Signa verpflichtet sich aber, einen dreistelligen Millionenbetrag einzuschießen.
23. (Politik National): Die NEOS küren Beate Meinl-Reisinger zu ihrer neuen Vorsitzenden. Im September übernimmt sie von Matthias Strolz auch die Leitung des Parlamentsklubs der NEOS.
23./24. (Chronik National): Mit einem großen Festakt am Grazer Hauptplatz begeht die Diözese Graz-Seckau einen Höhepunkt der Feierlichkeiten rund um ihr 800-Jahr-Jubiläum.
24. (Politik International): Staatspräsident Recep Tayyip Erdoğan gewinnt die von Manipulationsvorwürfen der Opposition überschattete Präsidentenwahl in der Türkei. Er wird damit Staats- und Regierungschef mit weitreichenden Vollmachten. Das von Erdoğans islamisch-konservativer AKP angeführte Parteienbündnis erringt bei der Parlamentswahl außerdem die absolute Mehrheit der Sitze. Mit den Wahlen wird die Einführung des von Erdoğan angestrebten Präsidialsystems abgeschlossen.

28. (Wirtschaft): Das EU-Kanada-Freihandelsabkommen CETA nimmt die letzte parlamentarische Hürde in Österreich: ÖVP und FPÖ stimmen nach dem Nationalrat nun auch im Bundesrat für den umstrittenen Vertrag und stellen damit die erforderliche Mehrheit sicher. Bundespräsident Alexander Van der Bellen unterschreibt das EU-Freihandelsabkommen CETA mit Kanada aber vorerst nicht. Er wartet auf die Entscheidung des Europäischen Gerichtshofes (EuGH), wie dies auch andere Staaten machen. Entscheidend für das Zuwarten sind die Zweifel, ob die geplanten Schiedsgerichte mit dem EU-Recht konform gehen.

Juli 2018

1. (Politik International): Österreich übernimmt für das kommende halbe Jahr den Rats-Vorsitz der Europäischen Union. Es ist das dritte Mal nach 1998 und 2006. Unter dem Motto „Ein Europa, das schützt" will die türkis-blaue Bundesregierung vor allem im Bereich der inneren Sicherheit Akzente setzen. Die inhaltlichen Schwerpunkte sind Migration, die Verhandlungen zum mehrjährigen Finanzrahmen und der Brexit. Die Übergabe findet bei einem „Gipfeltreffen" auf der Planai statt.
1. (Sport): Max Verstappen gewinnt den Formel-1-Grand-Prix von Österreich. Der Niederländer siegt in Spielberg vor Ferrari-Pilot Kimi Räikkönen und beschert dem Red-Bull-Rennstall seinen ersten Heimsieg. Sebastian Vettel wird im zweiten Ferrari Dritter.
1. (Sport): Die Detroit Red Wings geben die Verpflichtung des Steirers Thomas Vanek bekannt. Vanek war zuvor in der nordamerikanischen Eishockeyliga NHL bei den Columbus Blue Jackets engagiert.
4. (Politik National): Der Nationalrat beschließt die Einführung eines Familienbonus. Dieser steuerliche Absetzbetrag in der Höhe von bis zu 1.500 Euro pro Kind und Jahr gilt bis zum 18. Lebensjahr des Kindes.
5. (Kultur): Der Große Österreichische Staatspreis, die höchste Kulturauszeichnung der Republik, geht 2018 an Florjan Lipuš und damit an einen Kärntner Autor, der in seiner Muttersprache Slowenisch schreibt.
8. (Kultur): Der Ingeborg-Bachmann-Preis geht an die in Wien lebende Ukrainerin Tanja Maljartschuk mit ihrem Text „Frösche im Meer". Dem im Stechen unterlegenen deutschen Autor Bov Bjerg bleibt der Deutschlandfunk-Preis. Der Kelag-Preis geht an die Autorin Özlem Özgül Dündar, die Schweizerin Anna Stern gewinnt den 3sat-Preis. Raphaela Edelbauer, die einzige Österreicherin im Teilnehmerfeld, setzt sich in der Internetwahl um den BKS-Bank-Publikumspreis durch.
13. (Kultur): Christine Nöstlinger, die mit Abstand bedeutendste Kinderbuchautorin Österreichs, stirbt im Alter von 81 Jahren. Sie veröffentlichte mehr als 100 Bücher und wurde mit dem ersten Astrid-Lindgren-Preis, dem „Nobelpreis für Kinderliteratur" ausgezeichnet.
15. (Sport): Frankreichs Nationalteam ist zum zweiten Mal nach 1998 Fußball-Weltmeister. Im Finale setzt sich die Mannschaft im Luschniki-Stadion von Moskau gegen

das Sensationsteam aus Kroatien mit 4:2 durch. Den goldenen Schuh als bester Torschütze der Weltmeisterschaft erhält der Engländer Harry Kane mit sechs Treffern, den goldenen Ball als bester Spieler der kroatische Teamkapitän Luka Modrić. Zu den insgesamt 64 Partien der WM sind insgesamt 3.031.768 Zuschauer in die russischen Stadien gekommen.

17. (Wirtschaft): Die Europäische Union schließt mit Japan ihr bisher größtes Freihandelsabkommen ab. Der seit 2013 vorbereitete Pakt soll Zölle und andere Handelshemmnisse abbauen, um das Wachstum anzukurbeln und neue Jobs zu schaffen.

26. (Politik National): Der erste Strafprozess rund um die Unregelmäßigkeiten bei der Bundespräsidenten-Stichwahl endet am Landesgericht Klagenfurt mit neun Schuldsprüchen und nur einem Freispruch. Auch der Villacher Bürgermeister Günther Albel (SPÖ) wird zu einer Geldstrafe verurteilt.

27. (Kultur): In Salzburg werden die Festspiele 2018 offiziell eröffnet, die zweiten unter dem Intendanten Markus Hinterhäuser. Festredner ist der Historiker Philipp Blom.

28. (Politik National): Der langjährige Vorarlberger Landeshauptmann und ÖVP-Landesobmann Herbert Keßler verstirbt 93-jährig.

30. (Chronik International): Malaysias Regierung stellt ihren offiziellen Abschlussbericht zum Verschwinden von Flug MH370 der Malaysia Airlines vor. In dem 450-seitigen Report heißt es wörtlich: „Das Team ist nicht in der Lage, den Grund für das Verschwinden von MH370 zu bestimmen." Die Boeing 777 verschwand im März 2014 mit 239 Menschen an Bord von den Radarschirmen. An verschiedenen Küsten wurden inzwischen insgesamt 27 Wrackteile angeschwemmt. Von den Insassen fehlt jedoch jede Spur.

31. (Juli): Die Modekette Charles Vögele Austria mit rund 700 Arbeitnehmern schlittert in den Konkurs. Die Insolvenzursachen liegen in Umsatzeinbrüchen und in der Insolvenz der Schweizer Muttergesellschaft. Die Modekette hat 102 Filialen, das Vermögen beträgt rund 28,4 Millionen Euro. Das Unternehmen wird im September an den deutschen Restrukturierungsfonds GA Europe verkauft. 31 der 102 österreichischen Filialen werden geschlossen. 1.020 Gläubiger (inklusive 711 Dienstnehmer) melden Forderungen in Höhe von 29,7 Millionen Euro an. Sie erhalten per Gerichtsbeschluss vom 22. Oktober eine Barquote von 20 Prozent. Der Sanierungsplan wird bestätigt. Mehr als 200 Mitarbeiter verlieren ihre Jobs. Anfang 2019 soll Vögele an einen strategischen Investor weiterverkauft werden.

August 2018

1. (Chronik National): Auf zwei dreispurig ausgebauten Abschnitten der Westautobahn (A1) in Niederösterreich und Oberösterreich beginnt der Pilotversuch Tempo 140. Verkehrsminister Norbert Hofer (FPÖ) und die Asfinag ziehen im November eine positive Zwischenbilanz und wollen weitere Probestrecken definieren.

1. (Sport): Der ehemalige ÖFB-Teamspieler Andreas Herzog übernimmt das Amt des israelischen Fußball-Nationaltrainers. Herzog arbeitete bereits bis Ende 2016 als Teamchef-Assistent der USA.

1. (Sport): Sturm Graz scheidet in der zweiten Runde der Fußball-Champions-League-Qualifikation aus. Die Steirer verlieren zu Hause gegen Ajax Amsterdam mit 1:3, das erste Duell endete mit einem 2:0-Heimsieg für die Niederländer.

2. (Wirtschaft): Apple knackt als erstes Unternehmen weltweit die Marke von einer Billion Dollar (854,99 Mrd. Euro) Börsenwert. Das Unternehmen ist damit in etwa so hoch bewertet wie die 15 größten deutschen Firmen im Dax zusammen. Am 4. September folgt Internetriese Amazon, dessen Börsenwert ebenfalls über eine Billion Dollar steigt.

2. (Sport): Der dreifache Formel-1-Weltmeister und mehrfache Airline-Grüner Niki Lauda muss sich im AKH wegen einer schweren Lungenerkrankung einer Lungentransplantation unterziehen. Am 24. Oktober kann er das Spital wieder verlassen.

10. (Chronik International): Das Unternehmen Monsanto wird im ersten Prozess wegen angeblich verschleierter Krebsrisiken des Unkrautvernichters Roundup mit dem umstrittenen Wirkstoff Glyphosat in den USA zu hohem Schadenersatz verurteilt. Einem Krebspatienten sollen knapp 70 Millionen Euro bezahlt werden.

12. (Sport) Der Spanier Jorge Lorenzo sichert sich im Motorrad-GP von Österreich in Spielberg den Sieg in der MotoGP-Klasse. Der Ducati-Fahrer setzt sich nach einem dramatischen Zweikampf mit seinem spanischen Landsmann und WM-Führenden Marc Marquez (Honda) durch.

14. (Chronik National): In der Südröhre des Koralmtunnels wird Geschichte geschrieben. Die Tunnelvortriebsmaschine aus Richtung der Steiermark trifft unter dem Koralmmassiv in etwa 1200 Metern Tiefe auf den Stollen, der vom Lavanttal vorangetrieben wird. 13 Jahre nach dem offiziellen Spatenstich im Deutschlandsberger Leibenfeld ist dies ein Meilenstein bei der Errichtung des knapp 33 Kilometer langen, zweiröhrigen Tunnels.

18. (Politik International): Der russische Präsident Wladimir Putin ist Gast bei der Hochzeit von Außenministerin Karin Kneissl (FPÖ) mit dem Unternehmer Wolfgang Meilinger in der Südsteiermark. Rund eineinhalb Stunden hält er sich bei der Festgesellschaft auf, er tanzt auch mit der Ministerin. Die Teilnahme des russischen Staatschefs an der Hochzeit sorgt vor und nach der Veranstaltung für heftige Diskussionen.

18. (Politik International): Der frühere UNO-Generalsekretär Kofi Annan stirbt im Alter von 80 Jahren in Bern. 1997 wurde der aus Ghana stammende Annan als erster Politiker aus Subsahara-Afrika UNO-Generalsekretär. 2001 erhielt er zusammen mit den Vereinten Nationen den Friedensnobelpreis. In seinen zehn Jahren an der Spitze der UNO galt Annan als das moralische Gewissen der Welt. Er warb für Frieden und Gerechtigkeit und bot den USA im Streit um den Irak-Krieg die Stirn.

20. (Wirtschaft): Griechenland verlässt nach acht Jahren den Rettungsschirm der Eurozone. Insgesamt wurden rund 290 Milliarden Euro an Hilfsgeldern ausgezahlt, im Gegenzug mussten die Griechen einen sehr harten Sparkurs fahren.
20. (Politik National): Maria Stern wird von den 25 Mitgliedern der Liste Pilz zur Parteichefin gewählt. Sie wird damit für ihren Mandatsverzicht entschädigt, der eine Rückkehr von Listengründer Peter Pilz in den Nationalrat möglich gemacht hatte.
21. (Politik National): Der Vorstand der AUVA akzeptiert ein von der Regierung vorgegebenes Sparpaket in Höhe von knapp 135 Millionen Euro jährlich und beendet damit die Monate dauernde Diskussion um die Zukunft der Unfallversicherungsanstalt.
25. (Politik International): Der bekannte US-Senator John McCain ist tot. Der Vietnam-Kriegsveteran, der einer der profiliertesten Kritiker von US-Präsident Trump innerhalb der republikanischen Partei gewesen war, stirbt im Alter von 81 Jahren an einem Gehirntumor. 1967 geriet er im Vietnam-Krieg in Gefangenschaft, wurde gefoltert und kam erst nach rund fünf Jahren wieder frei.

September 2018

2. (Chronik International): Ein Großbrand zerstört das Nationalmuseum in Rio de Janeiro, das größte Natur- und Völkerkundemuseum Lateinamerikas. Etwa 90 Prozent der rund 20 Millionen Ausstellungsstücke werden vernichtet.
3. (Politik National): Die ÖVP schließt den Abgeordneten Efgani Dönmez nach einem sexistischen Tweet gegen eine deutsche Politikerin aus ihrem Parlamentsklub aus. Der ehemalige Grünen-Bundesrat war erst vor der vergangenen Nationalratswahl zur Volkspartei gestoßen. Dönmez bleibt als unabhängiger Abgeordneter im Parlament.
4. (Kultur): Der Österreichische Kabarettpreis 2018 wird Günther „Gunkl" Paal zuerkannt.
5. (Kultur): Unter dem Titel „Error – The Art of Imperfection" wird das Medienkunstfestival Ars Electronica in Linz mit 614 Programmpunkten eröffnet. Insgesamt erreicht die Veranstaltung eine Bestmarke von 105.000 Besuchern.
8. (Politik National): Der frühere Verteidigungsminister Hans Peter Doskozil (SPÖ) wird mit gut 98 Prozent zum neuen burgenländischen SPÖ-Chef gewählt. Gleichzeitig wird bei einem Landesparteitag in Oberwart festgelegt, dass Doskozil von Hans Niessl Ende Februar 2019 auch das Amt des Landeshauptmanns übernehmen soll.
8. (Kultur): Der Goldene Löwe des Filmfestivals Venedig geht an die Netflix-Produktion „Roma" des Mexikaners Alfonso Cuarón. Für ihre Leistung in „The Favourite" wird Olivia Colman als beste Schauspielerin geehrt, Willem Dafoe für seine Darstellung in der Van Gogh-Filmbiografie als bester Schauspieler.
11. (Sport): Österreichs Fußball-Nationalteam verpatzt den Start in der Nations League. Die ÖFB-Mannschaft verliert in Zenica nach einer über weite Strecken schwachen Vorstellung bei Bosnien-Herzegowina 0:1.

12. (Politik National): Die Regierung schafft die Möglichkeit für Asylwerber, in Mangelberufen eine Lehre zu absolvieren, ab. Davor hatte es von Oberösterreich aus auch von ÖVP-Politikern unterstützte Proteste dagegen gegeben, dass zahlreiche Asylsuchende nach negativen Bescheiden während der Lehre abgeschoben worden waren.

12. (Kultur): Der Aufsichtsrat der Salzburger Osterfestspiele entscheidet sich für Nikolaus Bachler, den Intendanten der Bayerischen Staatsoper in München, als neuen Festspielintendanten und Nachfolger von Peter Ruzicka. Bachler (67) übernimmt ab 1. Juli 2020 die kaufmännische Geschäftsführung der Osterfestspiele Salzburg und ab der Saison 2022 auch die künstlerische Gesamtverantwortung des Festivals. Künstlerischer Leiter der Osterfestspiele bleibt weiterhin der Chefdirigent der Staatskapelle Dresden, Christian Thielemann.

13. (Wirtschaft): Volkswagen läutet das Ende des legendären „Käfers" ein: Vom Nachfolger „Beetle" soll der letzte im Juli 2019 vom Band rollen.

14.–16. (Sport): Dominic Thiem sichert Österreich nach sechs Jahren die Rückkehr in die Davis-Cup-Weltgruppe. Er besiegt in Graz die australische Nummer eins, Alex de Minaur, mit 6:4, 6:2, 3:6 und 6:4 und stellt mit seinem zweiten Einzelerfolg den 3:1-Endstand her.

16. (Sport): Der Kenianer Eliud Kipchoge stellt in Berlin einen neuen Marathon-Weltrekord auf. Der 33-Jährige schafft die 42,195 Kilometer in 2:01:39 Stunden und bleibt damit gleich 1:18 Minuten unter der bisherigen Weltbestzeit.

18. (Politik National): Überraschend erklärt Christian Kern seinen Rückzug von der SPÖ-Spitze. Erst eine Woche davor hatte sich der Altkanzler von den Gremien seiner Partei noch als Kandidat für den Parteivorsitz vorschlagen lassen. Nunmehr kündigt er an, sich um die Spitzenkandidatur der europäischen Sozialdemokraten bei der EU-Wahl bemühen zu wollen, was er eine Woche später wieder zurückzieht.

19. (Chronik National): Das Sommerhalbjahr 2018 ist das wärmste seit Messbeginn im Jahr 1767. Es lag um mehr als zwei Grad Celsius über dem vieljährigen Mittel von 1981 bis 2010.

25. (Politik National): Die SPÖ-Gremien designieren Pamela Rendi-Wagner zur neuen Parteivorsitzenden. Die frühere Gesundheitsministerin, die erst seit eineinhalb Jahren SPÖ-Mitglied ist, übernimmt auch die Leitung des Parlamentsklubs und macht ihren Vertrauten Thomas Drozda zum Bundesgeschäftsführer. Für ihn muss der Steirer Max Lercher weichen, was den Ärger der SPÖ Steiermark nach sich zieht. Der bisherige geschäftsführende Klubchef Andreas Schieder verliert seinen Posten, wird aber wenig später zum Spitzenkandidaten der SPÖ für die Europa-Wahl nominiert.

Oktober 2018

4. (Politik Inland): Im Palais Niederösterreich in der Wiener Herrengasse findet der Festakt zum Jubiläum „100 Jahre Gründung der Republik Österreich" statt. LH Hermann Schützenhöfer hebt dazu hervor: „Österreich ist immer dann stark, wenn das Miteinander und der Zusammenhalt in der Gesellschaft im Mittelpunkt stehen. Die Bundesländer sind sich ihrer Verantwortung für das Miteinander und die Zukunft der Republik bewusst, was sich auch in dieser gemeinsamen Erklärung widerspiegelt."

4. (Politik National): Herbert Tumpel stirbt im Alter von 70 Jahren. Der sozialdemokratische Gewerkschafter war von 1997 bis 2013 Präsident der Arbeiterkammer.

5. (Politik International): Für ihren Kampf gegen sexuelle Gewalt als Waffe im Krieg erhalten der kongolesische Arzt Denis Mukwege und die irakische Menschenrechtsaktivistin Nadia Murad den Friedensnobelpreis 2018. Die 25-jährige Yezidin Murad wurde von der Terrormiliz „Islamischer Staat" (IS) im Irak als Sex-Sklavin gehalten, konnte die Flucht ergreifen und macht nun als UNO-Sonderbotschafterin auf die Qualen der IS-Opfer aufmerksam. Der 63 Jahre alte Gynäkologe Mukwege behandelt in seiner von Konflikten zerrissenen Heimat Opfer von Gruppenvergewaltigungen.

6. (Kultur): Das „Haus der Musik" in Innsbruck wird eröffnet. Die Bauarbeiten nach Plänen des Architekten Erich Strolz dauerten drei Jahre und kosteten 62,7 Millionen Euro.

8. (Wirtschaft): Der diesjährige Wirtschaftsnobelpreis geht an die beiden US-Forscher William Nordhaus und Paul Romer für ihre Arbeiten zu nachhaltigem Wirtschaftswachstum. Nordhaus ist Professor an der Yale Universität, Romer lehrt an der Stern School of Business in New York.

8. (Politik National): Alle drei Volksbegehren, die im Oktober aufgelegt waren, überspringen die Grenze von 100.000 Unterschriften und müssen somit im Nationalrat behandelt werden. Mit 881.569 Unterzeichnern landet das von Ärztekammer und Krebshilfe initiierte „Don't smoke"-Volksbegehren gegen Rauchen in der Gastronomie auf Platz sieben in der Liste der nunmehr 42 Volksbegehren seit 1964. Das Frauenvolksbegehren kommt auf knapp 482.000 und das von der Christlichen Partei Österreichs initiierte Volksbegehren auf Abschaffung der ORF-Gebühren auf 320.000 Unterschriften.

7.–18. (Sport): Österreichische Athleten gewinnen bei den Olympischen Jugend-Sommerspielen in Buenos Aires insgesamt elf Medaillen. Über Gold darf sich dabei Sandra Lettner bei der Kombinations-Premiere im Klettern freuen.

9. (Wirtschaft): Der Internationale Währungsfonds (IWF) nimmt seine Wachstumsprognose für die Weltwirtschaft spürbar zurück. Angesichts wachsender Risiken und Handelskonflikte erwartet die UNO-Sonderorganisation für 2018 und 2019 nun ein globales Wirtschaftswachstum von 3,7 Prozent. Zuletzt sind die Ökonomen noch von jeweils 3,9 Prozent ausgegangen. Die Prognose für Österreich hingegen wird im aktuellen World Economic Outlook erhöht – von heuer real 2,6 auf 2,8 Prozent und für 2019 von 1,9 auf 2,2 Prozent.

9. (Chronik National): Mit einem Schuldspruch wegen übler Nachrede, aber einem Freispruch vom Vorwurf der Kreditschädigung endet der Prozess gegen die frühere Grünen-Abgeordnete Sigrid Maurer. Sie hatte obszöne Nachrichten an sie auf Facebook und

Twitter gepostet und darin den Besitzer eines Biergeschäfts als Verfasser beschuldigt, der sie daraufhin klagte.

11. (Politik National): In Erfüllung eines VfGH-Spruchs legen ÖVP und FPÖ fest, dass künftig Ehe und Eingetragene Partnerschaft sowohl hetero- als auch homosexuellen Paaren offenstehen.

12. (Politik National): Der Gemeindebund Steiermark feiert sein 70-jähriges Bestehen.

14. (Politik International): Bei der Landtagswahl in Bayern verfehlt die bisher allein regierende CSU die absolute Mehrheit klar und kommt nur noch auf 37,2 Prozent – ihr schlechtestes Ergebnis seit 1950. Ministerpräsident Söder muss eine Koalition mit den Freien Wählern eingehen.

16. (Wirtschaft): US-Unternehmer und Microsoft-Mitbegründer Paul Allen stirbt im Alter von 65 Jahren an den Folgen einer Krebserkrankung. Allen hat Microsoft 1975 zusammen mit Bill Gates gegründet und den Software-Giganten dann 1983 verlassen.

18./19. (Politik National): Auf Einladung von LH Schützenhöfer tauschen sich führende Persönlichkeiten aus Wirtschaft, Wissenschaft, Gesellschaft, Kunst, Kultur und Medien bei der zweitägigen Zukunftskonferenz „Österreich 22" zu den unterschiedlichsten Herausforderungen und Schlüsselfragen der Gegenwart und Zukunft aus. Die Themenkomplexe Klimaforschung und -wandel, Soziales und Wirtschaft, Integration und Migration sowie Fragen zu Europa wurden in vier Kleingruppen – nach kurzen Impulsstatements von Helga Kromp-Kolb, Bernd Marin, Susanne Raab und Franz Fischler – anregend debattiert.

23. (Chronik International): Die weltweit größte Meeresbrücke zwischen Hongkong und dem chinesischen Festland wird eröffnet. Die 55 Kilometer lange Verbindung besteht aus einer sich schlängelnden Brücke und einem 6,7 Kilometer langen Unterwassertunnel zwischen zwei künstlichen Inseln.

24. (Politik National): Der Ministerrat beschließt die umstrittene Reform der Sozialversicherungsstrukturen. Die Zahl der Träger wird auf fünf reduziert, der Hauptverband der Sozialversicherer wird deutlich abgewertet und die Position der Dienstgeber-Vertreter in den diversen Gremien klar gestärkt, während im Gegenzug die Arbeitnehmer massiv an Einfluss verlieren. Die Beitragsprüfung wandert an die Finanz.

24. (Politik National): Im Nationalrat wird die Indexierung der Familienhilfe beschlossen. Damit wird die Leistung künftig den Lebenserhaltungskosten in jenem Land angepasst, in dem das Kind eines in Österreich Beschäftigten lebt. Die EU-Kommission kündigt eine Prüfung an, ob die Indexierung Europarecht entspricht und droht ein Vertragsverletzungsverfahren an.

25. (Kultur): Mit Alice Rohrwachers Filmmärchen „Lazzaro felice" beginnt die 56. Viennale im Gartenbaukino. Es ist die erste Festivalausgabe von Direktorin Eva Sangiorgi und zum ersten Mal gibt es keine Unterscheidung zwischen Spiel- und Dokumentarfilm mehr. Die Besucherzahlen steigen auf 93.200, die Auslastung auf 82,8 Prozent. Der bei der Abschlussgala verliehene zehnte Wiener Filmpreis geht an Sudabeh Mortezai für ihr Prostitutionsdrama „Joy".

28. (Sport): Mercedes-Pilot Lewis Hamilton kann sich mit einem vierten Platz im drittletzten Saisonrennen in Mexiko zum insgesamt fünften Mal nach 2008, 2014, 2015 und 2017 den Formel-1-Weltmeistertitel sichern.

28. (Sport): Die Boston Red Sox sind zum neunten Mal Sieger der Major League Baseball (MLB). Die Favoriten, die in der „regular season" 108 Siege gefeiert hatten, können das fünfte Match der World Series auswärts gegen die Los Angeles Dodgers 5:1 gewinnen und entscheiden damit die „Best of seven"-Serie mit 4:1 für sich.

29. (Politik International): Die deutsche Bundeskanzlerin Angela Merkel kündigt ihren schrittweisen Rückzug an. Sie stellt sich beim CDU-Parteitag im Dezember nicht erneut zur Wahl als Parteivorsitzende und kündigt zugleich an, bis Ende der Legislaturperiode Kanzlerin bleiben zu wollen. Danach werde sie nicht mehr kandidieren.

31. (Politik International): Das Aus für Plastikteller, Strohhalme und andere Kunststoff-Wegwerfprodukte in Europa rückt näher. Die EU-Staaten stimmen für ein Verbot von Einwegplastik. Bis Jahresende sollen die Verhandlungen darüber abgeschlossen werden.

November 2018

2. (Wirtschaft): Beim diesjährigen Banken-Stresstest der Europäischen Bankenaufsichtsbehörde (EBA) liegen die beiden österreichischen Geldinstitute Erste Group und Raiffeisen Bank International (RBI) trotz höherer Kapitalquoten als früher im Vergleich mit den anderen EU-Banken nach wie vor unter dem Durchschnitt. Unter den 33 getesteten Großbanken in der Eurozone verbesserte sich die RBI 2018 gegenüber der Ausgangssituation von Rang 25 auf Rang 16, die Erste fiel dagegen von Rang 22 auf Rang 26 zurück.

5. (Kultur): Daniel Wisser (47) wird für seinen Roman „Königin der Berge" mit dem mit 20.000 Euro dotierten Österreichischen Buchpreis 2018 ausgezeichnet. Den halb so hoch dotierten Debütpreis erhält Marie Gamillscheg für „Alles was glänzt".

5. (Chronik International): Der Prozess gegen den berüchtigten Drogenboss Joaquín „El Chapo" Guzmán beginnt in New York. Der 61-Jährige muss sich unter anderem wegen Drogenschmuggels, Waffenhandels und Geldwäsche verantworten.

6. (Politik International): Die Republikaner verlieren bei den US-Kongresswahlen die Mehrheit im Repräsentantenhaus an die Demokraten, was das Regieren für US-Präsident Donald Trump künftig deutlich schwerer macht. Ihre Mehrheit im Senat können die Republikaner aber verteidigen.

10. (Kultur): Nach jahrelangen Planungen wird das Haus der Geschichte Österreich in der Neuen Burg am Heldenplatz eröffnet. Die Ausstellung „Aufbruch ins Ungewisse. Österreich seit 1918" lässt auf 750 Quadratmetern anhand von sieben Themen die vergangenen 100 Jahre Revue passieren. Unter den fast 2.000 Exponaten findet sich ein Entwurf zum Staatsvertrag ebenso wie das hölzerne Waldheim-Pferd von Alfred Hrdlicka, der Sturzhelm Hermann Maiers oder Conchitas Song-Contest-Robe.

11. (Sport): Der deutsche Mercedes-Rennstall sichert sich nach der Fahrer-Weltmeisterschaft durch Lewis Hamilton auch den Konstrukteurstitel in der Formel 1.

12. (Politik National): Österreich begeht ein weiteres Jubiläum: Vor 100 Jahren wurde das Frauenwahlrecht eingeführt.

12. (Wirtschaft): René Benkos Signa Holding steigt bei „Kronen Zeitung" und „Kurier" ein. Dies geschieht über eine 49-prozentige Beteiligung an der WAZ Ausland Holding GmbH. Über diese hält die deutsche Funke-Gruppe 50 Prozent an der Krone und fast die Hälfte am Kurier. Benko erlangt so die Kontrolle über ein knappes Viertel von Österreichs größter und drittgrößter Kauf-Tageszeitung.

14. (Politik International): Im Ringen um ein Brexit-Abkommen einigen sich Großbritannien und die EU auf einen Vertragsentwurf. Die Einigung beinhaltet unter anderem die Vermeidung einer festen Grenze zwischen Irland und der britischen Provinz Nordirland. Die Grenzfrage war einer der Knackpunkte in den Brexit-Verhandlungen. Die Vereinbarung der Unterhändler muss aber noch in London und Brüssel gebilligt werden.

16. (Politik National): Das Umweltbundesamt übersiedelt von Wien nach Klosterneuburg. Diese Entscheidung gibt Umweltministerin Elisabeth Köstinger (ÖVP) bekannt.

17. (Kultur): Caroline Peters und Peter Simonischek können sich bei der 19. Verleihung der Nestroy-Preise im Theater an der Wien über die Auszeichnungen für die besten Darstellerleistungen freuen. Dušan David Pařízek wird für die beste Regie, Ulrich Rasches Salzburger „Die Perser"-Inszenierung als beste Aufführung im deutschsprachigen Raum ausgezeichnet. Der Dichter Peter Handke bekommt von Klaus Maria Brandauer den Preis für sein Lebenswerk überreicht.

17. (Politik National): Die Grünen wählen Werner Kogler mit einer Zustimmung von über 99 Prozent zu ihrem neuen Bundessprecher.

18. (Wirtschaft): Nach 64 Stunden in sieben Verhandlungsrunden gibt es eine Einigung bei den Kollektivvertragsverhandlungen für die Metalltechnische Industrie (FMTI). Damit werden weitere von der Gewerkschaft angedrohte Streiks der 130.000 Beschäftigten abgewendet. Die Mitarbeiter erhalten eine durchschnittliche Entgelterhöhung von 3,46 Prozent, wobei die untersten Einkommen um 80 Euro bzw. 4,3 Prozent steigen, auch die Lehrlinge bekommen künftig deutlich mehr. Das neue Mindestgrundgehalt liegt somit bei 1.928 Euro.

19. (Politik National): Der Parlamentsklub der „Liste Pilz" benennt sich in „Jetzt" um.

20. (Wirtschaft): Die Bankenaufsicht wandert von der Oesterreichischen Nationalbank (OeNB) unter das Dach der Finanzmarktaufsicht (FMA). Ziel der Reform ist laut Finanzminister Hartwig Löger vor allem der Abbau von Doppelgleisigkeiten und Überschneidungen. Außerdem sollen Regulierung und Aufsicht mehr getrennt werden. Erstere soll künftig im Parlament und beim Finanzministerium angesiedelt werden.

21. (Politik National): Beamtengewerkschaft und Regierung einigen sich auf das Gehaltsplus für das kommende Jahr. Im Durchschnitt beträgt die Erhöhung 2,76 Prozent, kleinere Einkommen profitieren mehr als höhere. Wie auch andere Bundesländer übernimmt die Steiermark den Abschluss des Bundes für die Landesbediensteten und die Mitarbeiter der KAGES.
21. (Chronik National): Der erste Siebenfach-Jackpot der 32-jährigen Lotto-Geschichte wird geknackt. Der Gewinn beträgt 14,9 Millionen Euro.
24. (Politik International): In Frankreich gibt es bei erneuten Massenprotesten gegen die Steuerpolitik von Staatschef Emmanuel Macron gewaltsame Auseinandersetzungen zwischen Demonstranten und Polizei. Die Bewegung der „Gelbwesten" richtet sich ursprünglich gegen hohe Spritpreise und die geplante Ökosteuer auf Diesel, dehnt ihren Protest jedoch nach und nach auf den allgemeinen Unmut über die Politik des Präsidenten aus.
24. (Politik National): Die SPÖ wählt bei ihrem Parteitag in Wels Pamela Rendi-Wagner mit knapp 98 Prozent der Delegiertenstimmen zu ihrer neuen Vorsitzenden. Ebenfalls abgesegnet werden das neue Parteiprogramm und die Kandidatenliste für die EU-Wahl, die vom früheren Klubobmann Andreas Schieder angeführt wird.
25. (Politik International): Die Europäische Union nimmt bei einem Sondergipfel in Brüssel den Austrittsvertrag und die Erklärung zu den künftigen Beziehungen mit Großbritannien an. Die Brexit-Vereinbarung zwischen der EU und Großbritannien soll am 30. März 2019 in Kraft treten. In Großbritannien gibt es aber massive Widerstände gegen den von Premierministerin Theresa May ausgehandelten Deal, der im Unterhaus abgelehnt wird. Ein ungeordneter Austritt Großbritanniens aus der EU wird immer wahrscheinlicher.
25. (Sport): Weltmeister Lewis Hamilton feiert beim Finale der Formel-1-Saison seinen elften GP-Sieg 2018. Der Brite setzt sich im Mercedes in Abu Dhabi vor Vize-Champion Sebastian Vettel (GER) im Ferrari und Red-Bull-Pilot Max Verstappen (NED) durch.
26. (Kultur): Der italienische Regisseur Bernardo Bertolucci stirbt im Alter von 77 Jahren in Rom. Der Autor von Meisterwerken wie „Der letzte Tango in Paris" und „Der letzte Kaiser" war schon seit mehreren Jahren krank und saß wegen einer misslungenen Bandscheiben-Operation im Rollstuhl.
26. (Chronik International): Der NASA-Roboter „InSight" landet auf dem Mars. Nach einer rund 485 Millionen Kilometer langen Reise setzt die im Mai gestartete Sonde auf dem roten Planeten auf. Sie soll vor allem das Innere des Planeten untersuchen.
26. (Wirtschaft): In Österreich stehen für zwei Stunden die Züge still. Nach dem Scheitern der Kollektivvertragsverhandlungen gibt es einen landesweiten Warnstreik der Eisenbahner. Unter dem Druck drohender weiterer Streiks einigen sich die Verhandler Anfang Dezember auf 3,4 Prozent mehr Lohn.
26. (Kultur): Aus dem Wiener Dorotheum wird in einem dreisten Coup ein kleinformatiges Renoir-Gemälde gestohlen. Gefahndet wird nach drei Männern, die das Bild ein-

fach aus dem Rahmen nehmen und unbehelligt das Gebäude verlassen konnten. Zwei Wochen danach wird ein aus der Ukraine stammender Tatverdächtiger in Amsterdam verhaftet.

28. (Politik National): Die Regierung stellt ihre Pläne zur Reform der Mindestsicherung vor. Diese wird in Zukunft wieder Sozialhilfe heißen und beinhaltet Anpassungen für Personen mit mehreren Kindern sowie Einschnitte für jene, die über nicht ausreichende Deutsch- oder Englischkenntnisse verfügen.

Dezember 2018

1. (Politik International): Der frühere US-Präsident George H. W. Bush stirbt im Alter von 94 Jahren. Der Republikaner war von 1989 bis 1993 der 41. Präsident der USA, nachdem er zuvor acht Jahre unter Ronald Reagan als Vizepräsident amtiert hatte. George H. W. Bush war der Vater des ehemaligen US-Präsidenten George W. Bush und des Ex-Gouverneurs von Florida, Jeb Bush.

3. (Wirtschaft): Nach sieben Jahren Verhandlungen geben die EU-Finanzminister unter Federführung der österreichischen Ratspräsidentschaft das Projekt einer gemeinsamen Finanztransaktionssteuer auf. Stattdessen wird eine Art Aktiensteuer diskutiert.

5. (Sport): Ralph Hasenhüttl wird Trainer bei Southampton und schafft damit als erster österreichischer Trainer den Sprung in die englische Fußball-Premier-League.

10. (Politik International): Der umstrittene UNO-Migrationspakt wird bei einer internationalen Konferenz in Marokko angenommen. Österreich und mehrere andere Länder hatten ihre Zustimmung zu dem internationalen, aber rechtlich nicht verbindlichen Dokument zur besseren Bewältigung der weltweiten Migration verweigert.

11. (Wirtschaft): Der Autobahnraststätten-Betreiber Rosenberger mit 17 Standorten in Österreich muss Konkurs anmelden. Betroffen sind rund 300 Gläubiger und 448 Dienstnehmer. Eine Woche später schlittern auch zwei Tochterfirmen mit insgesamt elf Tankstellen und 142 Mitarbeitern in die Insolvenz.

12. (Politik National): Der Nationalrat beschließt ein Bildungspaket, das die Wiedereinführung verpflichtender Ziffernnoten in der Volksschule und das Sitzenbleiben ab der zweiten Klasse beinhaltet.

13. (Politik National): Die Strukturreform der Sozialversicherungsträger wird vom Nationalrat verabschiedet. Mit der Reform wird die Zahl der Kassen von über 20 auf fünf gesenkt.

14. (Politik National): Der VfGH akzeptiert im Wesentlichen das restriktive Mindestsicherungsmodell in Oberösterreich. Das burgenländische Modell wird hingegen am Tag danach aufgehoben, weil sowohl die Wartefrist auf die Leistung als auch der strikte Deckel verfassungswidrig sind.

15. (Chronik International): Die 24. UNO-Klimakonferenz (COP24) geht zu Ende und die etwa 200 teilnehmenden Nationen können die Einigung auf ein Regelwerk zur Umset-

zung der Ziele der Pariser Klimakonferenz im Jahr 2015 verkünden. Durch das Rahmenabkommen soll der Anstieg des Weltklimas auf mindestens zwei Grad begrenzt werden.
15. (Kultur): Das Liebesdrama „Cold War" von Pawel Pawlikowski wird zum besten Film Europas 2018 gekürt. Beim 31. Europäischen Filmpreis in Sevilla kann der Film insgesamt fünf Preise erringen, darunter auch jene für die beste Regie und die beste Hauptdarstellerin (Joanna Kulig).
17. (Wirtschaft): Nach Betriebsversammlungen der Handelsangestellten mitten im Weihnachtsgeschäft einigen sich die Sozialpartner schließlich auf ein Gehaltsplus von 2,5 Prozent für die rund 450.000 Beschäftigten.
17. (Chronik International): Ein Wilderer wird im US-Bundesstaat Missouri dazu verurteilt, während seiner einjährigen Haftstrafe im Gefängnis jedes Monat mindestens einmal den Disney-Klassiker „Bambi" anzuschauen. Der Verurteilte hatte mit zwei Familienangehörigen illegal hunderte Hirsche erlegt.
18. (Kultur): Robert Beutler, bisher stellvertretender kaufmännischer Geschäftsführer des Burgtheaters, wird mit 15. Jänner 2019 zum kaufmännischen Geschäftsführer bestellt. Er folgt auf Thomas Königstorfer, der an das Landestheater Linz wechselt.

Fotonachweise

255 oben: © BKA/Andy Wenzel
255 unten: © „LPD Kärnten/fritzpress"

256 oben: © Hertha Hurnaus
256 unten: © Erwin Scheriau

257 oben: © Tobias Koch (www.tobiaskoch.net)
257 unten: © APA/Georg Hochmuth

258 oben: © APA/Barbara Gindl
258 unten: © APA/Georg Hochmuth

259 links oben: © VPNÖ/Markus Hintzen
259 rechts oben: © BLICKFANG photographie
259 links unten: © GLEISSFOTO
259 rechts unten: © Salzburger Volkspartei

260 oben: © Christian Fischer
260 unten: © EXPA/Michael Gruber

261 oben: © Foto: UMJ/J.J. Kucek
261 unten: Kt © Marija Kanizai

262 oben: © EXPA/Pixsell/Igor Kralj
262 unten: © ÖFB

Wahlergebnisse seit 1945

(zusammengestellt bzw. überarbeitet von Isabella Poier und Manuel P. Neubauer)

Steiermärkischer Landtag

		Stimmen				ÖVP		SPÖ		FPÖ		Grüne		KPÖ		LIF/BZÖ/NEOS[1]		Sonstige	
Jahr	Wahlber.	abgegeben	WB %	ungültig	gültig	abs.	%	abs.	%	abs.	%	abs.	%	abs.	%	abs.	%	abs.	%
1945	531.256	498.441	93,82	6.060	492.381	261.065	53,02	204.774	41,59	–	–	–	–	26.542	5,39	–	–	–	–
1949	678.267	661.986	97,60	10.521	651.465	279.453	42,90	243.861	37,43	94.698	14,54	–	–	29.528	4,53	–	–	3.925	0,60
1953	708.320	680.151	96,02	20.232	659.919	268.546	40,69	271.162	41,09	89.837	13,61	–	–	29.039	4,40	–	–	1.335	0,20
1957	718.898	696.903	96,94	17.558	679.345	315.197	46,40	296.383	43,63	46.103	6,79	–	–	17.590	2,59	–	–	4.072	0,60
1961	733.380	713.741	97,06	13.036	700.705	330.164	47,12	292.068	41,68	50.726	7,24	–	–	26.880	3,84	–	–	867	0,12
1965	747.334	716.986	95,94	12.016	704.970	341.308	48,41	297.166	42,15	41.165	5,84	–	–	22.535	3,20	–	–	2.796	0,40
1970	782.674	740.454	94,61	7.110	733.344	356.325	48,59	327.906	44,71	38.641	5,27	–	–	9.904	1,35	–	–	568	0,08
1974	777.490	739.149	95,07	10.265	728.884	388.283	53,27	300.189	41,18	30.608	4,20	–	–	9.804	1,35	–	–	–	–
1978	796.273	754.136	94,71	13.233	740.903	384.905	51,95	298.560	40,30	47.562	6,42	–	–	9.876	1,33	–	–	–	–
1981	826.598	775.006	93,76	20.325	754.681	384.048	50,89	322.416	42,72	38.135	5,05	–	–	10.082	1,34	–	–	–	–
1986	858.603	788.413	91,83	27.685	760.728	393.650	51,75	286.327	37,64	34.884	4,59	28.366	3,73	8.945	1,18	–	–	8.556	1,13
1991	903.486	809.502	89,60	33.037	776.465	343.427	44,23	271.232	34,93	119.462	15,39	22.372	2,88	4.627	0,60	–	–	15.345	1,98
1995	894.456	777.467	86,92	16.544	760.923	275.817	36,25	273.403	35,93	130.492	17,15	32.831	4,31	4.360	0,57	29.238	3,84	14.782	1,95
2000	903.852	674.658	74,64	7.599	667.059	315.474	47,29	215.619	32,32	82.767	12,41	37.399	5,61	6.872	1,03	7.373	1,11	1.555	0,23
2005	929.795	708.311	76,18	10.232	698.079	269.905	38,66	290.859	41,67	31.807	4,56	33.013	4,73	44.247	6,34	11.977	1,72	16.271[2]	2,33
2010	966.900	672.379	69,54	8.855	663.524	246.755	37,19	253.878	38,26	70.708	10,66	36.834	5,55	29.231	4,41	19.775	2,98	6.343[3]	0,96
2015	964.665	655.051	67,90	7.269	647.782	184.301	28,45	189.762	29,29	173.332	26,76	43.272	6,68	27.339	4,22	17.078	2,64	12.698[4]	1,96

Wahlber. = Wahlberechtigte; WB % = Wahlbeteiligung in %

1 1995 und 2000: Liberales Forum (LIF) / 2005 und 2010: Bündnis Zukunft Österreich (BZÖ) / 2015: NEOS – Das neue Österreich.

2 Zusammensetzung: Liste Hirschmann (14.309; 2,05 %) und Parteifrei (1.962; 0,28 %)

3 Zusammensetzung: PUMA (1.581; 0,24 %) und CPÖ (4.762; 0,72 %)

4 Zusammensetzung: Team Frank Stronach (11.292; 1,74%) und Piratenpartei Steiermark (1.406; 0,22%).

Nationalrat – Österreich

Wahlergebnisse seit 1945

		Stimmen				ÖVP		SPÖ	
Jahr	Wahlber.	abgegeben	WB %	ungültig	gültig	abs.	%	abs.	%
1945	3,449.605	3,253.329	94,31	35.975	3,217.354	1,602.227	49,80	1,434.898	44,60
1949	4,391.815	4,250.616	96,78	56.883	4,193.733	1,846.581	44,03	1,623.524	38,71
1953	4,586.870	4,395.519	95,83	76.831	4,318.688	1,781.777	41,26	1,818.517	42,11
1956	4,614.464	4,427.711	95,95	75.803	4,351.908	1,999.986	45,96	1,873.295	43,05
1959	4,696.603	4,424.658	94,21	61.802	4,362.856	1,928.043	44,19	1,953.935	44,79
1962	4,805.351	4,506.007	93,77	49.876	4,456.131	2,024.501	45,43	1,960.685	44,00
1966	4,886.818	4,583.970	93,80	52.085	4,531.885	2,191.109	48,35	1,928.985	42,56
1970	5,045.841	4,630.851	91,78	41.890	4,588.961	2,051.012	44,69	2,221.981	48,42
1971	4,984.448	4,607.616	92,44	50.626	4,556.990	1,964.713	43,11	2,280.168	50,04
1975	5,019.227	4,662.684	92,90	49.252	4,613.432	1,981.291	42,95	2,326.201	50,42
1979	5,186.735	4,784.173	92,24	54.922	4,729.251	1,981.739	41,90	2,413.226	51,03
1983	5,316.436	4,922.454	92,59	69.037	4,853.417	2,097.808	43,22	2,312.529	47,65
1986	5,461.414	4,940.298	90,46	88.110	4,852.188	2,003.663	41,29	2,092.024	43,12
1990	5,628.912	4,848.741	86,14	143.847	4,704.894	1,508.600	32,06	2,012.787	42,78
1994	5,774.000	4,730.987	81,94	97.873	4,633.114	1,281.846	27,67	1,617.804	34,92
1995[5]	5,768.099	4,959.455	85,98	115.282	4,844.173	1,370.510	28,29	1,843.474	38,06
1999	5,838.373	4,695.225	80,42	72.871	4,622.354	1,243.672	26,91	1,532.448	33,15
2002	5,912.592	4,982.261	84,27	72.616	4,909.645	2,076.833	42,30	1,792.499	36,51
2006	6,107.892	4,793.780	78,49	85.499	4,708.281	1,616.493	34,33	1,663.986	35,34
2008	6,333.109	4,990.952	78,81	103.643	4,887.309	1,269.656	25,98	1,430.206	29,26
2013	6,384.308	4,782.410	74,91	89.503	4,692.907	1,125.876	23,99	1,258.605	26,82
2017	6,400.993	512.881	80,00	50.952	5,069.929	1,595.526	31,47	1,361.746	26,86

Wahlber. = Wahlberechtigte; WB % = Wahlbeteiligung in %

1 1949 und 1953: WdU

2 1983: VGÖ-Stimmen (93.798 / 1,93 %) bei „Sonstige" enthalten, 1986: GAL-Stimmen (6.005 / 0,12 %) bei „Sonstige" enthalten, 1990: VGÖ-Stimmen (92.277 / 1,96 %) bei „Sonstige" enthalten

3 1953: Wahlgemeinschaft Österreichische Volksopposition 1956, 1959, 1962, 1966: Kommunisten und Linkssozialisten

4 Liberales Forum / LIF 1994–2002, NEOS – Das Neue Österreich und Liberales Forum 2013, NEOS – Das neue Österreich gemeinsam mit Irmgard Griss, Bürgerinnen und Bürger für Freiheit und Verantwortung 2017

5 Stimmenergebnis unter Berücksichtigung der Wiederholungswahl vom 13.10.1996

6 Demokratische Fortschrittliche Partei (DFB), Liste Franz Olah: 148.528 (3,28 %)

7 Vereinte Grüne Österreichs: 93.798 (2 %)

8 Liste Dr. Martin: 131.688 (2,80 %)

(Fortsetzung)

	FPÖ[1]		Grüne[2]		KPÖ[3]		LIF/NEOS[4]		BZÖ/FRANK[10]		Sonstige	
Jahr	abs.	%	abs.	%	abs.	%	abs.	%	abs.	%	abs.	%
1945	–	–	–	–	174.257	5,42	–	–	–	–	5.972	0,19
1949	489.273	11,67	–	–	213.066	5,08	–	–	–	–	21.289	0,51
1953	472.866	10,95	–	–	228.159	5,28	–	–	–	–	17.369	0,39
1956	283.749	6,52	–	–	192.438	4,42	–	–	–	–	2.440	0,06
1959	336.110	7,70	–	–	142.578	3,27	–	–	–	–	2.190	0,05
1962	313.895	7,04	–	–	135.520	3,04	–	–	–	–	21.530	0,48
1966	242.570	5,35	–	–	18.636	0,41	–	–	–	–	150.585[6]	3,32
1970	253.425	5,52	–	–	44.750	0,98	–	–	–	–	17.793	0,40
1971	248.473	5,45	–	–	61.762	1,36	–	–	–	–	1.874	0,04
1975	249.444	5,41	–	–	55.032	1,19	–	–	–	–	1.464	0,03
1979	286.743	6,06	–	–	45.280	0,96	–	–	–	–	2.263	0,05
1983	241.789	4,98	65.816	1,36	31.912	0,66	–	–	–	–	103.563[7]	2,13
1986	472.205	9,73	234.028	4,82	35.104	0,72	–	–	–	–	15.164	0,31
1990	782.648	16,63	225.081	4,78	25.685	0,55	–	–	–	–	150.093	3,19
1994	1,042.332	22,50	338.538	7,31	11.919	0,26	267.580	5,97	–	–	64.095	1,38
1995[5]	1,060.377	21,89	233.208	4,81	13.938	0,29	267.026	5,51	–	–	55.640	1,15
1999	1,244.087	26,91	342.260	7,40	22.016	0,48	168.612	3,65	–	–	69.259	1,50
2002	491.328	10,01	464.980	9,47	27.568	0,56	48.083	0,98	–	–	8.354	0,17
2006	519.598	11,04	520.130	11,05	47.578	1,01	–	–	193.539	4,11	146.957[8]	3,12
2008	857.029	17,54	509.936	10,43	37.362	0,76	–	–	522.933	10,70	260.187[9]	5,32
2013	962.313	20,51	582.657	12,42	48.175	1,03	232.946	4,96	268.679	5,73	213.656[11]	4,55
2017	1,316.442	25,97	192.638	3,80	39.689	0,78	268.518	5,30	223.543	4,41	71.827[12]	1,41

9 FRITZ 86.194 (1,76 %), DC 31.080 (0,64 %), LIF 102.249 (2,09 %), RETTÖ 35.718 (0,73 %), Linke 1.789 (0,04 %), Die Linke 349 (0,01 %), KHK 347 (0,00 %), STARK 237 (0,00 %), TRP 2.224 (0,05 %)10 Bündnis Zukunft Österreich / BZÖ 2006–2008 (2013 unter Sonstige), Team Frank Stronach / FRANK 2013

10 Bündnis Zukunft Österreich / BZÖ 2006-2008 (2013 unter Sonstige), Team Frank Stronach / FRANK 2013, Liste Peter Pilz / PILZ 2017

11 BZÖ – Liste Josef Bucher 165.746 (3,53 %), Piratenpartei Österreichs 36.265 (0,77 %), Christliche Partei Österreichs 6.647 (0,14 %), Der Wandel 3.051 (0,07 %), Männerpartei 490 (0,01 %), EU-Austrittspartei 510 (0,01 %), Sozialistische LinksPartei 947 (0,02 %)

12 Liste Roland Düringer – Meine Stimme GILT (GILT) 48.234 (0,95 %), Freie Liste Österreich & FPS Liste Dr. Karl Schnell (FLÖ) 8.889 (0,18 %), Kommunistische Partei Österreichs und Plattform Plus – offene Liste (KPÖ) 39.689 (0,78 %), Die Weissen – Das Recht geht vom Volk aus. Wir alle entscheiden in Österreich. Die Volksbewegung (WEIßE) 9.167 (0.18 %), Sozialistische LinksPartei (SLP) 713 (0,01 %), Für Österreich, Zuwanderungsstopp, Grenzschutz, Neutralität, EU-Austritt (EUAUS) 693 (0,01 %), Männerpartei – für ein faires Miteinander (M) 221 (0,00 %), Christliche Partei Österreichs (CPÖ) 425 (0,01 %), NBZ – Neue Bewegung für die Zukunft (NBZ) 2.724 (0,05 %), Obdachlose in der Politik (ODP) 761 (0,02 %)

Nationalrat – Steiermark

Wahlergebnisse seit 1945

	Stimmen					ÖVP			SPÖ
Jahr	Wahlber.	abgegeben	WB %	ungültig	gültig	abs.	%	abs.	%
1945	531.238	499.310	93,99	5.449	493.861	261.358	52,92	205.779	41,67
1949	678.328	664.301	97,93	10.546	653.755	280.719	42,94	244.482	37,40
1953	708.311	682.335	96,33	19.817	662.518	269.662	40,70	272.360	41,11
1956	716.017	698.769	97,59	11.659	687.110	313.510	45,63	302.325	44,00
1959	726.066	701.489	96,62	11.108	690.381	308.835	44,73	312.776	45,30
1962	739.653	714.987	96,67	10.088	704.899	327.853	46,51	304.810	43,24
1966	752.162	727.606	96,74	10.550	717.056	356.703	49,75	313.763	43,76
1970	782.640	749.353	95,75	9.807	739.546	337.463	45,63	354.023	47,87
1971	772.901	740.471	95,80	10.822	729.649	324.894	44,53	357.198	48,95
1975	779.866	750.536	96,24	10.033	740.503	325.372	43,94	372.219	50,27
1979	811.261	779.044	96,03	11.269	767.775	317.651	41,37	394.397	51,37
1983	836.331	801.368	95,82	14.301	787.067	332.668	42,27	389.179	49,45
1986	859.323	820.081	95,43	21.189	798.892	327.557	41,00	352.219	44,09
1990	883.795	823.232	93,15	28.137	795.095	263.800	33,18	344.525	43,33
1994	905.719	793.151	87,57	20.457	772.694	212.122	27,45	282.781	36,60
1995	904.431	791.823	87,55	27.292	764.531	225.620	29,51	303.089	39,64
1999	912.056	731.249	80,18	9.704	721.545	193.381	26,80	243.917	33,80
2002	920.100	771.855	83,89	9.257	762.598	340.185	44,61	281.965	36,97
2006	940.100	738.790	78,59	10.961	727.829	272.767	37,48	270.596	37,18
2008	970.930	767.019	79,00	13.082	753.937	197.395	26,18	220.856	29,29
2013	973.431	733.745	75,38	10.587	723.158	151,438	20,94	172.307	23,83
2017	969.655	774.037	76,39	5.902	768.135	241.917	31,49	192.738	25,09

Wahlber. = Wahlberechtigte; WB % = Wahlbeteiligung in %

1 1949 und 1953: WdU

2 1983: VGÖ-Stimmen (12.195 / 1,55 %) bei „Sonstige“ enthalten, 1990: VGÖ-Stimmen (8.818 / 1,11 %) bei „Sonstige“ enthalten

3 1953: Wahlgemeinschaft Österreichische Volksopposition

4 Liberales Forum / LIF 1994–2002, NEOS – Das Neue Österreich und Liberales Forum 2013, NEOS – Das neue Österreich gemeinsam mit Irmgard Griss, Bürgerinnen und Bürger für Freiheit und Verantwortung 2017

5 Liste Dr. Martin

6 RETTÖ 5.337 (0,71 %), LIF 11.813 (1,57 %), DC 4.627 (0,61 %), FRITZ 10.488 (1,39 %)

7 Bündnis Zukunft Österreich / BZÖ 2006–2008 (2013 unter „Sonstige“), Team Frank Stronach / FRANK 2013, Liste Peter Pilz / PILZ 2017

8 BZÖ 28.216 (3,90 %), Piratenpartei Österreichs 5.593 (0,77 %), Christliche Partei Österreichs 2.161 (0,30 %)

(Fortsetzung)

	FPÖ[1]		Grüne[2]		KPÖ[3]		LIF/NEOS[4]		BZÖ/FRANK[7]		Sonstige	
Jahr	abs.	%	abs.	%	abs.	%	abs.	%	abs.	%	abs.	%
1945	–	–	–	–	26.724	5,41	–	–	–	–	–	–
1949	94.991	14,53	–	–	29.617	4,53	–	–	–	–	3.946	0,60
1953	89.895	13,57	–	–	29.177	4,40	–	–	–	–	1.424	0,22
1956	47.513	6,91	–	–	23.762	3,46	–	–	–	–	–	–
1959	47.116	6,82	–	–	21.654	3,14	–	–	–	–	–	–
1962	48.034	6,81	–	–	24.202	3,43	–	–	–	–	–	–
1966	34.976	4,88	–	–	11.331	1,58	–	–	–	–	283	0,04
1970	36.877	4,99	–	–	8.988	1,22	–	–	–	–	2.195	0,29
1971	35.594	4,88	–	–	11.963	1,64	–	–	–	–	–	–
1975	33.936	4,58	–	–	8.976	1,21	–	–	–	–	–	–
1979	47.184	6,15	–	–	8.543	1,11	–	–	–	–	–	–
1983	31.265	3,97	14.361	1,82	5.991	0,76	–	–	–	–	13.603	1,73
1986	79.364	9,93	32.592	4,08	7.160	0,90	–	–	–	–	–	–
1990	133.797	16,83	31.334	3,94	5.711	0,72	–	–	–	–	15.928	2,00
1994	181.051	23,43	47.683	6,17	2.960	0,38	38.057	4,93	–	–	8.040	1,04
1995	162.195	21,21	30.830	4,03	3.121	0,41	32.177	4,21	–	–	7.499	0,98
1999	210.672	29,20	41.960	5,82	4.686	0,65	18.993	2,63	–	–	7.936	1,10
2002	73.540	9,64	53.011	6,95	7.269	0,95	6.628	0,87	–	–	–	–
2006	75.988	10,44	57.641	7,92	13.744	1,89	–	–	23.216	1,91	13.877[5]	1,91
2008	130.511	17,31	63.894	8,47	9.353	1,24	–	–	99.663	13,22	32.265[6]	4,28
2013	173.908	24,05	76.547	10,59	12.993	1,80	27.872	3,85	72.120	9,97	35.970[8]	7,97
2017	225.990	29,42	21.430	2,79	8.401	1,09	38.341	4,99	29.980	3,90	9.338[9]	1,22[9]

9 Liste Roland Düringer – Meine Stimme GILT (GILT) 6.523 (0,85 %), Freie Liste Österreich & FPS Liste Dr. Karl Schnell (FLÖ) 1.688 (0,22 %), Die Weissen – Das Recht geht vom Volk aus. Wir alle entscheiden in Österreich. Die Volksbewegung (WEIßE) 1.127 (0.15 %)

Stmk. Landtag – Mandatsverteilung

Stmk. Landesregierung – Regierungssitze seit 1945

Jahr	ÖVP	SPÖ	FPÖ[1]	Grüne	KPÖ[2]	LIF
1945	26 (5)	20 (4)	–	–	2	–
1949	22 (4)	18 (4)	7 (1)	–	1	–
1953	21 (4)	20 (4)	6 (1)	–	1	–
1957	24 (5)	21 (4)	3	–	–	–
1961	24 (5)	20 (4)	3	–	1	–
1965	29 (5)	24 (4)	2	–	1	–
1970	28 (5)	26 (4)	2	–	–	–
1974	31 (5)	23 (4)	2	–	–	–
1978	30 (5)	23 (4)	3	–	–	–
1981	30 (5)	24 (4)	2	–	–	–
1986	30 (5)	22 (4)	2	2	–	–
1991	26 (4)	21 (4)	9 (1)	–	–	–
1995	21 (4)	21 (4)	10 (1)	2	–	2
2000	27 (5)	19 (3)	7 (1)	3	–	–
2005	24 (4)	25 (5)	–	3	4	–
2010	22 (4)	23 (4)	6 (1)	3	2	–
2015	14 (4)	15 (4)	14	3	2	–

1 LTW 1949 und 1953: WdU
2 LTW 1949: KPÖ und Linkssozialisten; LTW 1953: Volksopposition; LTW 1961: KPÖ und Linkssozialisten

In Klammern ( ) die Verteilung der Regierungssitze (bis einschließlich Landtagswahl 2010 nach dem Proporzsystem).

Nationalrat – Mandatsverteilung

seit 1945

Jahr	ÖVP	SPÖ	FPÖ	Grüne	KPÖ	LIF/NEOS[1]	BZÖ/FRANK[2]
1945	85	76	–	–	4	–	–
1949	77	67	16	–	5	–	–
1953	74	73	14	–	4	–	–
1956	82	74	6	–	3	–	–
1959	79	78	8	–	–	–	–
1962	81	76	8	–	–	–	–
1966	85	74	6	–	–	–	–
1970	78	81	6	–	–	–	–
1971	80	93	10	–	–	–	–
1975	80	93	10	–	–	–	–
1979	77	95	11	–	–	–	–
1983	81	90	12	–	–	–	–
1986	77	80	18	8	–	–	–
1990	60	80	33	10	–	–	–
1994	52	65	42	13	–	11	–
1995	52	71	41	9	–	10	–
1999	52	65	52	14	–	–	–
2002	79	69	18	17	–	–	–
2006	66	68	21	21	–	–	7
2008	51	57	34	20	–	–	21
2013	47	52	40	24	–	9	11
2017	62	52	51	–	–	10	8

1 Liberales Forum / LIF 1994–2002, NEOS Das Neue Österreich und Liberales Forum 2013
2 Bündnis Zukunft Österreich / BZÖ 2006–2008, Team Frank Stronach / FRANK 2013, Liste Peter Pilz / PILZ 2017

Wahlen zum Europäischen Parlament

Österreich

		Stimmen				ÖVP		SPÖ		FPÖ		Grüne		Liste Martin/NEOS[4]		LIF/BZÖ[1]		Sonstige	
Jahr	Wahlber.	abgegeben	WB %	ungültig	gültig	abs.	%	abs.	%	abs.	%	abs.	%	abs.	%	abs.	%	abs.	%
1996	5,800.377	3,928.538	67,73	134.393	3,794.145	1,124.921	29,56 (7)	1,105.910	29,15 (6)	1,044.604	27,53 (6)	258.250	6,81 (1)	–	–	161.583	4,26 (1)	98.877	2,61 (0)
1999	5,847.660	2,888.733	49,40	87.380	2,801.353	859.175	30,67 (7)	888.338	31,71 (7)	655.519	23,40 (5)	260.273	9,29 (2)	–	–	74.467	2,66 (0)	63.581	2,27 (0)
2004	6,049.129	2,566.639	42,43	66.029	2,500.610	817.716	32,70 (6)	833.517	33,33 (7)	157.722	6,31 (1)	322.429	12,89 (2)	349.696	13,98 (2)	–	–	19.530	0,78 (0)
2009	6.362.761	2.925.132	45,97	60.511	2.864.621	858.921	29,98 (6)	680.041	23,74 (5[2])	364.207	12,71 (2)	284.505	9,93 (2)	506.092	17,67 (3)	131.261	4,58 (1[2])	39.594[3]	1,38 (0)
2014	6.410.602	2.909.497	45,39	85.936	2.823.561	761.896	26,98 (5)	680.180	24,09 (5)	556.835	19,72 (4)	410.089	14,52 (3)	229.781	8,14 (1)	13.208	0,47 (0)	171.572[5]	6,08 (0)

Steiermark

		Stimmen				ÖVP		SPÖ		FPÖ		Grüne		Liste Martin/NEOS[4]		LIF/BZÖ[1]		Sonstige	
Jahr	Wahlber.	abgegeben	WB %	ungültig	gültig	abs.	%	abs.	%	abs.	%	abs.	%	abs.	%	abs.	%	abs.	%
1996	908.555	570.919	62,84	13.742	557.177	169.400	30,40	162.569	29,18	160.735	28,85	32.128	5,77	–	–	17.921	3,22	14.424	2,59
1999	913.643	397.854	43,55	8.465	389.389	117.151	30,09	125.856	32,32	97.470	25,03	30.609	7,86	–	–	8.285	2,13	10.018	2,57
2004	936.389	348.286	37,19	7.295	340.991	118.815	34,84	121.693	35,69	22.374	6,56	34.675	10,17	40.874	11,99	–	–	2.560	0,75
2009	972.619	395.273	40,64	6.505	388.768	120.219	30,92	93.743	24,11	48.198	12,40	34.110	8,77	66.591	17,13	20.143	5,18	5.764[3]	1,48
2014	974.567	414.699	42,55	8.584	406.115	102.630	25,27	92.392	22,75	98.446	24,24	53.038	13,06	35.367	8,71	2.227	0,55	22.015[5]	5,42

Wahlber. = Wahlberechtigte; WB % = Wahlbeteiligung in %

1 Bündnis Zukunft Österreich / BZÖ seit 2009

2 Bei der Wahl kamen ursprünglich 17 Mandate zur Vergabe (SPÖ: 4, BZÖ: 0), aufgrund des Inkrafttretens des Vertrags von Lissabon erhöhte sich die Zahl der österreichischen EP-Mitglieder auf 19.

3 Sonstige beinhalten die Jungen Liberalen Österreich (JuLis) mit 20.668 (Ö) bzw. 2.656 (St) Stimmen und die KPÖ mit 18.926 (Ö) bzw. 3.108 (St) Stimmen.

4 NEOS Das Neue Österreich und Liberales Forum ab 2014.

5 Sonstige beinhalten Die Reformkonservativen – Liste Ewald Stadler mit 33.224 (Ö) bzw. 4.187 (St) Stimmen, Europa Anders – KPÖ, Piratenpartei, Wandel und Unabhängige mit 60.451 (Ö) bzw. 8.378 (St) Stimmen und EU-Austritt, Direkte Demokratie, Neutralität (EU-Stop) mit 77.897 (Ö) bzw. 9.450 (St) Stimmen.

Gemeinderat – Graz

Wahlergebnisse seit 1945

		Stimmen				ÖVP		SPÖ		FPÖ		KPÖ		Grüne		LIF/BZÖ/NEOS[4]		Sonstige	
Jahr	Wahlber.	abgegeben	WB %	ungültig	gültig	abs.	%	abs.	%	abs.	%	abs.	%	abs.	%	abs.	%	abs.	%
1945	109.678	99.867	91,05	1.442	98.425	41.092	41,75 (15)	50.703	51,51 (19)	–	–	6.630	6,74 (2)	–	–	–	–	–	–
1949	152.904	147.510	96,47	3.545	143.965	45.618	31,69 (16)	59.097	41,05 (20)	28.487	19,79 (10)	8.147	5,66 (2)	–	–	–	–	2.616	1,82 (0)
1953	160.306	152.251	94,98	6.325	145.926	47.920	32,84 (16)	62.238	42,65 (21)	26.773	18,35 (9)	8.530	5,85 (2)	–	–	–	–	459	0,31 (0)
1958	166.244	156.842	94,34	4.938	151.904	56.790	37,39 (18)	71.206	46,88 (23)	18.019	11,86 (6)	5.889	3,88 (1)	–	–	–	–	–	–
1963	172.160	162.758	94,54	3.281	159.477	55.230	34,63 (17)	74.192	46,52 (23)	23.313	14,62 (7)	5.528	3,47 (1)	–	–	–	–	1.214	0,76 (0)
1968	174.616	163.355	93,55	3.335	160.020	50.770	31,73 (15)	83.457	52,15 (26)	20.909	13,07 (6)	4.502	2,81 (1)	–	–	–	–	382	0,24 (0)
1973	177.733	160.768	90,45	3.523	157.245	55.759	35,46 (20)	69.550	44,23 (26)	26.515	16,86 (9)	4.795	3,05 (1)	–	–	–	–	626	0,40 (0)
1978	179.854	162.241	90,21	3.482	158.759	49.772	31,35 (18)	65.490	41,25 (23)	39.485	24,87 (14)	3.196	2,01 (1)	–	–	–	–	816	0,51 (0)
1983	180.419	159.681	88,51	4.392	155.289	50.258	32,36 (18)	65.255	42,02 (24)	23.992	15,45 (9)	2.849	1,83 (1)	10.399	7,04 (4)	–	–	2.002	1,29 (0)
1988	182.384	157.175	84,53	10.692	143.483	45.748	31,88 (19)	60.933	42,47 (25)	16.927	11,80 (7)	4.426	3,08 (1)	7.074	4,93 (2)	–	–	8.375[1]	5,84 (2)
1993	189.156	143.785	76,01	9.268	134.517	35.129	26,11 (15)	46.687	34,71 (21)	26.971	20,05 (12)	5.647	4,20 (2)	7.073	5,26 (3)	–	–	13.010[2]	9,67 (3)
1998	180.532	111.425	61,72	2.527	108.898	25.274	23,21 (13)	33.645	30,90 (18)	29.166	26,78 (16)	8.555	7,86 (4)	6.110	5,61 (3)	2.868	2,63 (1)	3.280[3]	3,01 (1)
2003	187.305	109.335	58,37	1.279	108.056	39.029	36,12 (21)	27.975	25,89 (15)	8.626	7,98 (4)	22.425	20,75 (12)	8.930	8,26 (4)	381	0,35 (0)	690	0,64 (0)
2008	198.020	114.654	57,90	1.879	112.775	43.274	38,37 (23)	22.266	19,74 (11)	12.235	10,85 (6)	12.611	11,18 (6)	16.416	14,56 (8)	4.857	4,31 (2)	1.116	0,98 (0)
2012	209.805	116.381	55,47	1.969	114.412	38.602	33,74 (17)	17.517	15,31 (7)	15.733	13,75 (7)	22.725	19,86 (10)	13.889	12,14 (6)	1.530	1,34 (0)	4.416	3,87 (1)[5]
2017	222.856	127.904	57,39	1.835	126.069	47.639	37,79 (19)	12.668	10,05 (5)	19.998	15,86 (8)	25.645	20,34 (10)	13.254	10,51 (5)	4.966	3,94 (1)	1.899	1,51(0)

Wahlber. = Wahlberechtigte; WB % = Wahlbeteiligung in %

1 GBL: 1 Mandat
2 ÖABP: 1 Mandat, GRÜN: 1 Mandat
3 ÖABP: 1 Mandat
4 LIF 1998 und 2003, BZÖ 2008 und 2012, NEOS 2017
5 PIRAT: 1 Mandat

Gemeinderat – ohne Graz

Wahlergebnisse seit 1950

		Stimmen				ÖVP		SPÖ		FPÖ		Grüne		KPÖ		LIF/BZÖ/NEOS[2]		Sonstige	
Jahr	Wahlber.	abgegeben	WB %	ungültig	gültig	abs.	%	abs.	%	abs.	%	abs.	%	abs.	%	abs.	%	abs.	%
1950[1]					579.468	225.111	38,85	230.209	39,73	64.438	11,12	–	–	26.677	4,60	–	–	33.033	5,70
1955	547.078	520.309	95,11	12.634	507.675	231.777	45,65	226.845	44,68	1.212	0,24	–	–	13.631	2,68	–	–	34.210	6,74
1960	562.441	532.312	94,64	12.903	519.409	234.656	45,18	227.591	43,82	27.492	5,29	–	–	13.915	2,68	–	–	15.755	3,03
1965	576.313	547.543	95,01	12.101	535.442	246.072	45,96	242.109	45,22	21.314	3,98	–	–	11.376	2,12	–	–	14.571	2,72
1970	596.699	561.041	94,02	10.810	550.231	250.138	45,46	253.326	46,04	25.539	4,64	–	–	8.150	1,48	–	–	13.078	2,38
1975	628.429	590.345	93,94	12.168	578.177	273.953	47,38	255.672	44,22	25.713	4,45	–	–	8.065	1,39	–	–	14.774	2,56
1980	658.574	612.976	93,08	14.048	598.928	278.710	46,53	270.461	45,16	26.038	4,35	–	–	6.234	1,04	–	–	17.485	2,92
1985	687.621	638.737	92,89	20.333	618.404	291.497	47,14	266.894	43,16	21.766	3,52	8.720	1,41	6.865	1,11	–	–	22.662	3,66
1990	715.056	656.241	91,77	25.397	630.844	279.493	44,30	256.240	40,62	53.416	8,47	9.928	1,57	5.646	0,89	–	–	26.121	4,14
1995	733.796	615.106	83,83	15.230	599.876	252.229	42,05	229.919	38,33	67.702	11,29	12.238	2,04	4.130	0,69	1.593	0,27	32.065	5,35
2000	738.465	590.583	79,87	8.618	581.965	250.295	43,01	226.004	38,83	65.958	11,33	12.099	2,08	3.071	0,53	370	0,06	24.168	4,15
2005	779.895	606.819	77,81	9.723	597.096	258.833	43,35	258.743	43,33	36.097	6,05	13.875	2,32	3.994	0,67	–	–	25.554	4,28
2010	793.469	613.612	77,33	9.958	603.654	282.049	46,72	227.738	37,73	39.352	6,52	12.527	2,08	6.841	1,13	3.467	0,57	31.680	5,25
2015	800.836	587.532	73,36	8.095	579.437	247.559	42,72	182.910	31,57	80.306	13,86	19.277	3,33	8.839	1,53	2.278	0,39	38.268	6,60

Wahlber. = Wahlberechtigte; WB % = Wahlbeteiligung in %

1 Einzelne Daten des Jahres 1950 konnten nicht eruiert werden.

2 Liberales Forum 1995 und 2000 / Bündnis Zukunft Österreich (BZÖ) 2010 / NEOS Das Neue Österreich und Liberales Forum ab 2015.

Arbeiterkammer Steiermark

Wahlergebnisse seit 1949

		Stimmen				FSG-SPÖ[1]		ÖAAB-ÖVP[2]		FA-FPÖ[3]		GLB-KPÖ[4]		GE/Kaltenbeck[5]		Parteifreie Liste[7]		AUGE/UG[6]	
Jahr	Wahlber.	abgegeben	WB %	ungültig	gültig	abs.	% (M)	abs.	% (M)	abs.	% (M)	abs.	% (M)	abs.	% (M)	abs.	% (M)	abs.	% (M)
1949	162.690	132.507	81,45	1.439	131.068	85.716	65,40 (73)	12.349	9,42 (10)	19.198	14,65 (16)	13.805	10,53 (11)	–	–	–	–	–	–
1954	184.834	142.728	77,22	4.468	138.260	100.143	72,43 (85)	19.134	13,84 (14)	3.738	2,70 (2)	–	–	11.808	8,54 (8)	3.437	2,49 (1)	–	–
1959	211.808	152.330	71,92	5.165	147.165	104.104	70,74 (82)	23.664	16,08 (17)	4.837	3,29 (2)	–	–	11.554	7,85 (8)	3.006	2,04 (1)	–	–
1964	233.894	157.115	67,17	4.915	152.200	108.881	71,54 (83)	25.814	16,96 (17)	3.889	2,56 (2)	–	–	11.889	7,81 (7)	1.727	1,13 (1)	–	–
1969	228.176	144.054	63,13	2.012	142.042	103.942	73,18 (84)	27.308	19,23 (20)	5.814	4,09 (3)	4.978	3,50 (3)	–	–	–	–	–	–
1974	255.823	172.517	67,44	2.320	170.197	116.028	68,17 (78)	42.803	25,15 (27)	5.358	3,15 (2)	5.740	3,37 (3)	268	0,16 (0)	–	–	–	–
1979	266.499	163.208	61,24	1.754	161.454	112.839	69,89 (79)	42.294	26,20 (28)	3.544	2,20 (2)	2.240	1,39 (1)	537	0,33 (0)	–	–	–	–
1984	277.908	177.744	63,96	3.681	174.063	107.711	61,88 (70)	59.336	34,09 (38)	2.780	1,60 (1)	3.118	1,79 (1)	1.118	0,64 (0)	–	–	–	–
1989	267.483	131.628	49,21	5.647	125.981	74.980	59,52 (67)	37.978	30,15 (35)	7.772	6,17 (6)	3.311	2,63 (1)	1.940	1,54 (1)	–	–	–	–
1994	359.554	106.142	29,52	6.246	99.896	53.724	53,78 (62)	26.915	26,94 (31)	15.287	15,30 (16)	1.711	1,71 (0)	2.259	2,26 (1)	–	–	–	–
2000	328.610	143.002	43,52	2.142	140.860	86.231	61,22 (69)	36.178	25,68 (28)	12.411	8,80 (9)	1.536	1,10 (1)	–	–	–	–	4.504	3,20 (3)
2004	338.801	146.420	43,22	2.279	144.141	100.579	69,78 (79)	28.651	19,88 (22)	7.114	4,94 (5)	2.317	1,61 (1)	–	–	400	0,28 (0)	5.080	3,52 (3)
2009	362.732	144.996	39,97	2.164	142.832	93.815	65,68 (74)	28.998	20,30 (22)	10.548	7,38 (8)	2.688	1,88 (2)	–	–	490	0,34 (0)	5.403	3,78 (4)
2014	377.522	144.690	38,33	2.688	142.002	81.990	57,74 (64)	24.220	17,06 (19)	20.608	14,51 (16)	5.858	4,13 (4)	1.275	0,90 (1)	–	–	8.051	5,67 (6)

Wahlber. = Wahlberechtigte; WB % = Wahlbeteiligung in %
1 Sozialdemokratische Gewerkschafter
2 Österreichischer Arbeiter- und Angestelltenbund
3 Freiheitliche Arbeitnehmer; 1949: VdU; 1954: Wählergruppe der Unabhängigen und Parteilosen
4 Ab 1969: Gewerkschaftlicher Linksblock (GLB)
Liste der Gewerkschaftlichen Einheit (GE) von 1954–1994 / Liste Kaltenbeck ab 2014.
6 Alternative und Grüne GewerkschafterInnen (Grüne)
7 Mosaik

Wirtschaftskammer Steiermark

Wahlergebnisse seit 1950

		Stimmen				ÖWB[1]		FWV[2]		RFW[3]		GW[4]		Sonstige	
Jahr	Wahl-ber.	abgege-ben	WB%	un-gültig	gültig	abs.	%	abs.	%	abs.	%	abs.	%	abs.	%
1950	38.377	32.456	84,57	1.175	31.281	25.579	81,77	3.408	10,90	-	-	-	-	2.294	7,33
1955	39.231	35.340	90,08	665	34.675	29.848	89,08	4.154	11,98	-	-	-	-	673	1,94
1960	41.309	37.232	90,13	1.015	36.217	31.758	87,69	3.940	10,88	-	-	-	-	519	1,43
1965	34.367	31.159	90,67	731	30.428	27.274	89,63	3.072	10,10	-	-	-	-	82	0,27
1970*	-	-	-	-	-	-	-	-	-	-	-	-	-	-	-
1975	46.171	41.201	89,24	594	40.607	36.546	90,00	4.061	10,00	-	-	-	-	-	-
1980*	-	-	-	-	-	-	-	-	-	-	-	-	-	-	-
1985	54.335	41.374	76,15	657	40.717	35.217	86,49	3.702	9,09	1.765	4,33	-	-	33	0,08
1990	62.819	41.775	68,92	816	40.959	30.258	73,87	3.249	7,93	7.151	17,46	-	-	301	0,73
1995	58.425	35.508	60,77	720	34.959	23.581	67,78	2.557	7,35	7.611	21,88	-	-	1.039	2,99
2000	55.145	30.825	55,90	317	30.508	21.818	71,52	2.031	6,66	5.877	19,26	-	-	782	2,56
2005	65.284	36.069	55,25	524	34.545	26.410	74,30	3.813	10,73	4.038	11,36	1.103	3,1	181	0,51
2010	74.712	35.968	49,03	443	35.525	26.994	75,99	3.199	9,00	2.929	8,2	1.855	5,22	548	1,54
2015	85.169	39.936	46,89	1.887	38.049	26.079	68,54	3.600	9,46	4.582	12,04	3.212	8,44	576	1,51

Wahlber. = Wahlberechtigte; WB % = Wahlbeteiligung in %
* 1970 und 1980 fanden keine Wahlen statt, da sich nur eine wahlwerbende Gruppe um Mandate bewarb.
1 Österreichischer Wirtschaftsbund (ÖVP)
2 Freier Wirtschaftsverband (SPÖ)
3 Ring Freiheitlicher Wirtschaftstreibender (FPÖ)
4 (Grüne Wirtschaft) Die Grünen

Landarbeiterkammer Steiermark

Wahlergebnisse seit 1952

		Stimmen				ÖVP		SPÖ		FPÖ	
Jahr	Wahlber.	abgegeben	WB %	ungültig	gültig	abs.	% (M)	abs.	% (M)	abs.	% (M)
1952[1]	48.014				37.521	21.416	57,08 (19)	16.105	42,92 (16)	–	–
1957	42.383	36.915	87,10	581	36.334	21.302	58,63 (21)	15.032	41,37 (14)	–	–
1963	40.735	36.995	90,82	507	36.488	22.109	60,59 (22)	14.300	39,19 (13)	79	0,22 (0)
1968	35.089[2]	30.167	85,97	473	29.694	17.054	57,43 (20)	12.640	42,57 (15)	–	–
1973	31.417[2]	24.926	79,34	303	24.623	15.097	61,31 (23)	8.649	35,13 (12)	877	3,56 (0)
1978[3]	29.052[2]	20.010	68,88	230	19.780	13.278	67,13 (24)	6.502	32,87 (11)	–	–
1983	9.609	7.433	77,35	71	7.362	5.169	70,21 (25)	2.193	29,79 (10)	–	–
1988	8.372	6.253	74,69	81	6.172	4.748	76,93 (27)	1.424	23,07 (8)	–	–
1994	8.153	4.607	56,51	112	4.495	3.501	77,89 (28)	994	22,11 (7)	–	–
2000	8.026	4.445	55,38	61	4.384	3.473	79,22 (17)	911	20,78 (4)	–	–
2006	8.921	4.483	50,25	31	4.452	3.538	79,47 (17)	914	20,53 (4)	–	–
2012	7.960	3.991	50,14	46	3.945	3.377	85,60 (18)	568	14,40 (3)	–	–
2018	10.514	3.379	32,14	34	3.345	2.924	87,41 (19)	421	12,59 (2)	–	–

Wahlber. = Wahlberechtigte; WB % = Wahlbeteiligung in %

1 Die Wahlbeteiligung betrug rund 80 %. Die fehlenden Daten waren nicht eruierbar.

2 inklusive Pensionisten

3 Wahl vom Verfassungsgerichtshof aufgehoben

Landwirtschaftskammer

Wahlergebnisse seit 1949

		Stimmen				Steirischer Bauernbund ÖVP[1]		Steirisches Landvolk SPÖ[2]		Freiheitliche Bauernschaft FPÖ[3]		Grüne und Unabhängige		Allgemeiner Bauernverband	
Jahr	Wahlber.	abgegeben	WB %	ungültig	gültig	abs.	%	abs.	%	abs.	%	abs.	%	abs.	%
1949	168.724	142.782	84,62	969	141.813	112.798	79,54 (32)	11.260	7,94 (1)	17.665	12,46 (6)	90[6]	0,06 (0)	–	–
1954	168.021	151.635	90,25	3.160	148.475	128.507	86,55 (33)	14.331	9,65 (6)	5.637	3,80 (0)	–	–	–	–
1959	172.795	159.102	92,07	2.850	156.252	130.513	83,54 (33)	16.043	10,26 (6)	9.696	6,20 (0)	–	–	–	–
1964*	158.758	143.514	90,40	2.955	140.559	123.065	87,55 (35)	11.419	8,13 (2)	6.075	4,32 (2)	–	–	–	–
1966*	168.085	148.146	88,14	3.865	144.281	122.247	84,73 (33)	15.641	10,84 (5)	6.393	4,43 (1)	–	–	–	–
1971	158.959	131.959	83,01	2.870	129.089	110.093	85,28 (35)	14.354	11,12 (4)	4.642	3,60 (0)	–	–	–	–
1976	152.874	119.598	78,22	2.828	116.770	101.530	86,95 (36)	11.273	9,65 (3)	3.213	2,75 (0)	–	–	754	0,65 (0)
1981	147.921	111.574	76,25	3.012	108.562	93.244	85,89 (35)	11.295	10,40 (4)	3.522	3,22 (0)	–	–	501	0,49 (0)
1986	146.066	113.776	77,89	3.215	110.561	94.560	85,53 (35)	12.768	11,55 (4)	2.355	2,13 (0)	–	–	878	0,79 (0)
1991	142.503	103.190	72,41	3.995	99.195	79.788	80,44 (33)	9.825	9,90 (3)	9.582	9,66 (3)	–	–	–	–
1996	133.478	78.109	59,45	1.716	76.393	64.215	84,06 (34)	6.866	8,99 (3)	5.312	6,95 (2)	–	–	–	–
2001	119.055	66.845	56,15	2.001	64.844	54.278	83,71 (34)	5.657	8,72 (3)	4.909	7,57 (2)	–	–	–	–
2006	135.773	67.726	49,88	2.440	65.286	53.260	81,58 (35)	7.567	11,59 (4)	2.364	3,62 (0)	–	–	2.095[4]	3,21
2011	141.456	58.875	41,62	2.095	56.780	43.416	76,46 (32)	5.748	10,12 (4)	2.978	5,24 (0)	–	–	4.638[5]	8,17 (3)
2016	135.803	52.883	38,94	2.104	50.779	35.398	69,71 (30)	3.427	6,75	6.144	12,10 (5)	1.478	2,91	4.332[7]	8,53 (4)

Wahlber. = Wahlberechtigte; WB % = Wahlbeteiligung in %

* Die Wahl von 1964 wurde vom Verfassungsgerichtshof aufgehoben. 1966 fanden Neuwahlen statt.

1 1949: 1. Steirischer Bauernbund

2 1949: Österreichischer Arbeitsbauernbund

3 1949: Unabhängiger Bauernbund im VdU; 1954: Nationale Bauernschaft

4 Liste 4: WIR – Steirische Bauern

5 Liste 4: Unabhängiger Bauernverband – Wir steirische Bauern (UBV-WIR)

6 1949: Liste der Klein-, Mittel- und Bergbauern

7 Liste 3: Unabhängiger Bauernverband Steiermark (UBV-STMK)

Autorinnen und Autoren

Franz-Lothar Altmann

Geboren 1942; Dipl.-Volkswirt, Dr. rer.pol.; Osteuropa-Institut 1970–1985, Südost-Institut 1985–2000, Stiftung Wissenschaft und Politik 2001–2007; Associate Professor für Internationale Beziehungen, Universität Bukarest seit 2006; Präsidiumsmitglied Südosteuropa-Gesellschaft, Member of the Board Bertelsmann Transformation Index; Mitherausgeber Journal for Southeast European and Black Sea Studies; mehrere Gastprofessuren in USA und Japan.

Hannes Androsch

Geboren 1938; ehem. Vizekanzler und Bundesminister für Finanzen der Republik Österreich, ehem. Generaldirektor der Creditanstalt, heute als Industrieller tätig; Träger mehrerer Ehrendoktorate, Autor und Herausgeber zahlreicher Publikationen, gesellschafts-, wirtschafts- und wissenschaftspolitisch engagiert.

Julia Bauer

Geboren 1995; Studium der Rechtswissenschaften an der Universität Graz, seit 2018 Projektmitarbeiterin am Institut für Öffentliches Recht und Politikwissenschaften der Universität Graz; Teilnehmerin am Caritas-Lehrgang Rechtsberatung im Asyl- und Fremdenwesen 2018/19; seit 2018 im Koordinationsteam von „Betrifft: Asyl“ (Preisträger der Couragette 2019).

Christoph Bezemek

Geboren 1981; Studium der Rechtswissenschaften und der Philosophie an der Universität Wien und der Yale University; 2013 Habilitation für die Fächer Öffentliches Recht, Rechtstheorie und Rechtsvergleichung an der Wirtschaftsuniversität Wien; seit 2016 Professor für Öffentliches Recht an der Universität Graz.

Gernot Blümel

Geboren 1981; Studium der Philosophie an der Universität Wien und der Université de Bourgogne in Dijon und Studium an der Executive Academy der Wirtschaftsuniversität Wien; seit 2016 Landesparteiobmann der ÖVP Wien; seit 2018 Bundesminister für EU, Kunst, Kultur und Medien.

Juliane Bogner-Strauß

Geboren 1971; Studium der Chemie an der Universität Graz; 2008 Habilitation in Molekularbiologie und Genomik an der Technischen Universität Graz; assoz. Professorin und stv. Institutsleiterin im Bereich Genomik und Bioinformatik (ab 2010) und am Institut für Biochemie (ab 2014) an der Technischen Universität Graz; Abgeordnete zum Nationalrat (XXVI. GP); seit 2017/18 Bundesministerin für Frauen, Familien und Jugend im Bundeskanzleramt.

Martin Dolezal

Geboren 1971; Studium der Politikwissenschaft und der Geschichte an der Universität Wien; 2011 Habilitation an der Ludwig-Maximilians-Universität München; Senior Scientist am Fachbereich Politikwissenschaft und Soziologie (Abteilung Politikwissenschaft) der Universität Salzburg und Research Fellow am Institut für Höhere Studien (IHS) in Wien.

Gerhard Draxler

Geboren 1952; Studium Sport und Anglistik an der Universität Graz; ab 1978 Redakteur bei der „Kronen Zeitung" – zuletzt als Ressortleiter für „Politik und Wirtschaft"; 1989 Wechsel in den Aktuellen Dienst des ORF-Landesstudios Steiermark; 1991 Leiter des Aktuellen Dienstes im ORF-Landesstudio und 1994 stv. Landesintendant des ORF Steiermark; 1998–2002 Landesintendant des ORF Kärnten; ab 2002 ORF-TV-Informationsdirektor; 2007–2019 Landesdirektor des ORF Steiermark.

Christopher Drexler

Geboren 1971; Studium der Rechtswissenschaften an der Universität Graz, 2000–2014 Abgeordneter zum Steiermärkischen Landtag; 2003–2014 Klubobmann des Landtagsklubs der Steirischen Volkspartei; ab 2014 Landesrat der Steiermark, seit 2017 Landesrat für Kultur, Gesundheit, Pflege und Personal.

Barbara Eibinger-Miedl

Geboren 1980; Diplomstudium der Rechtswissenschaften und der Betriebswirtschaft an der Karl-Franzens-Universität Graz; bis 2014 in der Unternehmensgruppe Eibinger tätig; 2006–2010 Mitglied des Bundesrates, 2010–2017 Abgeordnete zum Landtag Steiermark, 2014–2017 Klubobfrau der Steirischen Volkspartei; seit 2017 Landesrätin für Wirtschaft, Tourismus, Europa, Wissenschaft und Forschung.

Franz Fallend

Geboren 1965; Studium der Politikwissenschaft und Geschichte an der Universität Salzburg; seit 2010 wissenschaftlicher Mitarbeiter (Senior Scientist) am Fachbereich Politikwissenschaft und Soziologie der Universität Salzburg; Forschungsschwerpunkte: österreichische Politik, Föderalismus, politische Parteien, Populismus.

Josef Harb

Geboren 1963; HTBLuVA Graz Gösting – Fachrichtung Maschinenbau; Beschäftigung in international tätigen Industrieunternehmen, aktuell Siemens Mobility Österreich; seit 2009 Vorsitzender des Angestellten-Betriebsrats der Siemens Mobility Österreich; Vorstands-Mitglied der GPA-djp Steiermark; Gemeinderat der Marktgemeinde Gratwein-Straßengel; seit 2018 Obmann der Steiermärkischen Gebietskrankenkasse.

Klaus Hatzl

Geboren 1977; Studium Systemisches Management an der Universität Graz; seit 1998 als Erwachsenenbildner, Organisations- und Kommunikationsberater tätig; 2004–2006 Landesgeschäftsführer der Jungen Volkspartei Steiermark; 2008–2009 Pressereferent der Steirischen Volkspartei, 2015–2017 Pressesprecher des Landtagsklubs der Steirischen Volkspartei; ab 2017 stv. Büroleiter, seit 2018 Büroleiter im Ressort der Landesrätin für Wirtschaft, Tourismus, Europa, Wissenschaft und Forschung, zuständig für Wissenschafts- und Forschungsagenden.

Lore Hayek

Geboren 1982; Studium der Politikwissenschaft (PhD) und Social Research Methods (MSc) an der Universität Innsbruck und der London School of Economics and Political Science; seit 2017 Post-Doc Researcher am Institut für Politikwissenschaft der Universität Innsbruck; Forschungsschwerpunkte: Wahlkampfkommunikation und Wahlwerbung.

Reinhard Heinisch

Geboren 1963; Studium der Politikwissenschaft an den Universitäten Virginia Tech und Michigan State University, USA; ab 1994 Professor of Political Science und Director of International Studies an der University of Pittsburgh, USA; seit 2009 Professor für österreichische Politik in vergleichender europäischer Perspektive und Leiter des Fachbereichs Politikwissenschaft und Soziologie der Universität Salzburg; Affiliiertes Mitglied des European Studies Center der University of Pittsburgh; seit 2014 Lehrbeauftragter an der Renmin Universität Peking; seit 2011 Leiter der Arbeitsgruppe Demokratie der österreichischen Forschungsgemeinschaft; seit 2018 Ko-Leitung des EU Horizon 2020 Projektes „Populism And Civic Engagement".

Josef Herk

Geboren 1960; HTBLA Steyr, Meisterprüfung Karosseriebauer und Kraftfahrzeugmechaniker; 1988 Übernahme des elterlichen Betriebs; seit 1991 aktiv in der WKO, darunter als Obmann der Regionalstelle Murtal, (Bundes-) Spartenobmann Gewerbe und Handwerk und seit 2011 als Präsident der WKO Steiermark.

Marcelo Jenny

Geboren 1968; Studium der Politikwissenschaft und Publizistik- und Kommunikationswissenschaft der Universität Wien, Doktorat in Politikwissenschaft an der Universität Mannheim; Universitätsprofessor am Institut für Politikwissenschaft der Universität Innsbruck; Forschungsschwerpunkte: Wahlverhalten, Kampagnen, politische Kommunikation, Parlamentarismus und politische Repräsentation.

Alexander Kada

Geboren 1968; Designer und Ausstellungsarchitekt / Kadadesign, Kadaconcept, Graz und München; zahlreiche Projekte im Kunst- und Kulturbereich sowie in der Industrie (Universalmuseum Joanneum, Graz03 Kulturhauptstadt Europas, Biennale di Venezia, Berlinale, regionale Steiermark, Steiermark Schau, Österreichische Nationalbibliothek, Österreichisches Staatsarchiv, MAGNA, BMW etc.); Lehrbeauftragter an der FH Joanneum Graz (Ausstellungsgestaltung, Informationsdesign, Industrial Design).

Peter Kaiser

Geboren 1958; Studium der Soziologie und Pädagogik; 1993 Promotion zum Doktor der Philosophie; 1989–1994, 1997 und 2001–2008 Abgeordneter zum Kärntner Landtag; 2008–2013 Mitglied der Kärntner Landesregierung; seit 2013 Landeshauptmann von Kärnten.

Werner Kogler

Geboren 1961; Studium der Volkswirtschaftslehre an der Karl-Franzens-Universität Graz sowie Studium der Rechtswissenschaften; Gründungsmitglied der Alternativen Liste Graz; 1985–1988 Gemeinderat in Graz; seit 1999 Abgeordneter zum Nationalrat, Vorsitzender des parlamentarischen Rechnungshofausschusses; ab 2009 stv. Bundessprecher und seit 2017 Bundessprecher der Grünen.

Helmut Konrad

Geboren 1948; Studium der Geschichte und Germanistik, Universität Wien, Promotion sub auspiciis praesidentis 1973; 1972–1984 Assistent und dann außerordentlicher Universitätsprofessor an der Universität Linz; ab 1984 Ordinarius für Allgemeine Zeitgeschichte an der Universität Graz; 1993–1997 Rektor der Universität Graz, mehrfach Dekan der Geisteswissenschaftlichen Fakultät.

Wilhelm Krautwaschl

Geboren 1963; Studium der Theologie; 1990 Priesterweihe; seit 2016 58. Diözesanbischof der Diözese Graz-Seckau; in der Österreichischen Bischofskonferenz zuständig für die Referate Bildung und Schule, Berufungspastoral, Canisiuswerk, Katholische Aktion

Österreich; Mitglied der Katechetischen Kommission; Mitglied der Bischöflichen Kommission für Weltmission.

Mario Kunasek

Geboren 1976; gelernter KFZ-Techniker; Präsenzdienst und anschließend Ausbildung zum Stabsunteroffizier und Berufssoldat; 2008–2015 Abgeordneter zum Nationalrat und Wehrsprecher der FPÖ, 2013–2015 Vorsitzender des Landesverteidigungsausschusses; seit 2015 Landesparteiobmann der FPÖ Steiermark; 2015–2017 Abgeordneter zum Steiermärkischen Landtag und Klubobmann; seit 2017 Bundesminister für Landesverteidigung.

Herwig Lindner

Geboren 1962; Facharzt für Innere Medizin am LKH Graz II; seit 1994 in der Ärztekammer in verschiedenen Funktionen tätig, seit 2012 Präsident der Ärztekammer Steiermark, seit 2017 Erster Vizepräsident der Österreichischen Ärztekammer.

Hartwig Löger

Geboren 1965; Stiftsgymnasium Admont, diverse Universitäts- und Managementlehrgänge im In- und Ausland; langjähriger Manager bei der UNIQA, zuletzt Vorstandsvorsitzender der UNIQA Österreich Versicherungen AG; seit 2017 österreichischer Finanzminister.

Beate Meinl-Reisinger

Geboren 1978; Diplomstudium der Rechtswissenschaften an der Universität Wien, Master in European Studies an der Donau-Universität Krems; Parlamentarische Mitarbeiterin im Europäischen Parlament; Referentin im Bundesministerium für Wirtschaft, Jugend und Familie, Kabinett der Staatssekretärin; 2013–2015 Abgeordnete zum Nationalrat NEOS; 2015–2018 Klubobfrau NEOS Wien Rathausklub; seit 2018 Klubobfrau des NEOS Parlamentsklubs und Vorsitzende von NEOS.

Elisabeth Meixner

Geboren 1963; Lehramtsprüfungen für Hauptschulen und die Polytechnische Schule an der Pädagogischen Akademie in Graz; Managementausbildung für Schulleiter, zahlreiche Ausbildungen im pädagogischen Bereich, Absolvierung der Frauenpolitikakademie; Pädagogin an der HS Riegersburg und Pädagogin an der HS Gnas; Referentin für den Lehrplan 2000 für APS, 2001–2005 freigestellte Personalvertreterin für den APS-Bereich im Zentralausschuss Steiermark; 2005–2013 Vizepräsidentin des Landesschulrates für Steiermark; seit 2013 Amtsführende Präsidentin des Landesschulrates für Steiermark; seit 2019 Bildungsdirektorin der Steiermark.

Günther Pallaver

Geboren 1955; Dr.jur. et Dr.phil.; Studien an den Universitäten Innsbruck, Salzburg, Wien, Verona und London; 1991 staatliche Journalistenprüfung in Rom; seit deren Gründung (2008) Präsident der Südtiroler Gesellschaft für Politikwissenschaft; seit 2010 Universitätsprofessor für Politikwissenschaft; seit 2017 Leiter des Instituts für Medien, Gesellschaft und Kommunikation an der Universität Innsbruck.

Josef Pesserl

Geboren 1957; Lehre als Kfz-Mechaniker; 1989–1996 Sekretär der Gewerkschaft Textil-Bekleidung-Leder; 1996–2004 Sekretär der Gewerkschaft Metall-Textil; 2004–2013 Landessekretär der Gewerkschaft Metall-Textil bzw. Produktionsgewerkschaft; 2003–2013 Obmann der Steiermärkischen Gebietskrankenkasse; seit 1. November 2013 Präsident der Arbeiterkammer Steiermark.

Klaus Poier

Geboren 1969; Studium der Rechtswissenschaften, Politikwissenschaft und Betriebswirtschaftslehre in Graz, Paris und Fribourg; seit 2004 Assistenzprofessor am Institut für Öffentliches Recht und Politikwissenschaft der Universität Graz; seit 1998 Generalsekretär des Club Alpbach Steiermark; seit 2001 Geschäftsführer des Josef Krainer-Gedenkwerkes; seit 2005 Obmann des Dr.-Karl-Kummer-Instituts für Sozialreform, Sozial- und Wirtschaftspolitik in der Steiermark; seit 2015 Mitglied des Stiftungsrates des ORF.

Manfred Prisching

Geboren 1950; Studium der Rechtswissenschaften und Volkswirtschaftslehre an der Universität Graz; 1985 Habilitation für Soziologie; 1993 ao. Universitätsprofessor am Institut für Soziologie der Universität Graz; 1995/96 Schumpeter-Gastprofessur an der Harvard University, Cambridge; Gastprofessuren und Forschungsaufenthalte an den Universitäten Limburg, Salzburg, Linz, New Orleans, Las Vegas und Little Rock; 1997–2001 Wissenschaftlicher Direktor der Technikum Joanneum GmbH (steirische Fachhochschulen); seit 2000 Korrespondierendes Mitglied der Österreichischen Akademie der Wissenschaften; seit 2009 Mitglied des Österreichischen Wissenschaftsrates.

Gerald Schöpfer

Geboren 1944; Studium der Rechts- und der Staatswissenschaften; ab 1977 Ordinarius und Vorstand des Institutes für Wirtschafts-, Sozial- und Unternehmensgeschichte an der Karl-Franzens-Universität Graz; Steirischer Landesrat für Wirtschaft und Europa a.D. und Abgeordneter zum Landtag Steiermark a.D.; Vertreter Österreichs in der European Commission against Racism and Intolerance (Strasbourg, Europarat); seit 2013 Präsident des Österreichischen Roten Kreuzes.

Hermann Schützenhöfer

Geboren 1952; kaufmännische Lehre; 1970–1976 Landessekretär und 1976–1979 Landesobmann der Jungen ÖVP Steiermark; 1978–1991 Landessekretär des Steirischen ÖAAB; 1981–2000 Abgeordneter zum Steiermärkischen Landtag; 1994–2000 Klubobmann des Landtagsklubs der Steirischen Volkspartei; 1995–2006 Landesobmann des Steirischen ÖAAB; 2000–2003 Landesrat für Personal, Jugend, Pflichtschulen und Wohnbau; 2003–2005 Landesrat für Personal, Sport und Tourismus; 2005–2015 Erster Landeshauptmann-Stv.; seit 2006 Landesparteiobmann der Steirischen Volkspartei; seit 2015 Landeshauptmann der Steiermark.

Johann Seitinger

Geboren 1961; Landwirtschaftsmeister, Ökonomierat; seit 2013 Obmann des Steirischen Bauernbundes, seit 2014 Vizepräsident des Österreichischen Bauernbundes; seit 2003 als Landesrat Mitglied der Steiermärkischen Landesregierung; verantwortlich für Land- und Forstwirtschaft, Wohnbau und Revitalisierung, Wasser- und Ressourcenmanagement sowie Land- und forstwirtschaftliche Schulen.

Karl-Heinz Snobe

Geboren 1964; Studium der Erziehungswissenschaft und Masterstudium Systematisches Management an der Universität Graz; seit 1987 beim Arbeitsmarktservice beschäftigt, seit 2004 Geschäftsführer des Arbeitsmarktservice Steiermark.

Monika Sommer

Geboren 1974; Studium der Geschichte und gewählten Fächer an den Universitäten Graz und Wien; 1999–2003 wissenschaftliche Mitarbeiterin an der Österreichischen Akademie der Wissenschaften; 2003–2013 wissenschaftliche Assistentin bzw. Kuratorin am Wien Museum; 2014–2016 Kulturprogrammleiterin des Europäischen Forums Alpbach; seit 2006 Co-Leiterin des Universitätslehrgangs /ecm für Ausstellungstheorie & -praxis an der Universität für angewandte Kunst Wien; seit 2017 Direktorin des „Haus der Geschichte Österreich".

Kathrin Stainer-Hämmerle

Geboren 1969; Studium der Rechtswissenschaft sowie der Politikwissenschaften an der Universität Innsbruck; ab 2008 FH-Professorin für Politikwissenschaft an der Fachhochschule Kärnten, Leiterin der Forschungsgruppe Trans_SPACE, Obfrau der Interessengemeinschaft Politische Bildung.

Michael Steiner

Geboren 1951; Studium der Rechtswissenschaften und Volkswirtschaftslehre; ab 1997 Professor am Institut für Volkswirtschaftslehre, Universität Graz; Gastprofessuren und

Forschungsaufenthalte an den Universitäten Glasgow, Canterbury, Bocconi, Klagenfurt, Pecs, Udine, Triest, La Coruna; Experte für World Bank, OECD, Europäische Kommission, Europarat; 1991–2010 Institutsleiter an der JOANNEUM RESEARCH; Herausgeber der WAS-Zeitschrift in Buchform.

Maria Stern

Geboren 1972; Schauspielstudium in Wien (Graumanntheater, Internationales Bewegungstheater am Odeon), Tanzstudium in den Niederlanden (Docent Dans Euritmie); ab 2009 Lehrerin an der RSS Pötzleinsdorf, 1180 Wien; Singer-Songwriterin, Obfrau Forum Kindesunterhalt, Krimiautorin; 2017 Frauensprecherin der Liste Peter Pilz, seit 2018 Parteiobfrau und Frauensprecherin von JETZT – Liste Pilz.

Heinz-Christian Strache

Geboren 1969; Abgeordneter zum Wiener Landtag und Mitglied des Wiener Gemeinderates 1996–2006; seit 2004Landesparteiobmann der FPÖ-Wien; seit 2005Bundesparteiobmann der FPÖ; 2006–2018 Nationalratsabgeordneter und Klubobmann des freiheitlichen Parlamentsklubs; seit 2017/18 Vizekanzler der Republik Österreich und Bundesminister für öffentlichen Dienst und Sport.

Melanie Sully

Geboren 1949; Dr. phil., M.A., B.A.; 1992 aufgenommen in das österreichische Außenministerium; 1992–2010 Professorin für Politikwissenschaft in der Diplomatischen Akademie; Direktorin des Instituts für Go-Governance; Autorin von Bücher auf dem Gebiet Politische Parteien, Wahlen, Parlamentarismus in Europa; Expertin für die OSZE, Europarat; zahlreiche Beiträge; zuletzt viele Interviews und Artikel zum Thema Brexit.

Thomas Szekeres

Geboren 1962; Studium der Medizin an der Medizinischen Universität Wien; Facharzt für Humangenetik, Klinische Chemie und Labordiagnostik; seit 1994 Universitätsdozent für Klinische Chemie und Labordiagnostik; seit 2001 Vorstandsmitglied der Ärztekammer für Wien; seit 2012 Präsident der Ärztekammer für Wien und 2017 Präsident der Österreichischen Ärztekammer.

Manfred Walzl

Geboren 1951; Medizinstudium an der Universität Graz; Facharzt für Neurologie und Psychiatrie; Arzt für Allgemeinmedizin; ab 2000 Universitätsprofessor; Forschungsschwerpunkt: Chronobiologie, Schlafmedizin (u.a. Arbeits- und Verkehrssicherheit); Vorstand des Instituts für Schlafmedizin am Privatklinikum Hansa in Graz; stv. Vorsitzender des Landessanitätsrates Steiermark; seit rund 20 Jahren zertifizierter gerichtlicher

Sachverständiger; Fellow des American College of Angiology; Fellow der Royal Society of Medicine London.

Heinz P. Wassermann

Geboren 1964; Studium der Betriebswirtschaftslehre, Geschichte und Sozialkunde sowie Philosophie, Psychologie und Pädagogik an der Universität Graz; Assoziierter Professor am Institut Journalismus und Public Relations (PR) an der FH JOANNEUM in Graz.

Anita Ziegerhofer

Geboren 1965; Studium der Geschichte an der Universität Graz; 2003 Habilitation und Ernennung zur ao. Universitätsprofessorin am Institut für Österreichische Rechtsgeschichte und Europäische Rechtsentwicklung der Universität Graz, seit 2015 Institutsvorständin; Forschungsaufenthalte in Moskau, Genf und Bonn; Gastprofessorin an der Johannes-Gutenberg-Universität in Mainz.